Destiny but Incompatible

Ei Eijou

Aus dem Japanischen von Ekaterina Mikulich

Inhalt

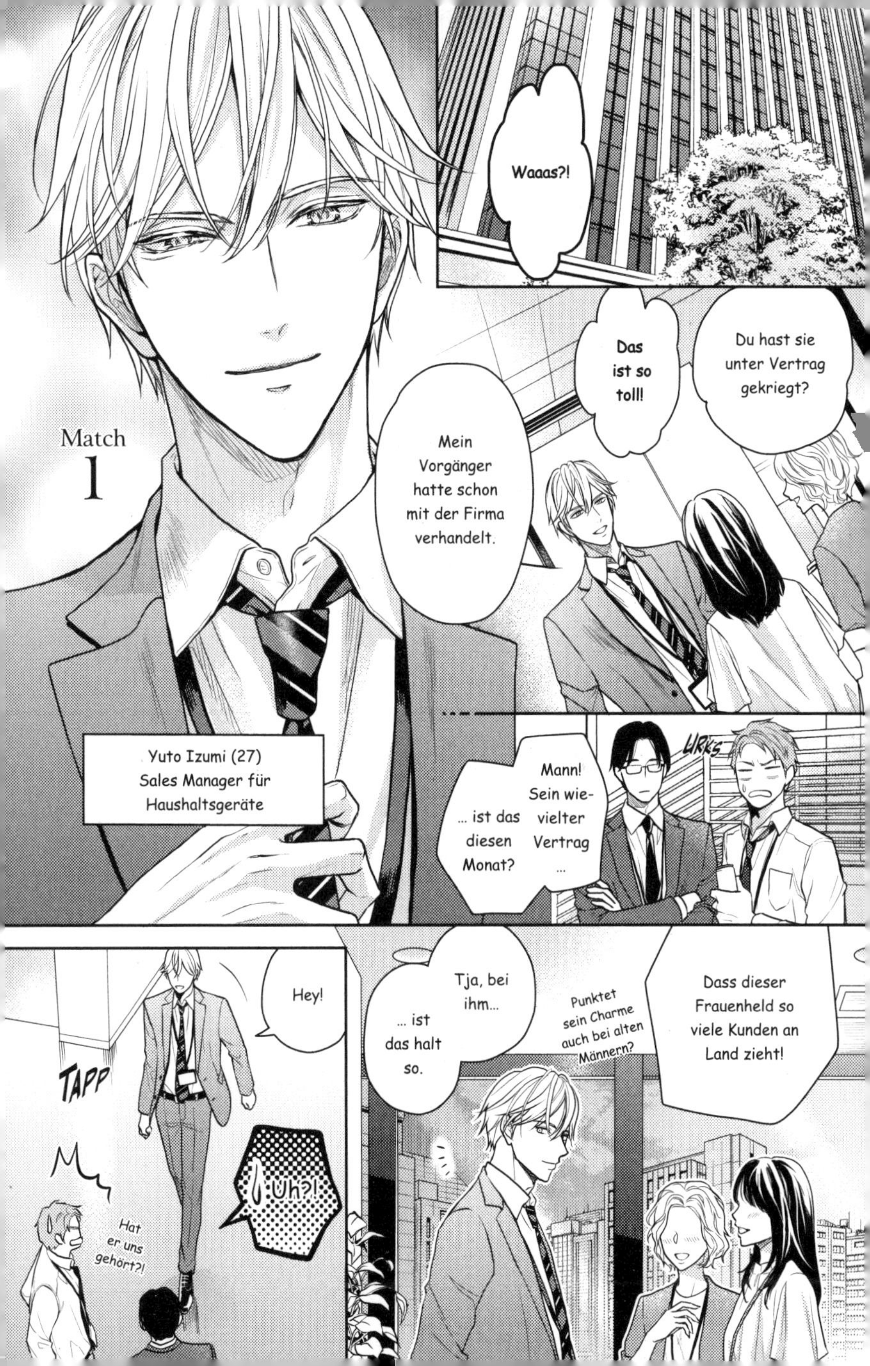
Waaas?!
Match 1
Du hast sie unter Vertrag gekriegt?
Das ist so toll!
Mein Vorgänger hatte schon mit der Firma verhandelt.
Yuto Izumi (27)
Sales Manager für Haushaltsgeräte
URKS
Mann! Sein wievielter Vertrag ...
... ist das diesen Monat?
Dass dieser Frauenheld so viele Kunden an Land zieht!
Punktet sein Charme auch bei alten Männern?
Tja, bei ihm...
... ist das halt so.
Hey!
TAPP
Uh?!
Hat er uns gehört?!

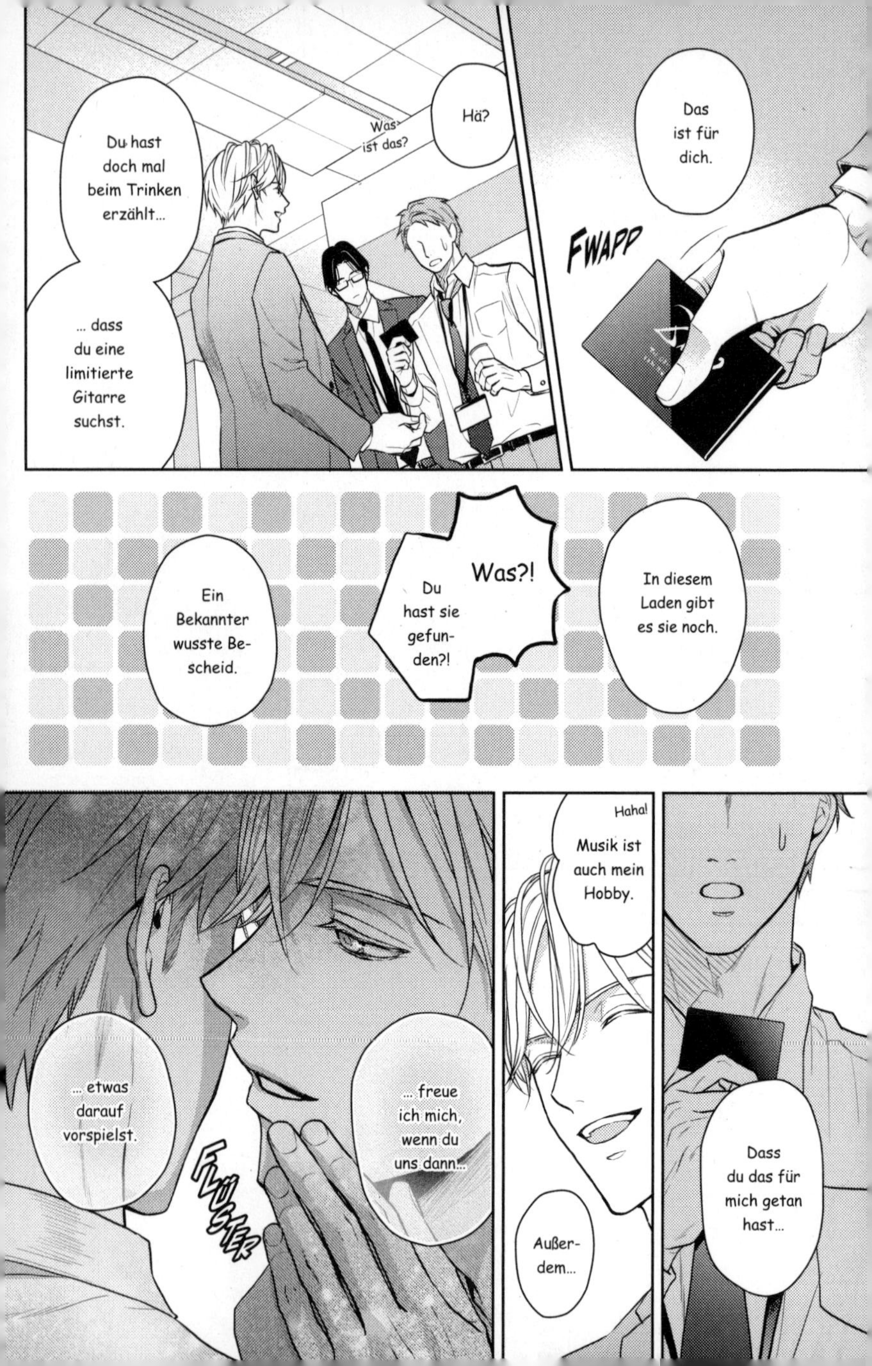
Das ist für dich.
FWAPP
Hä?
Was ist das?
Du hast doch mal beim Trinken erzählt...
... dass du eine limitierte Gitarre suchst.
In diesem Laden gibt es sie noch.
Was?!
Du hast sie gefunden?!
Ein Bekannter wusste Bescheid.
Dass du das für mich getan hast...
Haha!
Musik ist auch mein Hobby.
Außerdem...
... freue ich mich, wenn du uns dann...
... etwas darauf vorspielst.
FLÜSTER

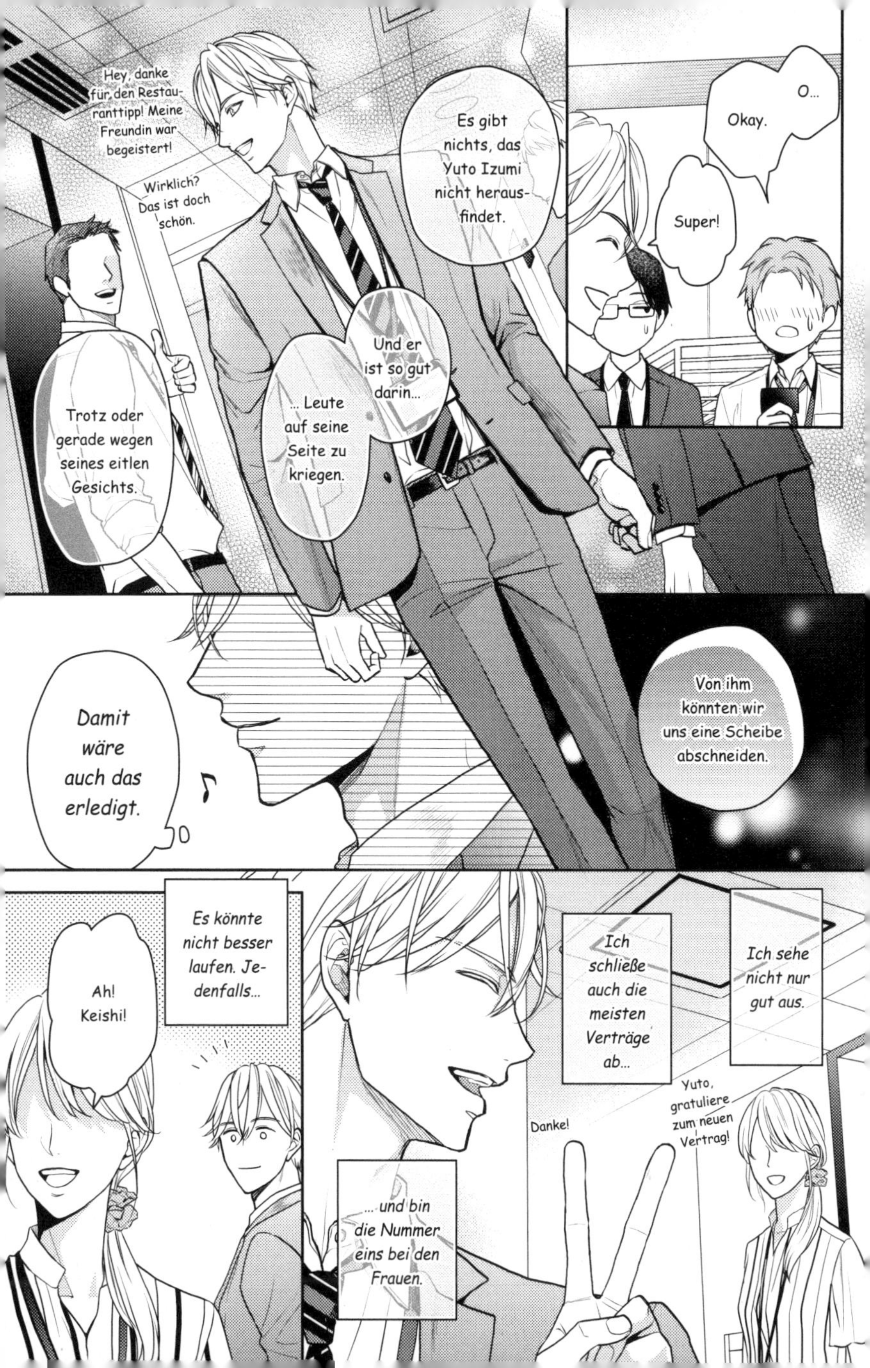
Es gibt nichts, das Yuto Izumi nicht herausfindet.
O... Okay.
Super!
Hey, danke für den Restauranttipp! Meine Freundin war begeistert!
Wirklich? Das ist doch schön.
Und er ist so gut darin...
... Leute auf seine Seite zu kriegen.
Trotz oder gerade wegen seines eitlen Gesichts.
Von ihm könnten wir uns eine Scheibe abschneiden.
Damit wäre auch das erledigt.
Ich sehe nicht nur gut aus.
Ich schließe auch die meisten Verträge ab...
Yuto, gratuliere zum neuen Vertrag!
Danke!
... und bin die Nummer eins bei den Frauen.
Es könnte nicht besser laufen. Jedenfalls...
Ah! Keishi!

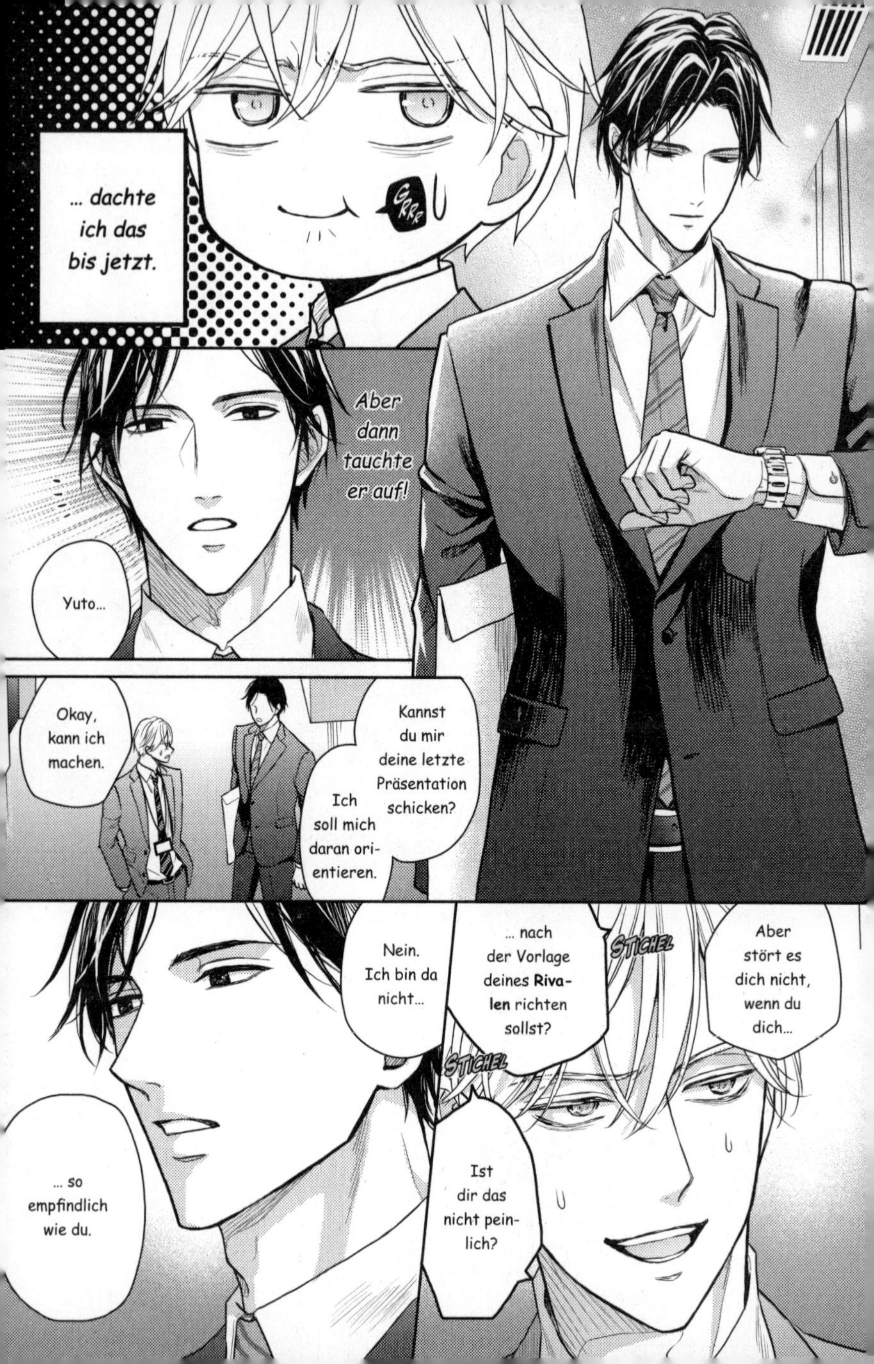
... dachte ich das bis jetzt.
GRRR
Aber dann tauchte er auf!
Yuto...
Kannst du mir deine letzte Präsentation schicken?
Ich soll mich daran orientieren.
Okay, kann ich machen.
Aber stört es dich nicht, wenn du dich...
... nach der Vorlage deines **Rivalen** richten sollst?
STICHEL
STICHEL
Ist dir das nicht peinlich?
Nein. Ich bin da nicht...
... so empfindlich wie du.

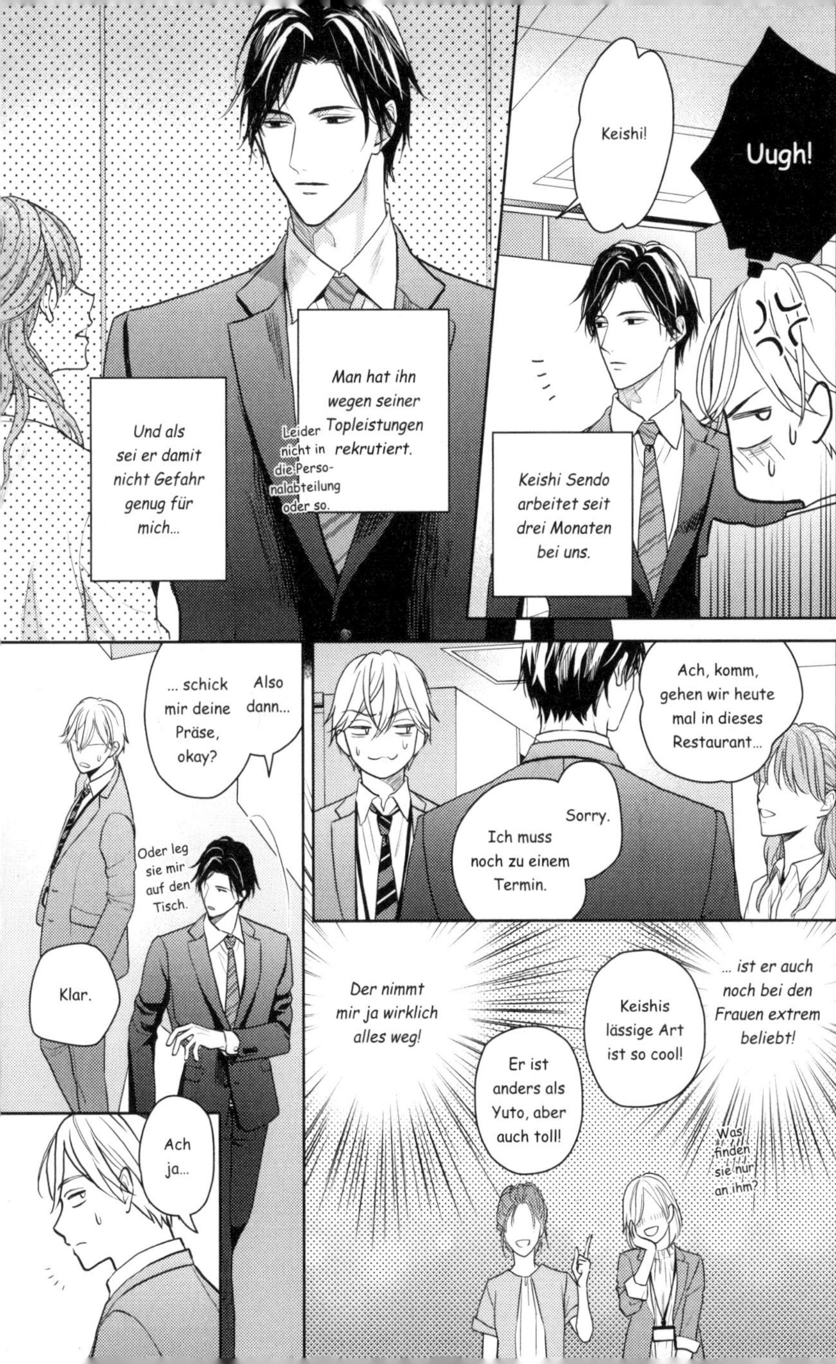
Keishi!
Uugh!
Keishi Sendo arbeitet seit drei Monaten bei uns.
Man hat ihn wegen seiner Topleistungen rekrutiert.
Leider nicht in die Personalabteilung oder so.
Und als sei er damit nicht Gefahr genug für mich…
Ach, komm, gehen wir heute mal in dieses Restaurant…
Sorry. Ich muss noch zu einem Termin.
Also dann…
… schick mir deine Präse, okay?
Oder leg sie mir auf den Tisch.
Klar.
… ist er auch noch bei den Frauen extrem beliebt!
Keishis lässige Art ist so cool!
Er ist anders als Yuto, aber auch toll!
Der nimmt mir ja wirklich alles weg!
Was finden sie nur an ihm?
Ach ja…

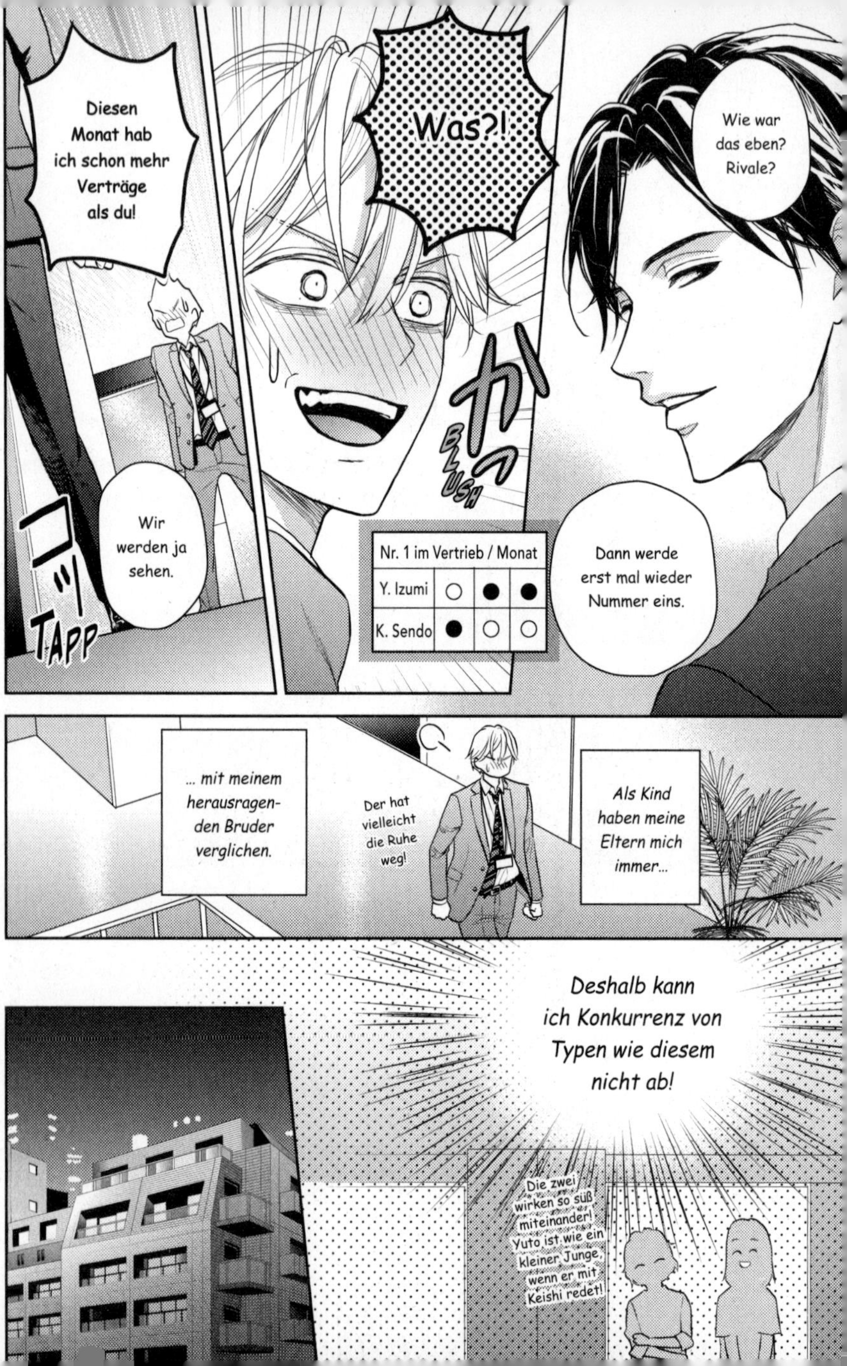
Wie war das eben? Rivale?
Dann werde erst mal wieder Nummer eins.
Was?!
BLUSH
Nr. 1 im Vertrieb / Monat
Y. Izumi ○ ● ●
K. Sendo ● ○ ○
Diesen Monat hab ich schon mehr Verträge als du!
Wir werden ja sehen.
TAPP
Als Kind haben meine Eltern mich immer...
Der hat vielleicht die Ruhe weg!
... mit meinem herausragen-den Bruder verglichen.
Deshalb kann ich Konkurrenz von Typen wie diesem nicht ab!
Die zwei wirken so süß miteinander! Yuto ist wie ein kleiner Junge, wenn er mit Keishi redet!

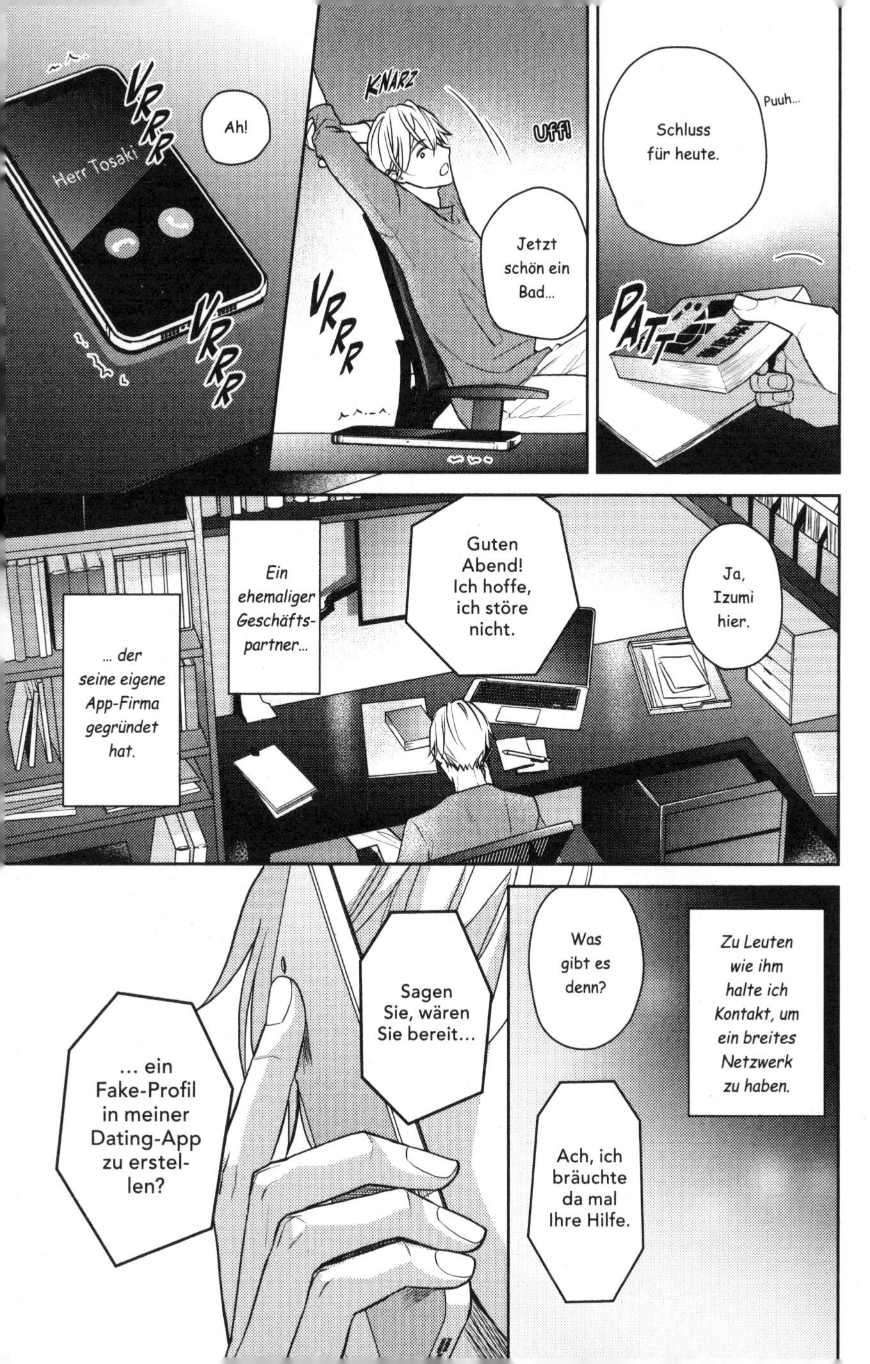
Schluss
für heute.
Puuh...
KNARZ
Uff!
Jetzt
schön ein
Bad...
PATT
VRRR
Ah!
Herr Tosaki
VRRR
VRRR
Ja,
Izumi
hier.
Guten
Abend!
Ich hoffe,
ich störe
nicht.
Ein
ehemaliger
Geschäfts-
partner...
... der
seine eigene
App-Firma
gegründet
hat.
Zu Leuten
wie ihm
halte ich
Kontakt, um
ein breites
Netzwerk
zu haben.
Was
gibt es
denn?
Ach, ich
bräuchte
da mal
Ihre Hilfe.
Sagen
Sie, wären
Sie bereit...
... ein
Fake-Profil
in meiner
Dating-App
zu erstel-
len?

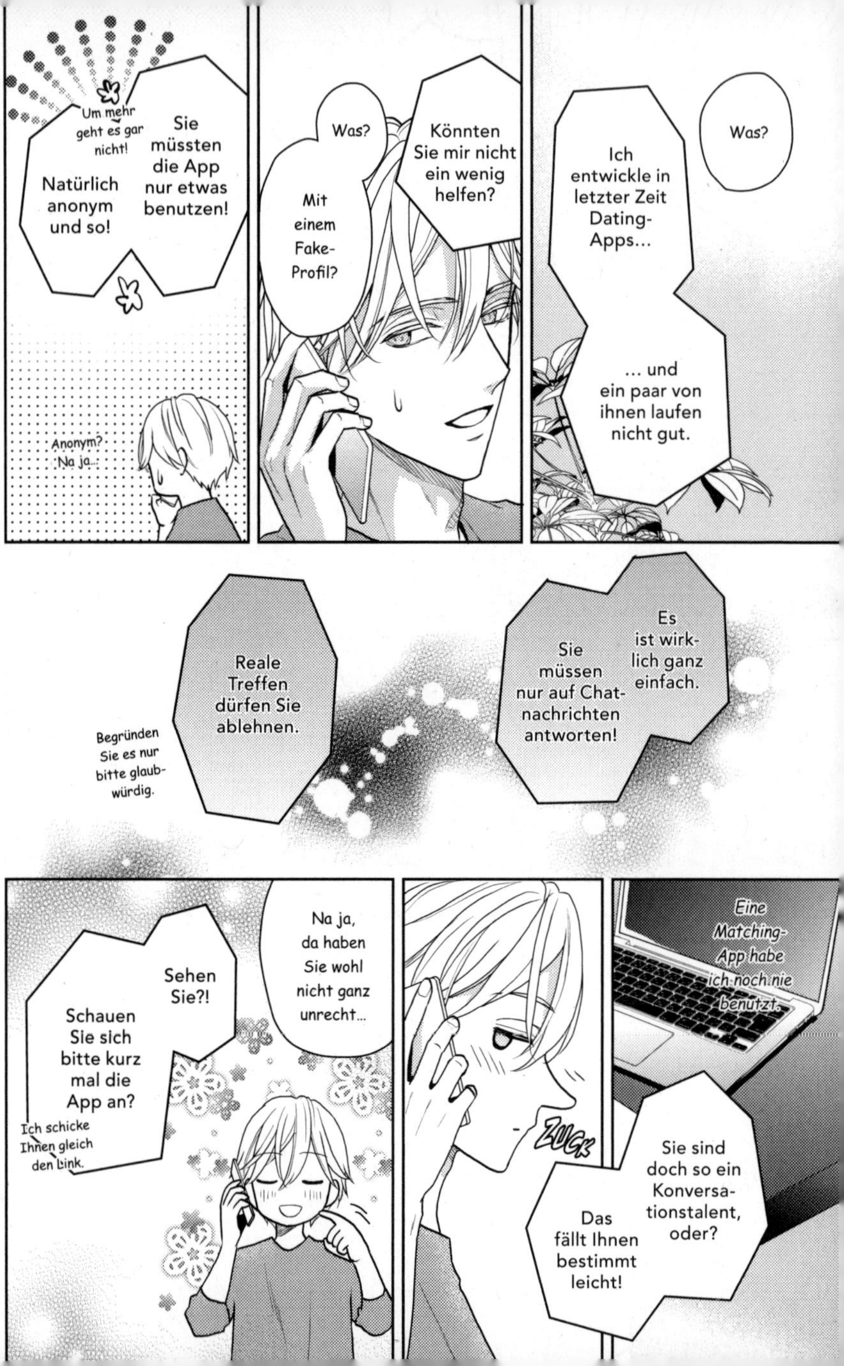

Was?
Ich entwickle in letzter Zeit Dating-Apps…
… und ein paar von ihnen laufen nicht gut.
Könnten Sie mir nicht ein wenig helfen?
Was?
Mit einem Fake-Profil?
Sie müssten die App nur etwas benutzen!
Natürlich anonym und so!
Um mehr geht es gar nicht!
Anonym? Na ja…
Es ist wirklich ganz einfach.
Sie müssen nur auf Chatnachrichten antworten!
Reale Treffen dürfen Sie ablehnen.
Begründen Sie es nur bitte glaubwürdig.
Eine Matching-App habe ich noch nie benutzt.
Sie sind doch so ein Konversationstalent, oder?
Das fällt Ihnen bestimmt leicht!
ZUCK
Na ja, da haben Sie wohl nicht ganz unrecht…
Sehen Sie?!
Schauen Sie sich bitte kurz mal die App an?
Ich schicke Ihnen gleich den Link.

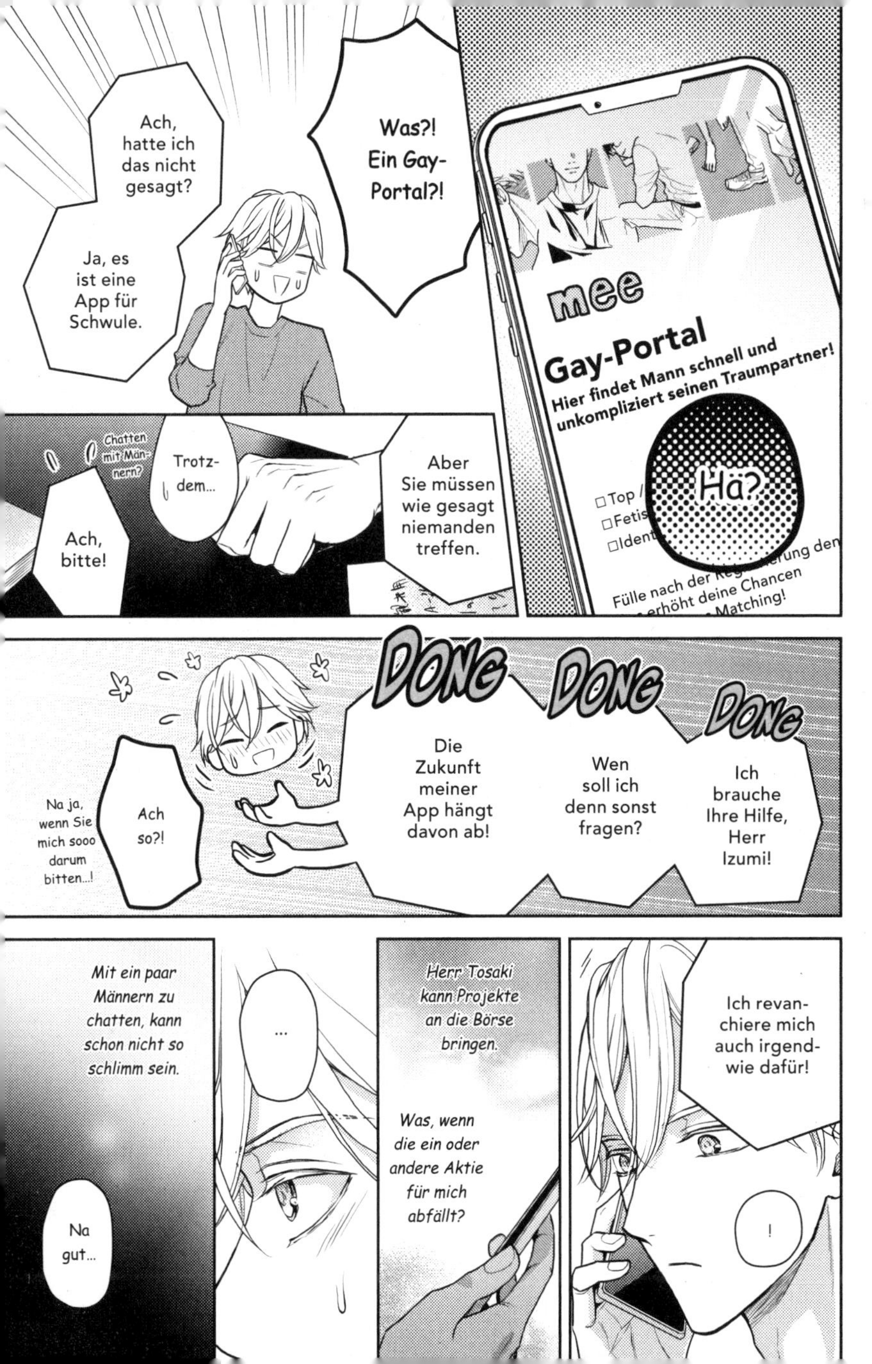
mee
Gay-Portal
Hier findet Mann schnell und unkompliziert seinen Traumpartner!
Ha?
Was?! Ein Gay-Portal?!
Ach, hatte ich das nicht gesagt?
Ja, es ist eine App für Schwule.
Aber Sie müssen wie gesagt niemanden treffen.
Trotz-dem...
Chatten mit Männern?
Ach, bitte!
DONG DONG DONG
Ich brauche Ihre Hilfe, Herr Izumi!
Wen soll ich denn sonst fragen?
Die Zukunft meiner App hängt davon ab!
Ach so?!
Na ja, wenn Sie mich sooo darum bitten...!
Ich revan-chiere mich auch irgend-wie dafür!
!
Herr Tosaki kann Projekte an die Börse bringen.
Was, wenn die ein oder andere Aktie für mich abfällt?
...
Mit ein paar Männern zu chatten, kann schon nicht so schlimm sein.
Na gut...

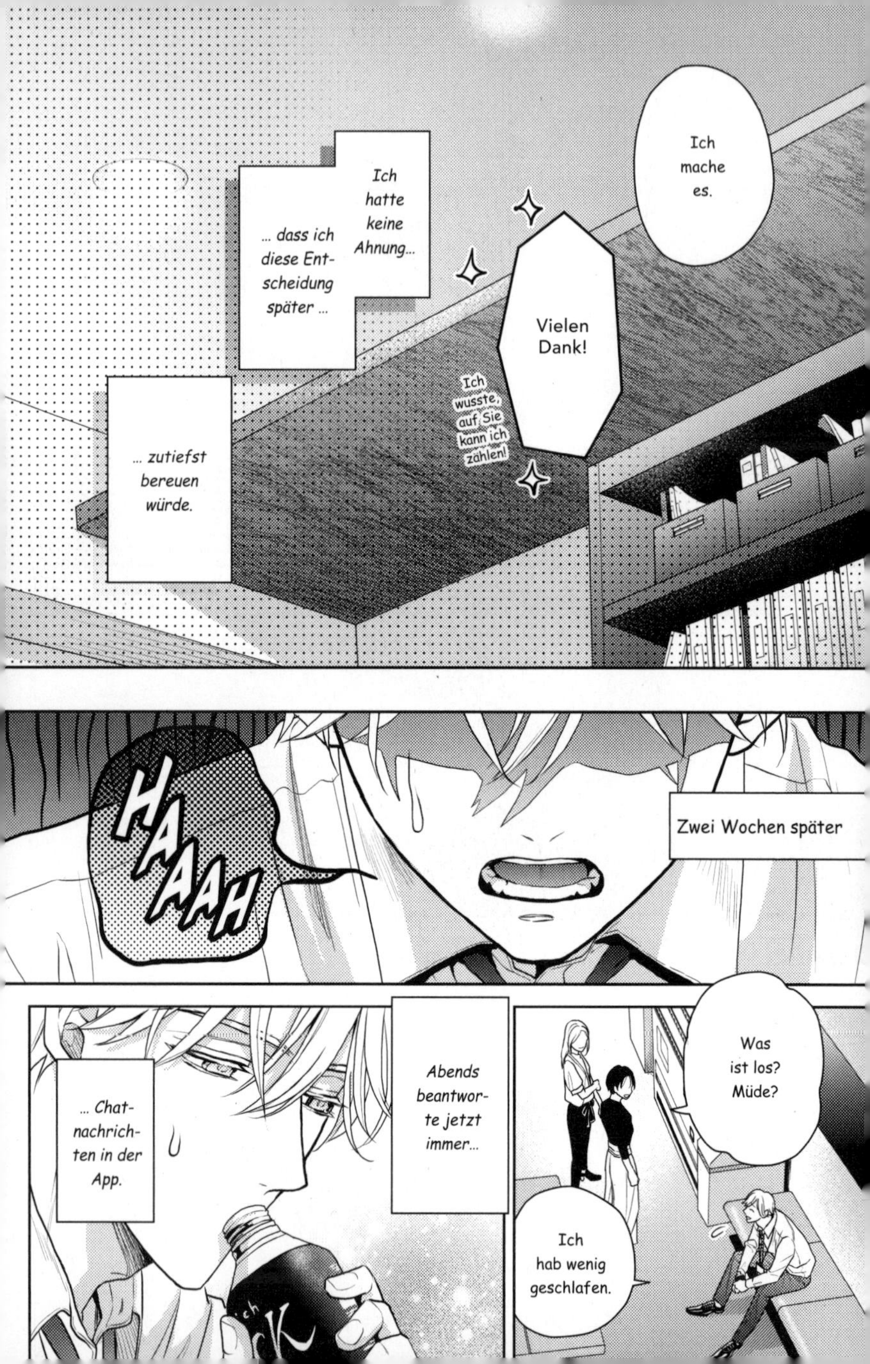
Ich mache es.
Vielen Dank!
Ich wusste, auf Sie kann ich zählen!
Ich hatte keine Ahnung…
… dass ich diese Entscheidung später …
… zutiefst bereuen würde.
Zwei Wochen später
HAAAAH
Was ist los? Müde?
Ich hab wenig geschlafen.
Abends beantworte jetzt immer…
… Chatnachrichten in der App.

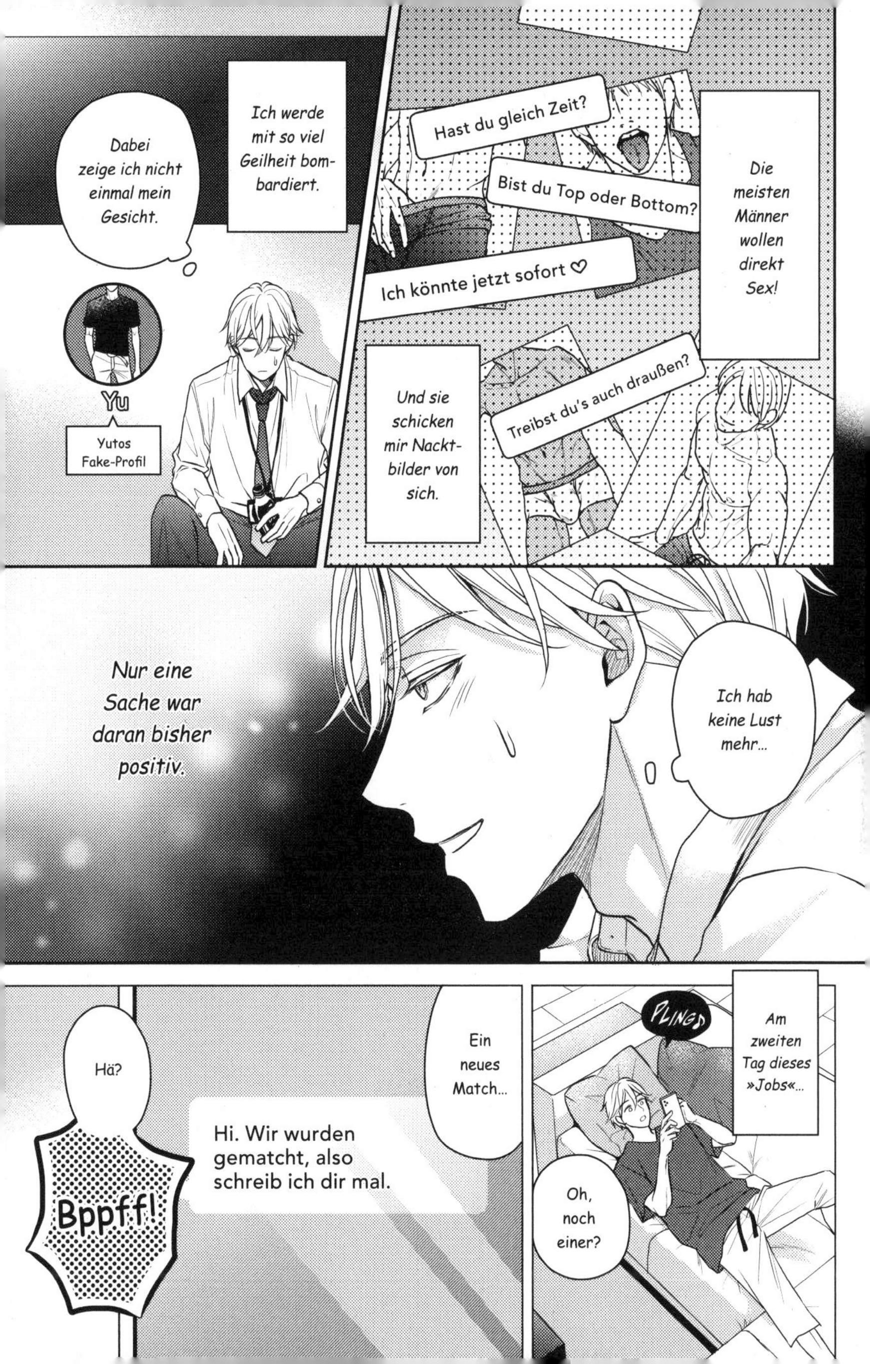
Die meisten Männer wollen direkt Sex!
Hast du gleich Zeit?
Bist du Top oder Bottom?
Ich könnte jetzt sofort ♡
Treibst du's auch draußen?
Und sie schicken mir Nacktbilder von sich.
Ich werde mit so viel Geilheit bombardiert.
Dabei zeige ich nicht einmal mein Gesicht.
Yu
Yutos Fake-Profil
Ich hab keine Lust mehr...
Nur eine Sache war daran bisher positiv.
Am zweiten Tag dieses »Jobs«...
PLING♪
Oh, noch einer?
Ein neues Match...
Hi. Wir wurden gematcht, also schreib ich dir mal.
Hä?
Bppff!

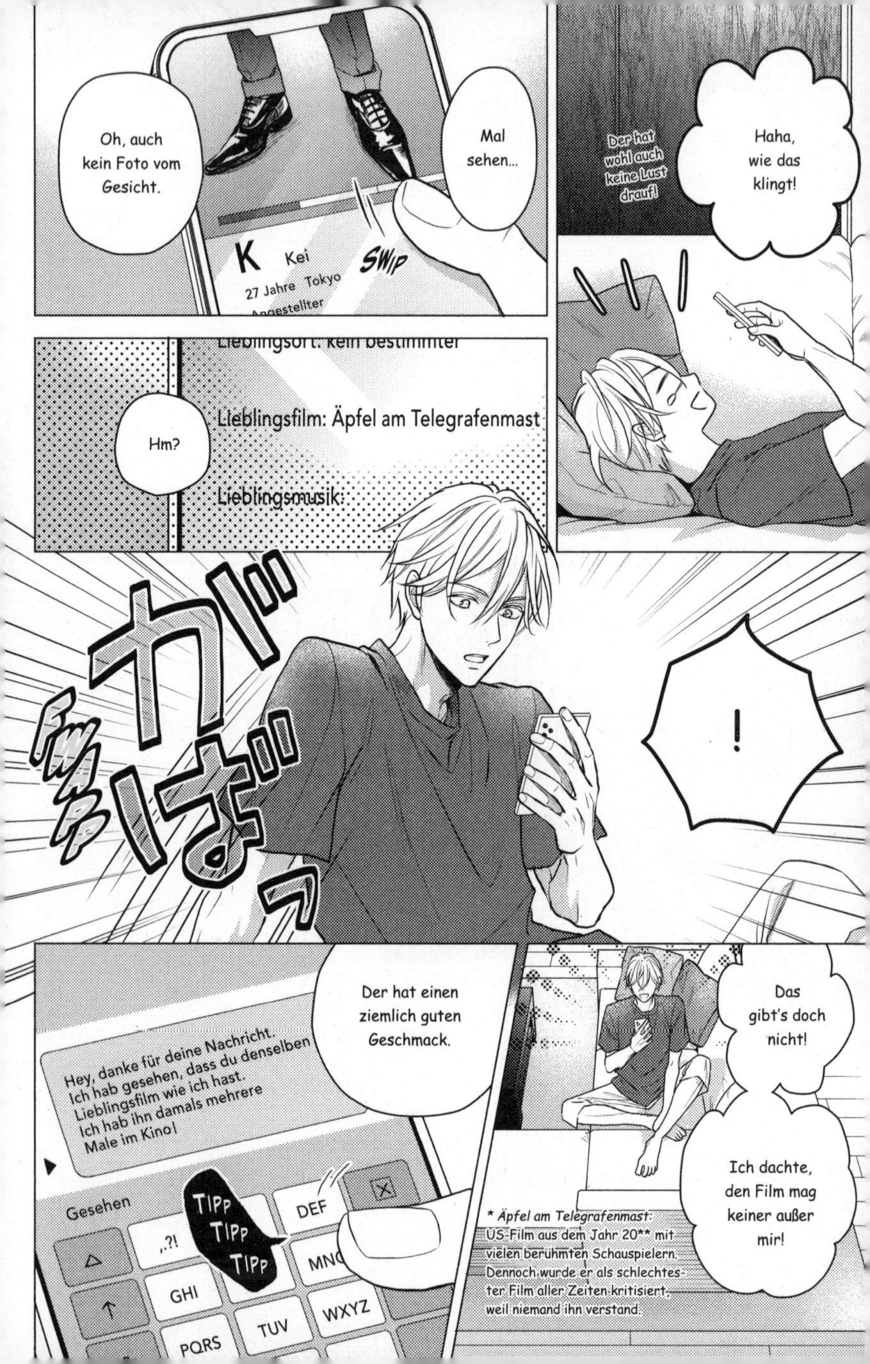

Haha, wie das klingt!
Der hat wohl auch keine Lust drauf!
Mal sehen...
Oh, auch kein Foto vom Gesicht.
K Kei
27 Jahre Tokyo
Angestellter
SWIP
Lieblingsort: kein bestimmter
Lieblingsfilm: Äpfel am Telegrafenmast
Lieblingsmusik:
Hm?
!
FWAPP
ガバッ
Das gibt's doch nicht!
Ich dachte, den Film mag keiner außer mir!
Der hat einen ziemlich guten Geschmack.
Hey, danke für deine Nachricht. Ich hab gesehen, dass du denselben Lieblingsfilm wie ich hast. Ich hab ihn damals mehrere Male im Kino!
TIPP TIPP TIPP
Gesehen
* Äpfel am Telegrafenmast: US-Film aus dem Jahr 20** mit vielen berühmten Schauspielern. Dennoch wurde er als schlechtester Film aller Zeiten kritisiert, weil niemand ihn verstand.

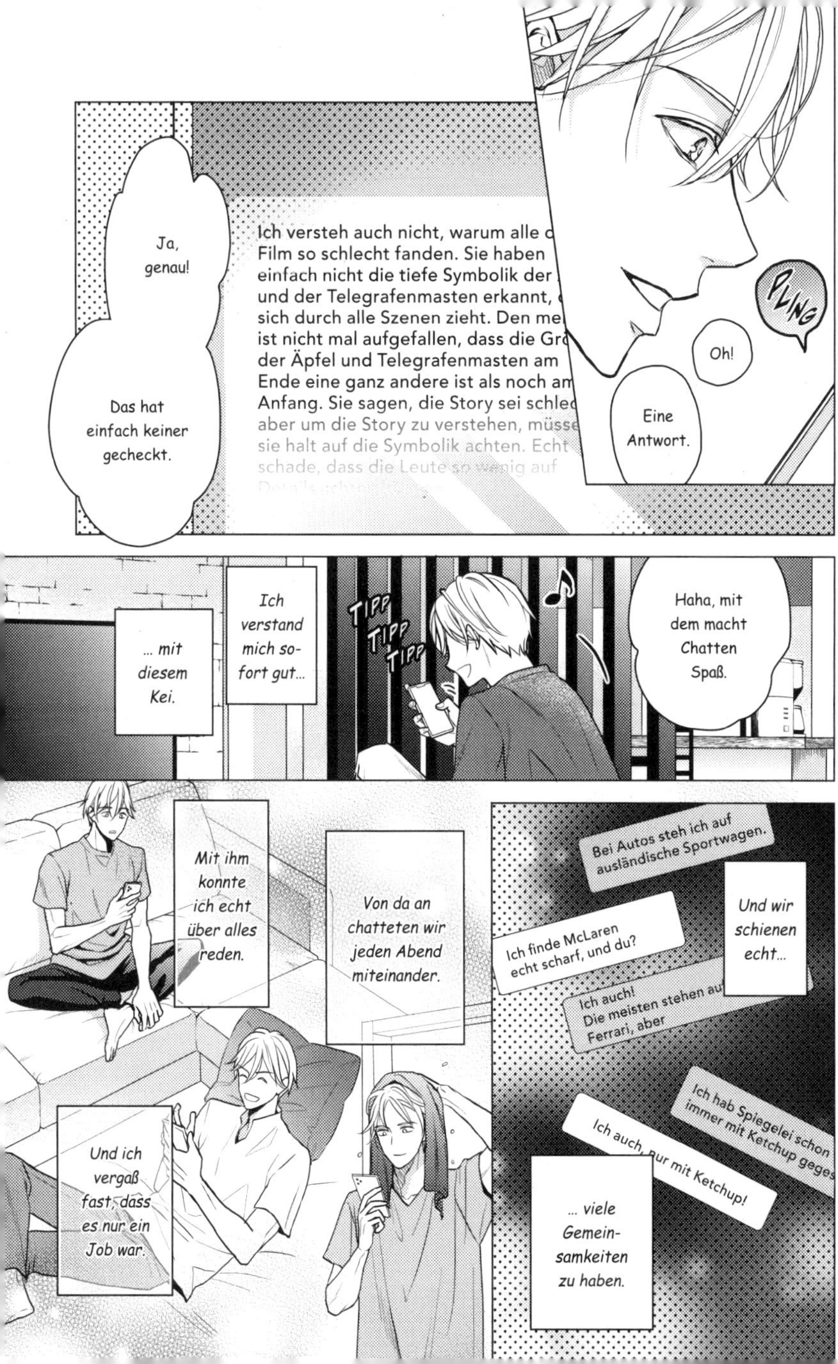
PLING
Oh!
Eine Antwort.
Ich versteh auch nicht, warum alle
Film so schlecht fanden. Sie haben
einfach nicht die tiefe Symbolik der
und der Telegrafenmasten erkannt,
sich durch alle Szenen zieht. Den me
ist nicht mal aufgefallen, dass die Gr
der Äpfel und Telegrafenmasten am
Ende eine ganz andere ist als noch am
Anfang. Sie sagen, die Story sei schle
aber um die Story zu verstehen, müsse
sie halt auf die Symbolik achten. Echt
schade, dass die Leute so wenig auf
Ja, genau!
Das hat einfach keiner gecheckt.
Haha, mit dem macht Chatten Spaß.
TIPP TIPP TIPP
Ich verstand mich sofort gut...
... mit diesem Kei.
Bei Autos steh ich auf ausländische Sportwagen.
Und wir schienen echt...
Ich finde McLaren echt scharf, und du?
Ich auch! Die meisten stehen au Ferrari, aber
Ich hab Spiegelei schon immer mit Ketchup geges
Ich auch, nur mit Ketchup!
... viele Gemeinsamkeiten zu haben.
Von da an chatteten wir jeden Abend miteinander.
Mit ihm konnte ich echt über alles reden.
Und ich vergaß fast, dass es nur ein Job war.

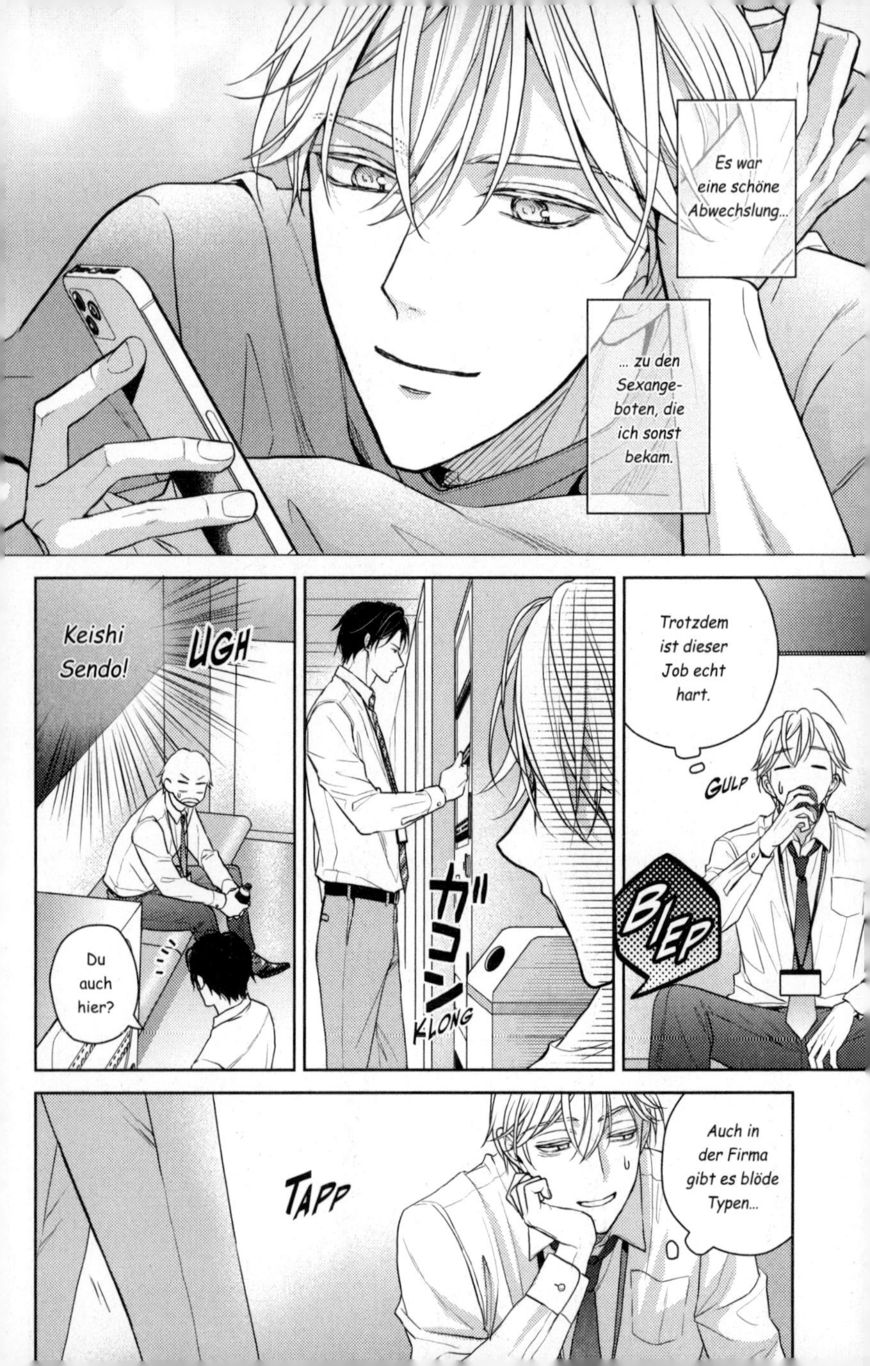

Es war eine schöne Abwechslung...
... zu den Sexangeboten, die ich sonst bekam.
Trotzdem ist dieser Job echt hart.
GULP
BIEP
KLONG
Keishi Sendo!
UGH
Du auch hier?
Auch in der Firma gibt es blöde Typen...
TAPP

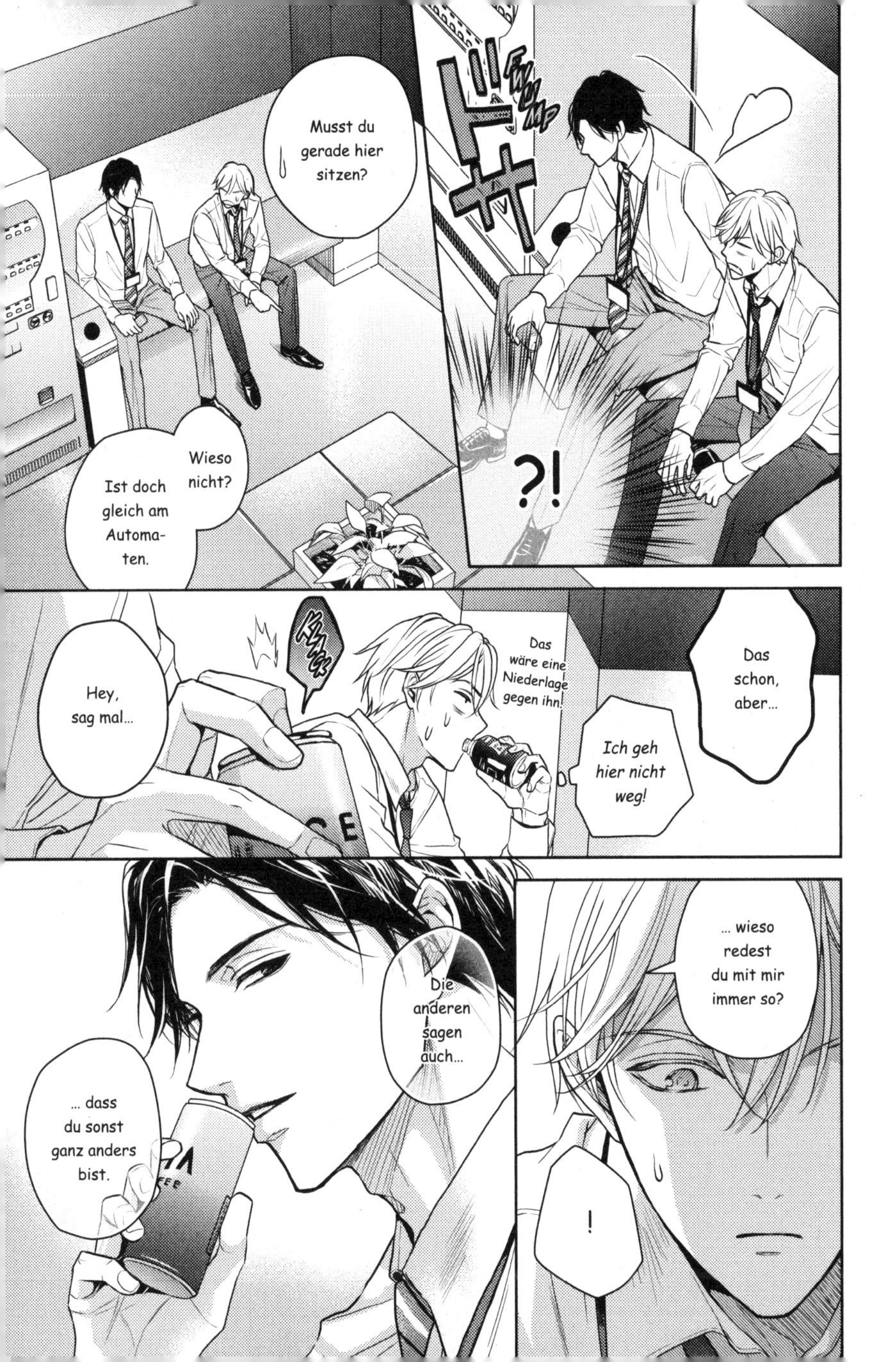
FWUMP
?!
Musst du gerade hier sitzen?
Wieso nicht?
Ist doch gleich am Automaten.
Das schon, aber...
Ich geh hier nicht weg!
Das wäre eine Niederlage gegen ihn!
KNACK
Hey, sag mal...
... wieso redest du mit mir immer so?
!
Die anderen sagen auch...
... dass du sonst ganz anders bist.

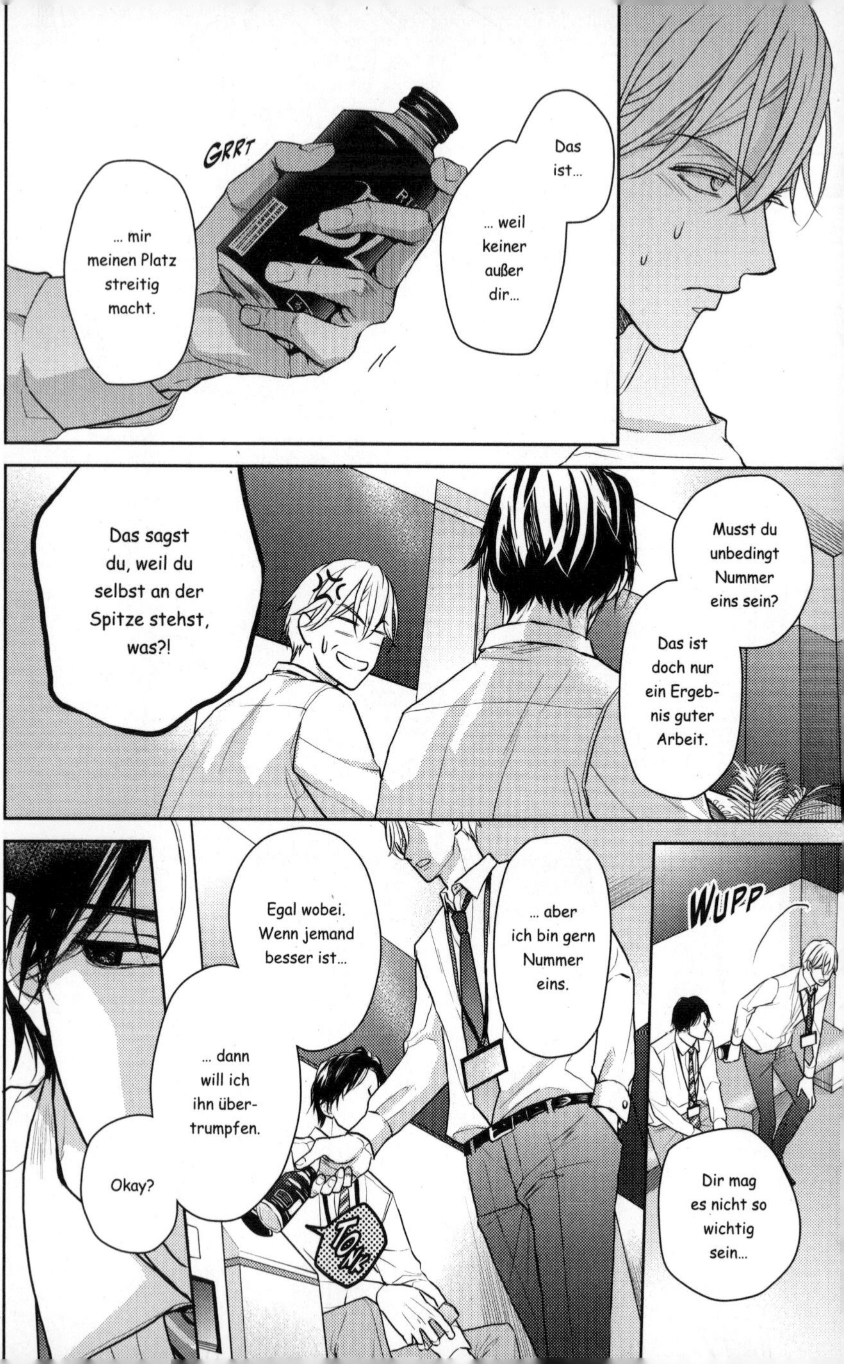
Das ist...
... weil keiner außer dir...
GRRT
... mir meinen Platz streitig macht.
Musst du unbedingt Nummer eins sein?
Das ist doch nur ein Ergebnis guter Arbeit.
Das sagst du, weil du selbst an der Spitze stehst, was?!
WUPP
Dir mag es nicht so wichtig sein...
... aber ich bin gern Nummer eins.
Egal wobei. Wenn jemand besser ist...
... dann will ich ihn übertrumpfen.
Okay?
TONK

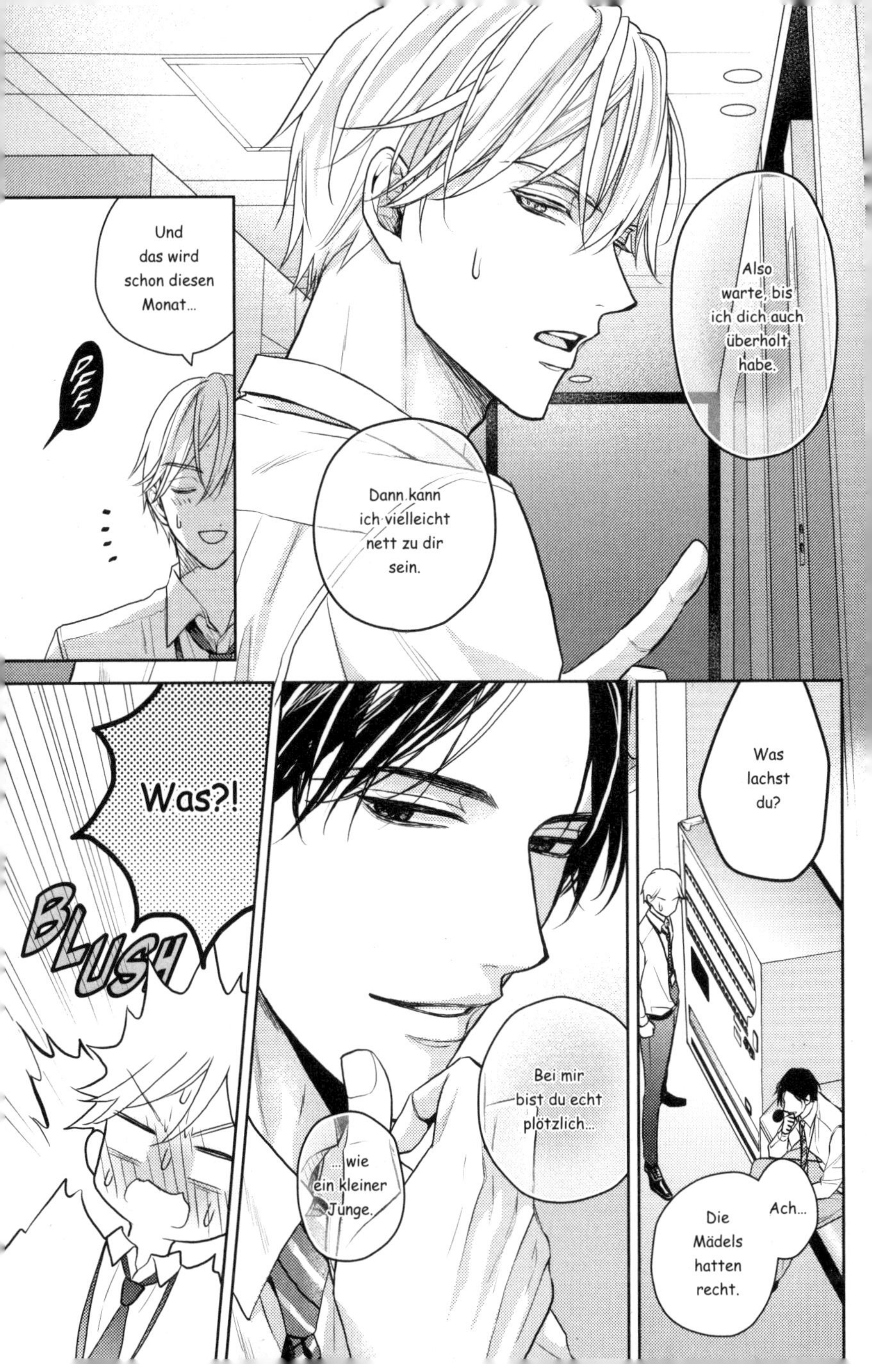
Also warte, bis ich dich auch überholt habe.
Dann kann ich vielleicht nett zu dir sein.
Und das wird schon diesen Monat...
PFFT
Was lachst du?
Ach...
Die Mädels hatten recht.
Bei mir bist du echt plötzlich...
... wie ein kleiner Junge.
Was?!
BLUSH

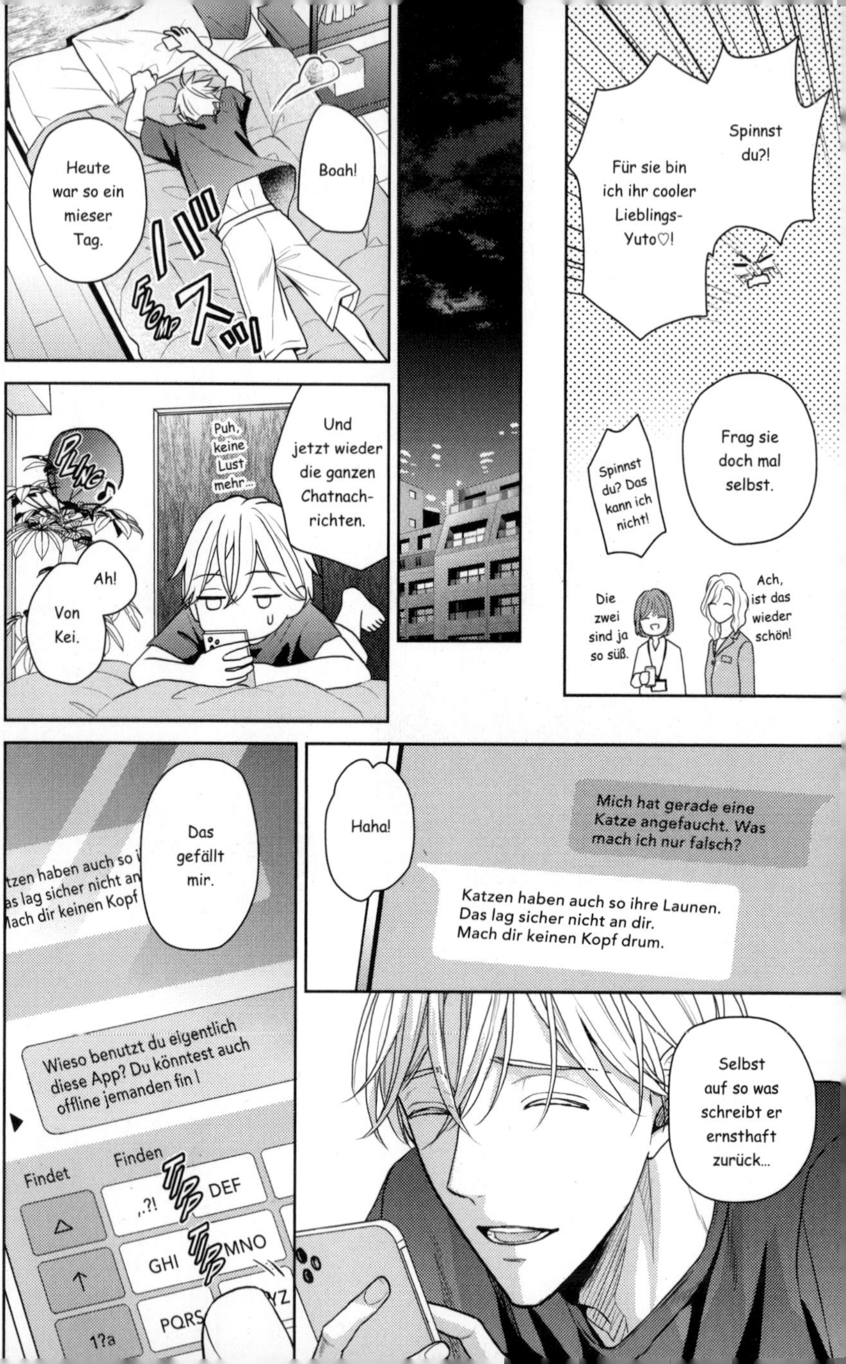
Spinnst du?!
Für sie bin ich ihr cooler Lieblings-Yuto♡!
Frag sie doch mal selbst.
Spinnst du? Das kann ich nicht!
Ach, ist das wieder schön!
Die zwei sind ja so süß.
Boah!
Heute war so ein mieser Tag.
FWOMP
Und jetzt wieder die ganzen Chatnachrichten.
Puh, keine Lust mehr...
PLING
Ah! Von Kei.
Haha!
Mich hat gerade eine Katze angefaucht. Was mach ich nur falsch?
Katzen haben auch so ihre Launen. Das lag sicher nicht an dir. Mach dir keinen Kopf drum.
Selbst auf so was schreibt er ernsthaft zurück...
Das gefällt mir.
Wieso benutzt du eigentlich diese App? Du könntest auch offline jemanden fin
Findet
Finden
TIPP
TIPP
DEF
GHI
MNO
PQRS

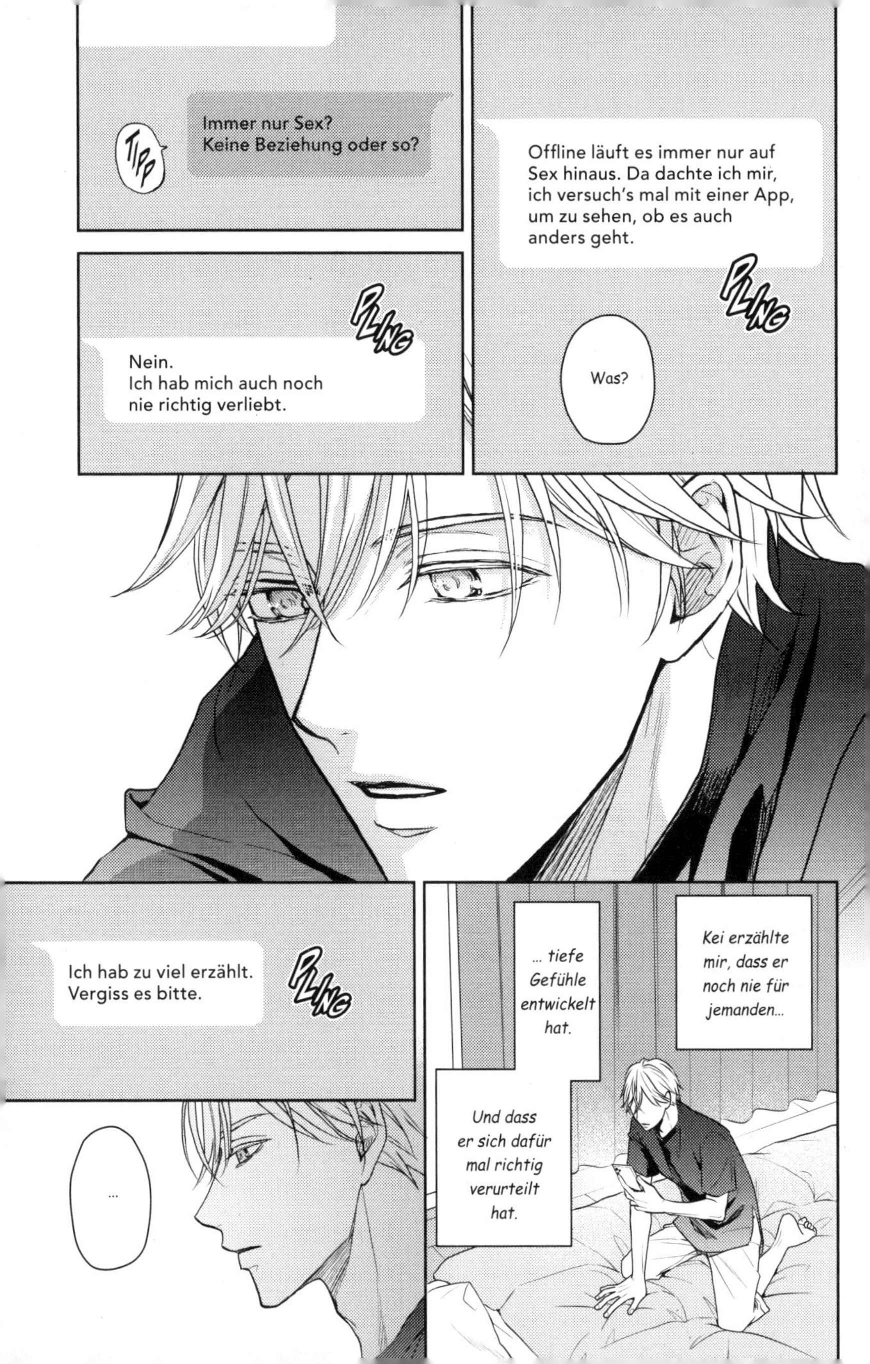
Offline läuft es immer nur auf Sex hinaus. Da dachte ich mir, ich versuch's mal mit einer App, um zu sehen, ob es auch anders geht.
PLING
Was?
Immer nur Sex? Keine Beziehung oder so?
TIPP
PLING
Nein. Ich hab mich auch noch nie richtig verliebt.
Kei erzählte mir, dass er noch nie für jemanden...
... tiefe Gefühle entwickelt hat.
Und dass er sich dafür mal richtig verurteilt hat.
PLING
Ich hab zu viel erzählt. Vergiss es bitte.
...

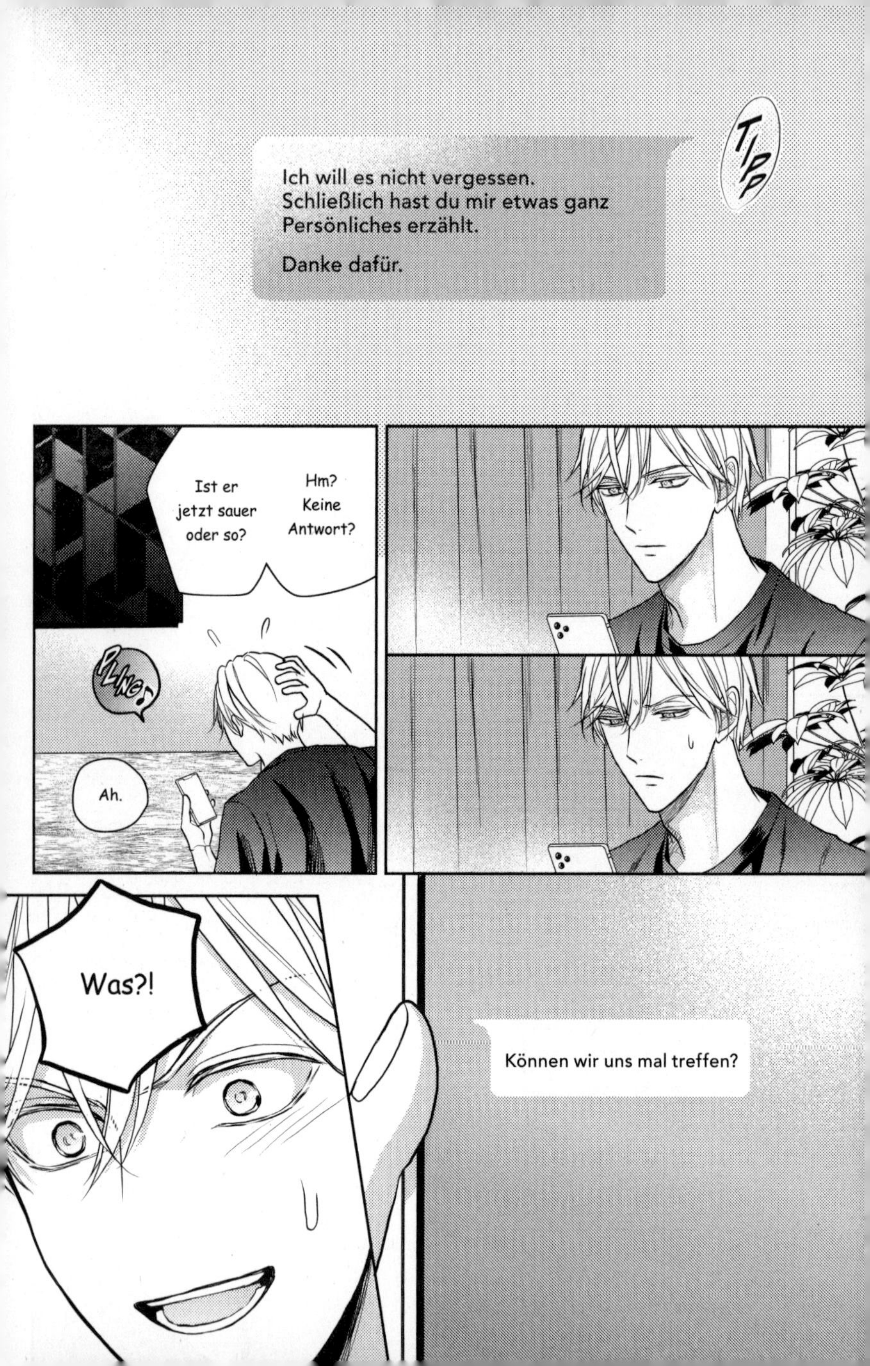
TIPP
Ich will es nicht vergessen. Schließlich hast du mir etwas ganz Persönliches erzählt.
Danke dafür.
Hm? Keine Antwort?
Ist er jetzt sauer oder so?
PLING♪
Ah.
Was?!
Können wir uns mal treffen?

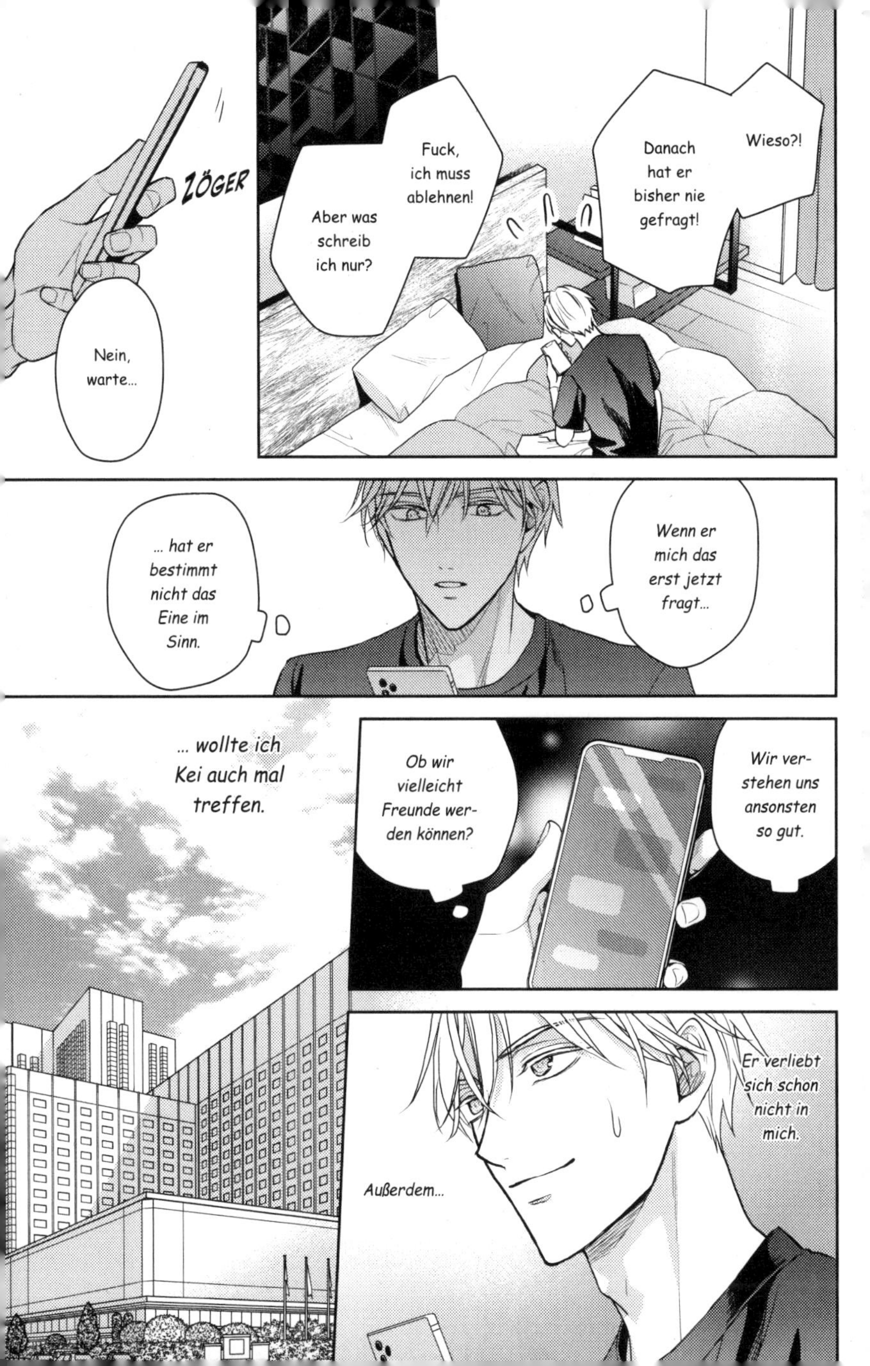

Wieso?!
Danach hat er bisher nie gefragt!
Fuck, ich muss ablehnen!
Aber was schreib ich nur?
ZÖGER
Nein, warte...
Wenn er mich das erst jetzt fragt...
... hat er bestimmt nicht das Eine im Sinn.
Wir verstehen uns ansonsten so gut.
Ob wir vielleicht Freunde werden können?
... wollte ich Kei auch mal treffen.
Er verliebt sich schon nicht in mich.
Außerdem...

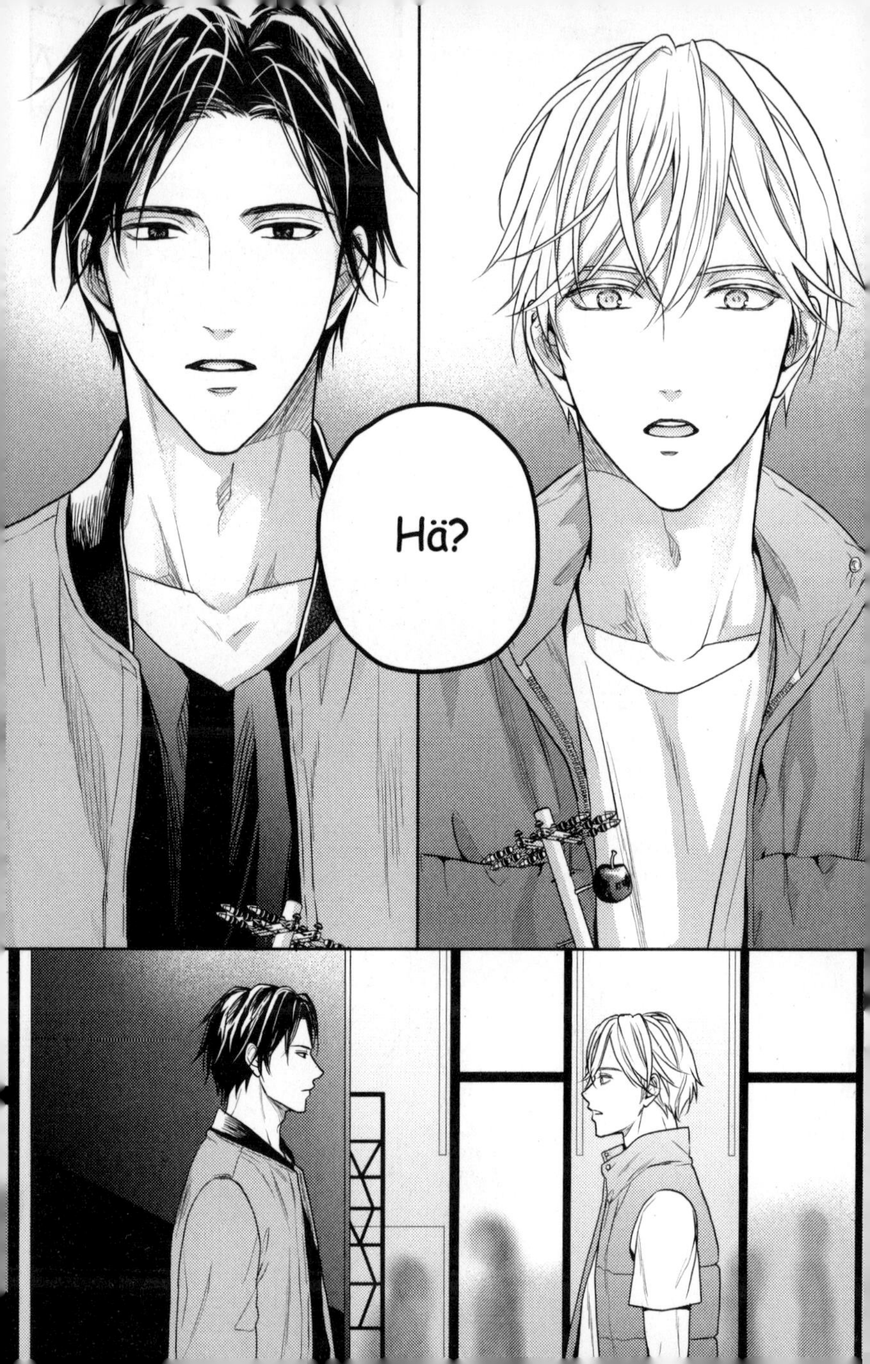
Hä?

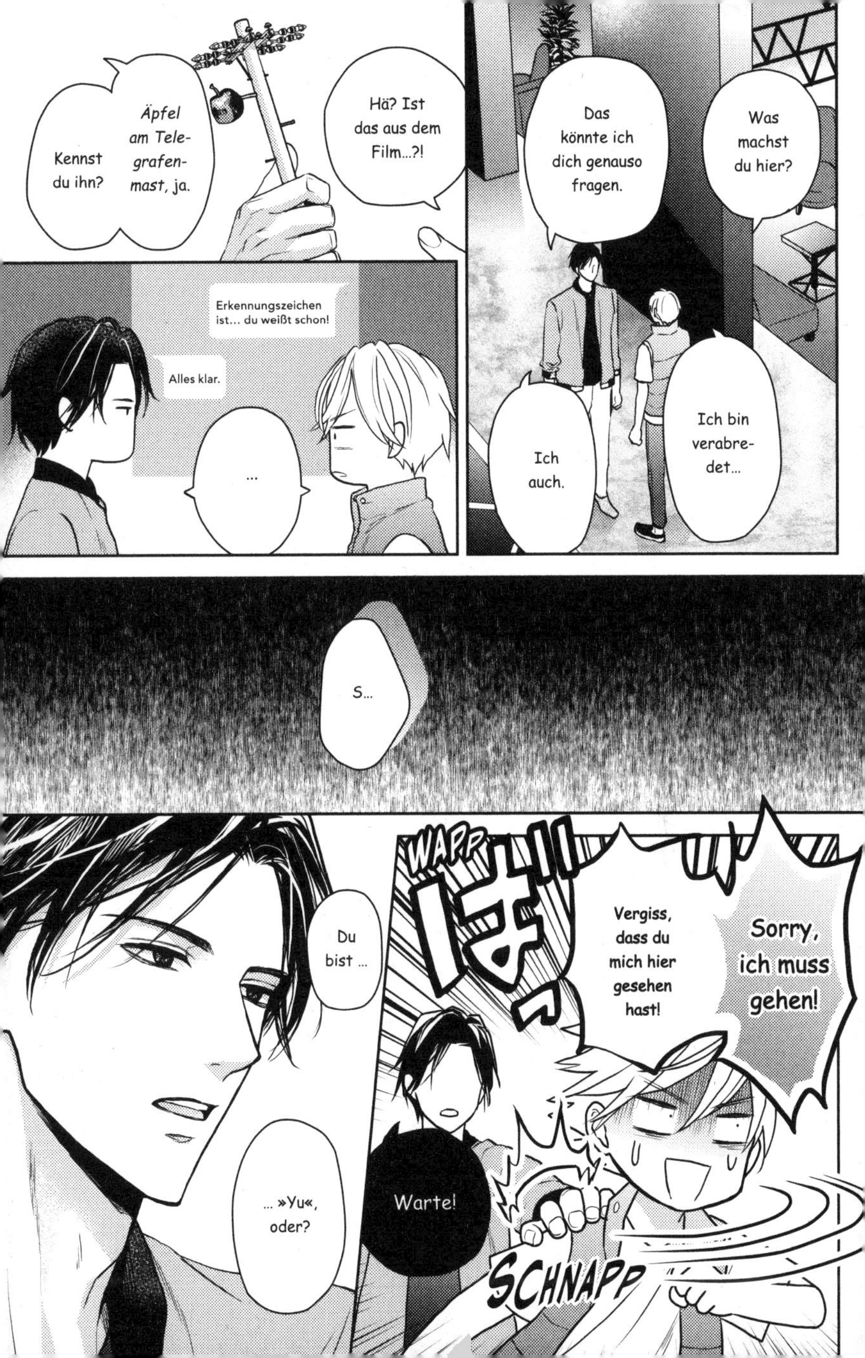
Was machst du hier?
Das könnte ich dich genauso fragen.
Ich bin verabredet…
Ich auch.
Hä? Ist das aus dem Film…?!
Kennst du ihn?
Äpfel am Telegrafenmast, ja.
Erkennungszeichen ist… du weißt schon!
Alles klar.
…
S…
Sorry, ich muss gehen!
Vergiss, dass du mich hier gesehen hast!
WAPP
ぱっ
Warte!
SCHNAPP
Du bist …
… »Yu«, oder?

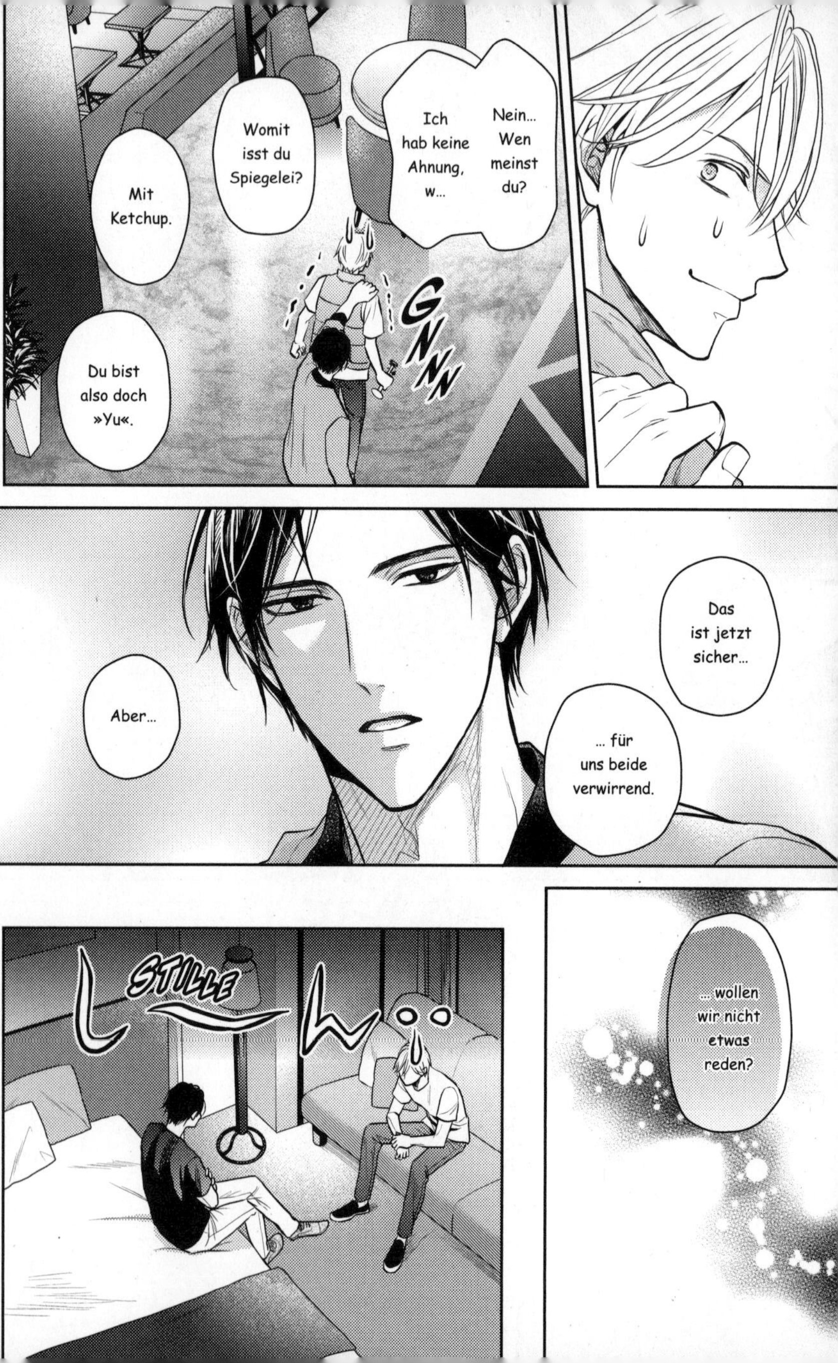
Nein... Wen meinst du?
Ich hab keine Ahnung, w...
Womit isst du Spiegelei?
Mit Ketchup.
GNNN
Du bist also doch »Yu«.
Das ist jetzt sicher...
... für uns beide verwirrend.
Aber...
... wollen wir nicht etwas reden?
STILLE

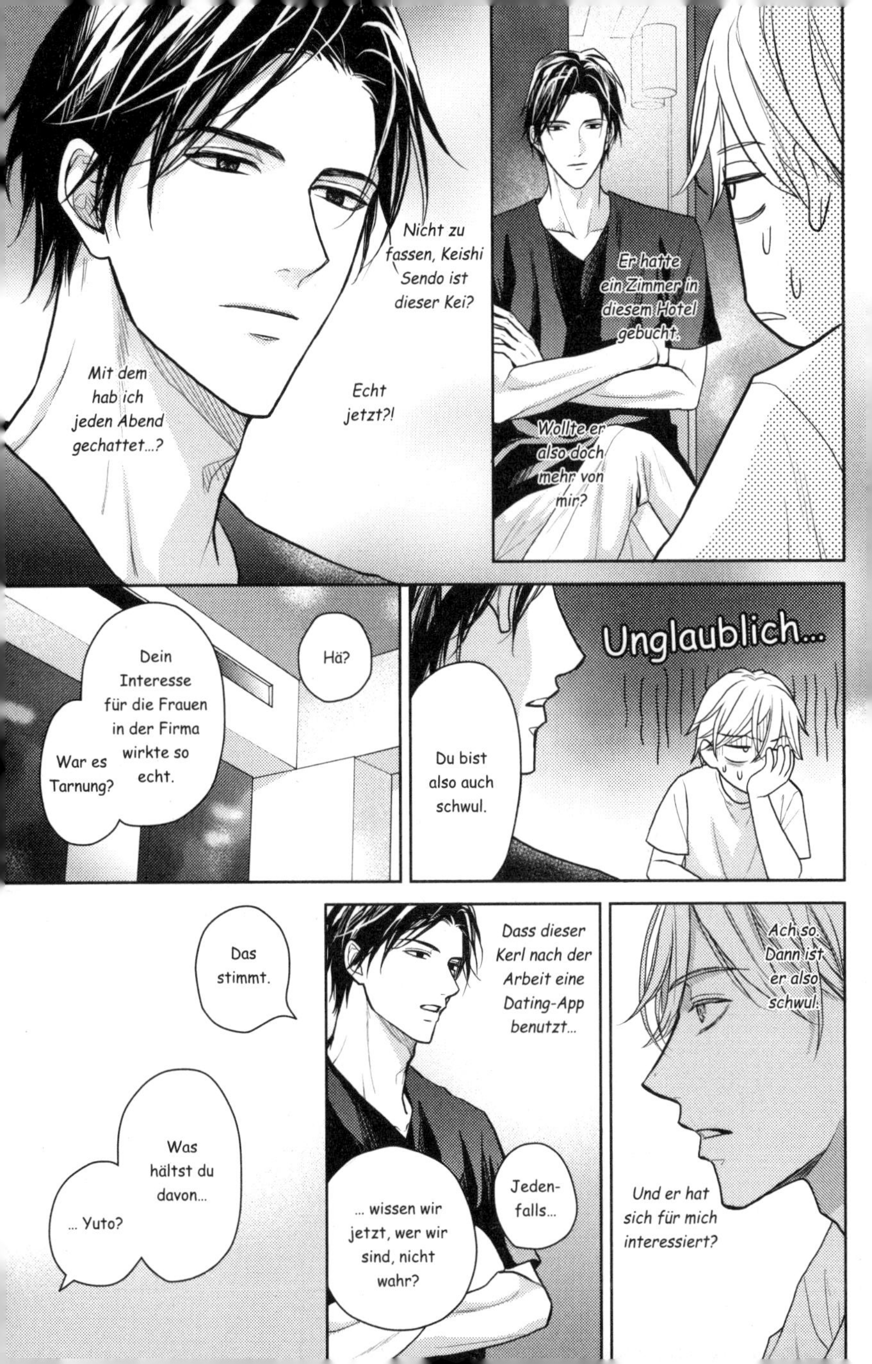
Er hatte ein Zimmer in diesem Hotel gebucht.
Wollte er also doch mehr von mir?
Nicht zu fassen, Keishi Sendo ist dieser Kei?
Echt jetzt?!
Mit dem hab ich jeden Abend gechattet...?
Unglaublich...
Du bist also auch schwul.
Hä?
Dein Interesse für die Frauen in der Firma wirkte so echt.
War es Tarnung?
Ach so. Dann ist er also schwul.
Und er hat sich für mich interessiert?
Dass dieser Kerl nach der Arbeit eine Dating-App benutzt...
Jedenfalls...
... wissen wir jetzt, wer wir sind, nicht wahr?
Das stimmt.
Was hältst du davon...
... Yuto?

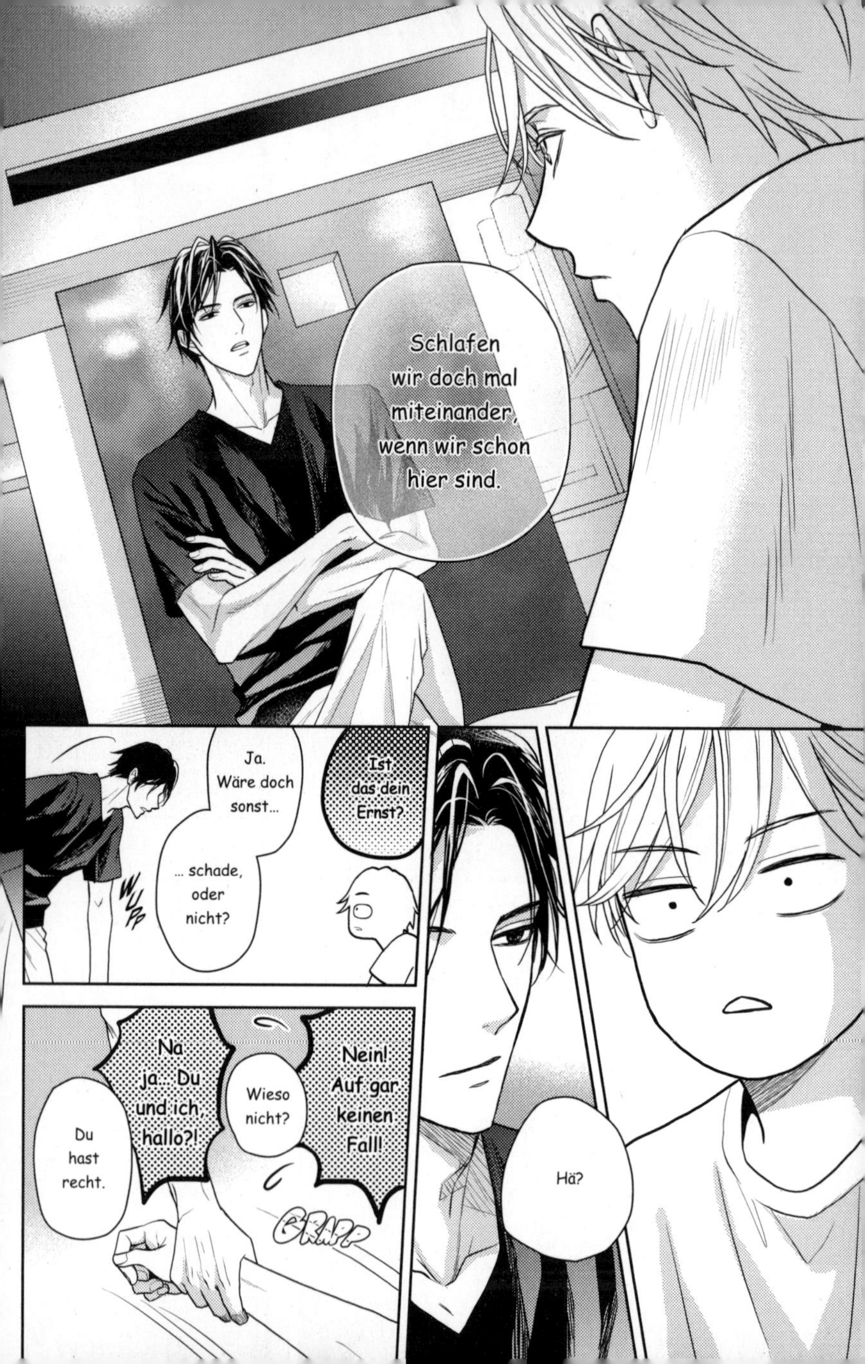
Schlafen wir doch mal miteinander, wenn wir schon hier sind.
Hä?
Ist das dein Ernst?
Ja. Wäre doch sonst...
... schade, oder nicht?
WUPP
Nein! Auf gar keinen Fall!
Wieso nicht?
Na ja... Du und ich, hallo?!
Du hast recht.
GRAPP

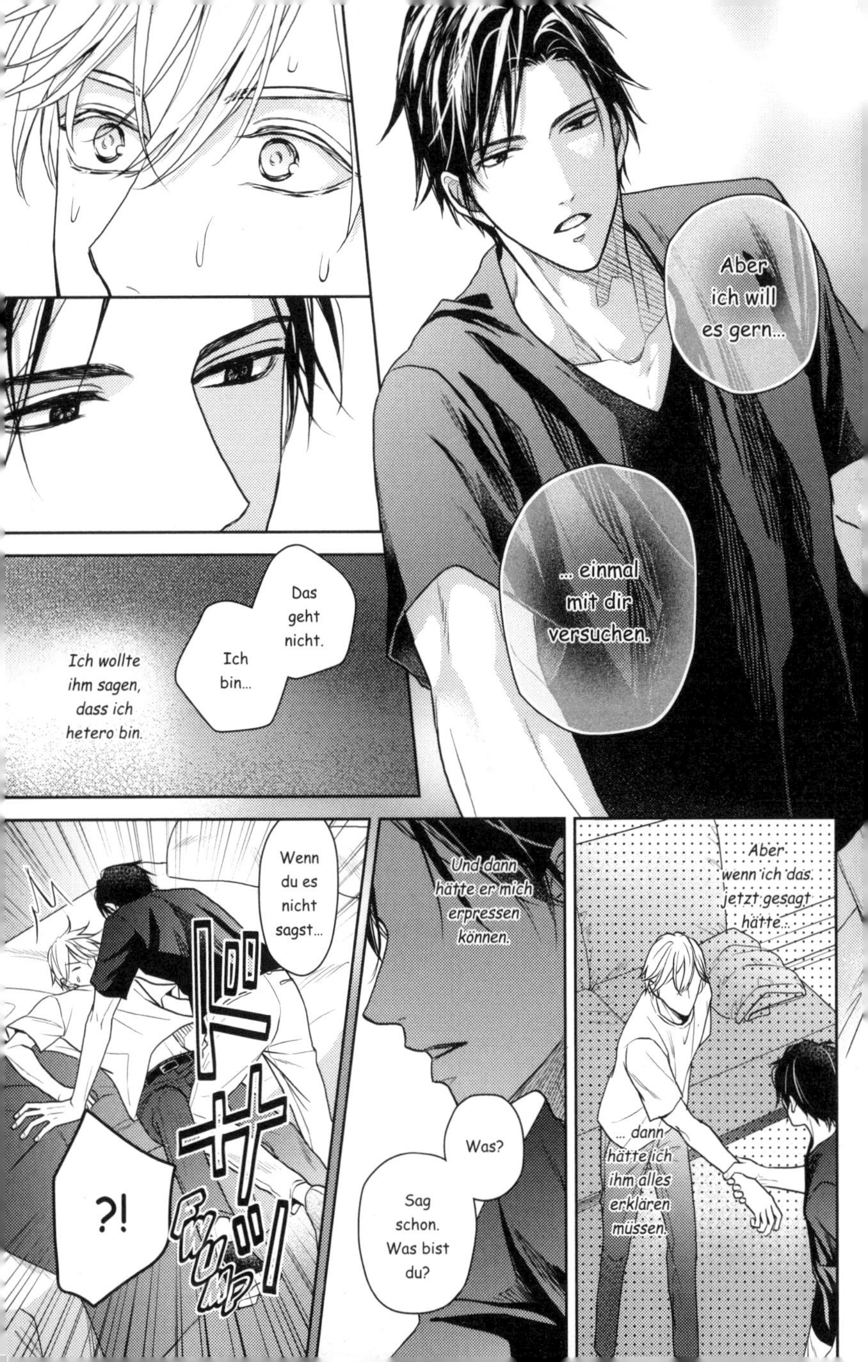

Aber ich will es gern...
... einmal mit dir versuchen.
Das geht nicht.
Ich bin...
Ich wollte ihm sagen, dass ich hetero bin.
Aber wenn ich das jetzt gesagt hätte...
... dann hätte ich ihm alles erklären müssen.
Und dann hätte er mich erpressen können.
Was?
Sag schon. Was bist du?
Wenn du es nicht sagst...
?!

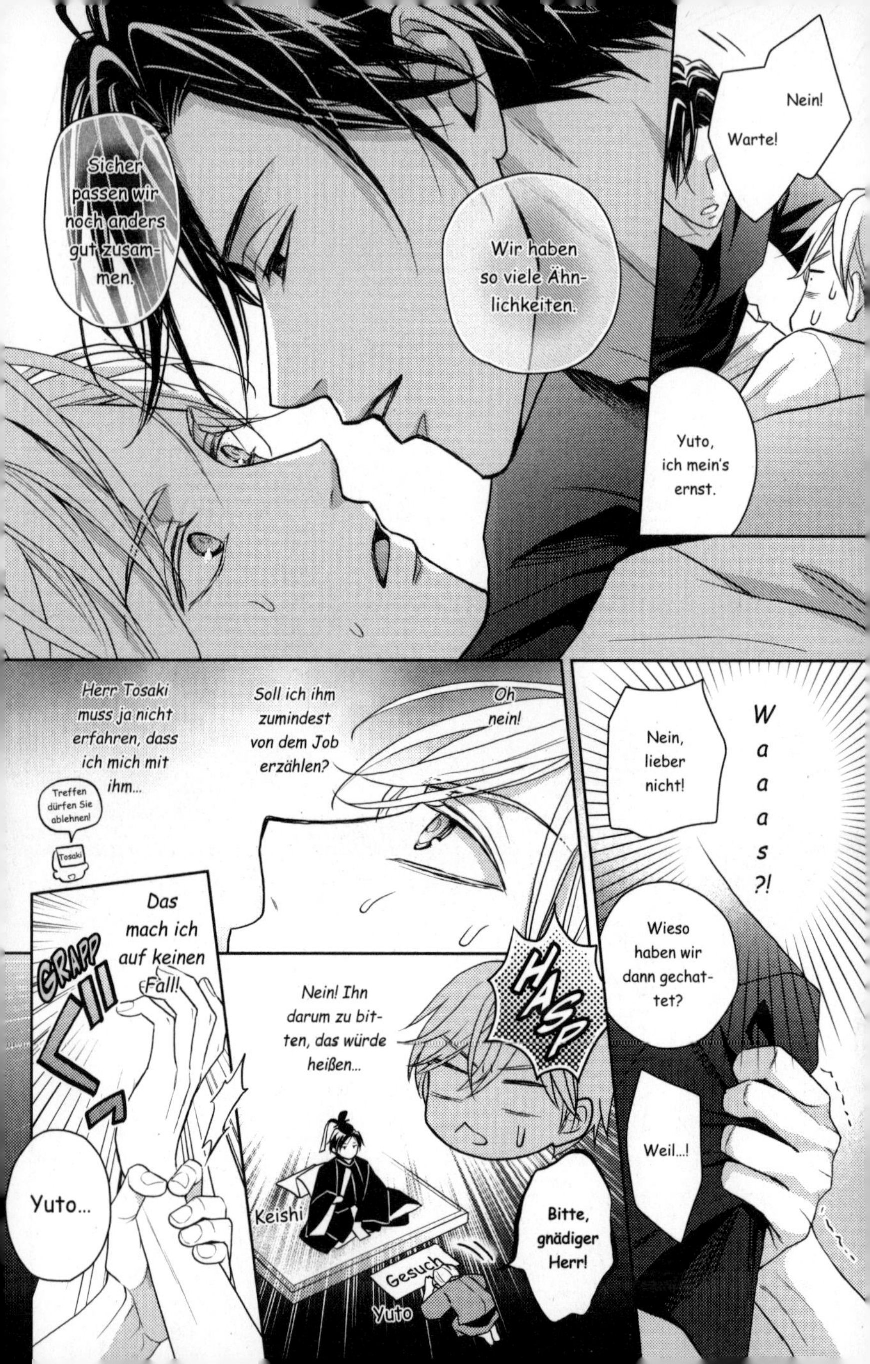

Wir haben so viele Ähnlichkeiten.
Sicher passen wir noch anders gut zusammen.
Nein!
Warte!
Yuto, ich mein's ernst.
Waaaas?!
Nein, lieber nicht!
Wieso haben wir dann gechattet?
Weil...!
Oh nein!
Soll ich ihm zumindest von dem Job erzählen?
Herr Tosaki muss ja nicht erfahren, dass ich mich mit ihm...
Treffen dürfen Sie ablehnen!
Tosaki
HASP
Nein! Ihn darum zu bitten, das würde heißen...
Bitte, gnädiger Herr!
Keishi
Gesuch
Yuto
Das mach ich auf keinen Fall!
GRAPP
Yuto...

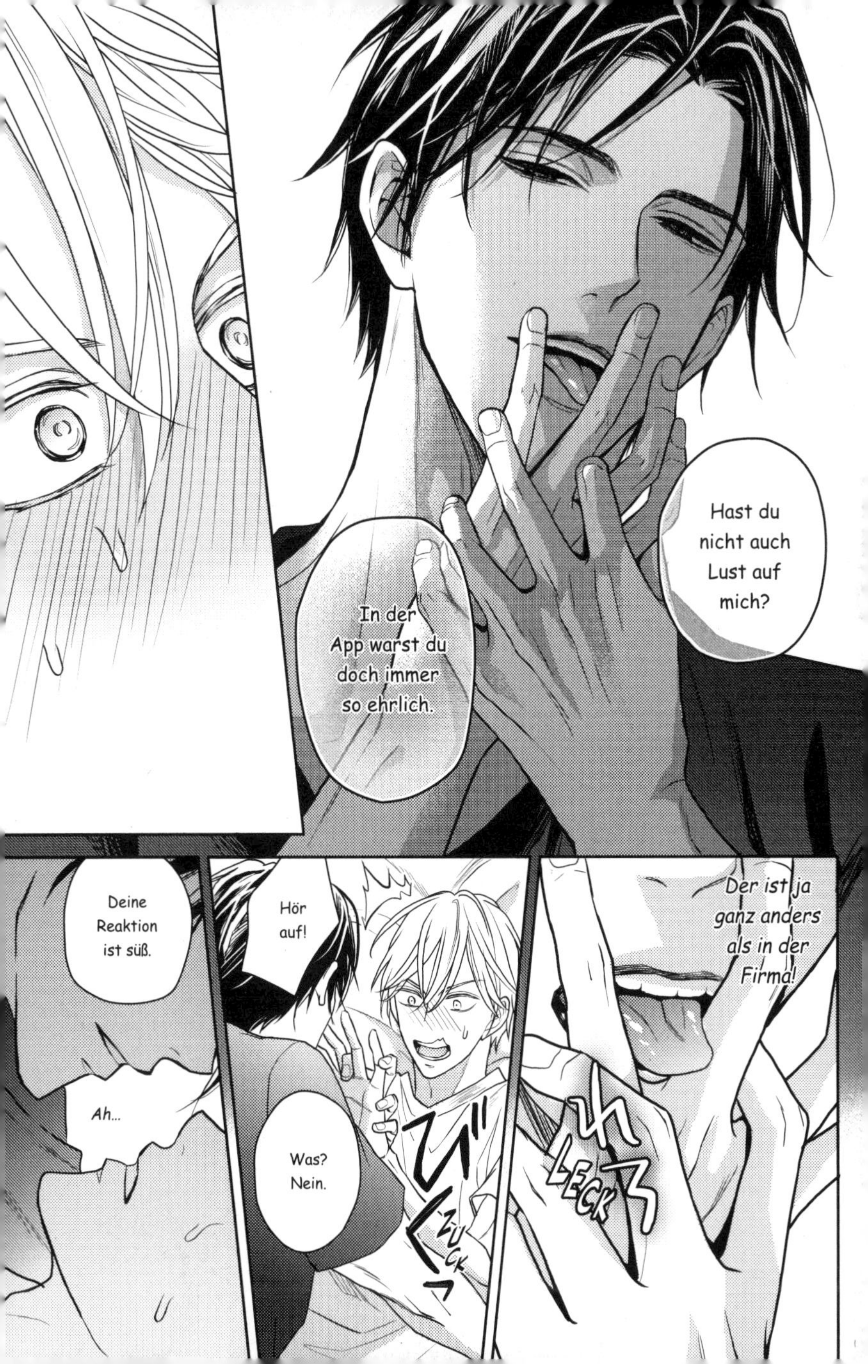
Hast du nicht auch Lust auf mich?
In der App warst du doch immer so ehrlich.
Der ist ja ganz anders als in der Firma!
LECK
Hör auf!
Was? Nein.
ZUCK
Deine Reaktion ist süß.
Ah...

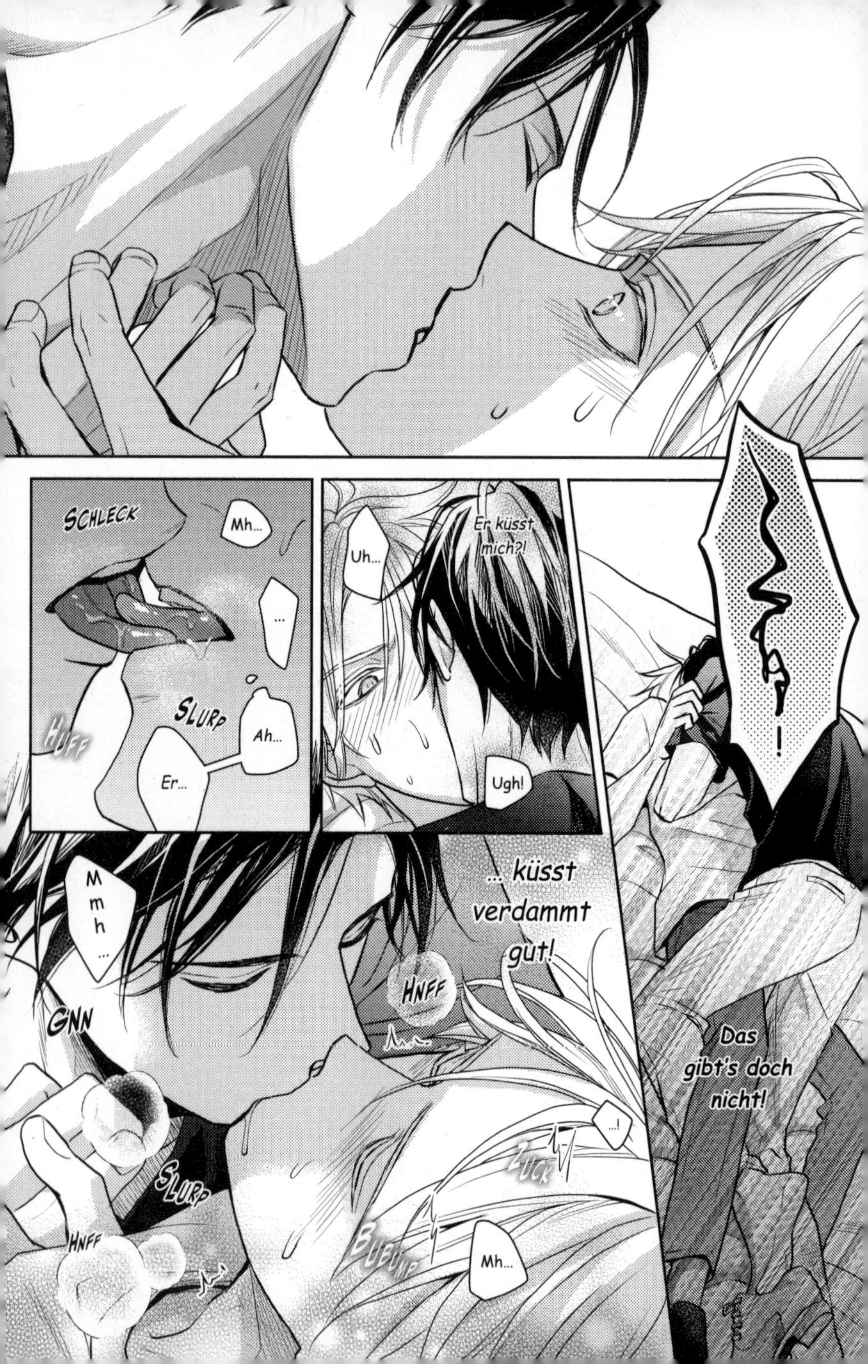
Er küsst mich?!
Uh...
Ugh!
Mh...
Schleck
...
Slurp
Ah...
Er...
Huff
!
... küsst verdammt gut!
Das gibt's doch nicht!
Mmh...
Hnff
Gnn
...!
Zuck
Slurp
Hnff
Badump
Mh...

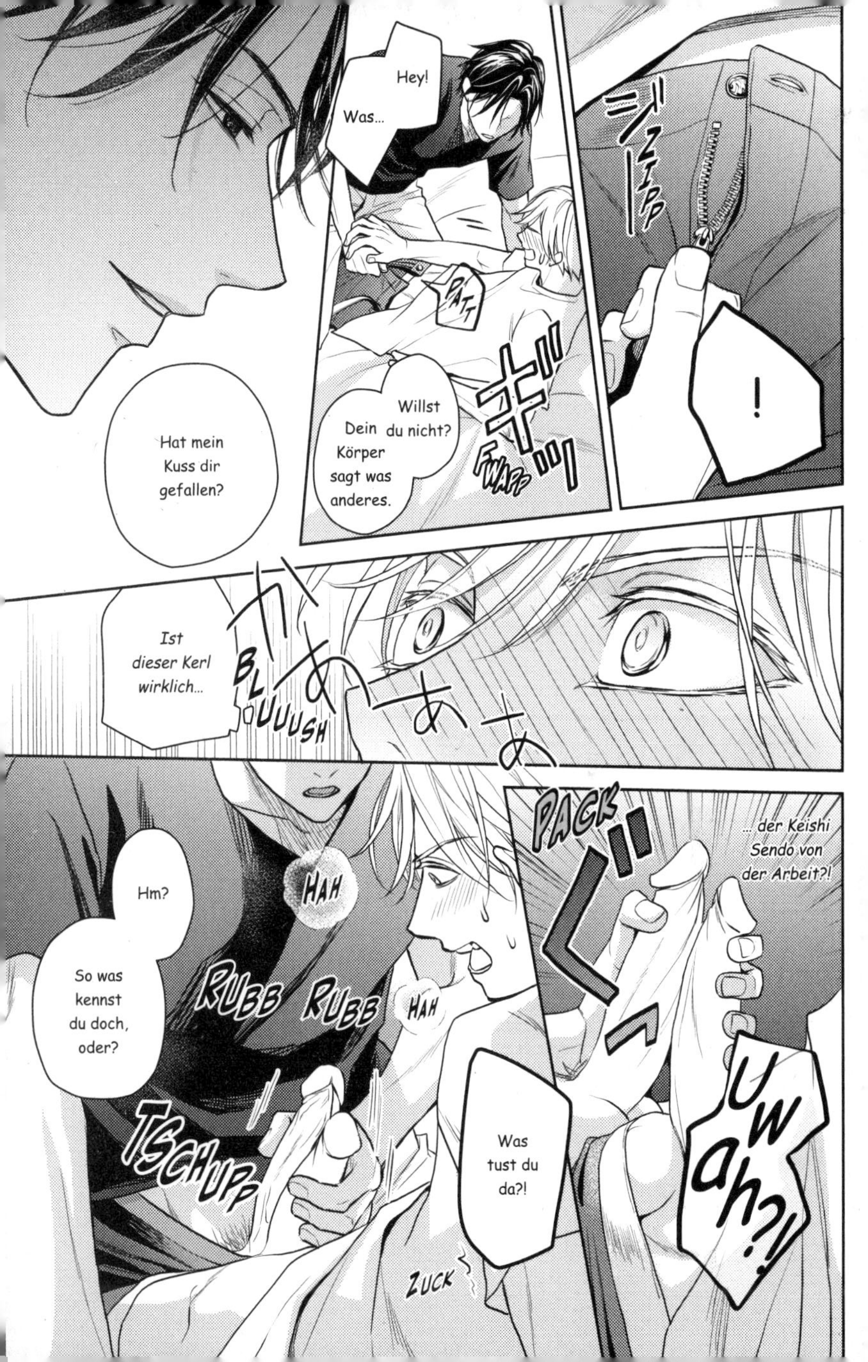
ZIPP
!
Hey!
Was...
DATT
Willst du nicht?
Dein Körper sagt was anderes.
FWAPP
Hat mein Kuss dir gefallen?
Ist dieser Kerl wirklich...
BLUUUSH
... der Keishi Sendo von der Arbeit?!
PACK
Uwah?!
Hm?
So was kennst du doch, oder?
HAH
RUBB RUBB
HAH
TSCHUPP
Was tust du da?!
ZUCK

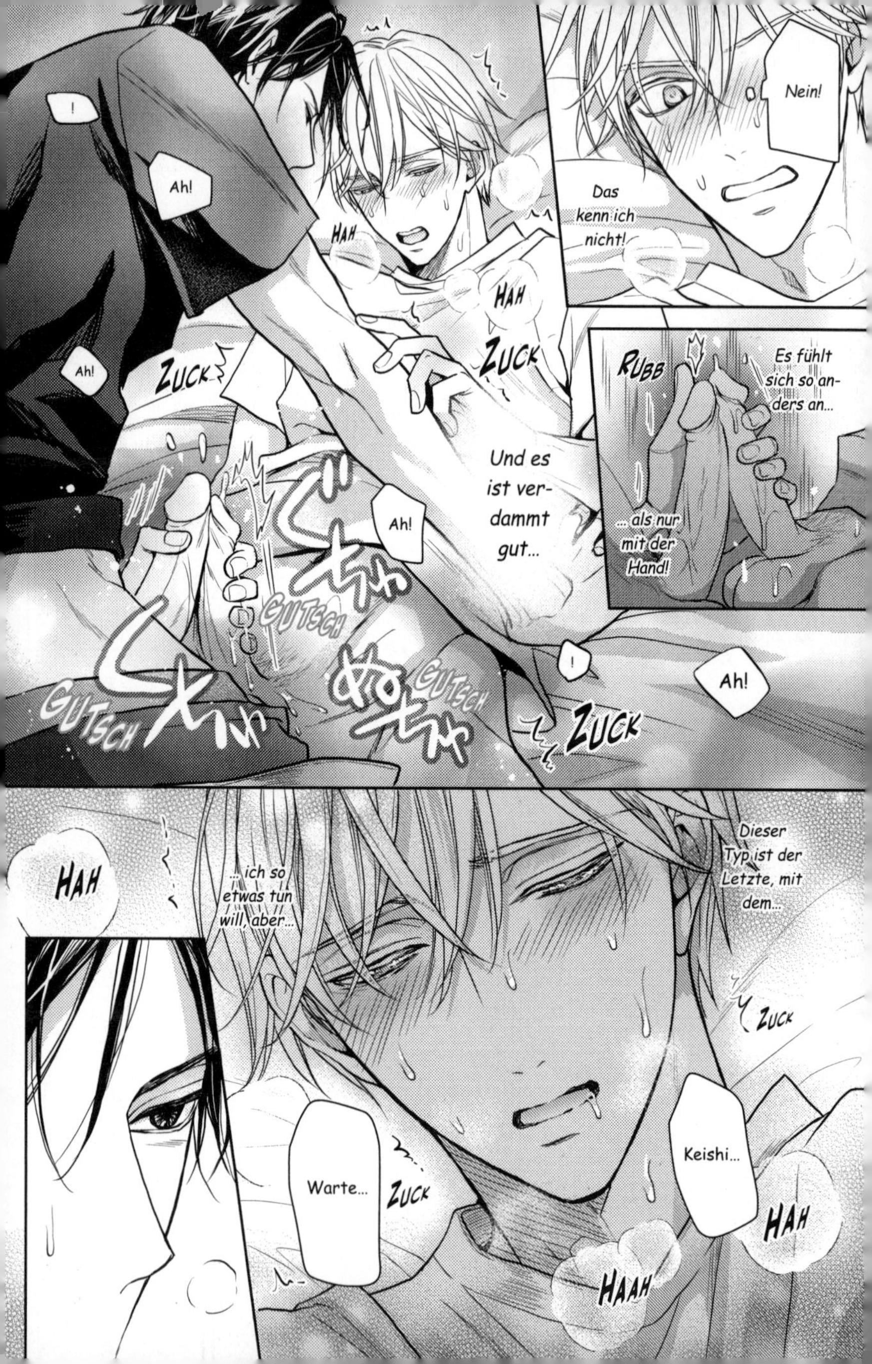
Nein!
Das kenn ich nicht!
!
Ah!
HAH
HAH
ZUCK
Ah!
ZUCK
Es fühlt sich so anders an...
RUBB
... als nur mit der Hand!
Und es ist verdammt gut...
Ah!
GUTSCH
GUTSCH
GUTSCH
!
Ah!
ZUCK
Dieser Typ ist der Letzte, mit dem...
... ich so etwas tun will, aber...
HAH
ZUCK
Keishi...
HAH
HAAH
Warte...
ZUCK

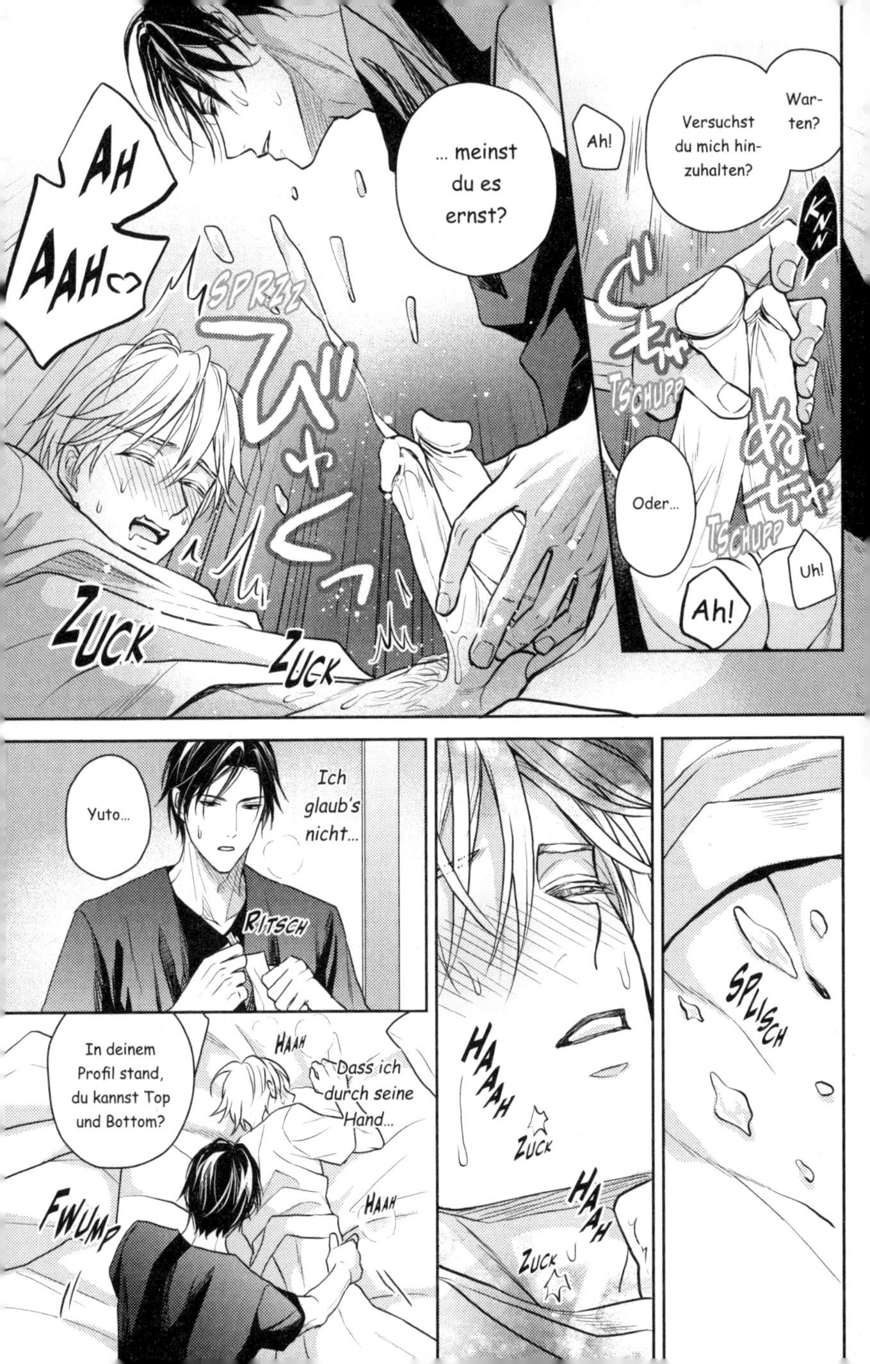
War-
ten?
Versuchst
du mich hin-
zuhalten?
Ah!
KNN
TSCHUPP
Oder...
TSCHUPP
Uh!
Ah!
... meinst
du es
ernst?
AH
AAH
SPRZZ
ZUCK
ZUCK
SPLISCH
HAAAH
ZUCK
HAAH
ZUCK
Ich
glaub's
nicht...
Yuto...
RITSCH
Dass ich
durch seine
Hand...
HAAH
In deinem
Profil stand,
du kannst Top
und Bottom?
HAAH
FWUMP

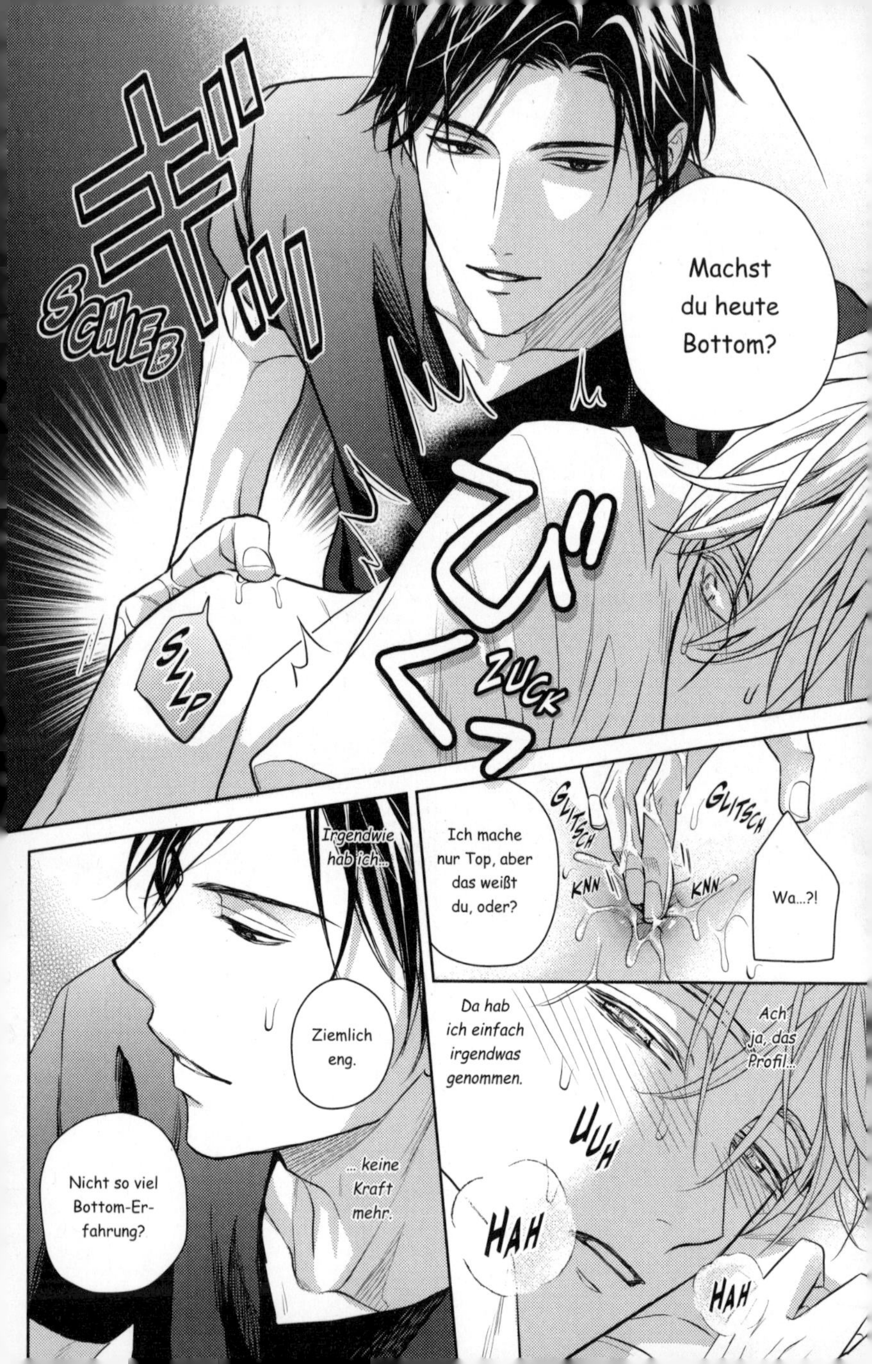
Machst du heute Bottom?
SCHIEB
SLLP
ZUCK
Wa...?!
GLITSCH
KNN
GLITSCH
KNN
Ich mache nur Top, aber das weißt du, oder?
Ach ja, das Profil...
Da hab ich einfach irgendwas genommen.
UUH
HAH
HAH
Irgendwie hab ich...
Ziemlich eng.
... keine Kraft mehr.
Nicht so viel Bottom-Erfahrung?

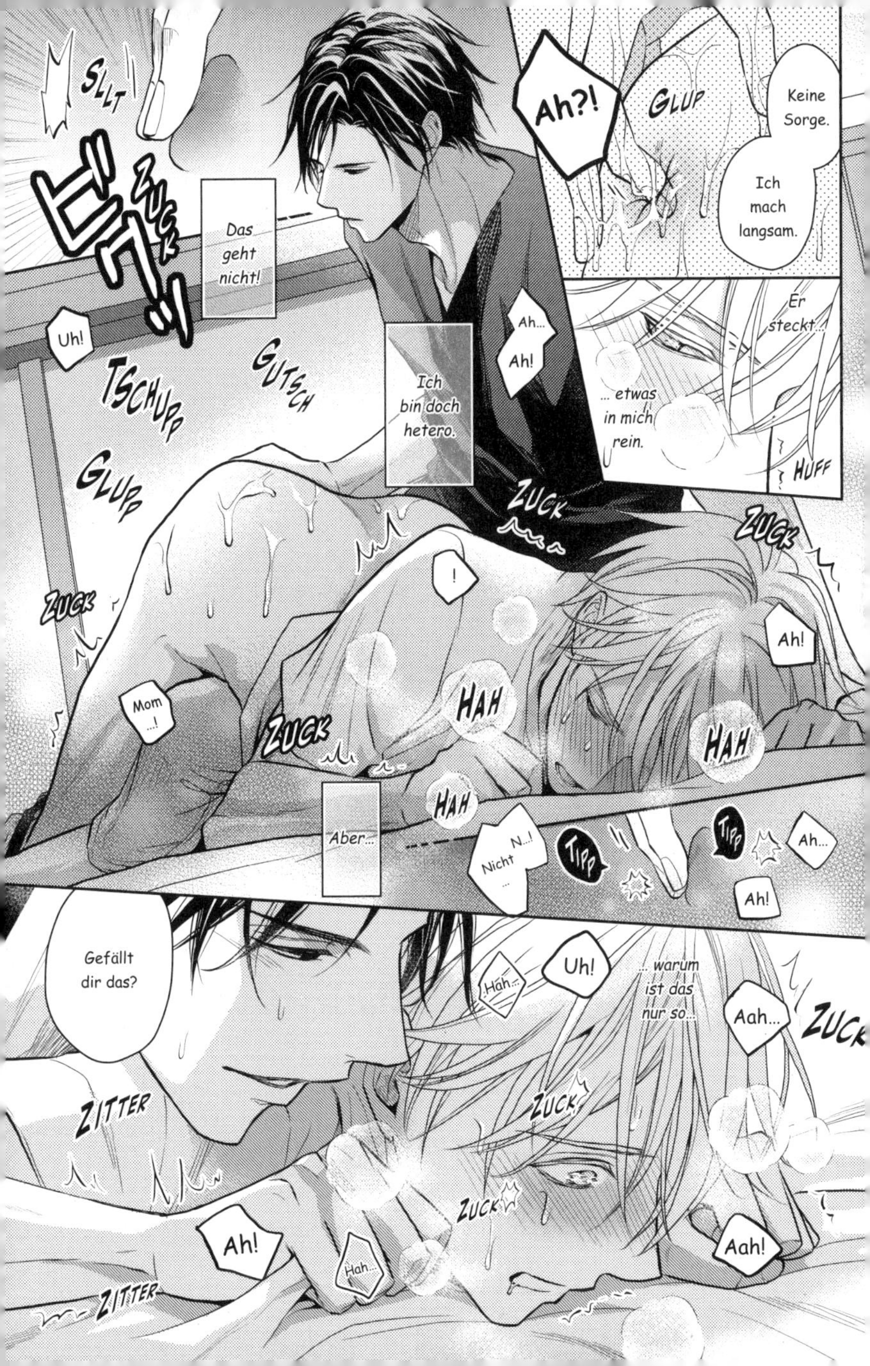
Ah?!
GLUP
Keine Sorge.
Ich mach langsam.
Er steckt...
... etwas in mich rein.
HUFF
SLLT
ZUCK
Das geht nicht!
Uh!
TSCHUPP
GUTSCH
GLUPP
Ich bin doch hetero.
Ah...
Ah!
ZUCK
ZUCK
!
Ah!
ZUCK
Mom ...!
HAH
ZUCK
HAH
HAH
Aber...
Ah...
Ah!
TIPP
TIPP
N...! Nicht ...
ZUCK
Aah...
... warum ist das nur so...
Uh!
Hah...
Gefällt dir das?
ZUCK
ZITTER
ZUCK
Aah!
Hah...
Ah!
ZITTER

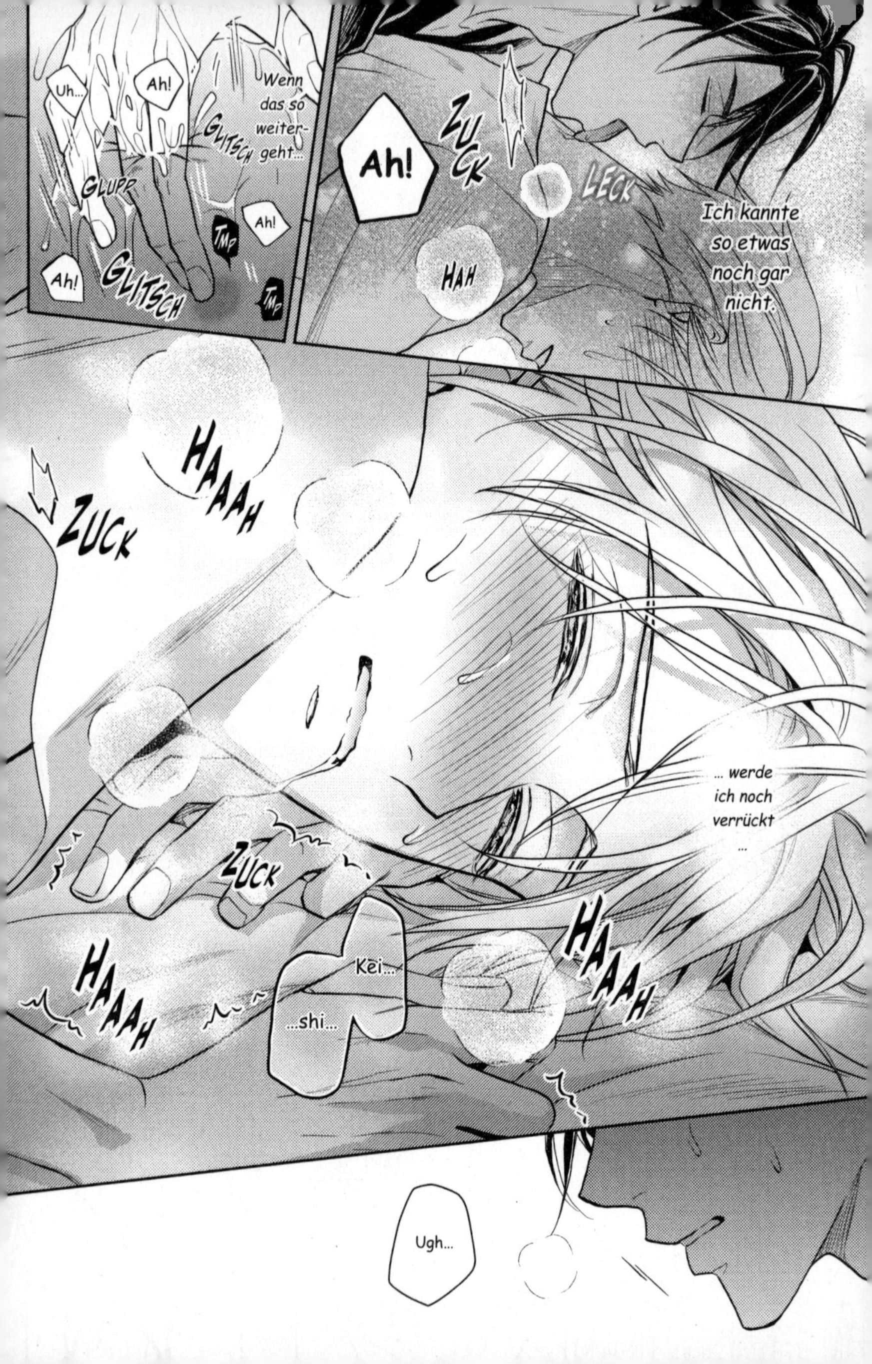
Ah!
ZUCK
LECK
HAH
Ich kannte so etwas noch gar nicht.
Wenn das so weitergeht...
Ah!
Uh...
GLITSCH
GLUPP
Ah!
TMP
Ah!
GLITSCH
TMP
... werde ich noch verrückt ...
HAAAAH
Kei...
...shi...
ZUCK
HAAAH
ZUCK
HAAAAH
Ugh...

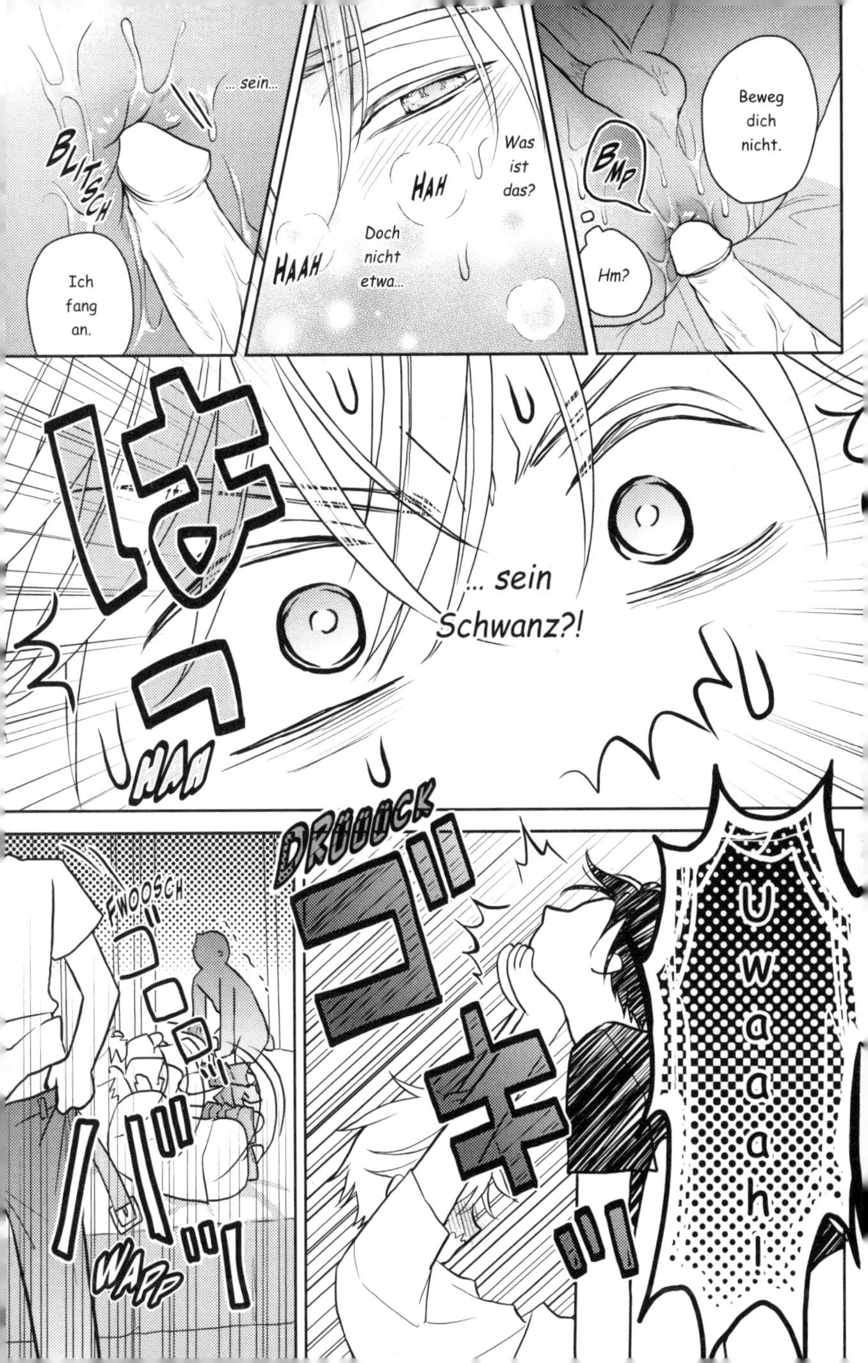
Beweg dich nicht.
BMP
Hm?
Was ist das?
HAH
Doch nicht etwa...
HAAH
... sein...
BLITSCH
Ich fang an.
... sein Schwanz?!
HAH
Uwaah!
DRUUUCK
FWOOSCH
WAPP

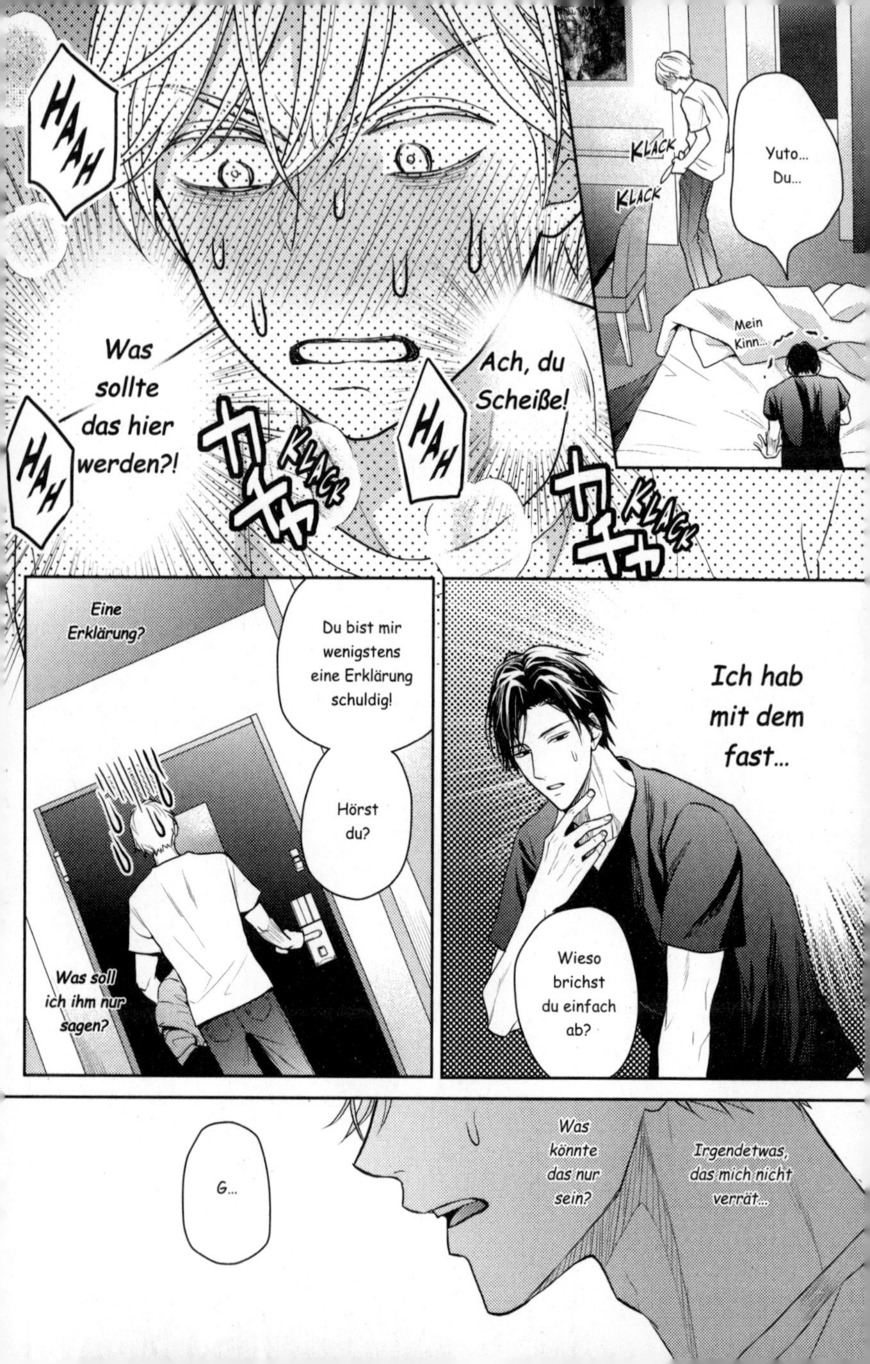
Yuto... Du...
KLACK
KLACK
Mein Kinn...
Ach, du Scheiße!
HAH
カチャ
KLACK
Was sollte das hier werden?!
カチャ
KLACK
HAAH
HAH
Ich hab mit dem fast...
Wieso brichst du einfach ab?
Du bist mir wenigstens eine Erklärung schuldig!
Hörst du?
Eine Erklärung?
Was soll ich ihm nur sagen?
Irgendetwas, das mich nicht verrät...
Was könnte das nur sein?
G...

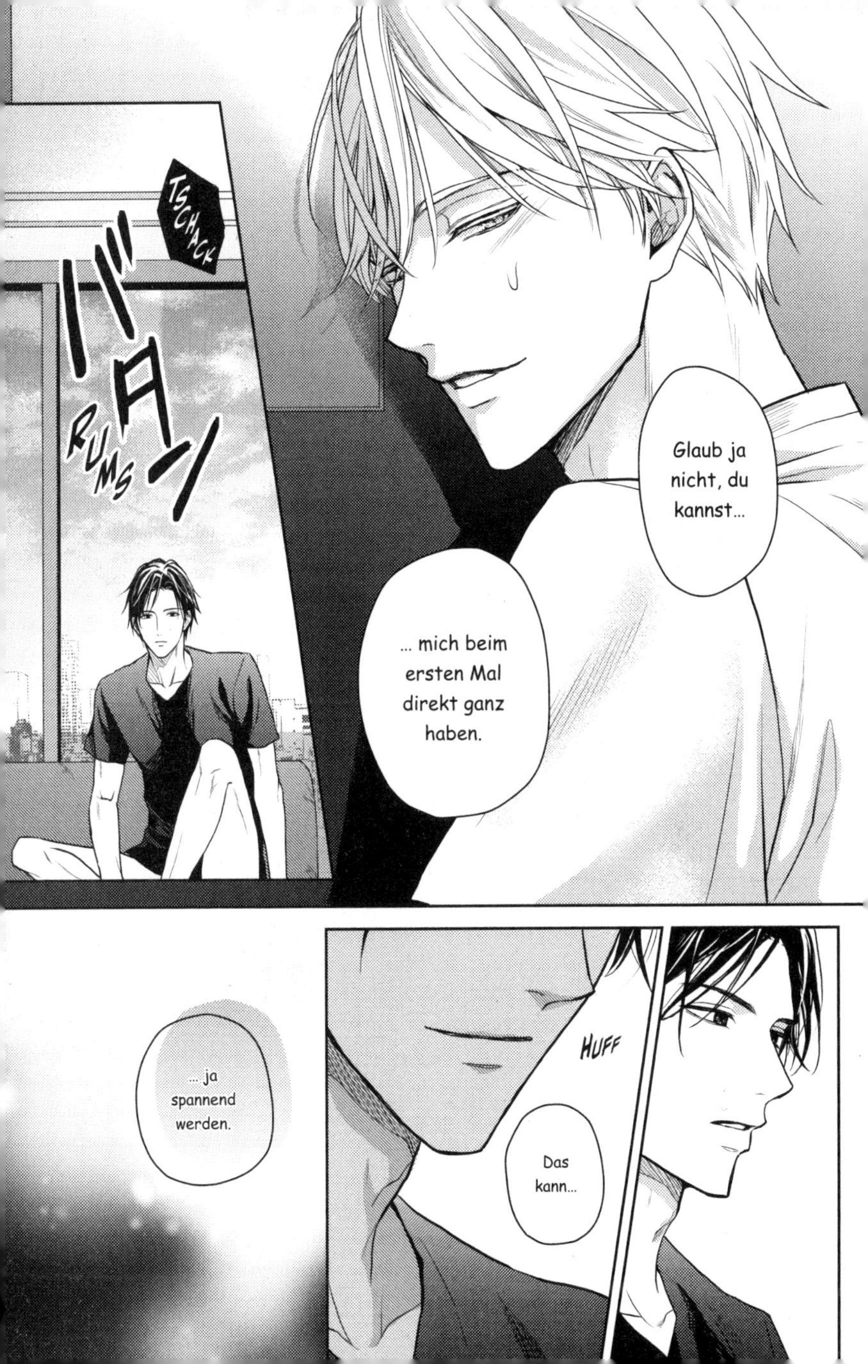
Glaub ja nicht, du kannst…
… mich beim ersten Mal direkt ganz haben.
TSCHACK
RUMS
HUFF
Das kann…
… ja spannend werden.

Destiny but Incompatible

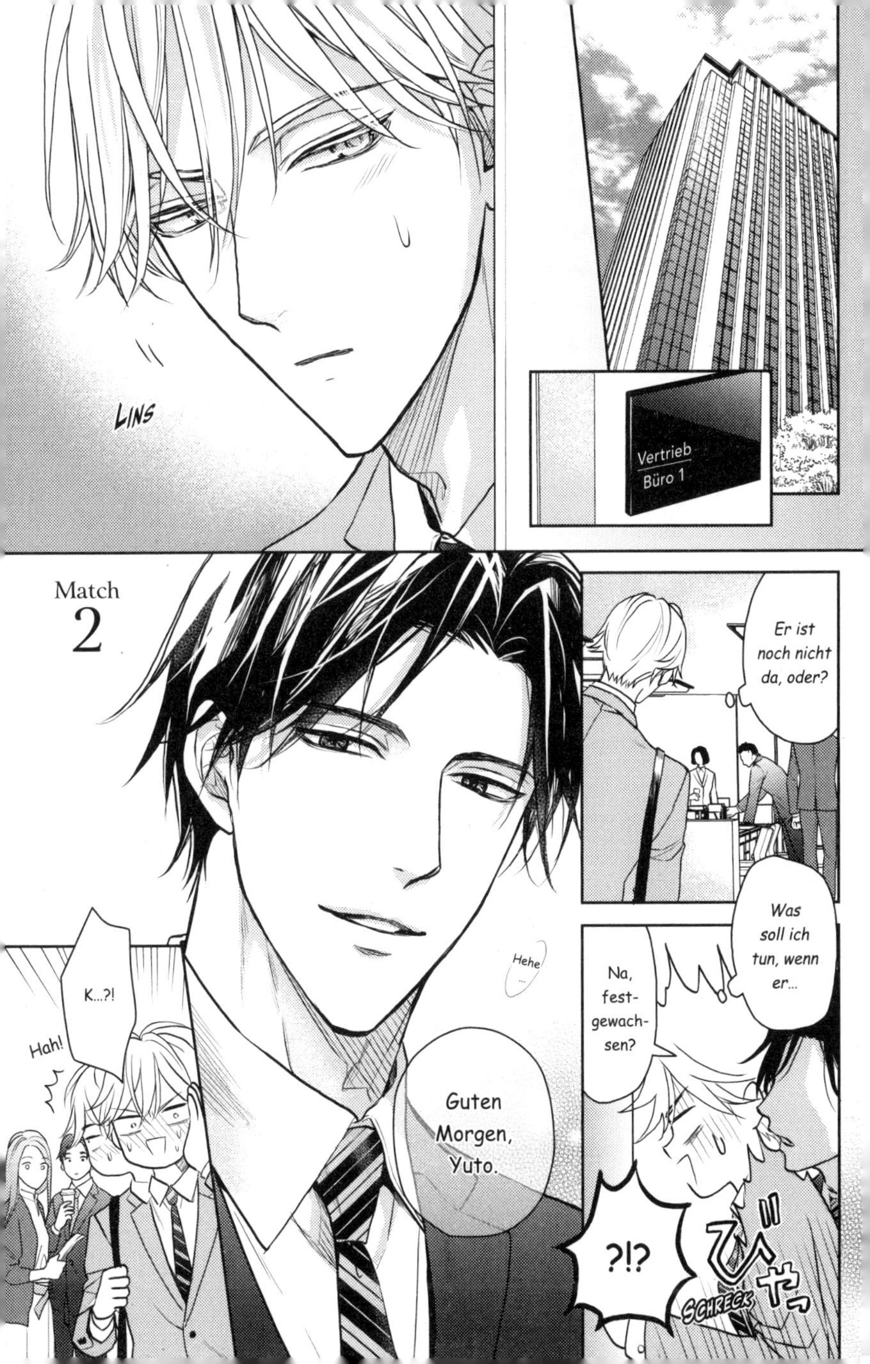
Vertrieb
Büro 1
LINS
Match 2
Er ist noch nicht da, oder?
Was soll ich tun, wenn er...
Na, fest-gewach-sen?
?!?
SCHRECK
Hehe...
Guten Morgen, Yuto.
K...?!
Hah!

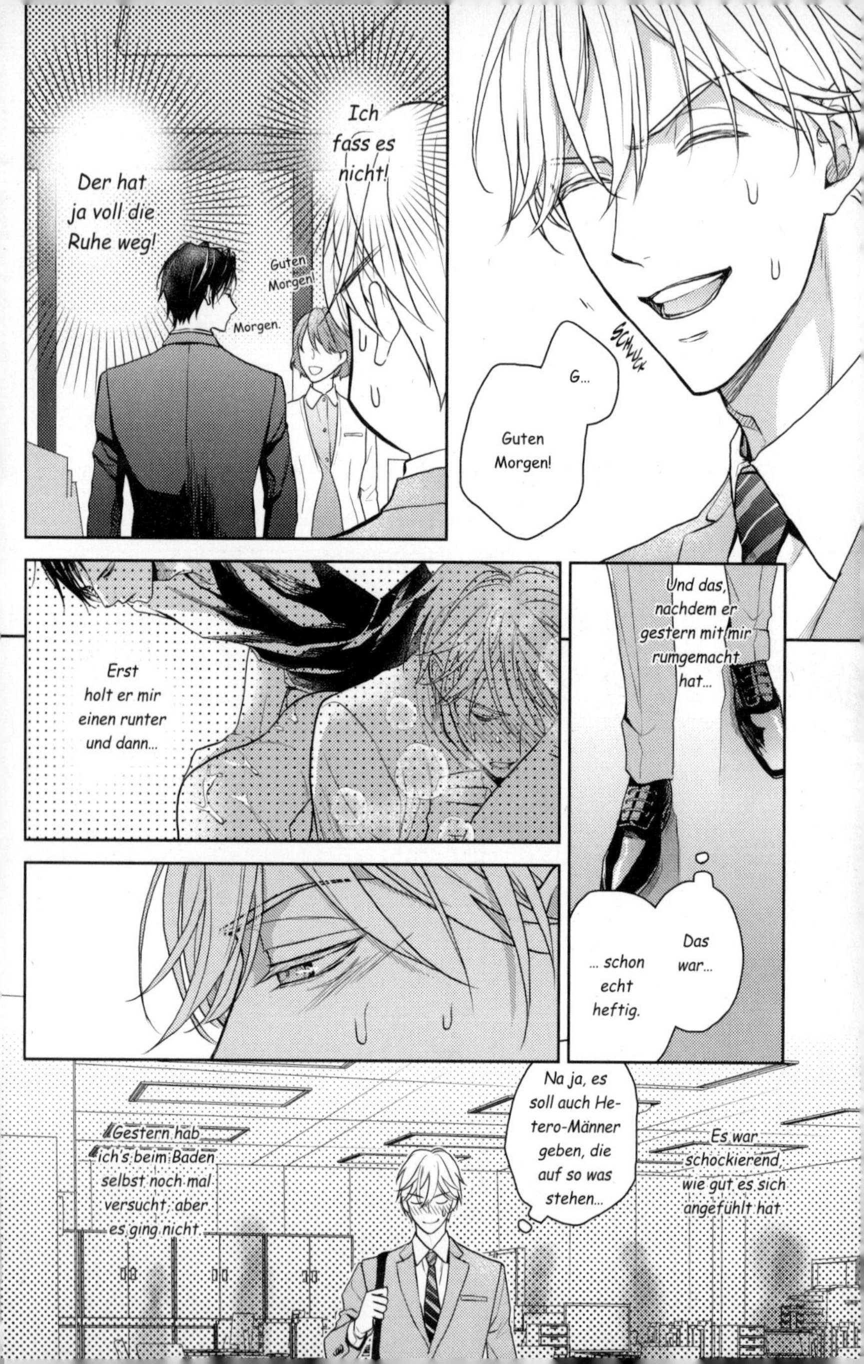
G...
Guten Morgen!
SCHLUCK
Ich fass es nicht!
Der hat ja voll die Ruhe weg!
Guten Morgen!
Morgen.
Und das, nachdem er gestern mit mir rumgemacht hat...
Erst holt er mir einen runter und dann...
Das war...
... schon echt heftig.
Es war schockierend, wie gut es sich angefühlt hat.
Na ja, es soll auch Hetero-Männer geben, die auf so was stehen...
Gestern hab ich's beim Baden selbst noch mal versucht, aber es ging nicht.

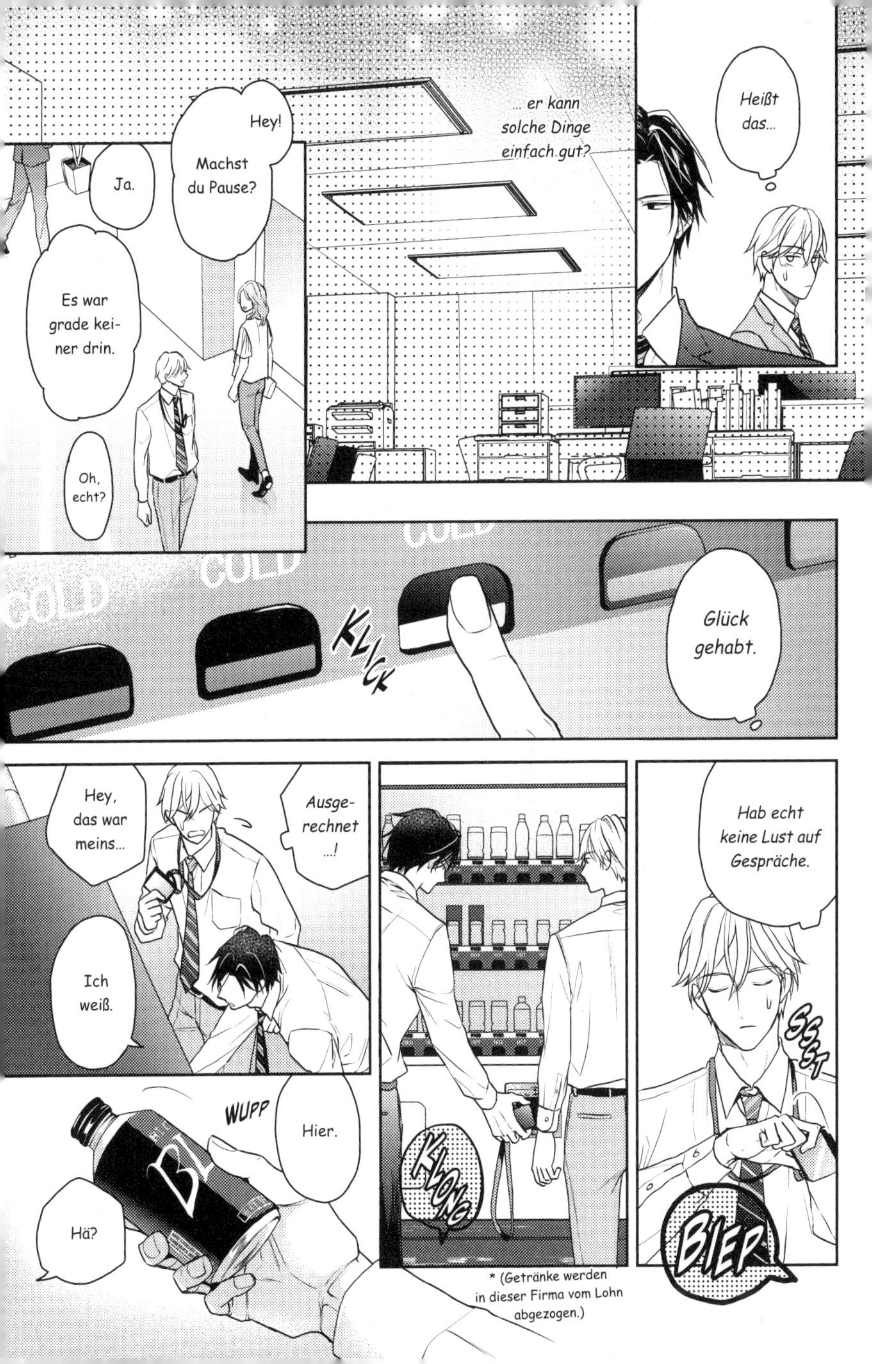

* (Getränke werden in dieser Firma vom Lohn abgezogen.)

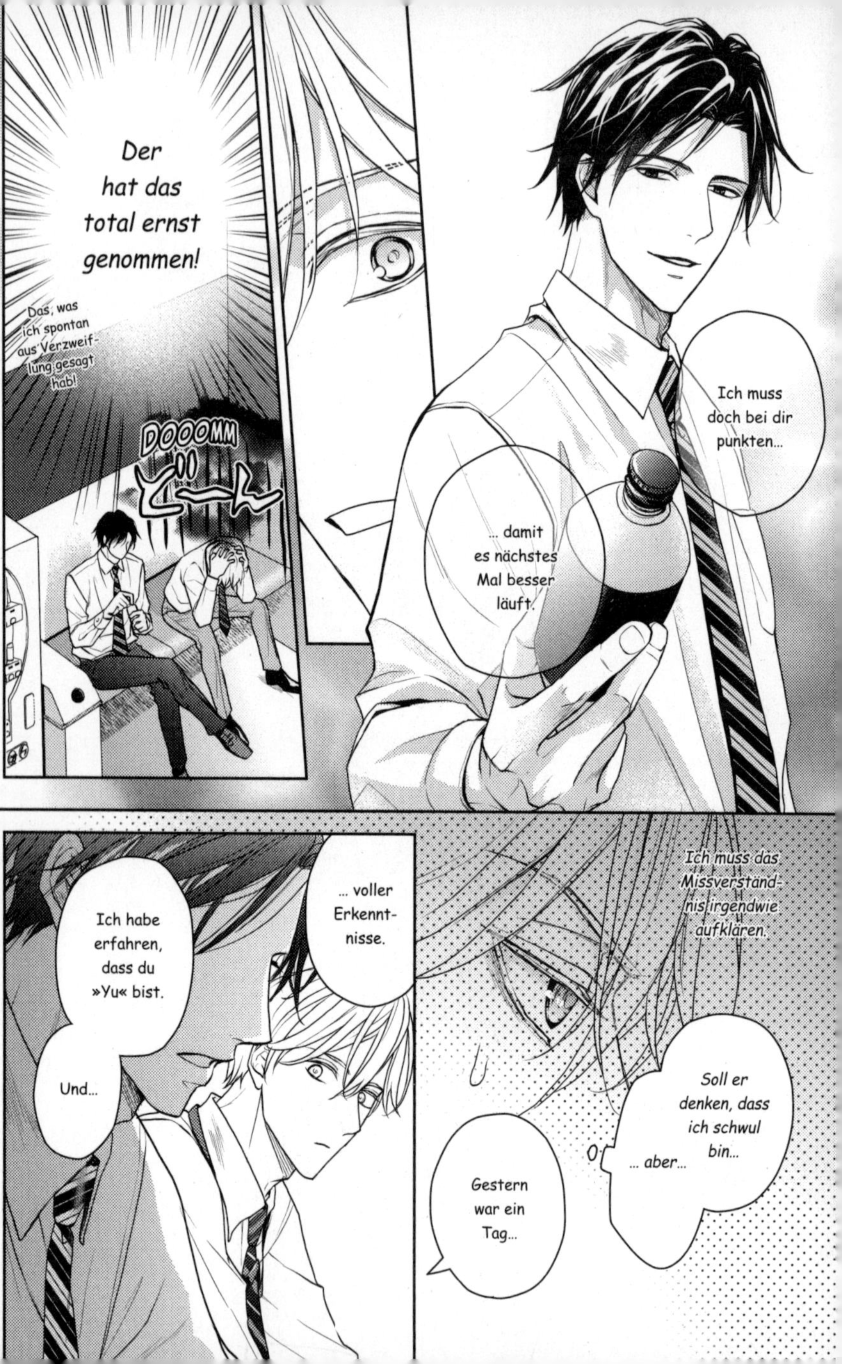
Ich muss doch bei dir punkten...
... damit es nächstes Mal besser läuft.
Der hat das total ernst genommen!
Das, was ich spontan aus Verzweiflung gesagt hab!
DOOOMM
どーん
Ich muss das Missverständnis irgendwie aufklären.
Soll er denken, dass ich schwul bin...
... aber...
Gestern war ein Tag...
... voller Erkenntnisse.
Ich habe erfahren, dass du »Yu« bist.
Und...

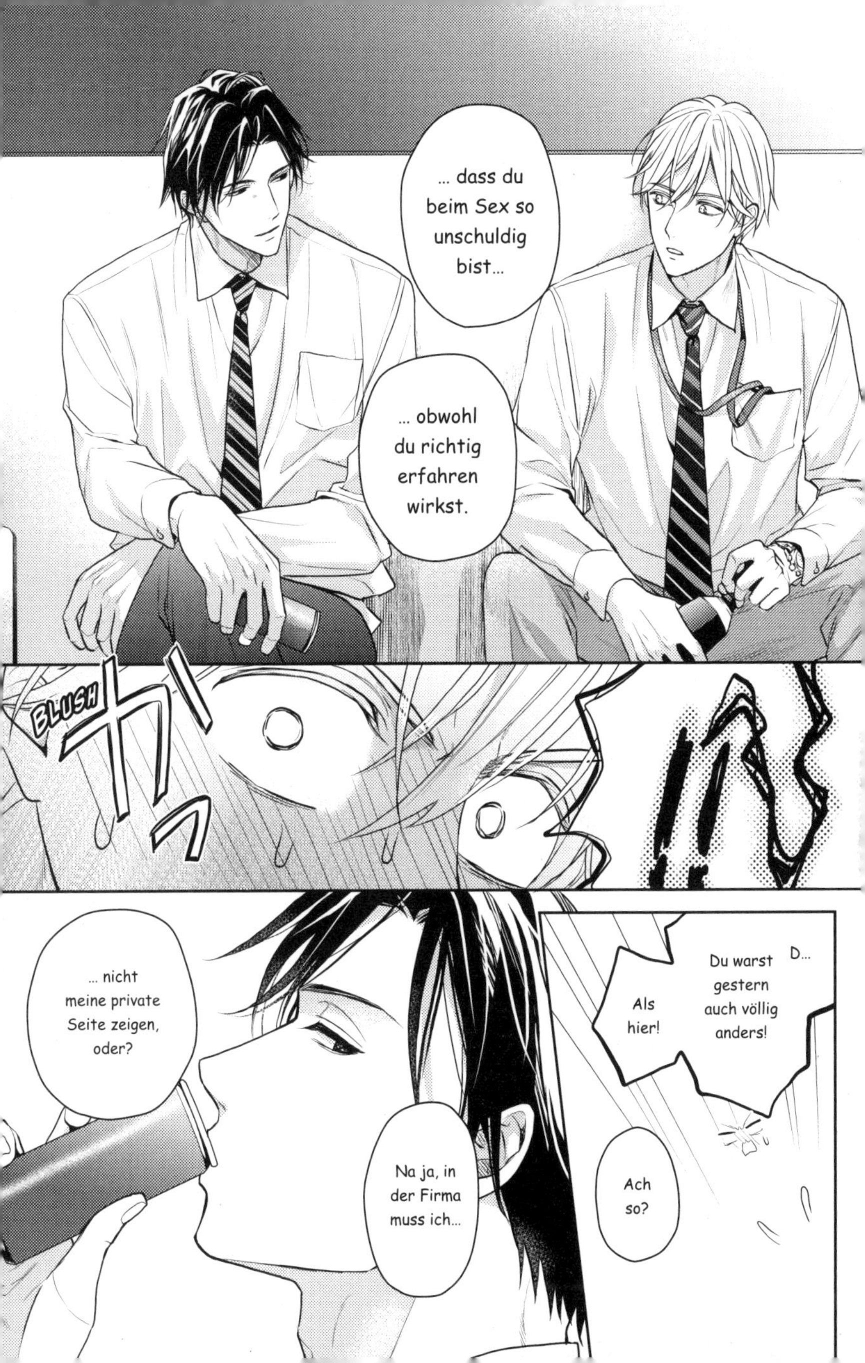
... dass du beim Sex so unschuldig bist...
... obwohl du richtig erfahren wirkst.
BLUSH
D...
Du warst gestern auch völlig anders!
Als hier!
Ach so?
Na ja, in der Firma muss ich...
... nicht meine private Seite zeigen, oder?

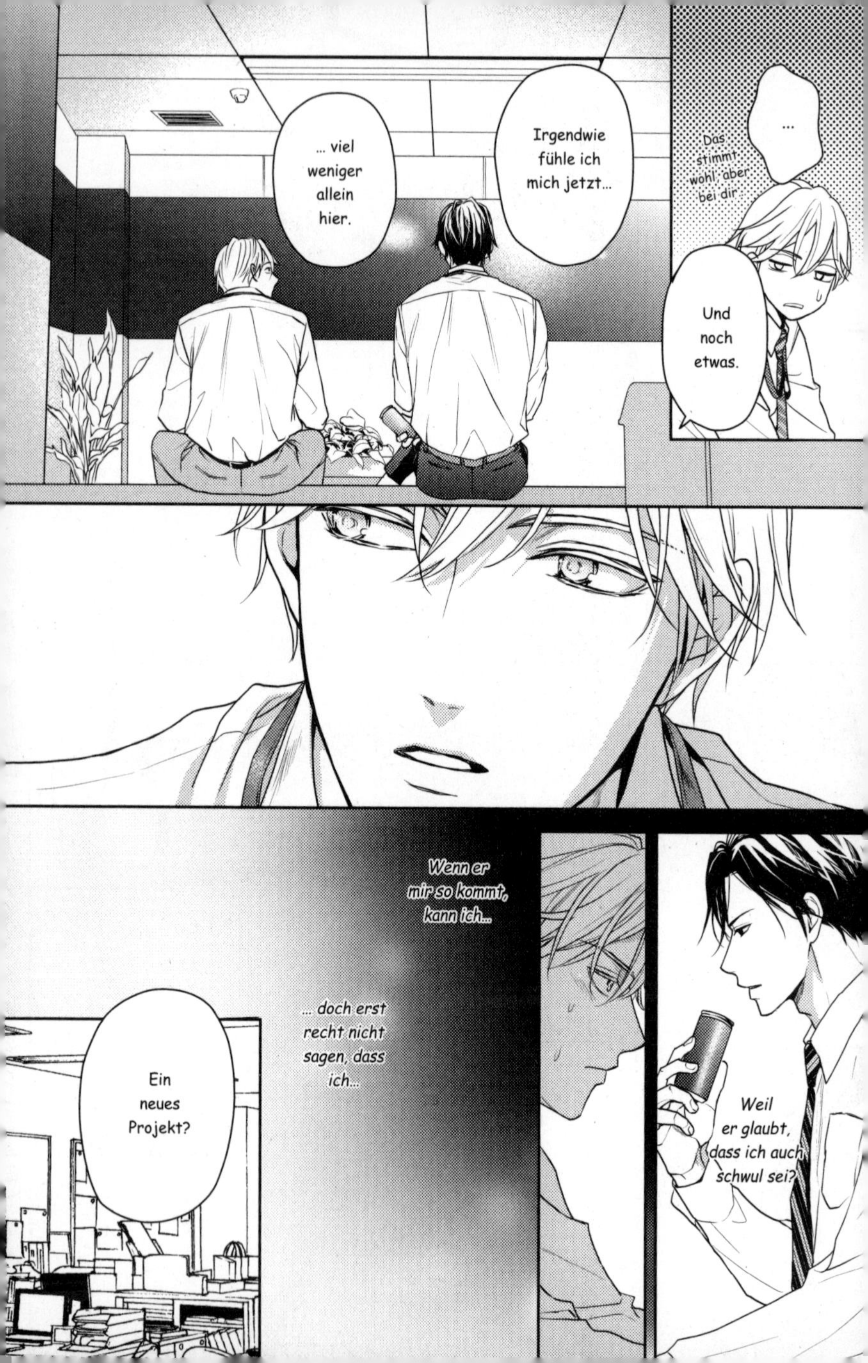
Irgendwie fühle ich mich jetzt...
... viel weniger allein hier.
...
Das stimmt wohl, aber bei dir...
Und noch etwas.
Weil er glaubt, dass ich auch schwul sei?
Wenn er mir so kommt, kann ich...
... doch erst recht nicht sagen, dass ich...
Ein neues Projekt?

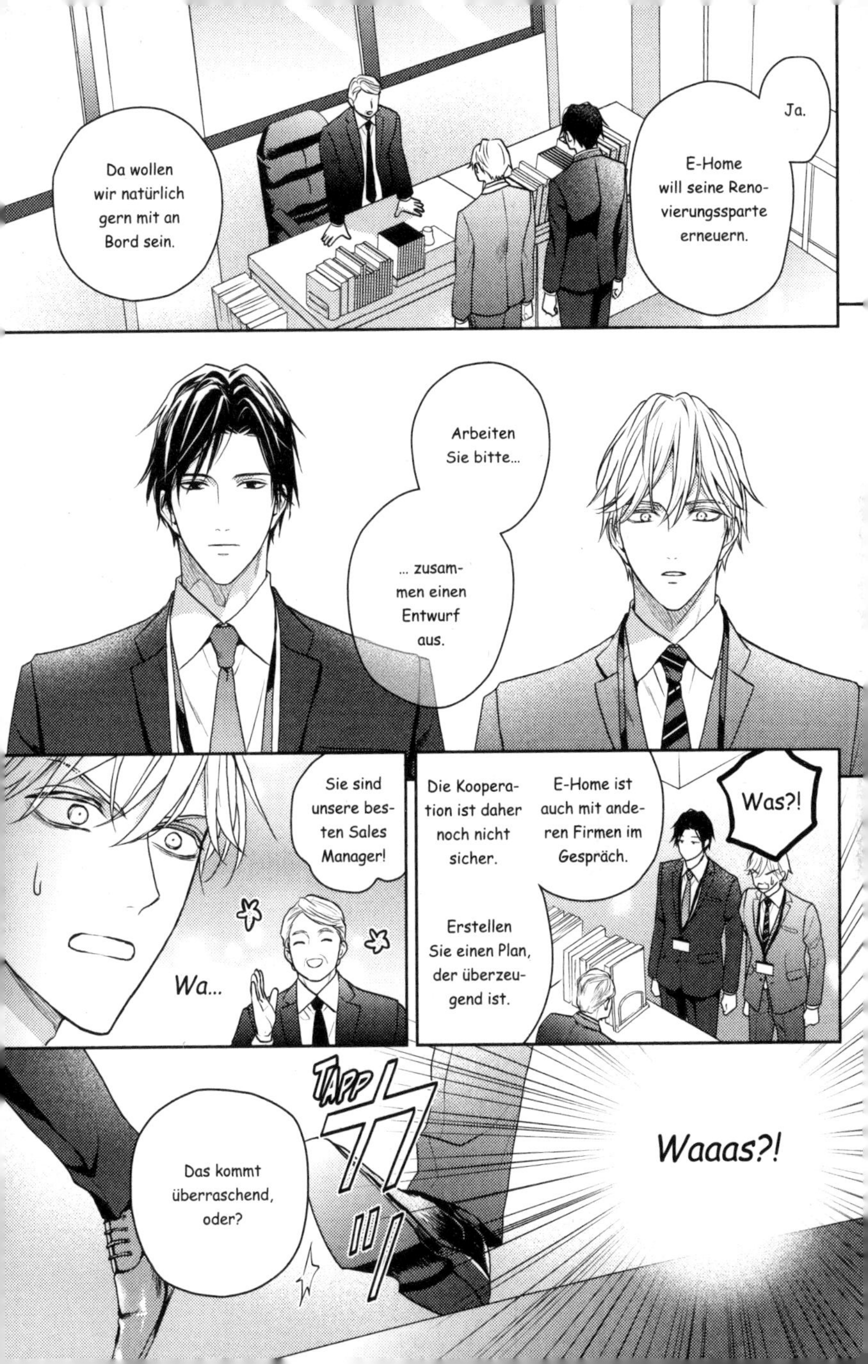
Ja.
E-Home will seine Renovierungssparte erneuern.
Da wollen wir natürlich gern mit an Bord sein.
Arbeiten Sie bitte...
... zusammen einen Entwurf aus.
Was?!
E-Home ist auch mit anderen Firmen im Gespräch.
Die Kooperation ist daher noch nicht sicher.
Erstellen Sie einen Plan, der überzeugend ist.
Sie sind unsere besten Sales Manager!
Wa...
Waaas?!
TAPP
Das kommt überraschend, oder?

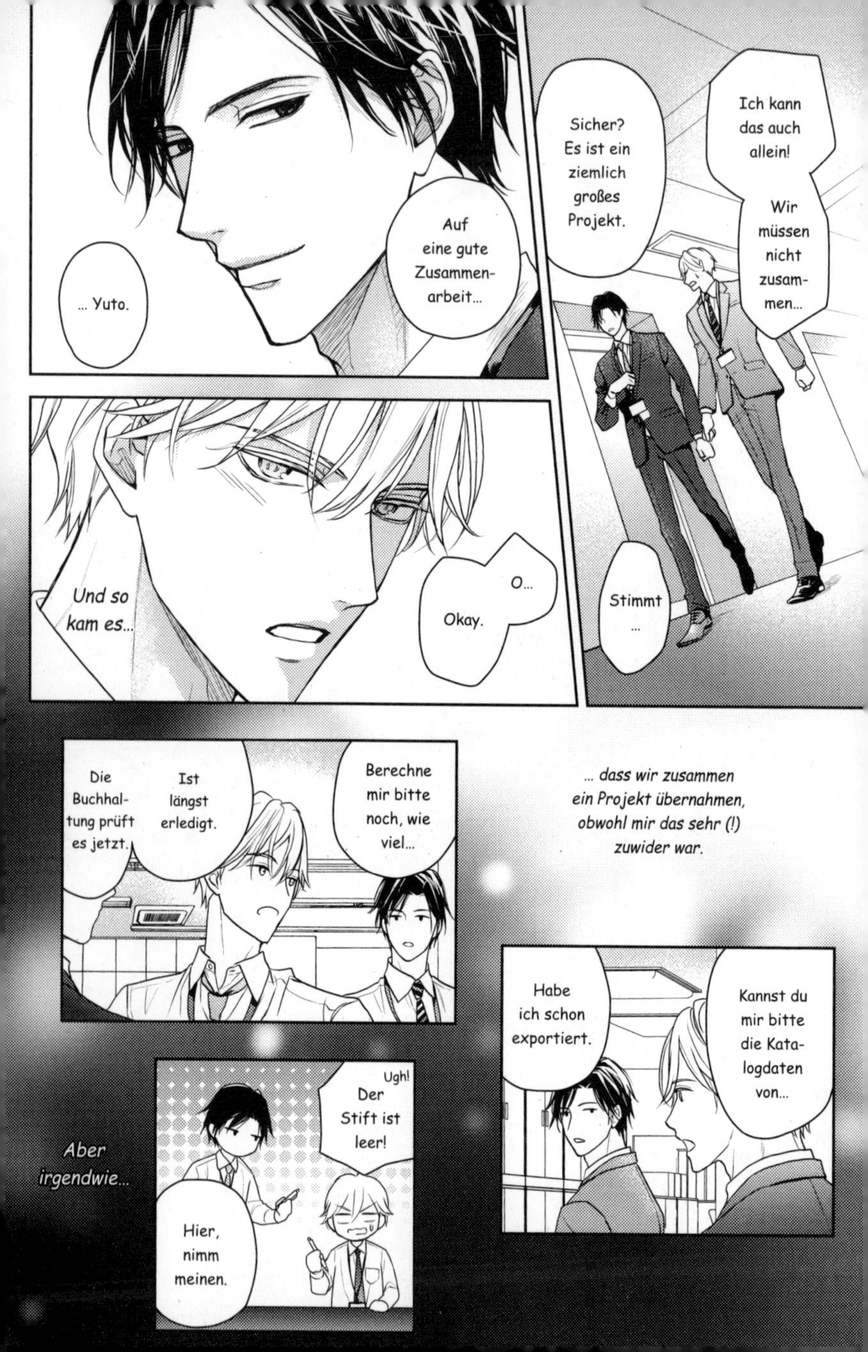

Ich kann das auch allein!
Wir müssen nicht zusammen...
Sicher? Es ist ein ziemlich großes Projekt.
Stimmt ...
Auf eine gute Zusammenarbeit...
... Yuto.
O... Okay.
Und so kam es...
... dass wir zusammen ein Projekt übernahmen, obwohl mir das sehr (!) zuwider war.
Berechne mir bitte noch, wie viel...
Ist längst erledigt.
Die Buchhaltung prüft es jetzt.
Kannst du mir bitte die Katalogdaten von...
Habe ich schon exportiert.
Ugh! Der Stift ist leer!
Hier, nimm meinen.
Aber irgendwie...

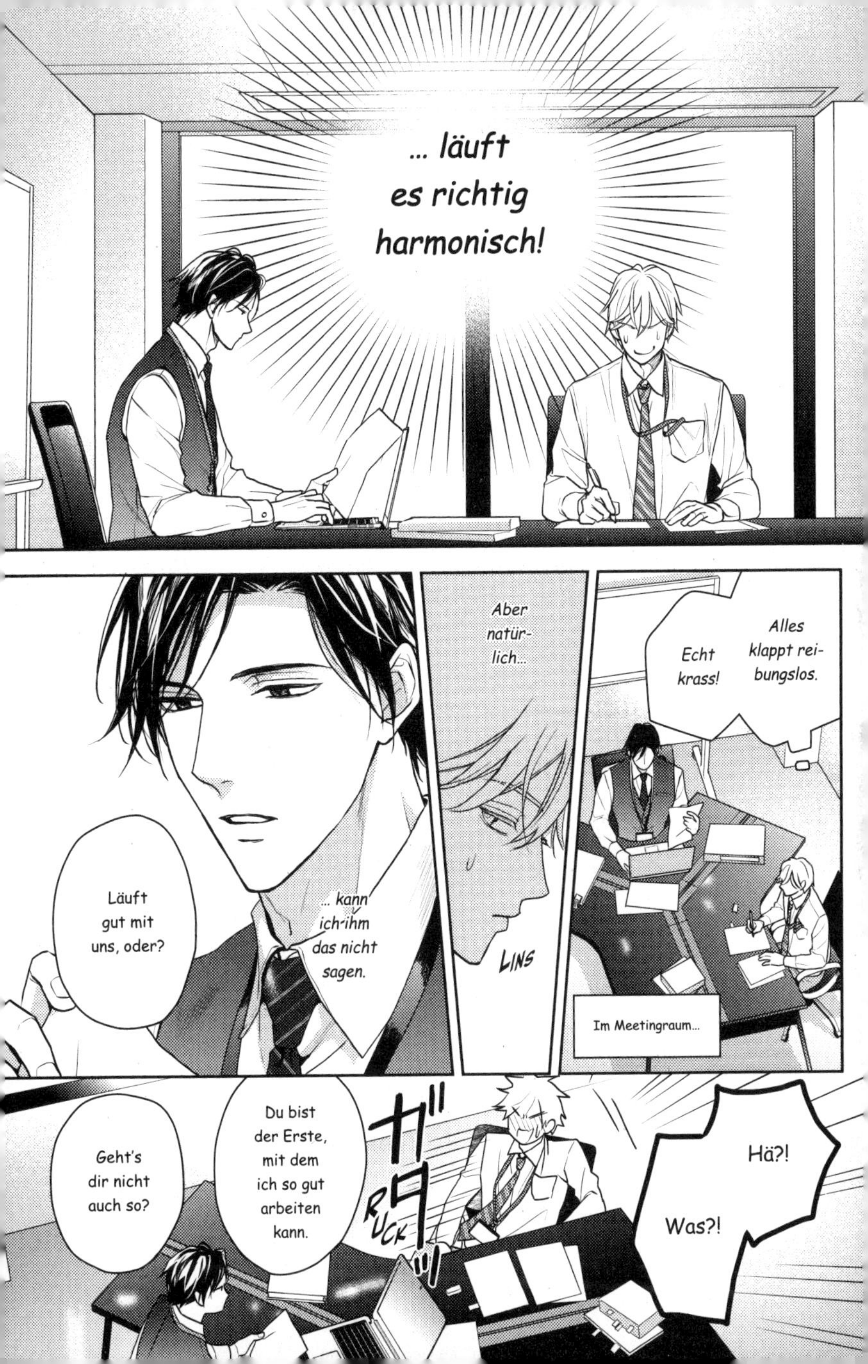

... läuft es richtig harmonisch!
Im Meetingraum...
Alles klappt reibungslos.
Echt krass!
Aber natürlich...
LINS
... kann ich ihm das nicht sagen.
Läuft gut mit uns, oder?
Hä?!
Was?!
RUCK
Du bist der Erste, mit dem ich so gut arbeiten kann.
Geht's dir nicht auch so?

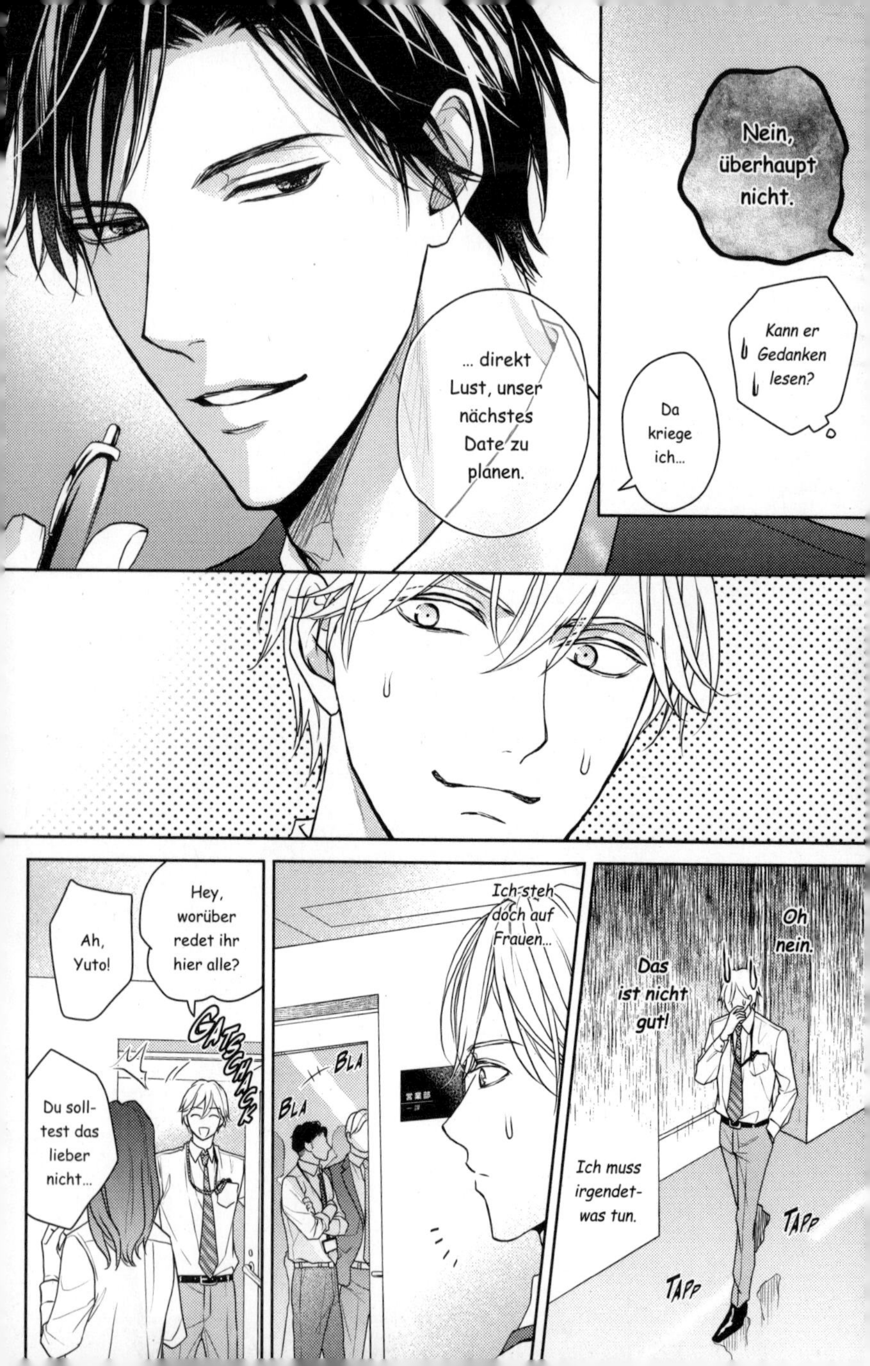
Nein, überhaupt nicht.
Kann er Gedanken lesen?
Da kriege ich...
... direkt Lust, unser nächstes Date zu planen.
Oh nein.
Das ist nicht gut!
Ich muss irgendet-was tun.
TAPP
TAPP
Ich steh doch auf Frauen...
BLA
BLA
Hey, worüber redet ihr hier alle?
Ah, Yuto!
Du soll-test das lieber nicht...

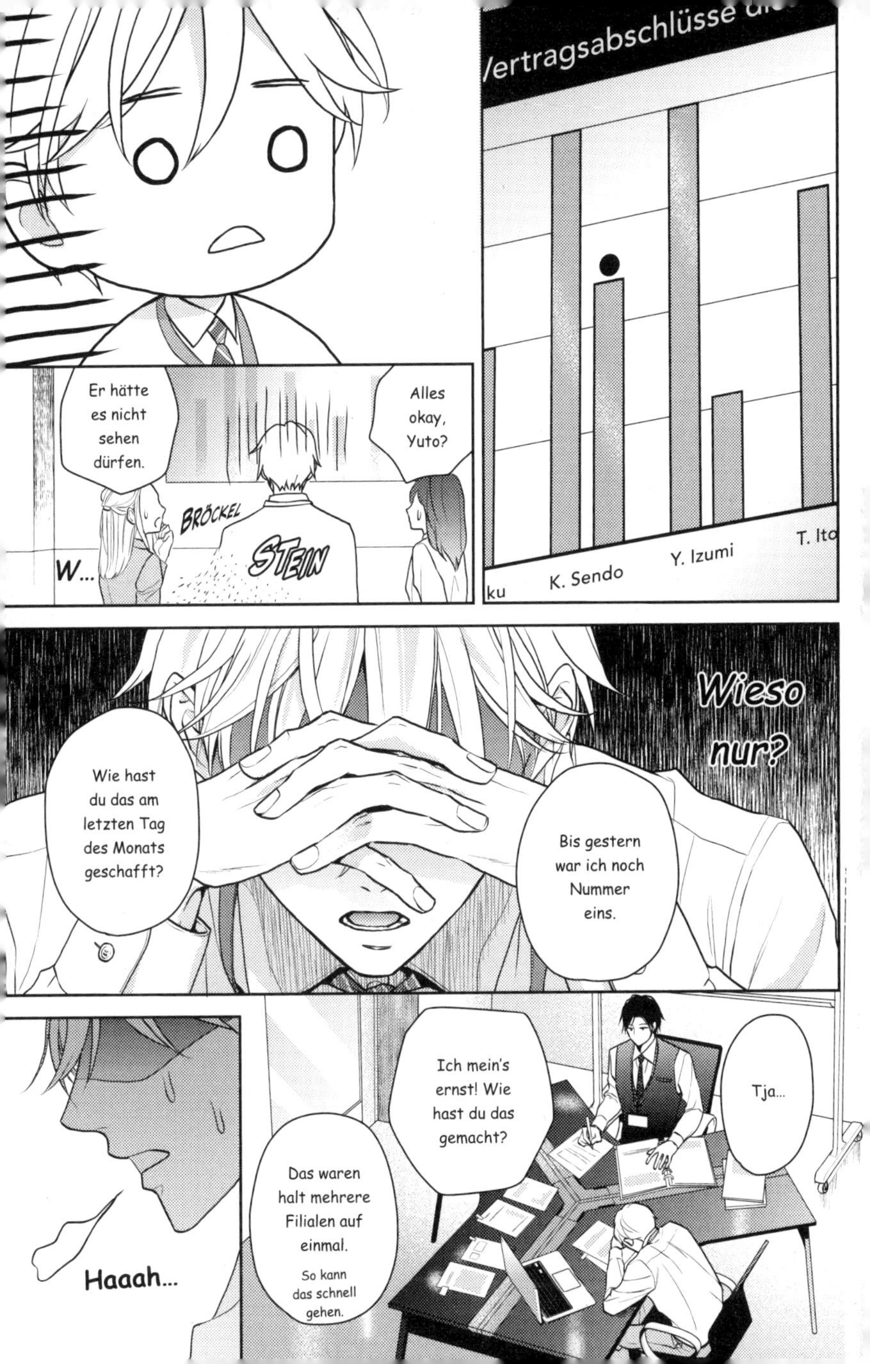

Vertragsabschlüsse die
ku
K. Sendo
Y. Izumi
T. Ito
Alles okay, Yuto?
Er hätte es nicht sehen dürfen.
BRÖCKEL
STEIN
W…
Wieso nur?
Bis gestern war ich noch Nummer eins.
Wie hast du das am letzten Tag des Monats geschafft?
Tja…
Ich mein's ernst! Wie hast du das gemacht?
Das waren halt mehrere Filialen auf einmal.
So kann das schnell gehen.
Haaah…

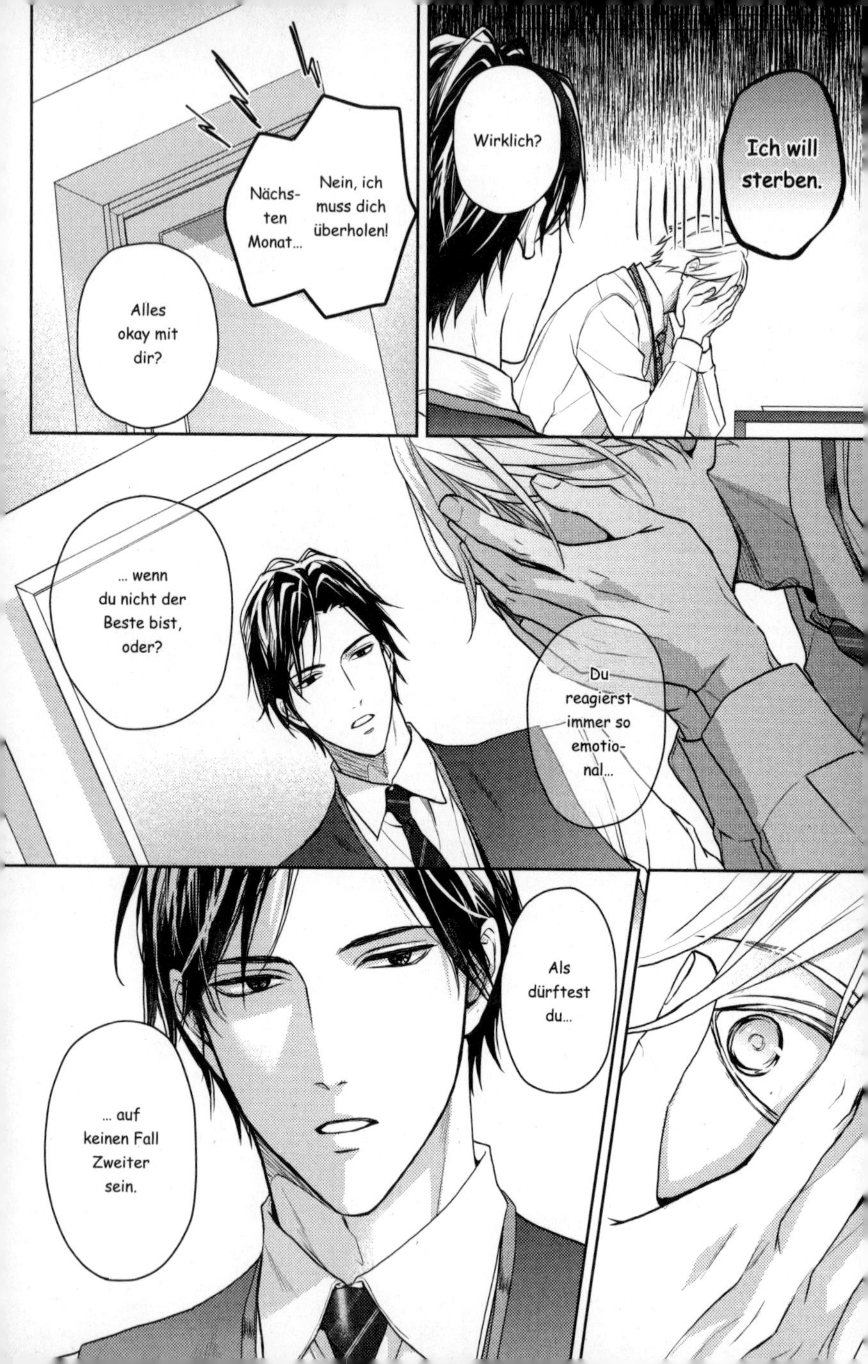
Ich will sterben.
Wirklich?
Nein, ich muss dich überholen!
Nächsten Monat...
Alles okay mit dir?
Du reagierst immer so emotional...
... wenn du nicht der Beste bist, oder?
Als dürftest du...
... auf keinen Fall Zweiter sein.

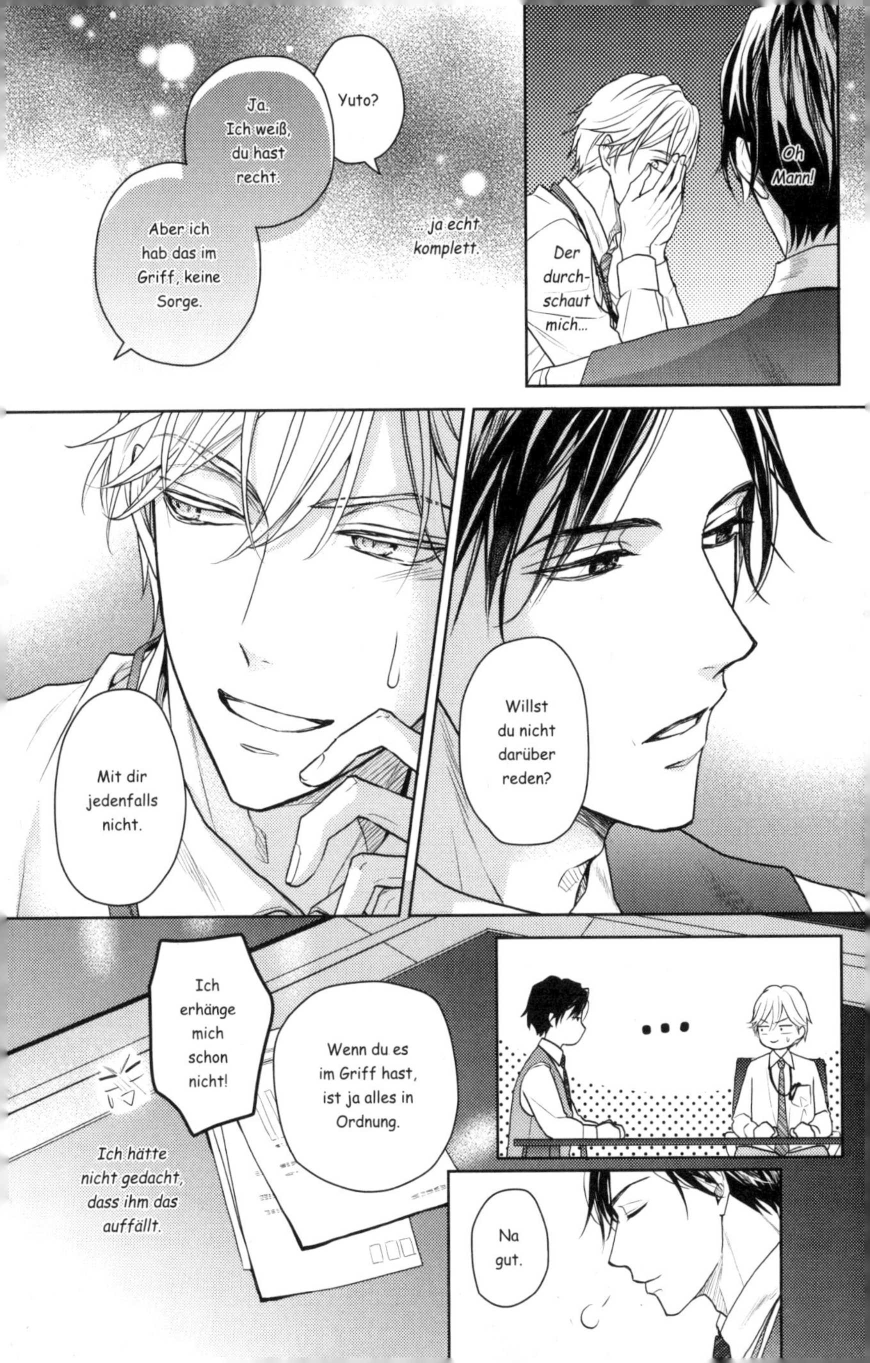
Oh Mann!
Der durchschaut mich…
… ja echt komplett.
Yuto?
Ja. Ich weiß, du hast recht.
Aber ich hab das im Griff, keine Sorge.
Willst du nicht darüber reden?
Mit dir jedenfalls nicht.
…
Na gut.
Wenn du es im Griff hast, ist ja alles in Ordnung.
Ich erhänge mich schon nicht!
Ich hätte nicht gedacht, dass ihm das auffällt.

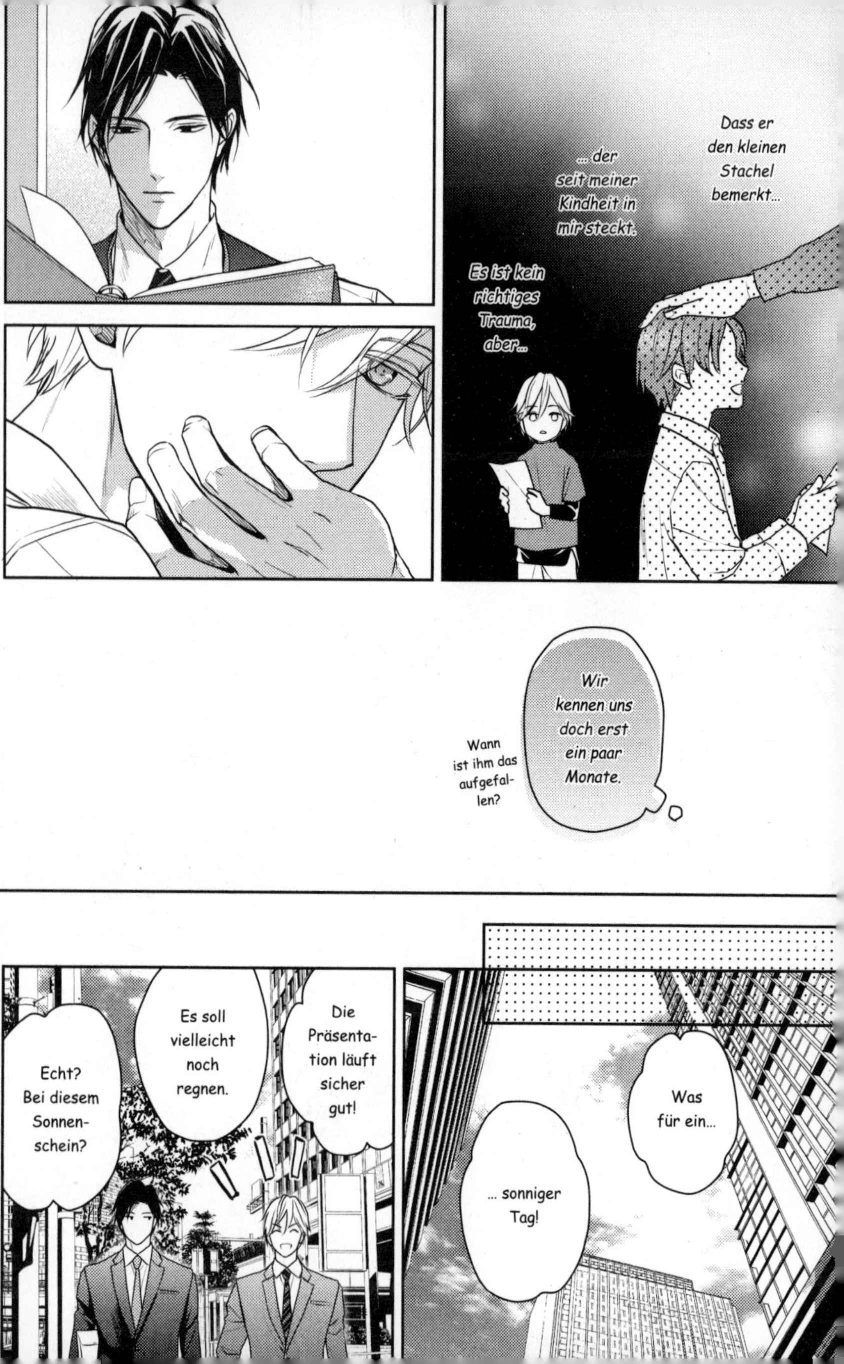
Dass er den kleinen Stachel bemerkt...
... der seit meiner Kindheit in mir steckt.
Es ist kein richtiges Trauma, aber...
Wir kennen uns doch erst ein paar Monate.
Wann ist ihm das aufgefallen?
Was für ein...
... sonniger Tag!
Die Präsentation läuft sicher gut!
Es soll vielleicht noch regnen.
Echt? Bei diesem Sonnenschein?

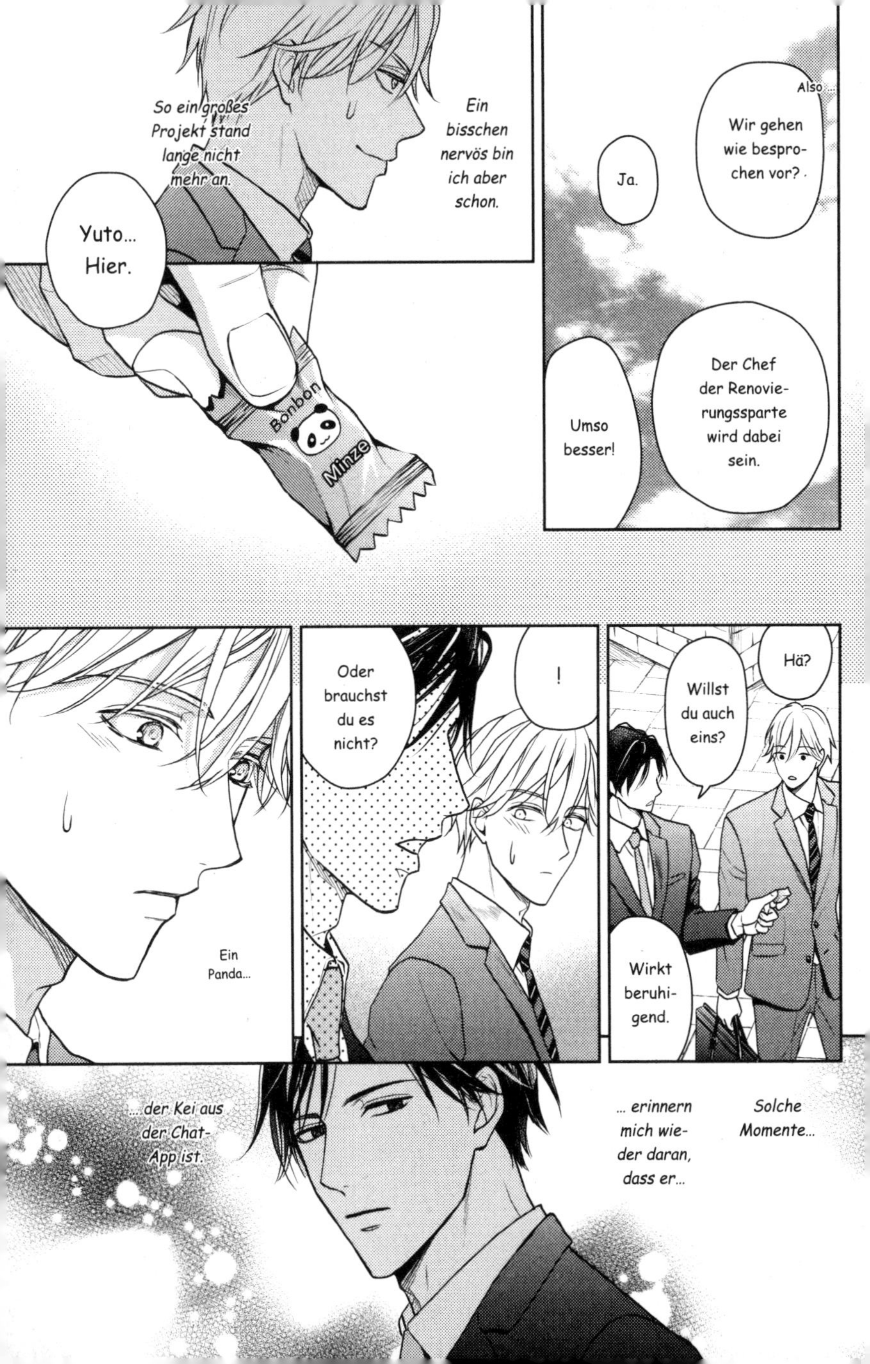

Also ...
Wir gehen wie besprochen vor?
Ja.
Der Chef der Renovierungssparte wird dabei sein.
Umso besser!
Ein bisschen nervös bin ich aber schon.
So ein großes Projekt stand lange nicht mehr an.
Yuto... Hier.
Bonbon
Minze
Hä?
Willst du auch eins?
Wirkt beruhigend.
!
Oder brauchst du es nicht?
Ein Panda...
Solche Momente...
... erinnern mich wieder daran, dass er...
...der Kei aus der Chat-App ist.

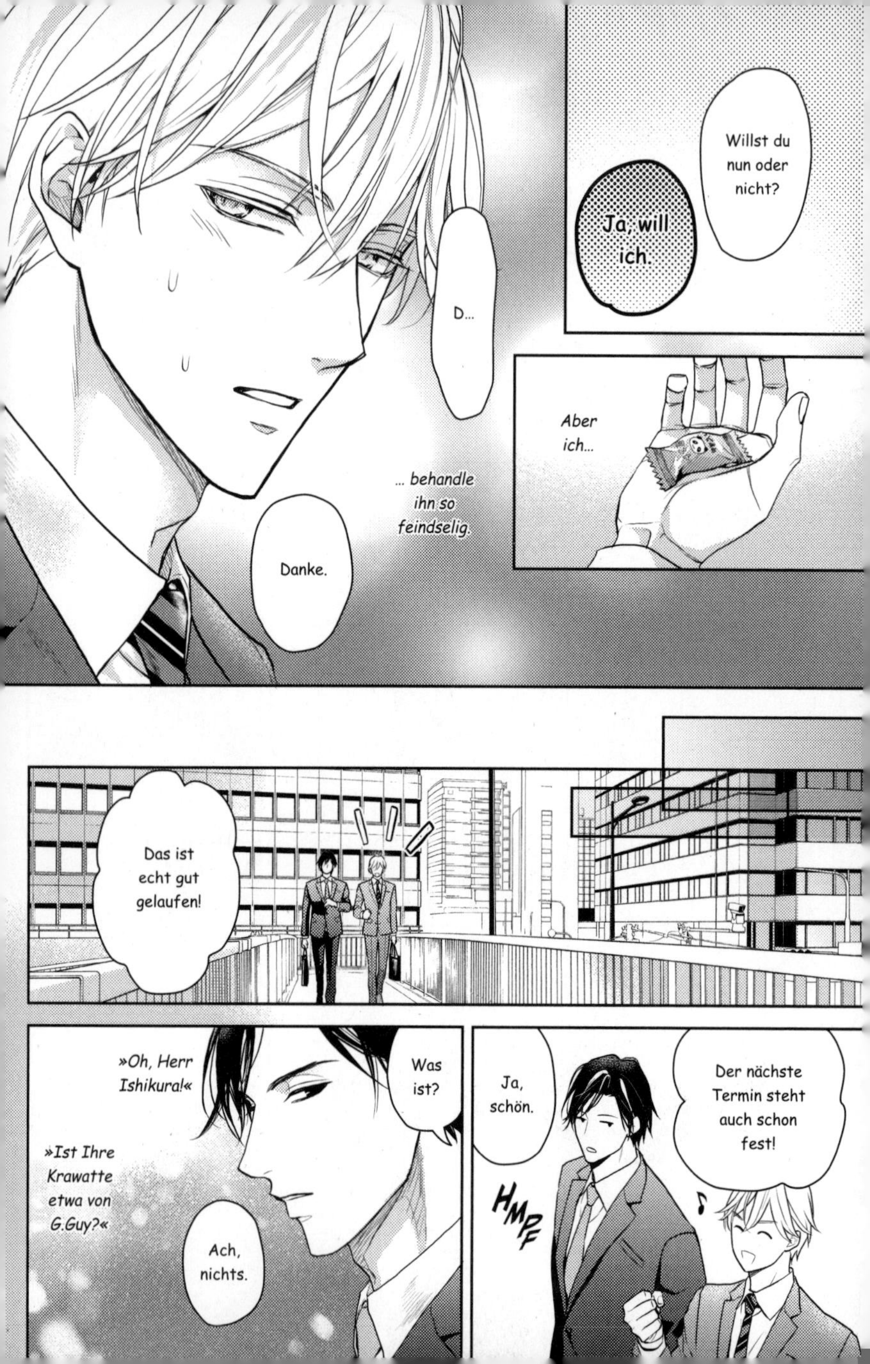
Willst du nun oder nicht?
Ja, will ich.
D...
Aber ich...
... behandle ihn so feindselig.
Danke.
Das ist echt gut gelaufen!
Der nächste Termin steht auch schon fest!
Ja, schön.
HMPF
Was ist?
»Oh, Herr Ishikura!«
»Ist Ihre Krawatte etwa von G.Guy?«
Ach, nichts.

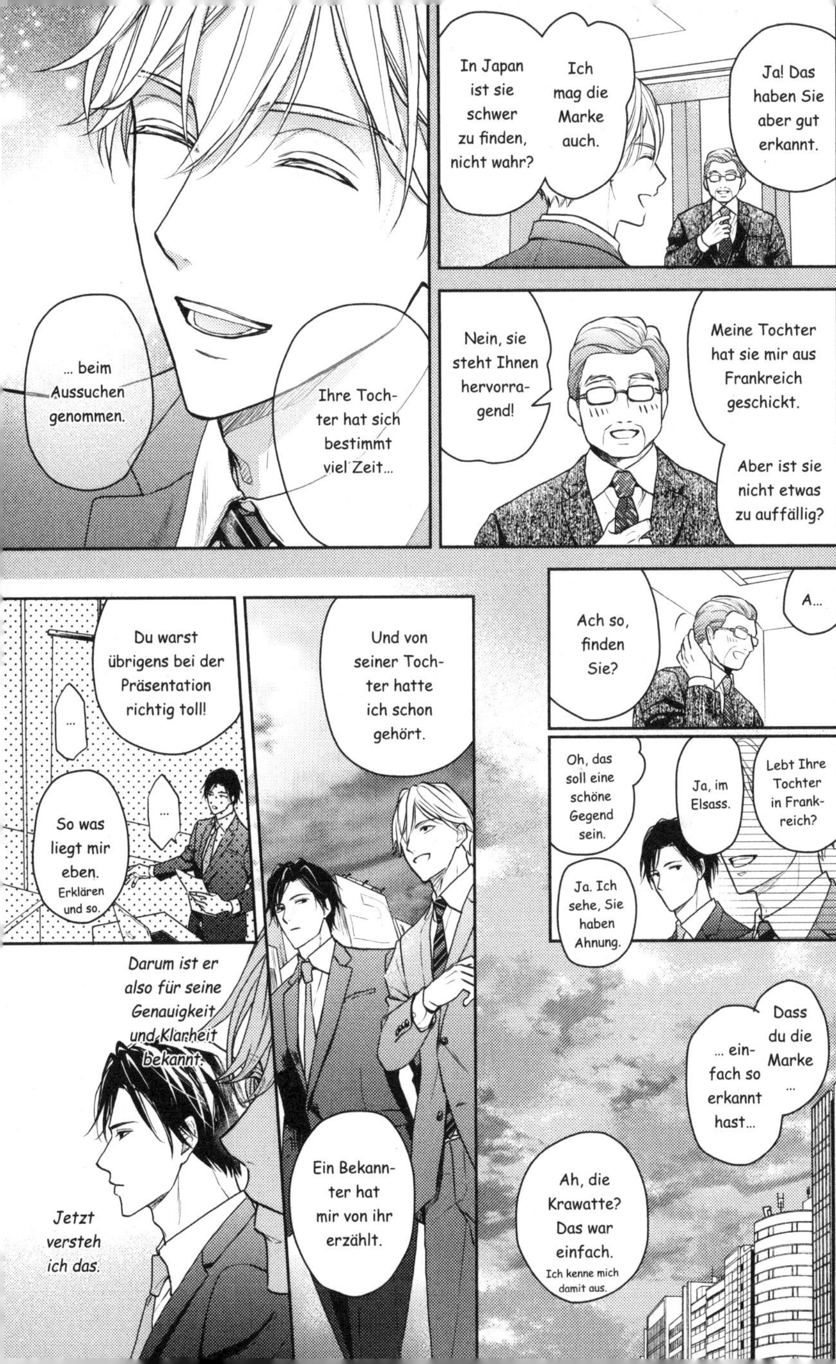
Ja! Das haben Sie aber gut erkannt.
Ich mag die Marke auch.
In Japan ist sie schwer zu finden, nicht wahr?
Meine Tochter hat sie mir aus Frankreich geschickt.
Aber ist sie nicht etwas zu auffällig?
Nein, sie steht Ihnen hervorragend!
Ihre Tochter hat sich bestimmt viel Zeit...
... beim Aussuchen genommen.
A...
Ach so, finden Sie?
Lebt Ihre Tochter in Frankreich?
Ja, im Elsass.
Oh, das soll eine schöne Gegend sein.
Ja. Ich sehe, Sie haben Ahnung.
Und von seiner Tochter hatte ich schon gehört.
Du warst übrigens bei der Präsentation richtig toll!
...
...
So was liegt mir eben.
Erklären und so.
Dass du die Marke ...
... einfach so erkannt hast...
Ah, die Krawatte? Das war einfach.
Ich kenne mich damit aus.
Ein Bekannter hat mir von ihr erzählt.
Darum ist er also für seine Genauigkeit und Klarheit bekannt.
Jetzt versteh ich das.

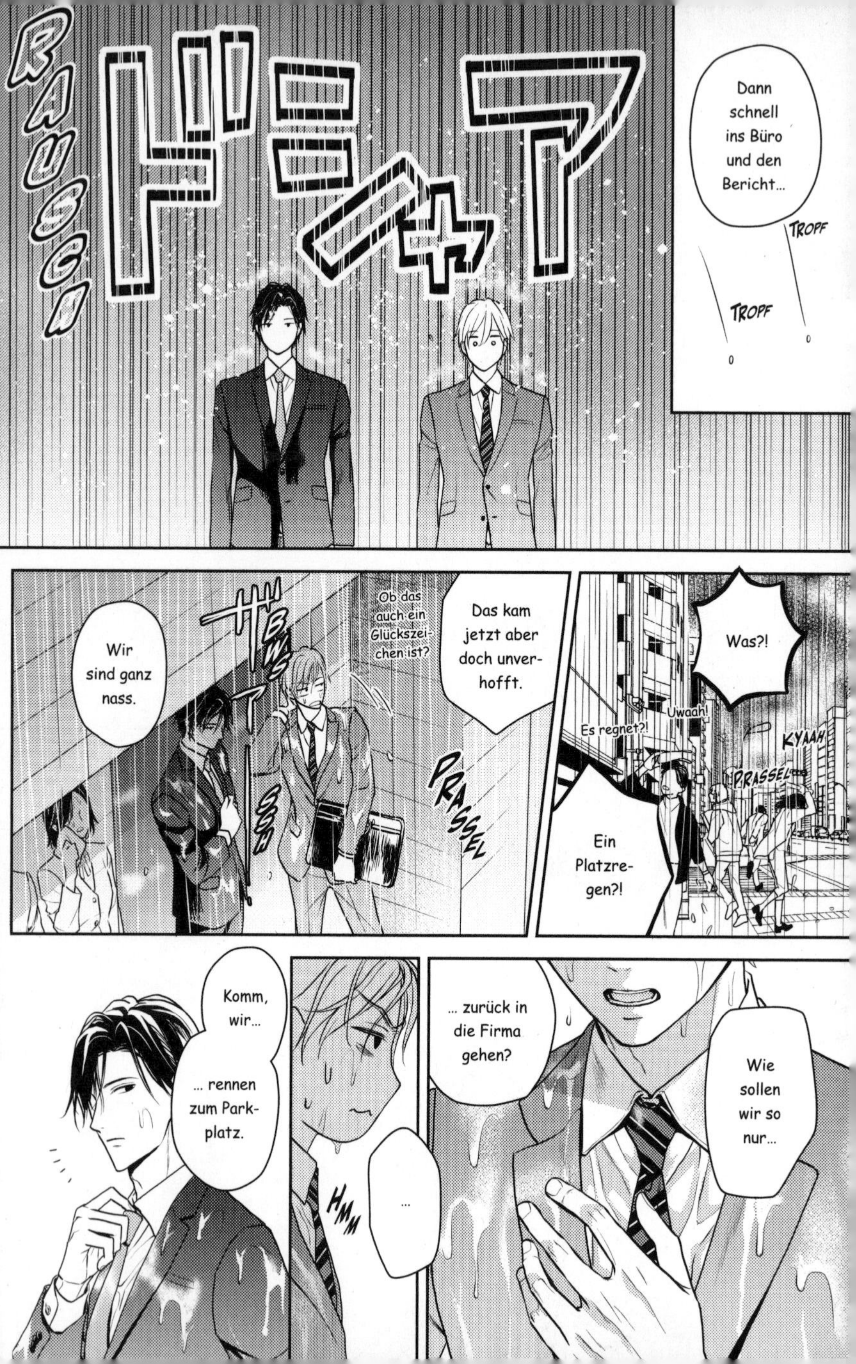
Dann schnell ins Büro und den Bericht...
TROPF
TROPF
ドシャア
RAUSCH
Was?!
Uwaah!
Es regnet?!
KYAAH
PRASSEL...
Ein Platzregen?!
Das kam jetzt aber doch unverhofft.
Ob das auch ein Glückszeichen ist?
Wir sind ganz nass.
BWS
SSH
PRASSEL
Wie sollen wir so nur...
... zurück in die Firma gehen?
...
HMM
Komm, wir...
... rennen zum Parkplatz.

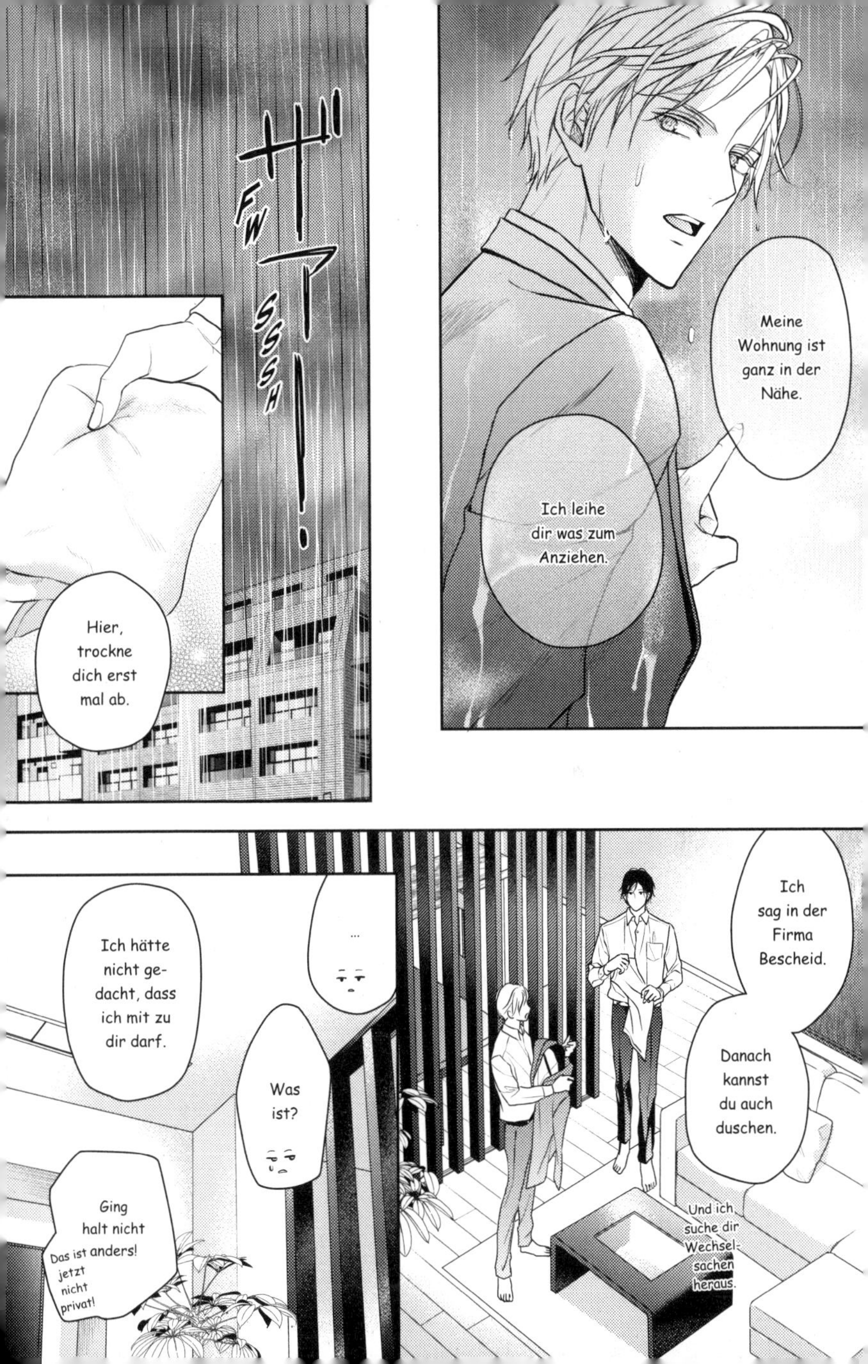

Meine Wohnung ist ganz in der Nähe.
Ich leihe dir was zum Anziehen.
FWSSSH
Hier, trockne dich erst mal ab.
Ich sag in der Firma Bescheid.
Danach kannst du auch duschen.
Und ich suche dir Wechselsachen heraus.
...
Ich hätte nicht gedacht, dass ich mit zu dir darf.
Was ist?
Ging halt nicht
Das ist anders!
jetzt nicht privat!

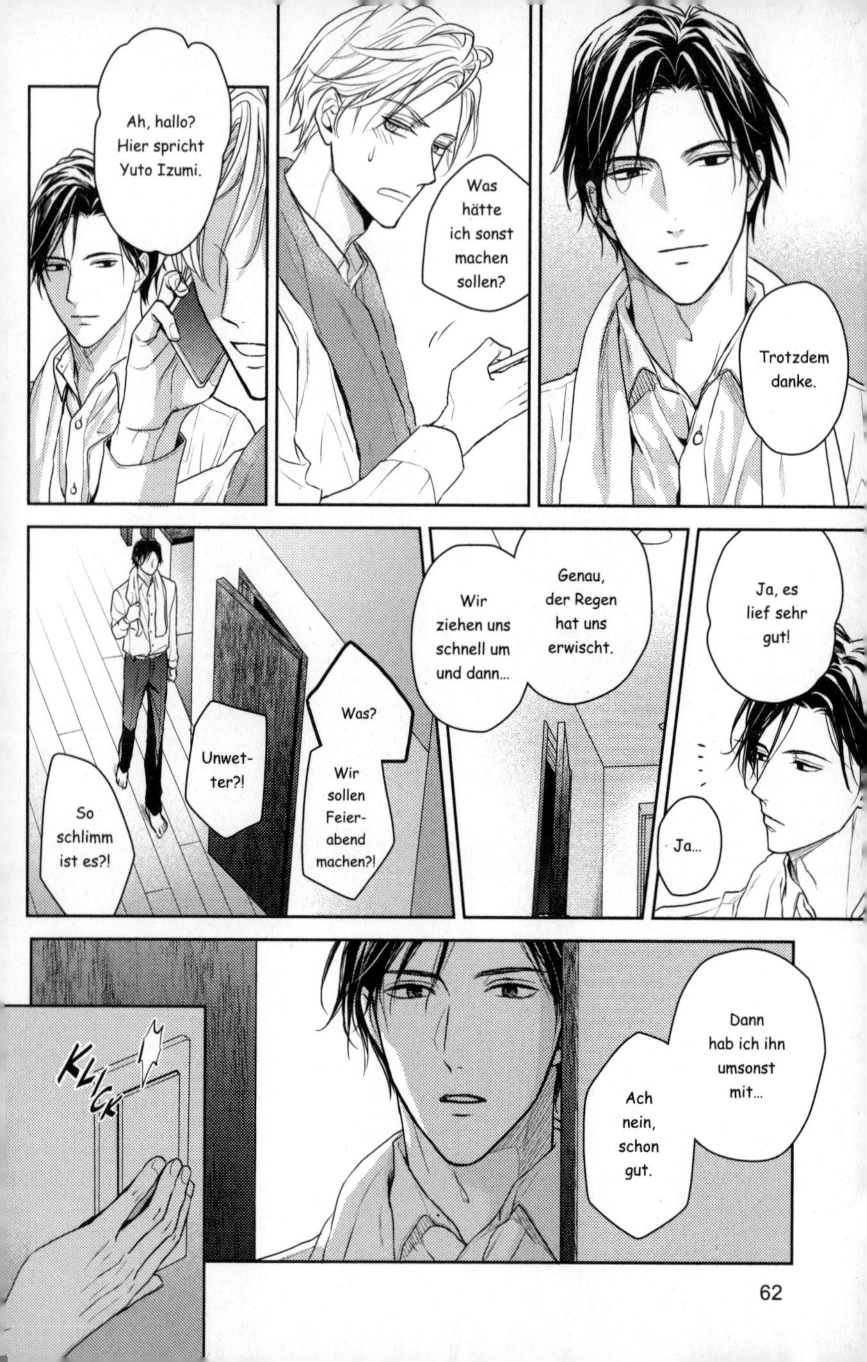
Trotzdem danke.
Was hätte ich sonst machen sollen?
Ah, hallo? Hier spricht Yuto Izumi.
Ja, es lief sehr gut!
Ja...
Genau, der Regen hat uns erwischt.
Wir ziehen uns schnell um und dann...
Was?
Wir sollen Feierabend machen?!
Unwetter?!
So schlimm ist es?!
Dann hab ich ihn umsonst mit...
Ach nein, schon gut.
KLICK

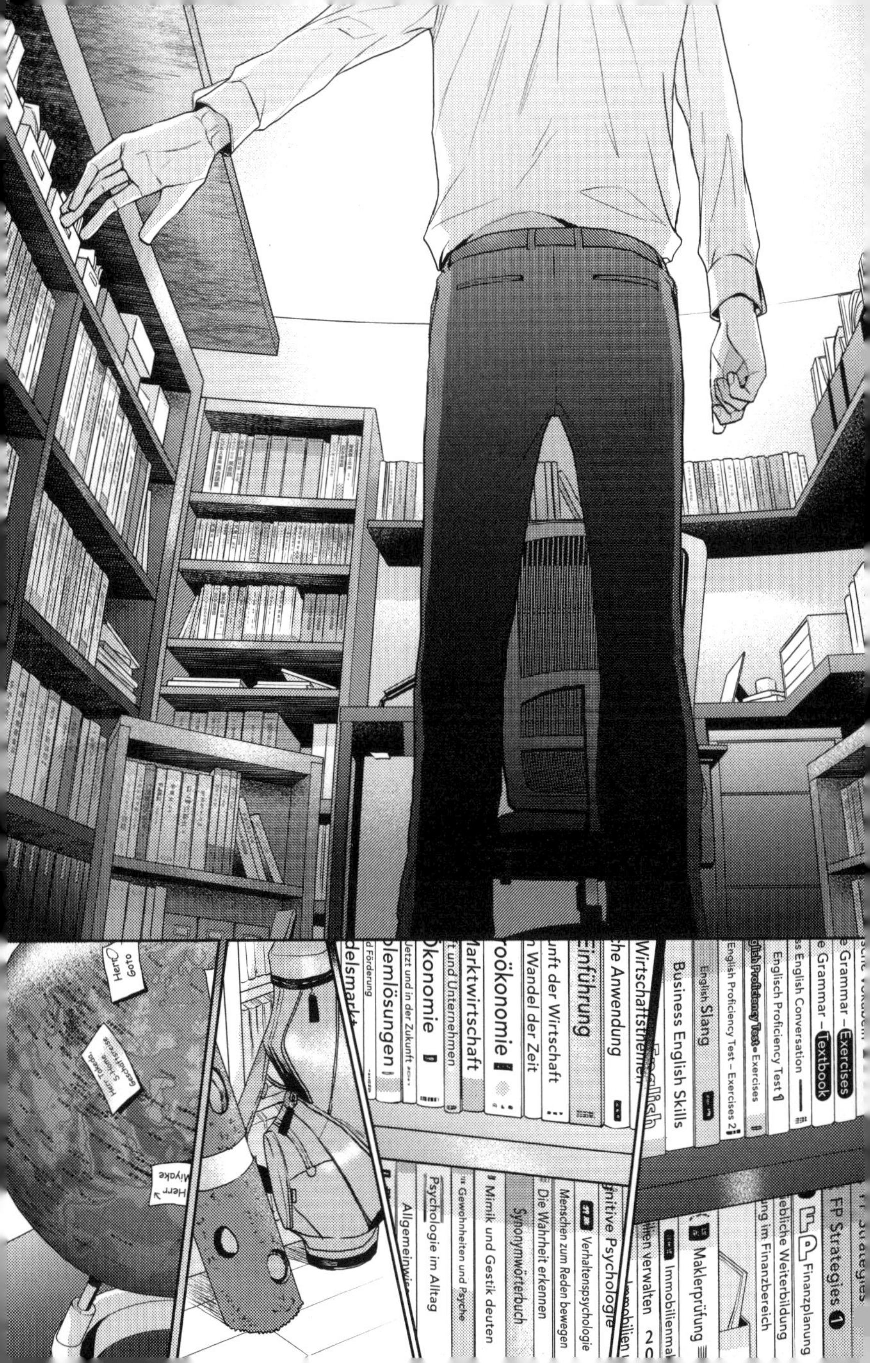

Herr Goto
Herr Miyake
Business English Skills
English Slang
English Proficiency Test – Exercises 2
Englisch Proficiency Test 1
Einführung
Marktwirtschaft
Ökonomie
Psychologie im Alltag
Mimik und Gestik deuten
Synonymwörterbuch
Die Wahrheit erkennen
Menschen zum Reden bewegen
Verhaltenspsychologie
Gewohnheiten und Psyche
Maklerprüfung
Finanzplanung
FP Strategies 1

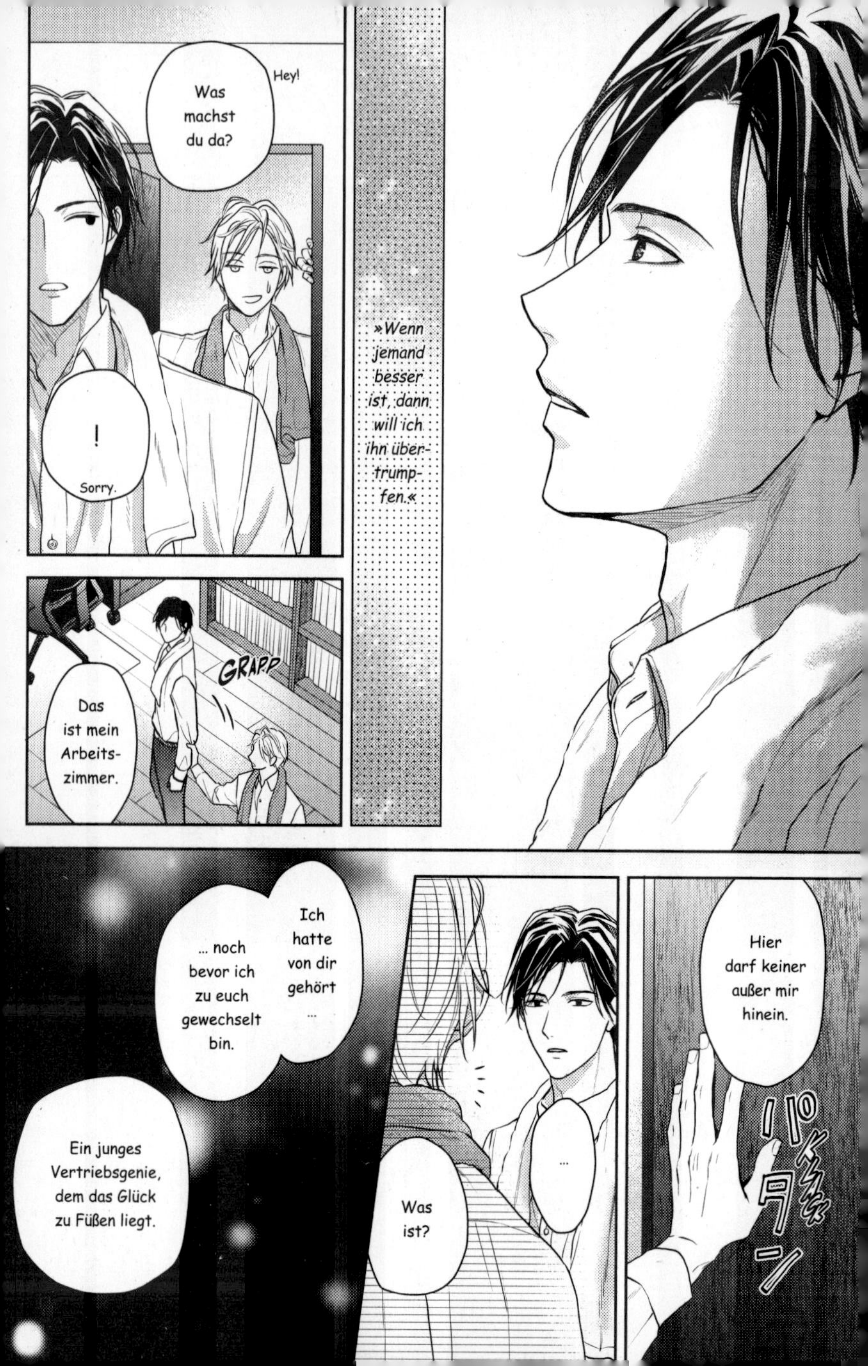
»Wenn jemand besser ist, dann will ich ihn übertrumpfen.«
Hey!
Was machst du da?
!
Sorry.
GRAPP
Das ist mein Arbeitszimmer.
Hier darf keiner außer mir hinein.
…
Was ist?
Ich hatte von dir gehört …
… noch bevor ich zu euch gewechselt bin.
Ein junges Vertriebsgenie, dem das Glück zu Füßen liegt.

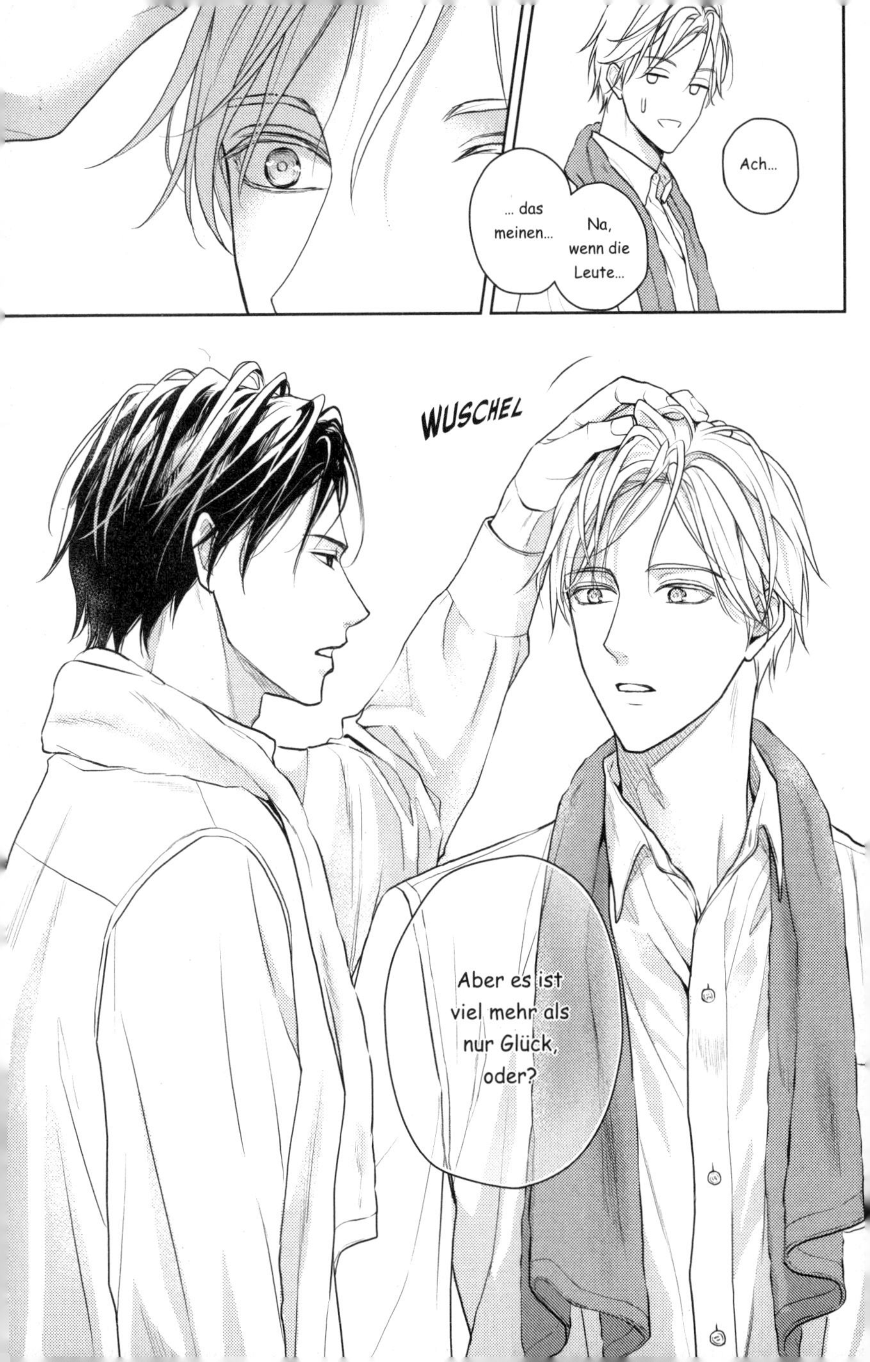
Ach...
Na, wenn die Leute...
... das meinen...
WUSCHEL
Aber es ist viel mehr als nur Glück, oder?

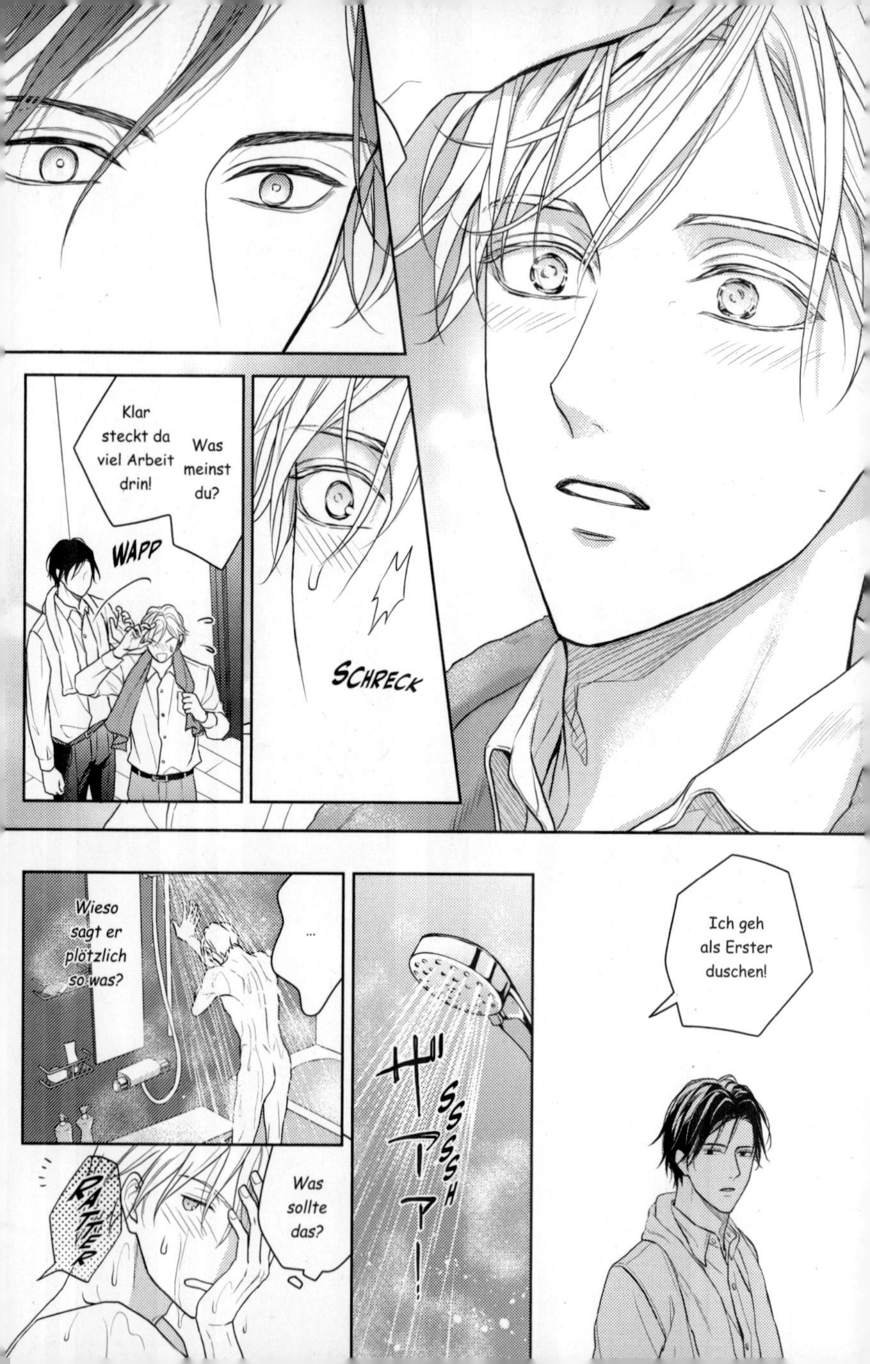
Was meinst du?
Klar steckt da viel Arbeit drin!
WAPP
SCHRECK
Ich geh als Erster duschen!
ザーッ
SSSSH
...
Wieso sagt er plötzlich so was?
Was sollte das?
RATTER

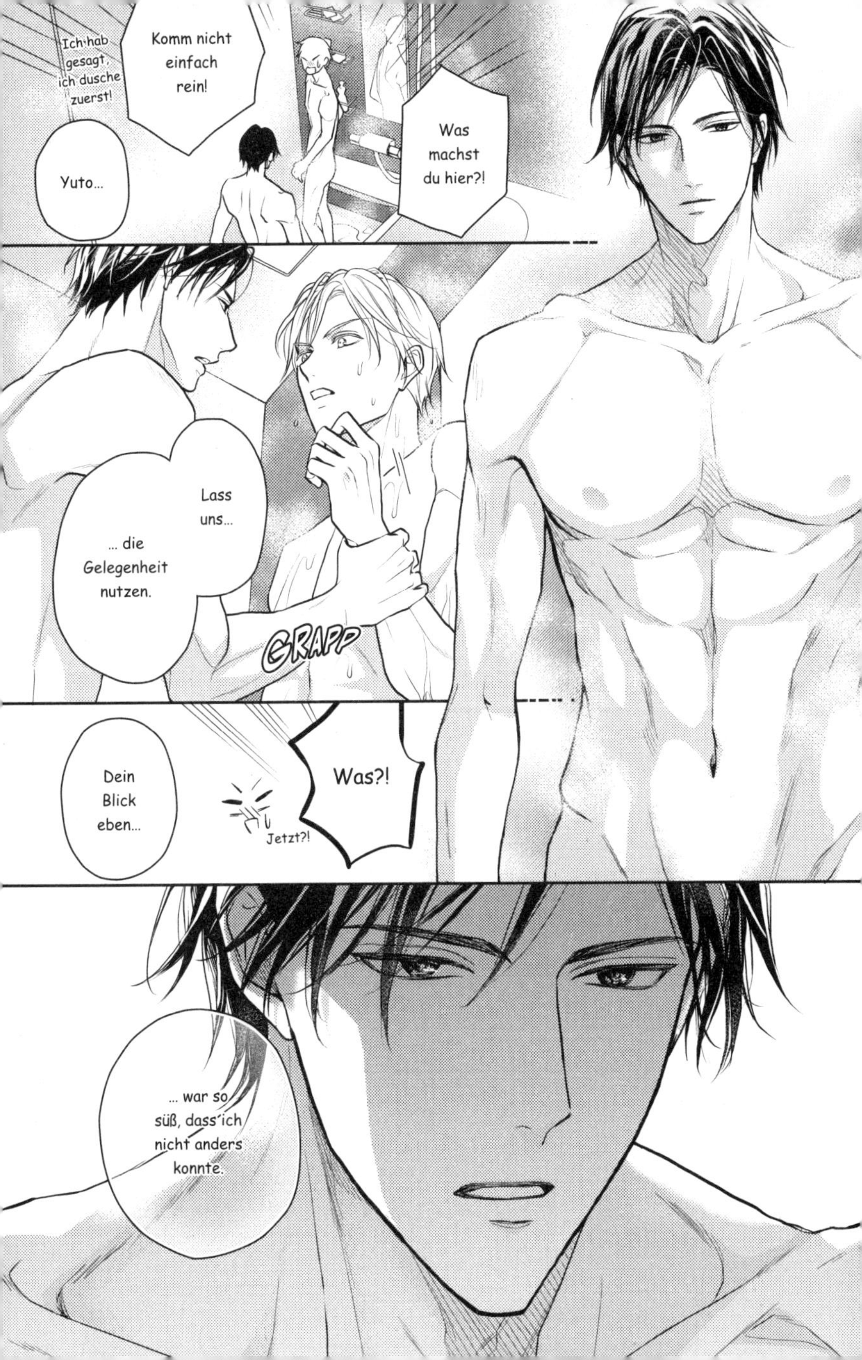
Ich hab gesagt, ich dusche zuerst!
Komm nicht einfach rein!
Yuto...
Was machst du hier?!
Lass uns...
... die Gelegenheit nutzen.
GRAPP
Dein Blick eben...
Was?!
Jetzt?!
... war so süß, dass ich nicht anders konnte.

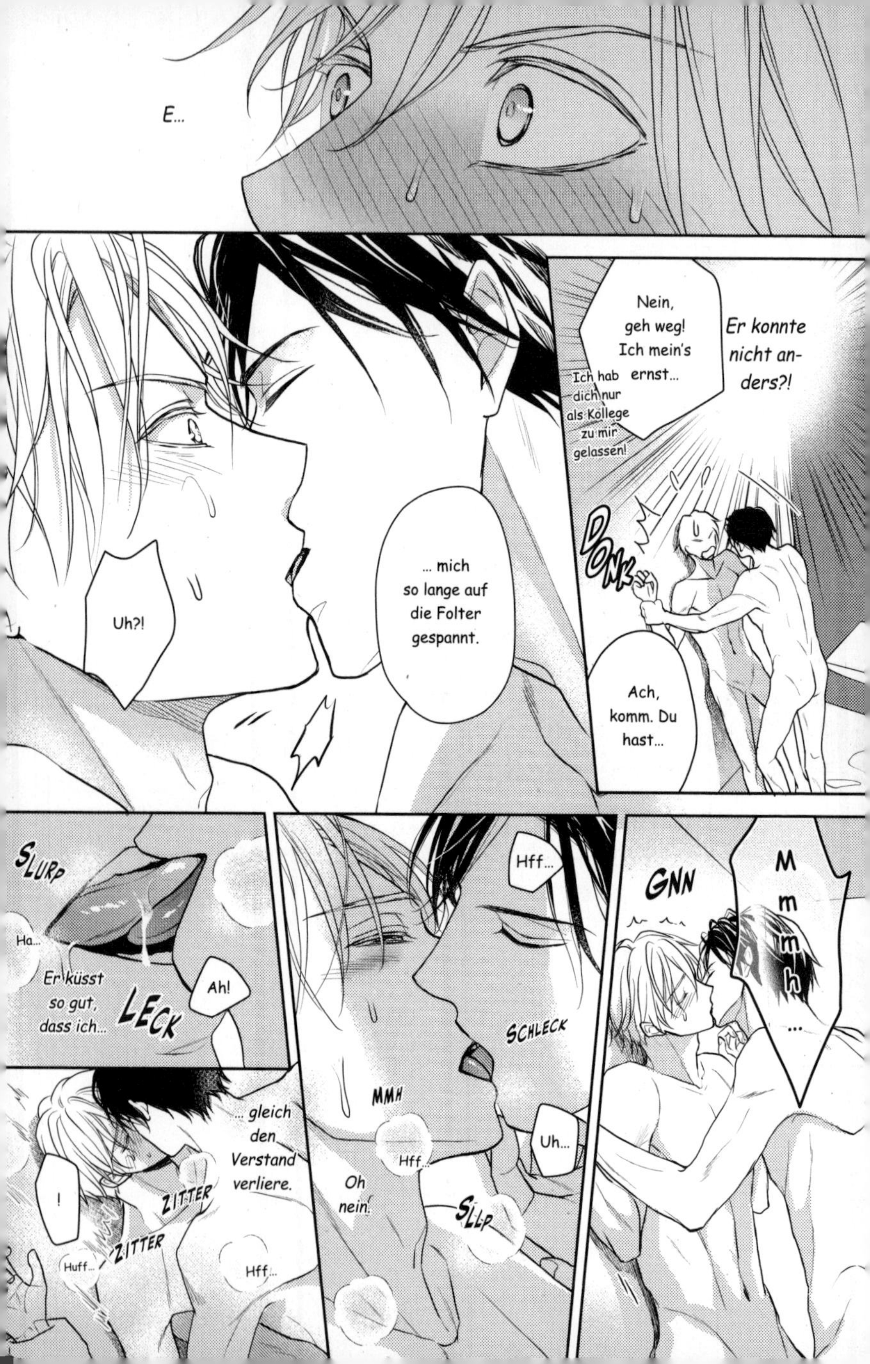
E...
Er konnte nicht an-ders?!
Nein, geh weg! Ich mein's ernst...
Ich hab dich nur als Kollege zu mir gelassen!
DONK
Ach, komm. Du hast...
... mich so lange auf die Folter gespannt.
Uh?!
M m m h ...
GNN
Hff...
SCHLECK
MMH
Hff...
Uh...
SLLP
Oh nein.
SLURP
Ha...
Er küsst so gut, dass ich...
LECK
Ah!
... gleich den Verstand verliere.
ZITTER
ZITTER
!
Huff...
Hff...

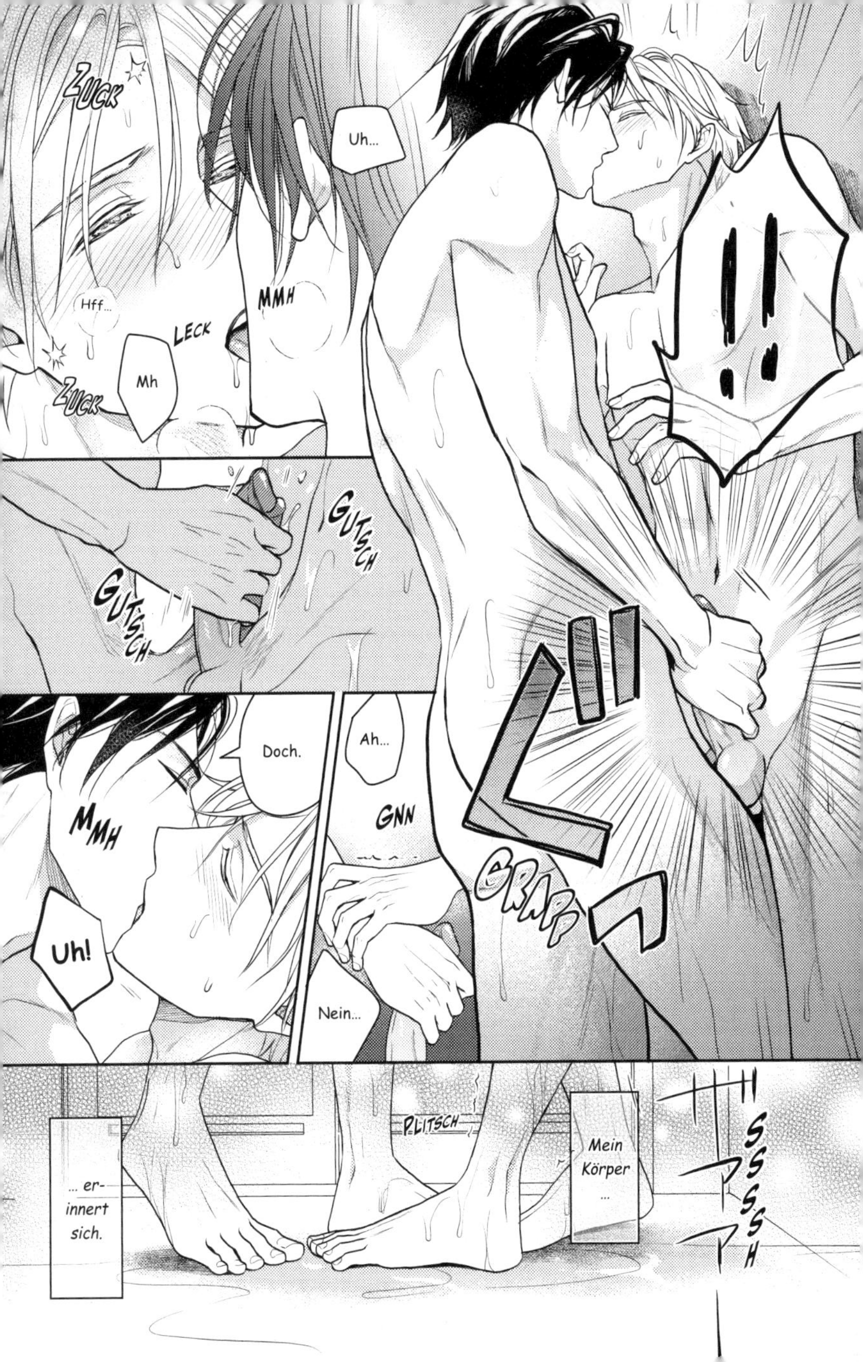
!!
Uh...
ZUCK
MMH
Hff...
LECK
Mh
ZUCK
GUTSCH
GUTSCH
GRAPP
Ah...
GNN
Nein...
Doch.
MMH
Uh!
HSSSSH
Mein Körper ...
PLITSCH
... er-innert sich.

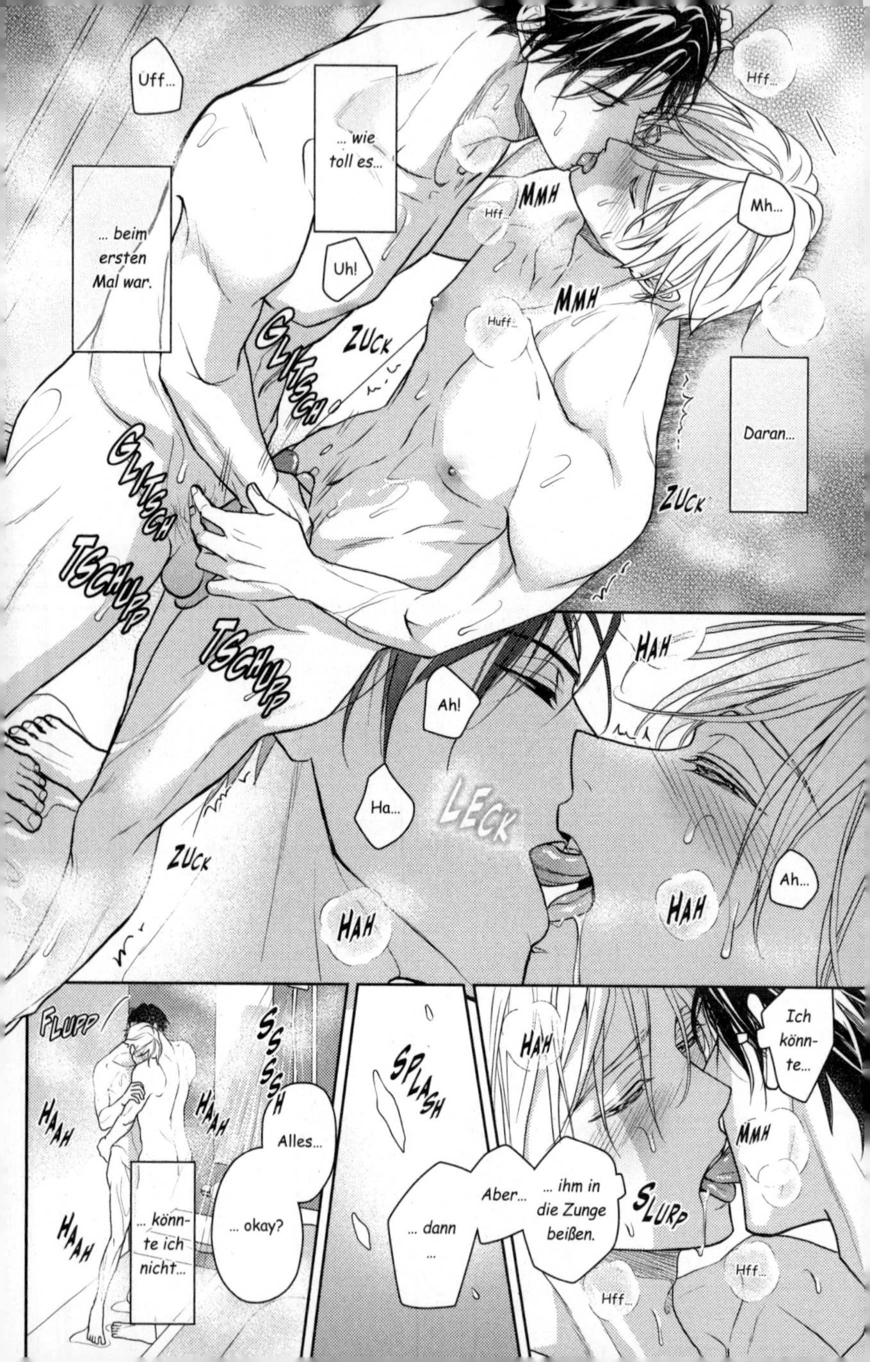

Hff...
Mh...
MMH
Hff...
Daran...
... wie toll es...
... beim ersten Mal war.
Üff...
Uh!
MMH
Huff...
ZUCK
ZUCK
HAH
Ah...
HAH
Ah!
Ha...
LECK
HAH
ZUCK
Ich könnte...
HAH
MMH
... ihm in die Zunge beißen.
SLURP
Hff...
Hff...
SPLASH
Aber...
... dann ...
SSSSH
Alles...
... okay?
HAAH
HAAH
HAAH
... könnte ich nicht...
FLUPP

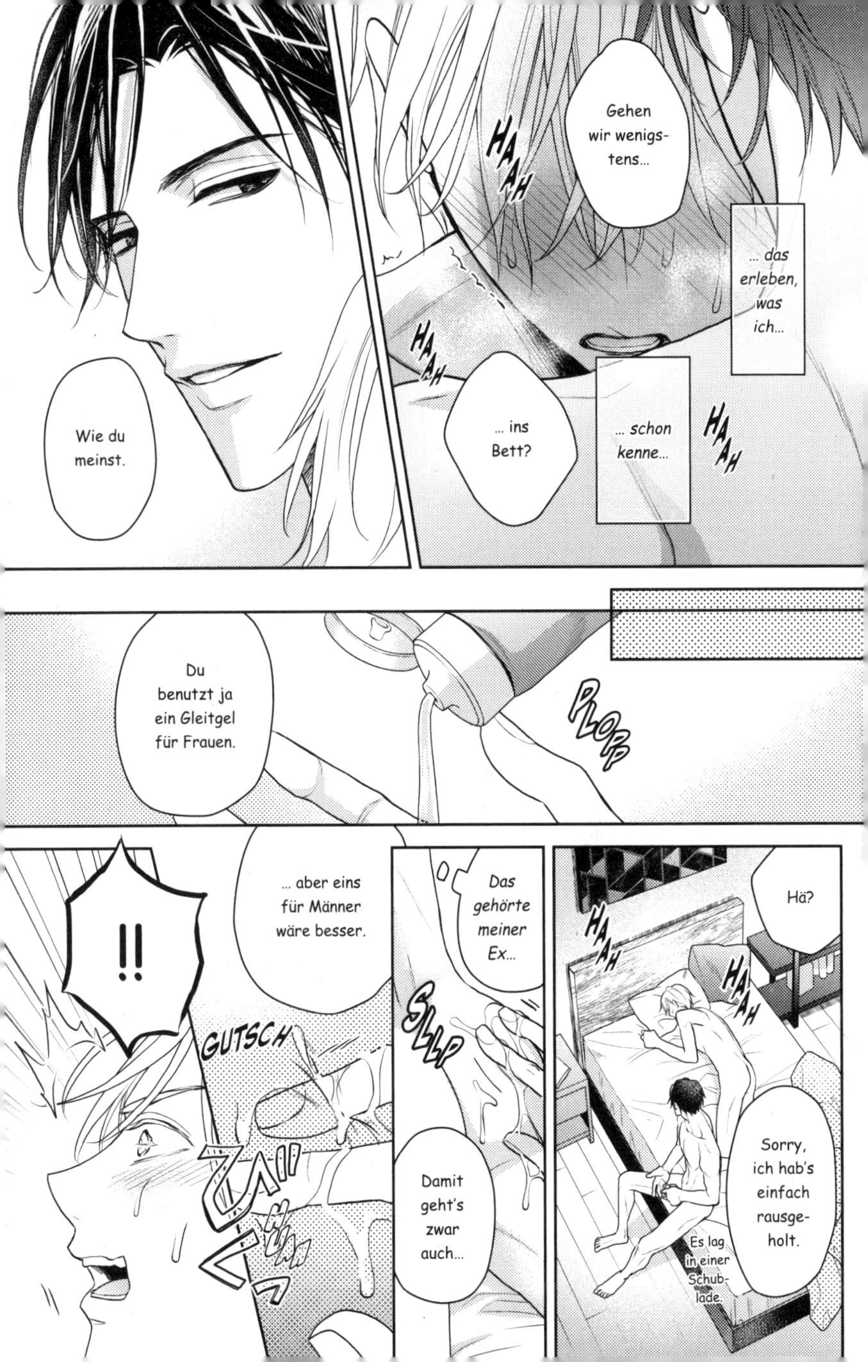
Gehen wir wenigs-tens...
HAAAH
... das erleben, was ich...
... schon kenne...
HAAAH
... ins Bett?
HAAAH
Wie du meinst.
Du benutzt ja ein Gleitgel für Frauen.
PLOPP
Hä?
HAAAH
HAAAH
Sorry, ich hab's einfach rausge-holt.
Es lag in einer Schub-lade.
Das gehörte meiner Ex...
SLLP
Damit geht's zwar auch...
... aber eins für Männer wäre besser.
!!
GUTSCH

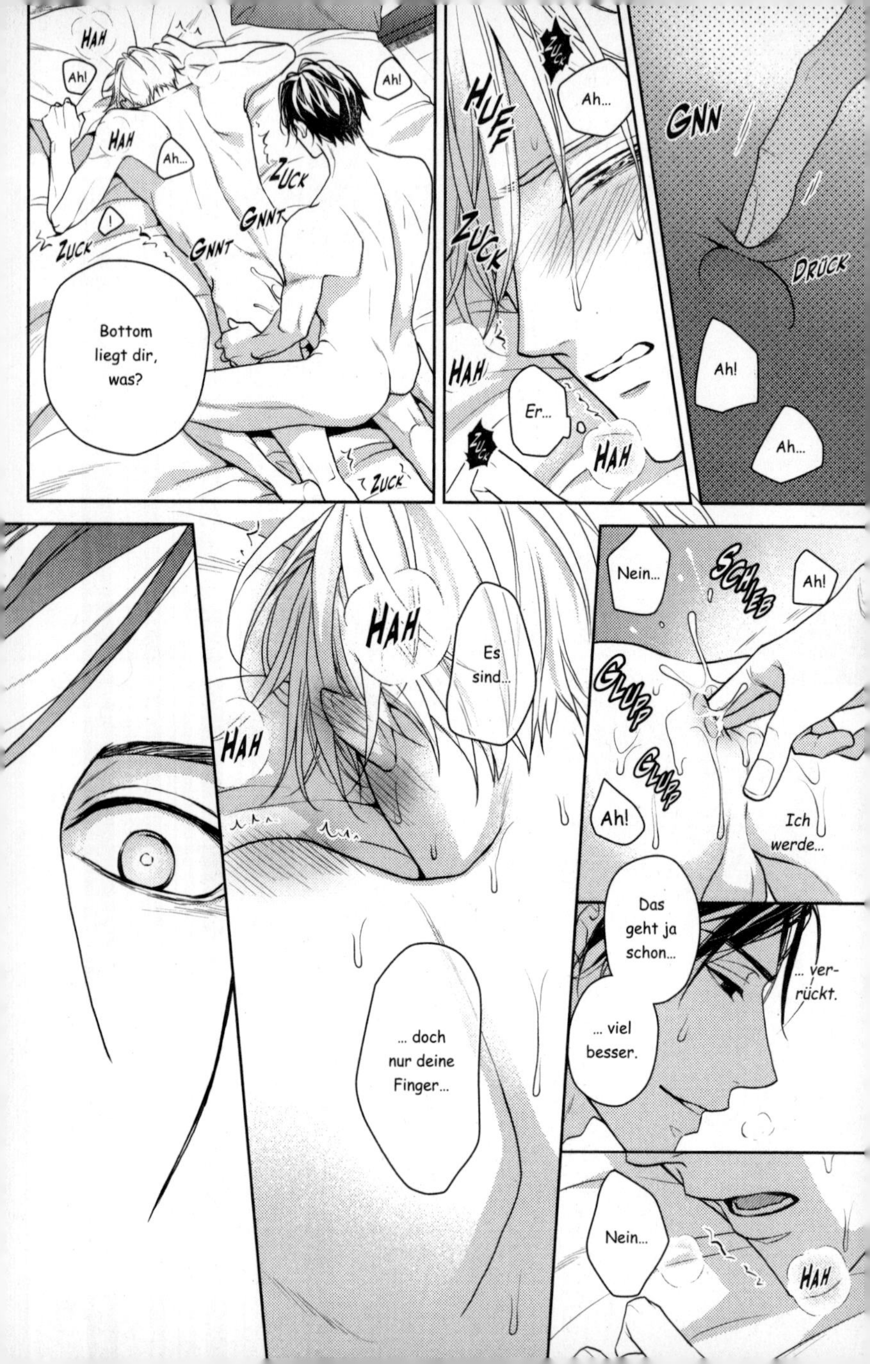
GNN
DRÜCK
Ah!
Ah...
Ah...
HUFF
ZUCK
ZUCK
Er...
HAH
ZUCK
HAH
HAH
Ah!
Ah!
Ah...
ZUCK
GNNT
GNNT
ZUCK
Bottom liegt dir, was?
ZUCK
Nein...
SCHIEB
Ah!
GLUPP
GLUPP
Ah!
Ich werde...
Es sind...
HAH
HAH
... doch nur deine Finger...
Das geht ja schon...
... ver- rückt.
... viel besser.
Nein...
HAH

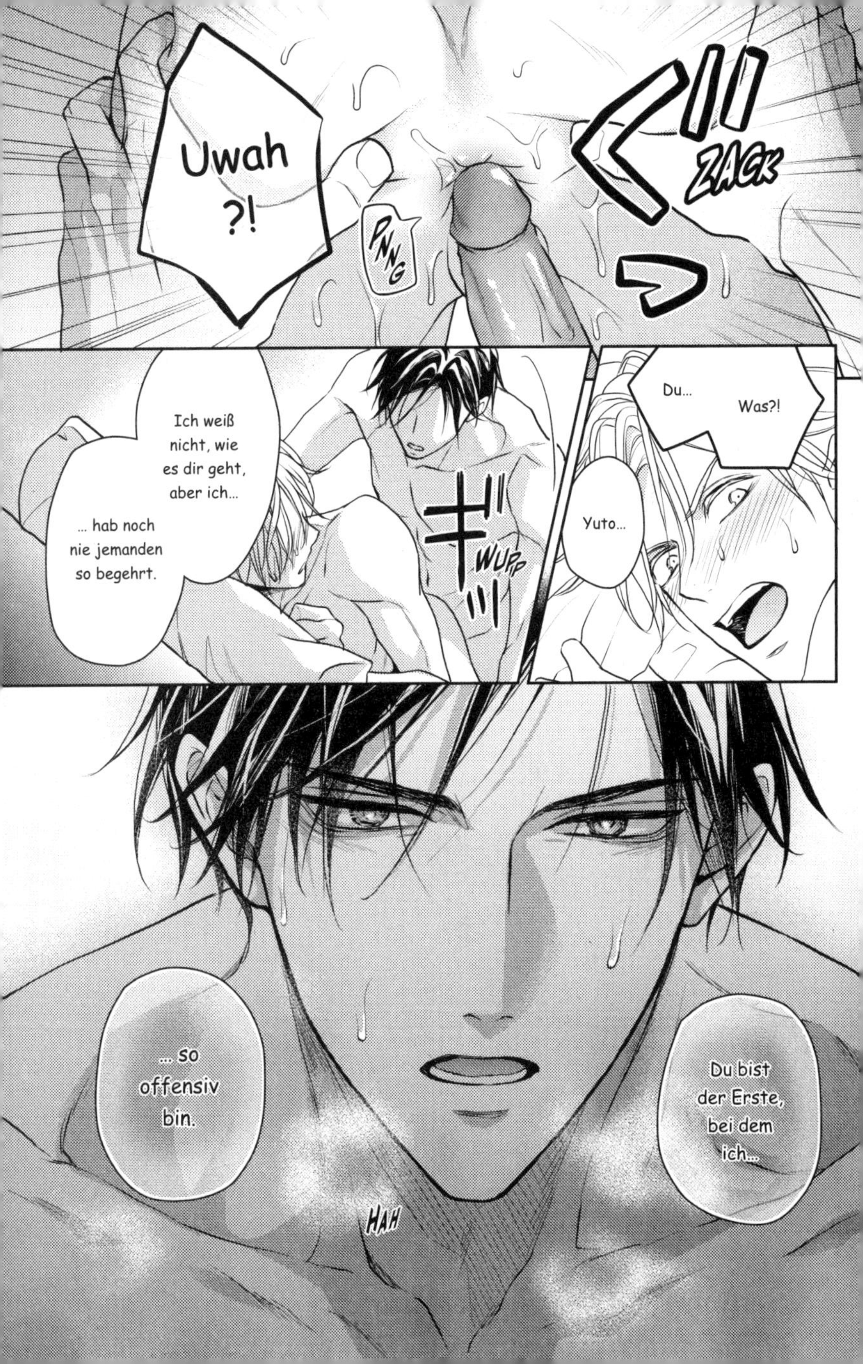
ZACK
PNNG
Uwah ?!
Du... Was?!
Yuto...
WUPP
Ich weiß nicht, wie es dir geht, aber ich...
... hab noch nie jemanden so begehrt.
Du bist der Erste, bei dem ich...
... so offensiv bin.
HAH

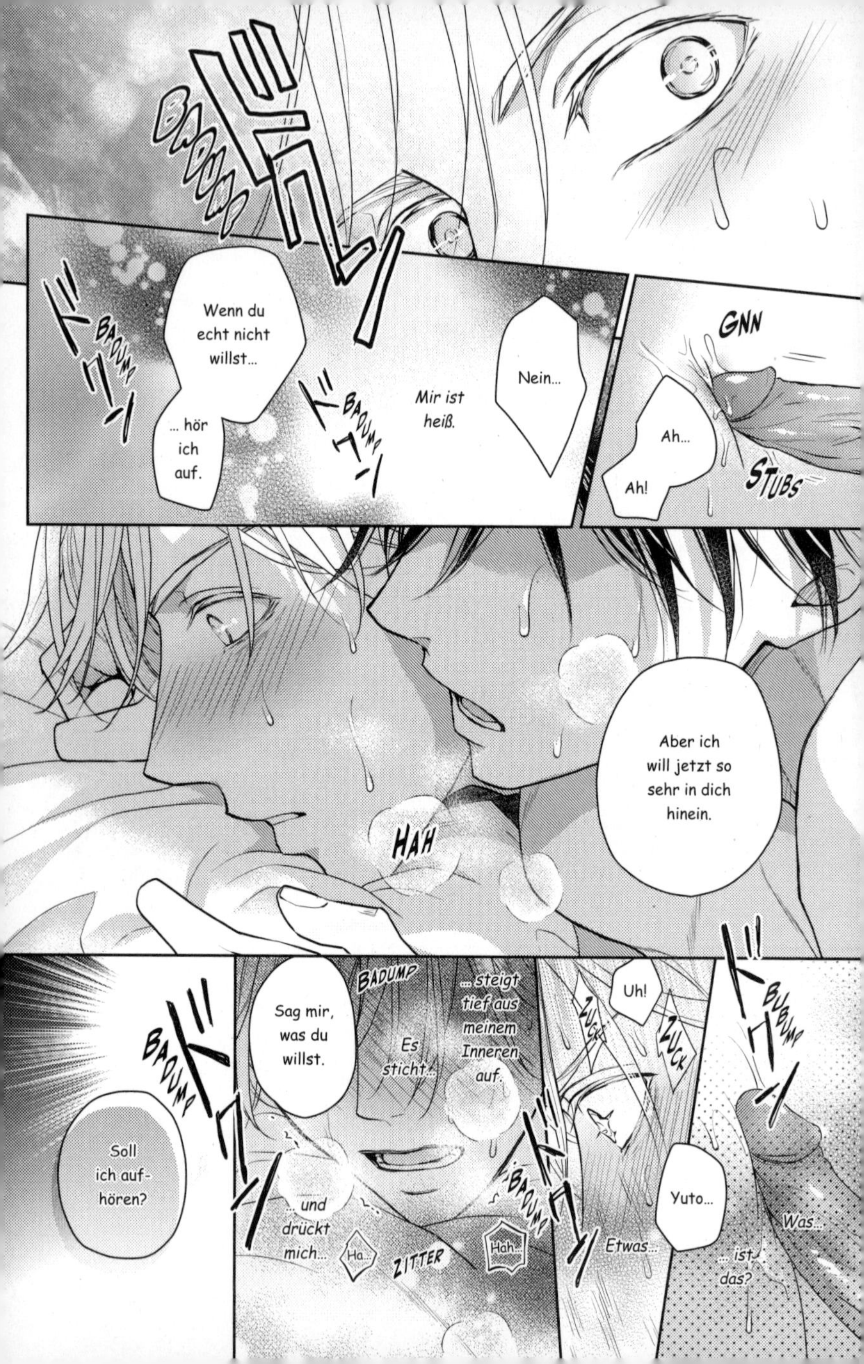
BADUMP
GNN
Ah...
Ah!
STUBS
Nein...
Mir ist heiß.
BADUMP
Wenn du echt nicht willst...
... hör ich auf.
BADUMP
Aber ich will jetzt so sehr in dich hinein.
HAH
BUBUMP
Uh!
ZUCK
ZUCK
Yuto...
Was...
... ist das?
Etwas...
BADUMP
Hah...
... steigt tief aus meinem Inneren auf.
Es sticht...
BADUMP
Sag mir, was du willst.
... und drückt mich...
Ha...
ZITTER
BADUMP
Soll ich auf-hören?

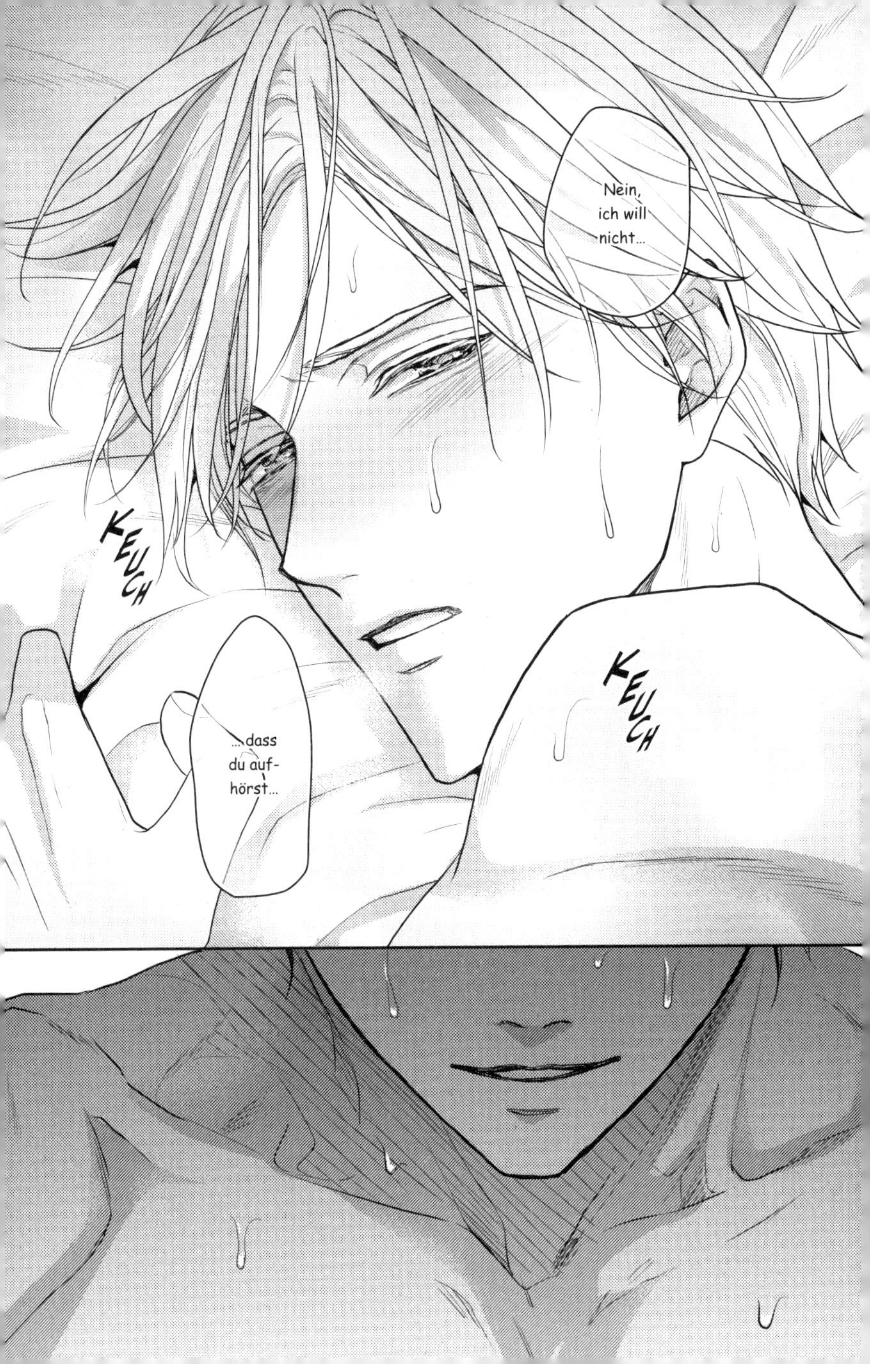
Nein, ich will nicht...
KEUCH
KEUCH
...dass du auf-hörst...

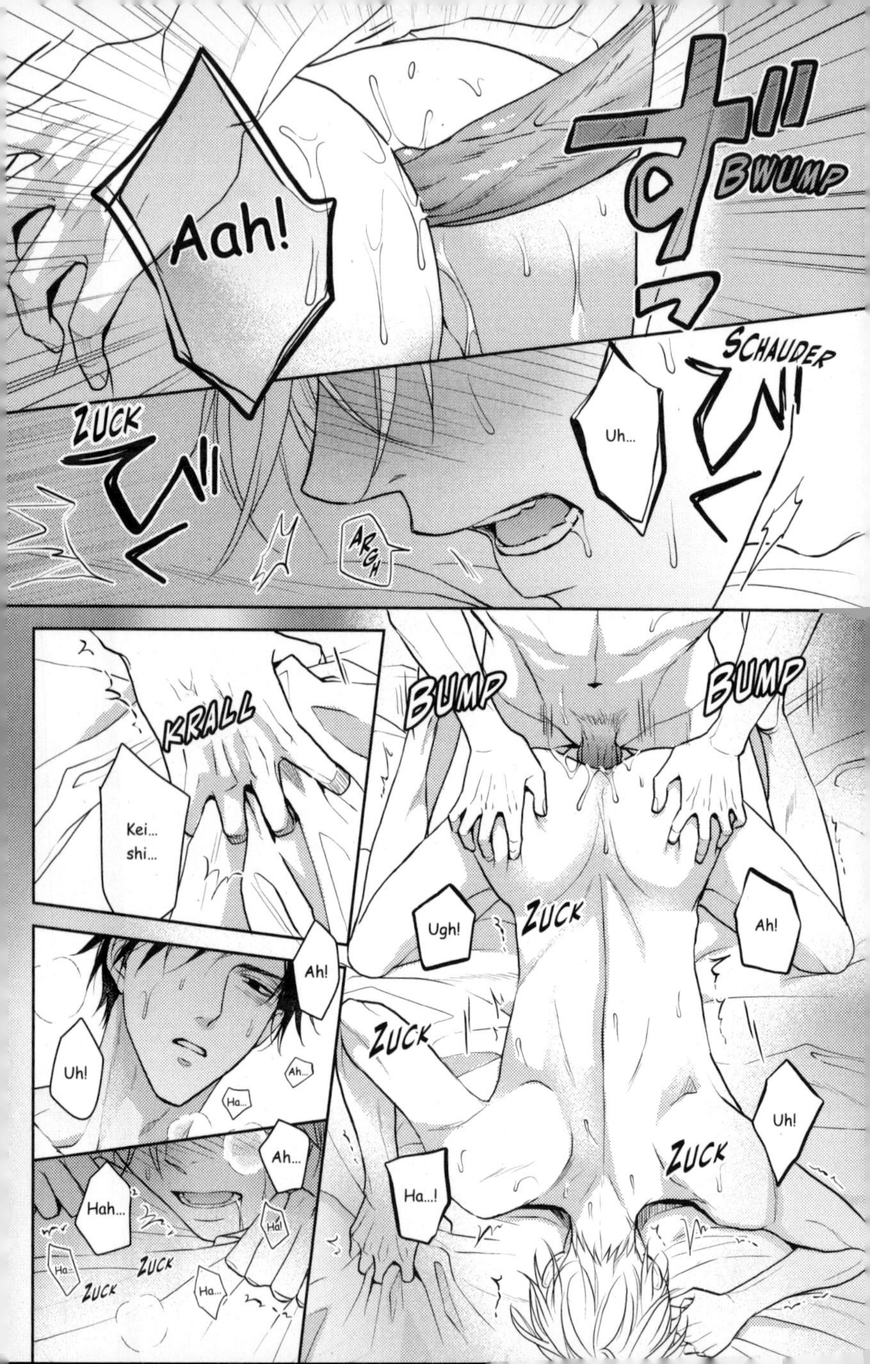
BWUMP
Aah!
SCHAUDER
Uh...
ARGH
ZUCK
BUMP
BUMP
Ah!
Ugh!
ZUCK
ZUCK
Uh!
ZUCK
Ha...!
KRALL
Kei...
shi...
Ah!
Ah...
Ha...
Uh!
Ah...
Hah...
Ha!
Ha...
ZUCK
Ha...
ZUCK

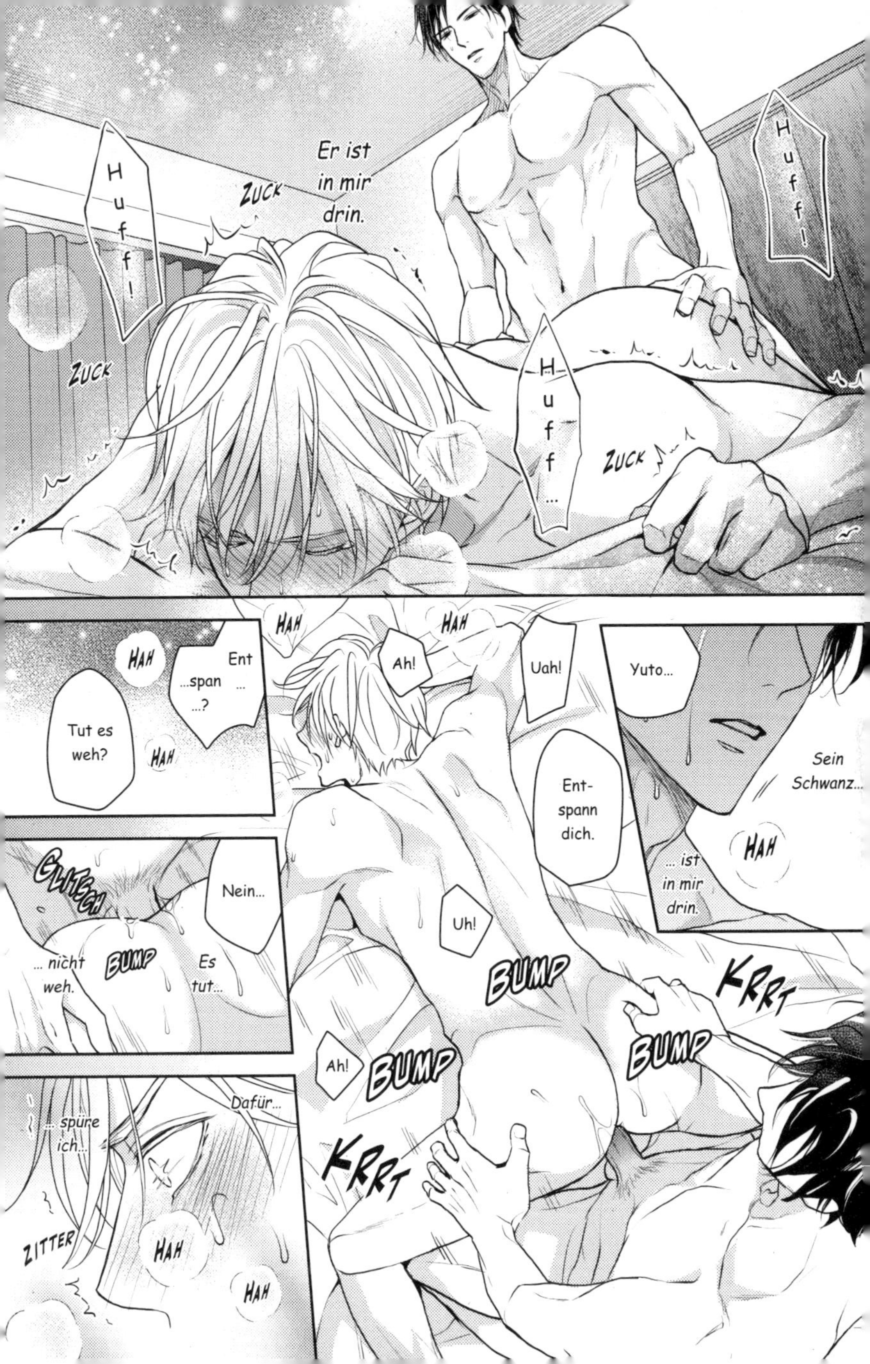
Huff!
Huff...
ZUCK
Er ist in mir drin.
ZUCK
Huff!
ZUCK
Yuto...
Sein Schwanz...
HAH
... ist in mir drin.
Uah!
HAH
Ah!
HAH
Ent-spann dich.
Uh!
Ent ...span ... ...?
HAH
Tut es weh?
HAH
Nein...
Es tut...
... nicht weh.
GLITSCH
BUMP
KRRT
BUMP
BUMP
Ah!
BUMP
KRRT
Dafür...
... spüre ich...
ZITTER
HAH
HAH

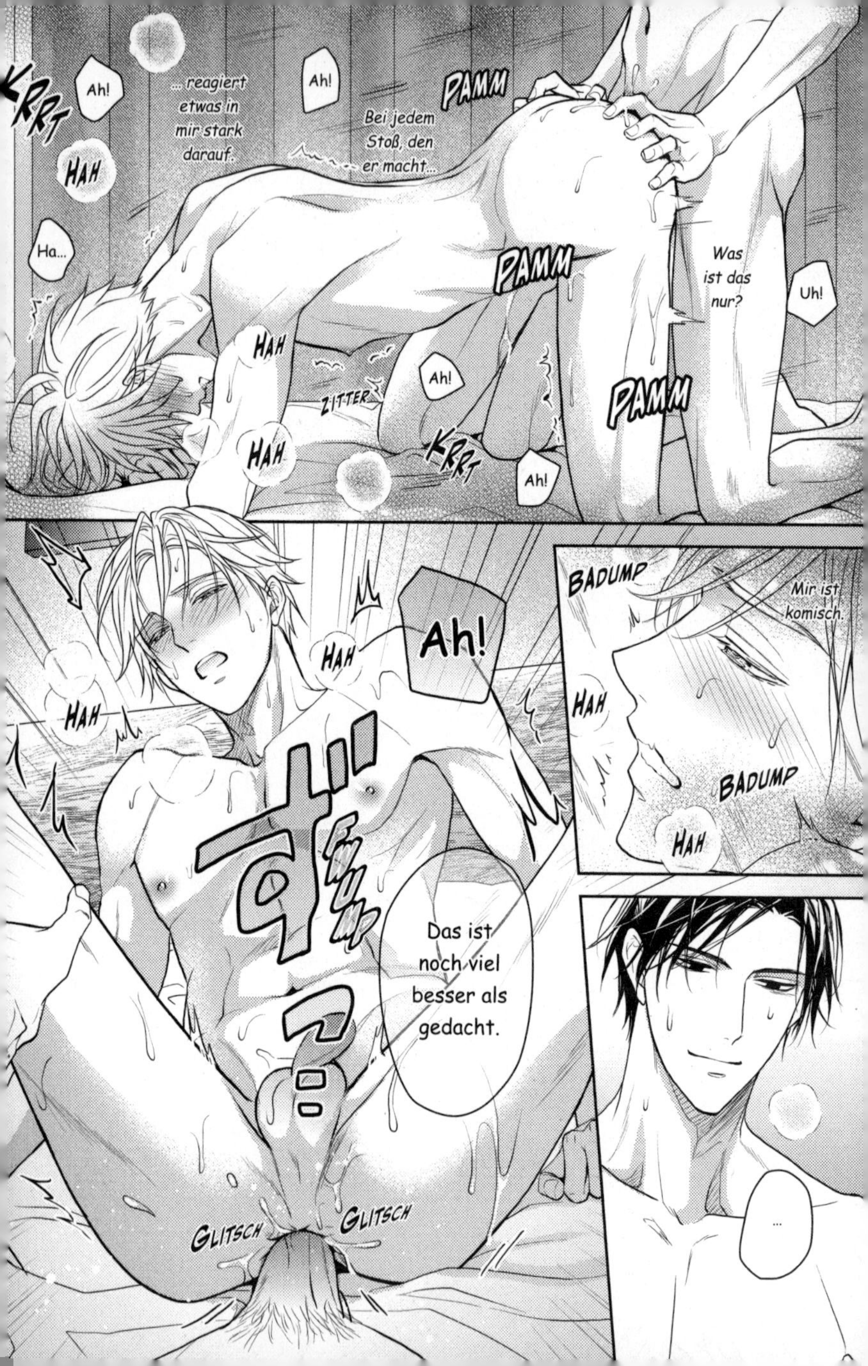
PAMM
Ah!
Bei jedem Stoß, den er macht...
... reagiert etwas in mir stark darauf.
Ah!
KRRT
HAH
Ha...
Uh!
Was ist das nur?
PAMM
HAH
Ah!
ZITTER
PAMM
Ah!
KRRT
HAH
Mir ist komisch.
BADUMP
HAH
BADUMP
HAH
Ah!
HAH
HAH
ずっ...
FWUMP
Das ist noch viel besser als gedacht.
GLITSCH
GLITSCH
...

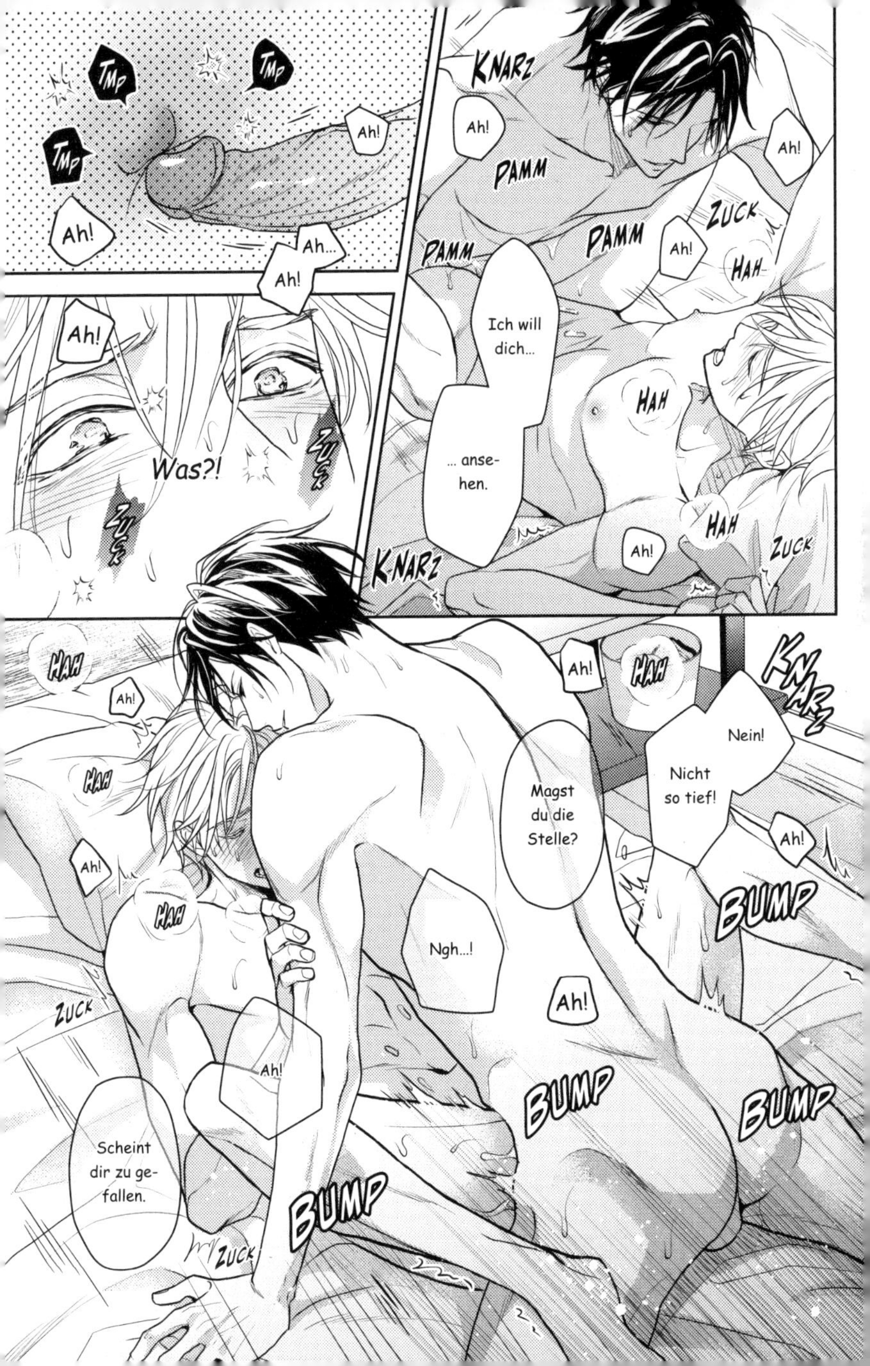
Knarz
Ah!
Pamm
Ah!
Zuck
Pamm
Pamm
Ah!
Hah
Ich will dich...
... ansehen.
Hah
Hah
Ah!
Zuck
Knarz
Tmp
Tmp
Ah!
Tmp
Ah!
Ah...
Ah!
Ah!
Was?!
Zuck
Zuck
Knarz
Hah
Ah!
Nein!
Nicht so tief!
Ah!
Magst du die Stelle?
Bump
Ngh...!
Ah!
Hah
Ah!
Hah
Ah!
Hah
Zuck
Ah!
Bump
Bump
Scheint dir zu gefallen.
Bump
Zuck

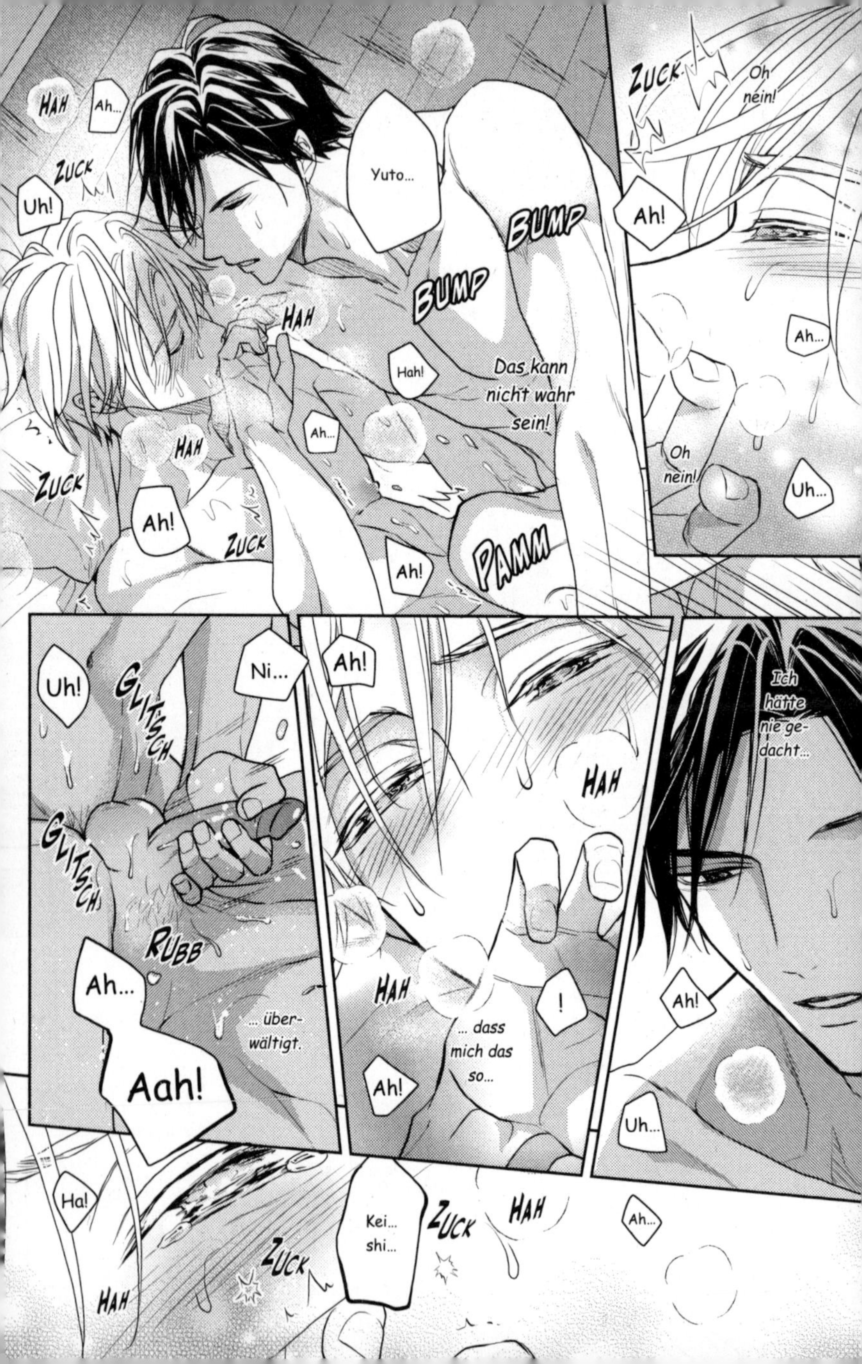
ZUCK
Oh nein!
Ah!
Ah...
Oh nein!
Uh...
Yuto...
BUMP
BUMP
Das kann nicht wahr sein!
HAH
Hah!
Ah...
HAH
Ah...
ZUCK
Uh!
HAH
ZUCK
Ah!
ZUCK
PAMM
Ah!
Ich hätte nie gedacht...
Ah!
Uh...
Ah!
HAH
!
... dass mich das so...
HAH
Ah!
Ni...
Uh!
GLITSCH
GLITSCH
RUBB
Ah...
... überwältigt.
Aah!
Ah...
HAH
ZUCK
Kei... shi...
ZUCK
Ha!
HAH

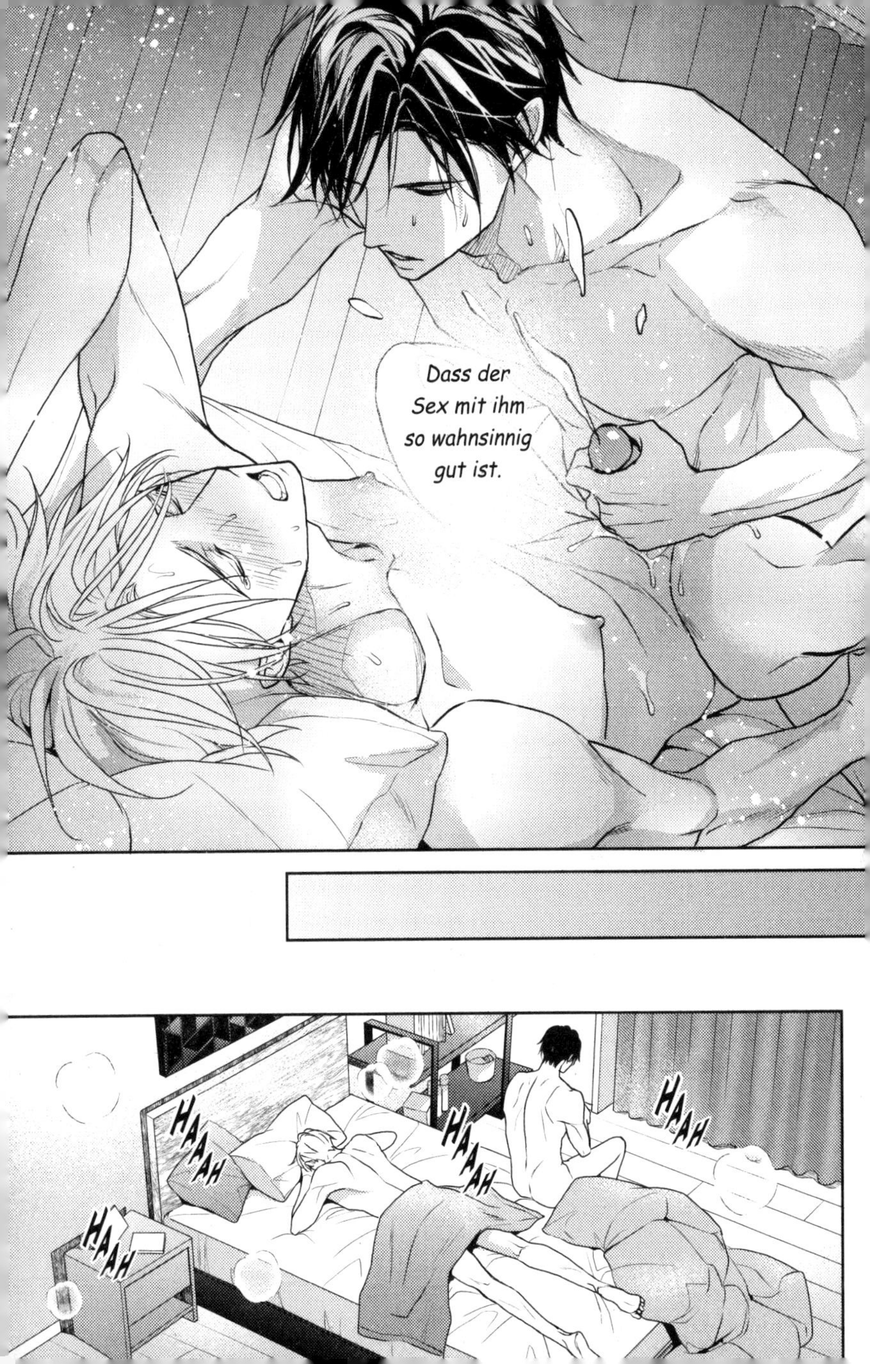
Dass der Sex mit ihm so wahnsinnig gut ist.
HAAH
HAAAAH
HAAAH
HAAH

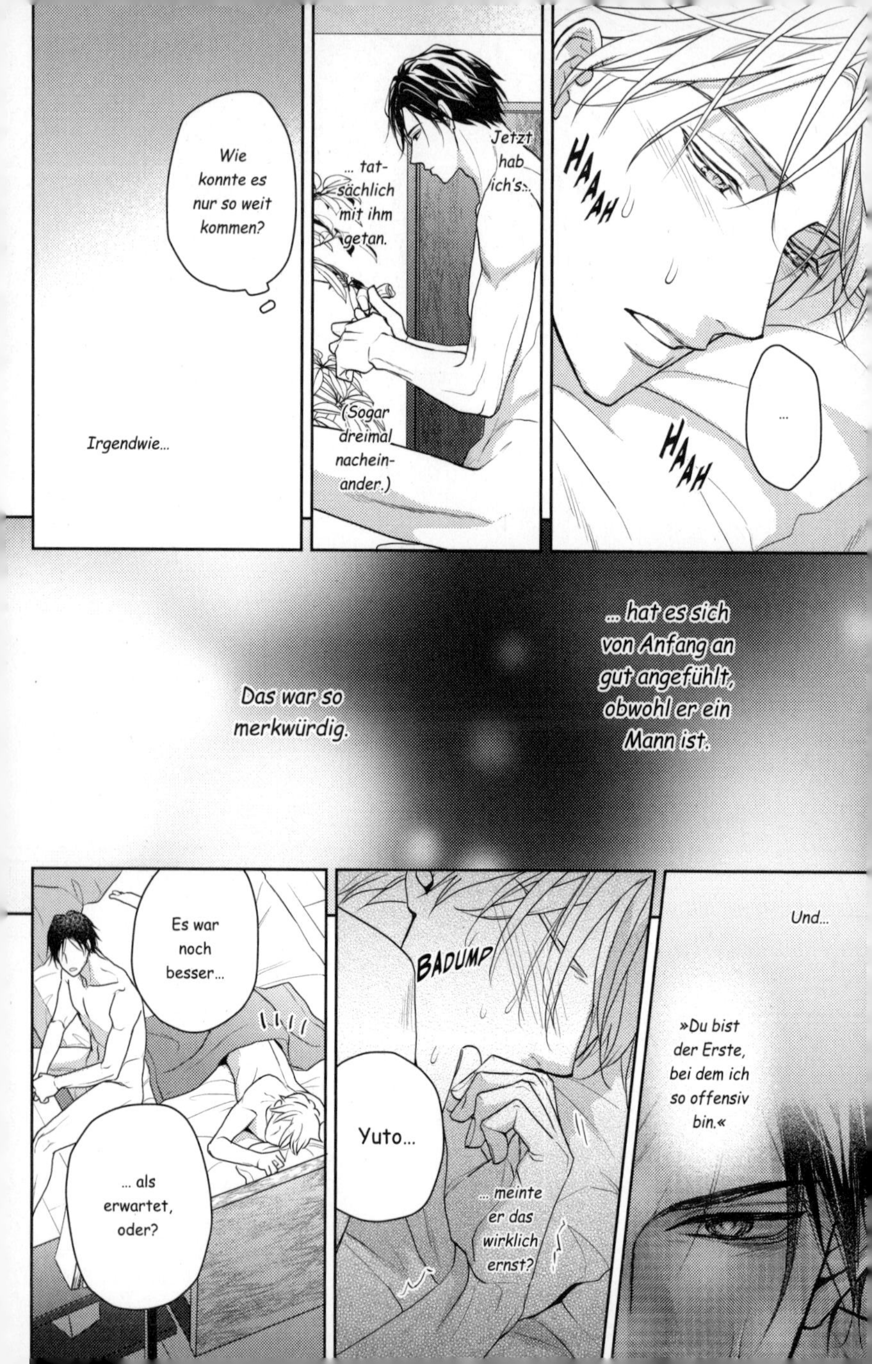
HAAAH
HAAH
...
Jetzt hab ich's...
... tatsächlich mit ihm getan.
(Sogar dreimal nacheinander.)
Wie konnte es nur so weit kommen?
Irgendwie...
... hat es sich von Anfang an gut angefühlt, obwohl er ein Mann ist.
Das war so merkwürdig.
Und...
»Du bist der Erste, bei dem ich so offensiv bin.«
BADUMP
Yuto...
... meinte er das wirklich ernst?
Es war noch besser...
... als erwartet, oder?

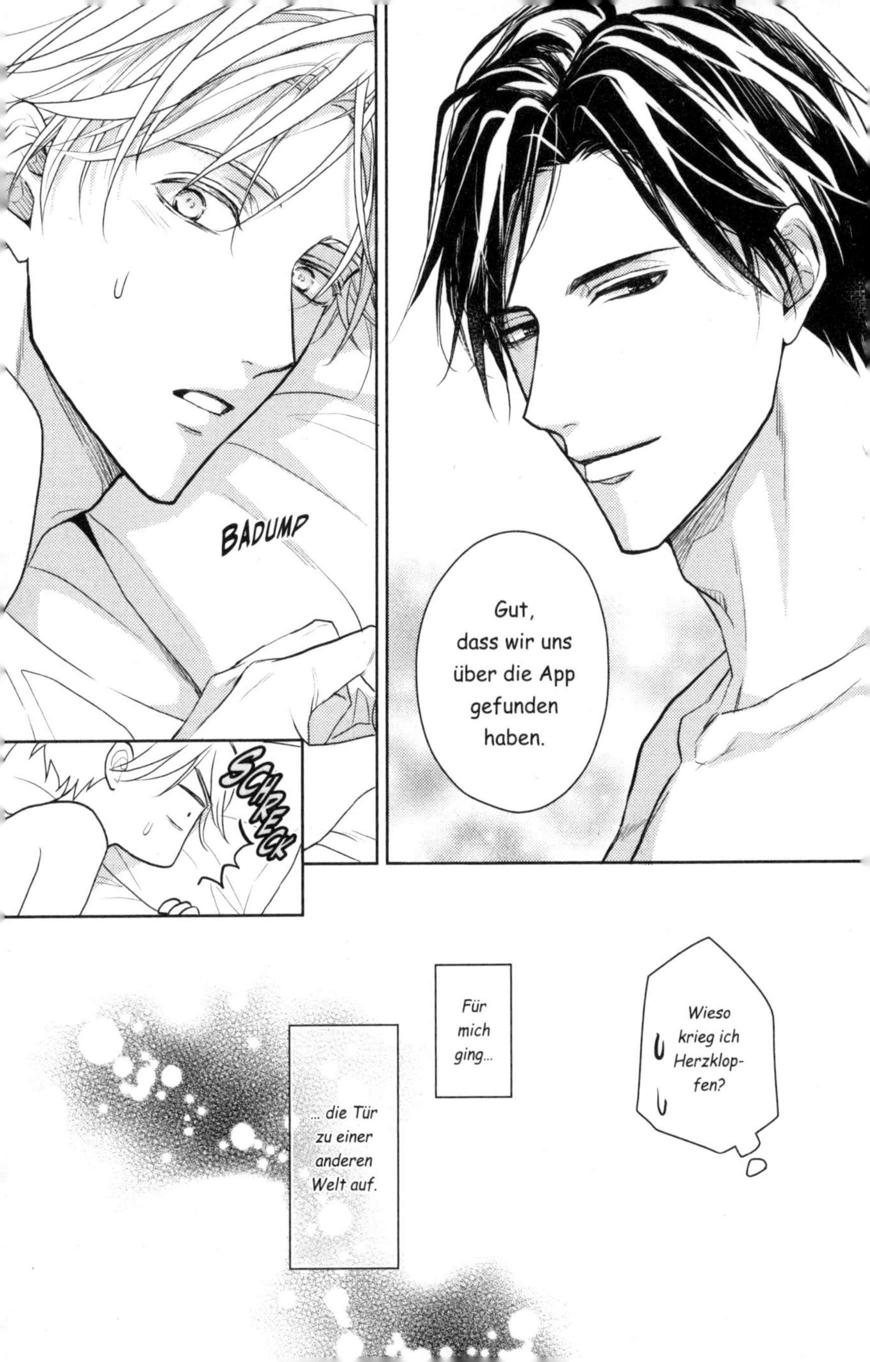
Gut, dass wir uns über die App gefunden haben.
BADUMP
SCHRECK
Wieso krieg ich Herzklopfen?
Für mich ging...
... die Tür zu einer anderen Welt auf.

Destiny but Incompatible

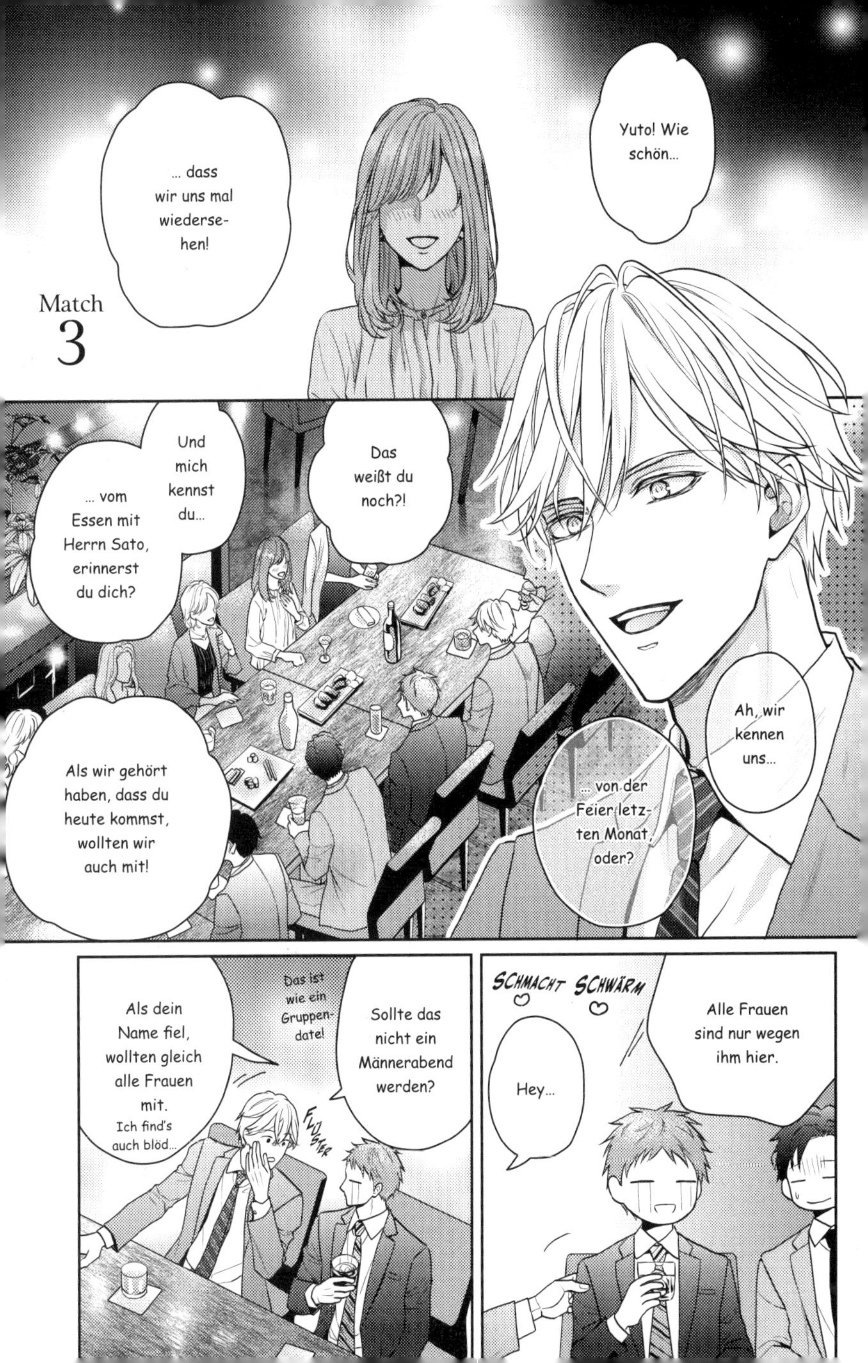
Match 3
Yuto! Wie schön...
... dass wir uns mal wiederse-hen!
Ah, wir kennen uns...
... von der Feier letz-ten Monat, oder?
Das weißt du noch?!
Und mich kennst du...
... vom Essen mit Herrn Sato, erinnerst du dich?
Als wir gehört haben, dass du heute kommst, wollten wir auch mit!
SCHMACHT
SCHWÄRM
Alle Frauen sind nur wegen ihm hier.
Hey...
Sollte das nicht ein Männerabend werden?
Das ist wie ein Gruppen-date!
FLÜSTER
Als dein Name fiel, wollten gleich alle Frauen mit.
Ich find's auch blöd...

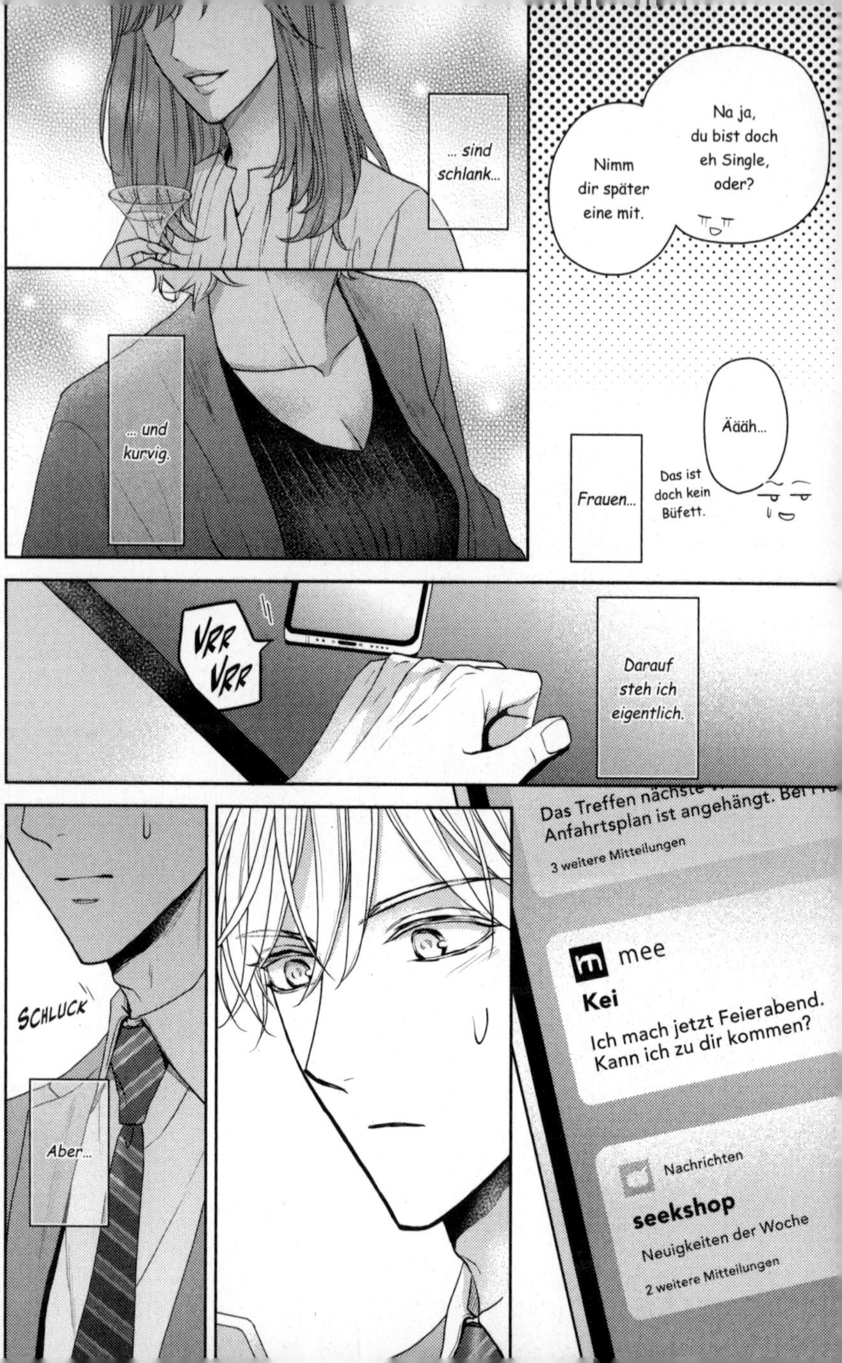

Na ja, du bist doch eh Single, oder?
Nimm dir später eine mit.
Äääh...
Das ist doch kein Büfett.
Frauen...
... sind schlank...
... und kurvig.
Darauf steh ich eigentlich.
VRR VRR
Das Treffen nächste
Anfahrtsplan ist angehängt.
3 weitere Mitteilungen
mee
Kei
Ich mach jetzt Feierabend. Kann ich zu dir kommen?
Nachrichten
seekshop
Neuigkeiten der Woche
2 weitere Mitteilungen
SCHLUCK
Aber...

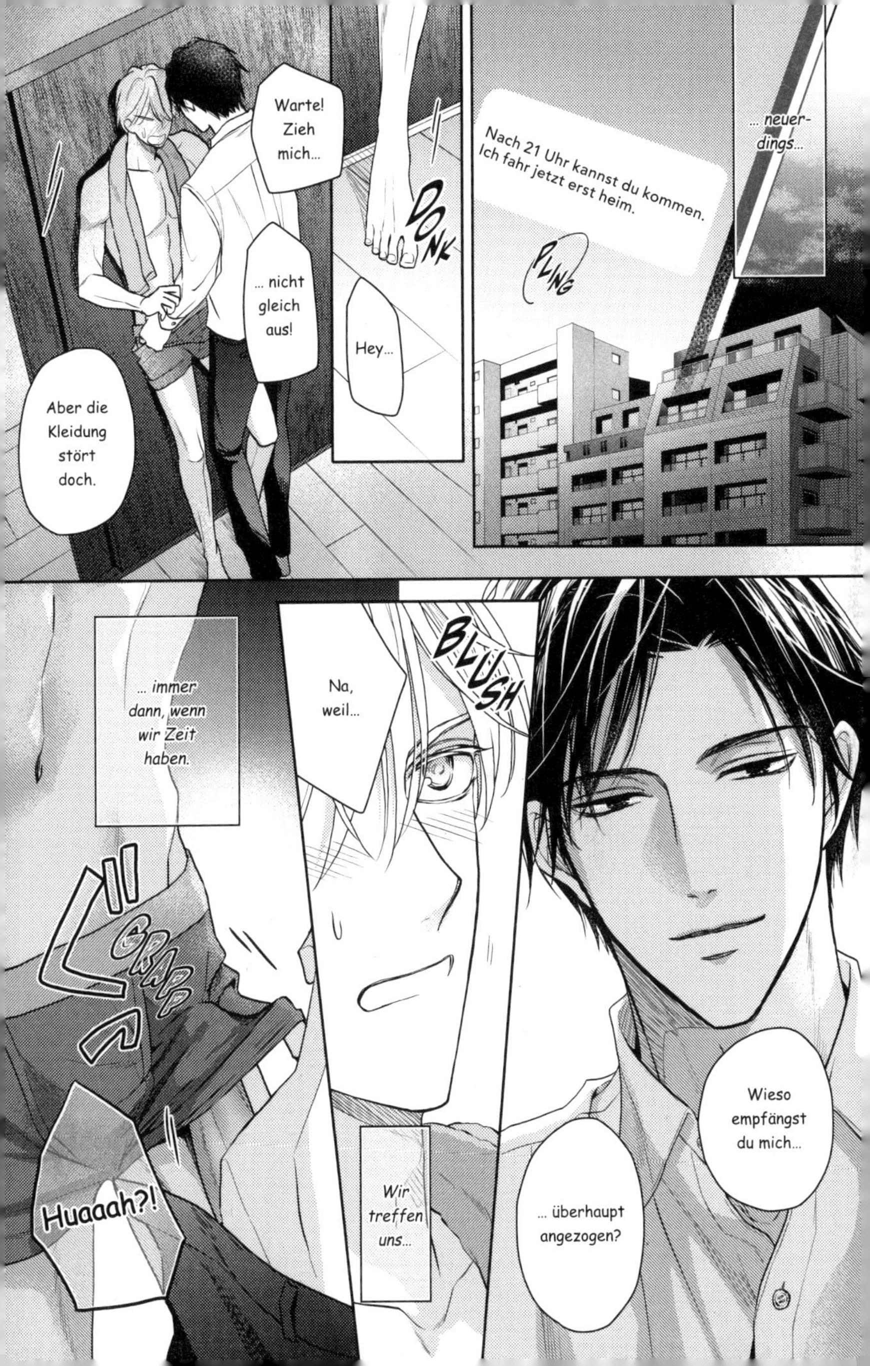

... neuer-
dings...
Nach 21 Uhr kannst du kommen.
Ich fahr jetzt erst heim.
PLING
Hey...
DONK
Warte! Zieh mich...
... nicht gleich aus!
Aber die Kleidung stört doch.
Wieso empfängst du mich...
... überhaupt angezogen?
BLUSH
Na, weil...
Wir treffen uns...
... immer dann, wenn wir Zeit haben.
GRAPP
Huaaah?!

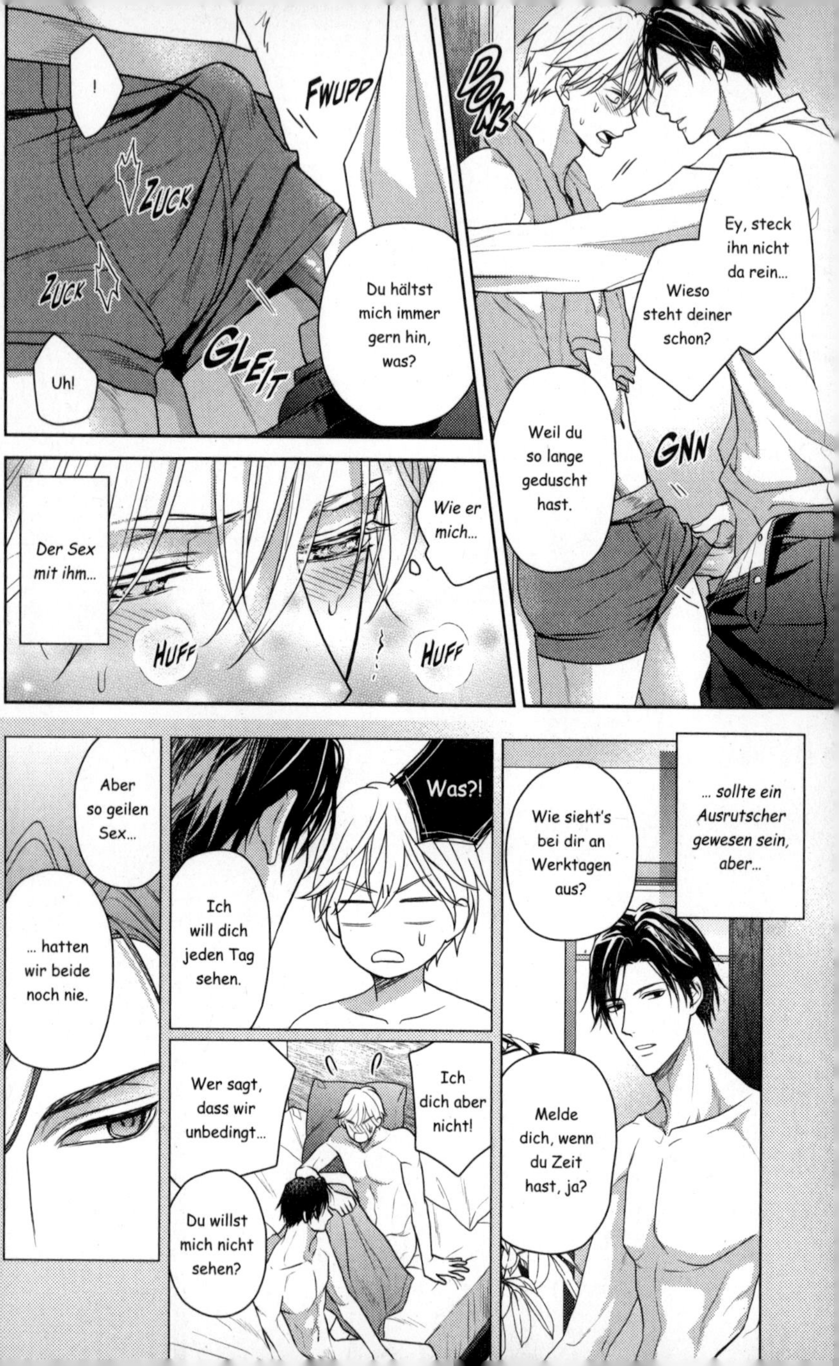
DONK
Ey, steck ihn nicht da rein...
Wieso steht deiner schon?
Weil du so lange geduscht hast.
GNN
FWUPP
Du hältst mich immer gern hin, was?
!
ZUCK
ZUCK
GLEIT
Uh!
Wie er mich...
Der Sex mit ihm...
HUFF
HUFF
... sollte ein Ausrutscher gewesen sein, aber...
Wie sieht's bei dir an Werktagen aus?
Melde dich, wenn du Zeit hast, ja?
Was?!
Ich will dich jeden Tag sehen.
Ich dich aber nicht!
Wer sagt, dass wir unbedingt...
Du willst mich nicht sehen?
Aber so geilen Sex...
... hatten wir beide noch nie.

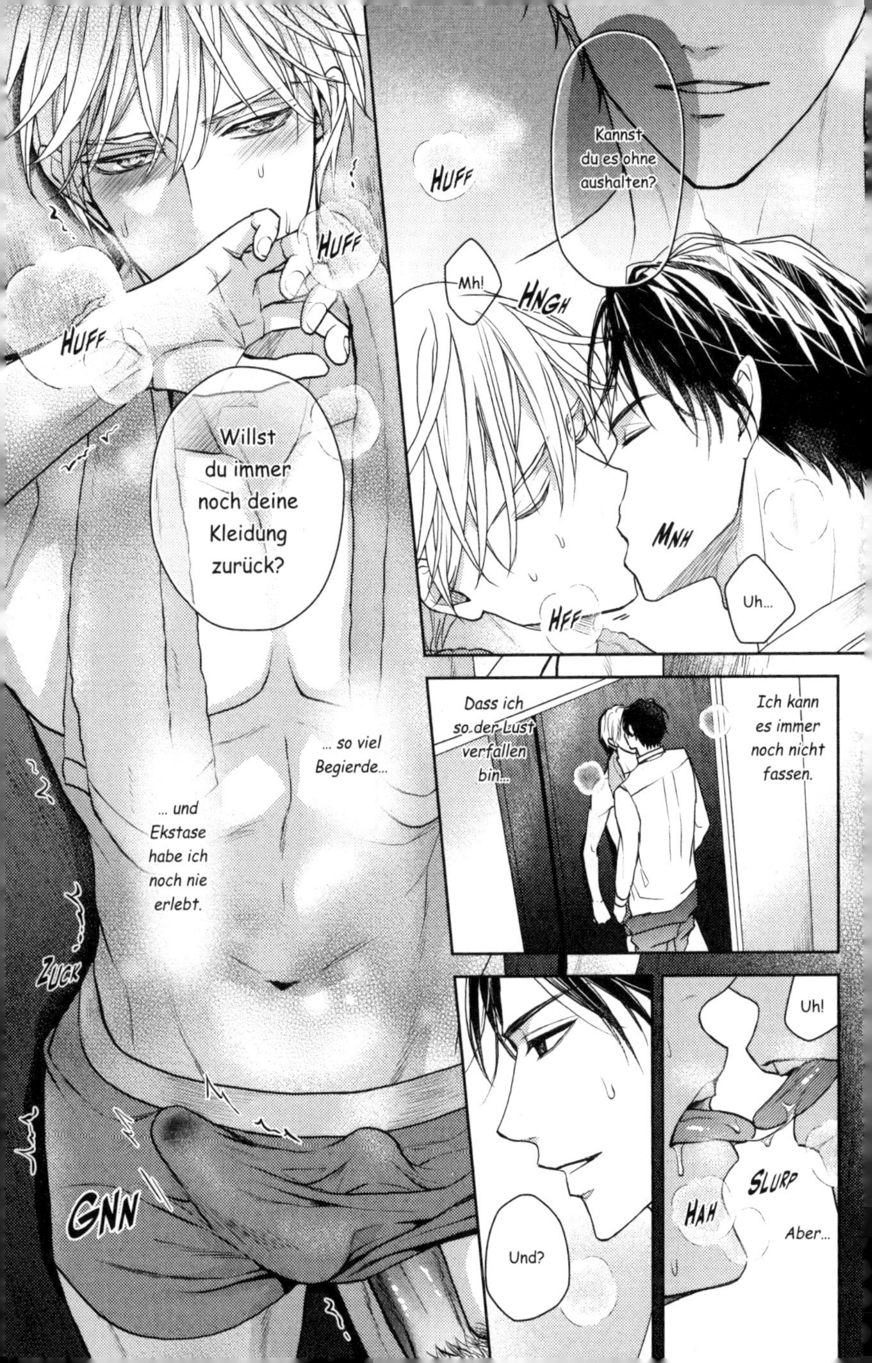
Kannst du es ohne aushalten?
HUFF
Mh!
HNGH
MNH
Uh...
HFF
HUFF
HUFF
Willst du immer noch deine Kleidung zurück?
... so viel Begierde...
... und Ekstase habe ich noch nie erlebt.
ZUCK
GNN
Ich kann es immer noch nicht fassen.
Dass ich so der Lust verfallen bin...
Uh!
SLURP
HAH
Aber...
Und?

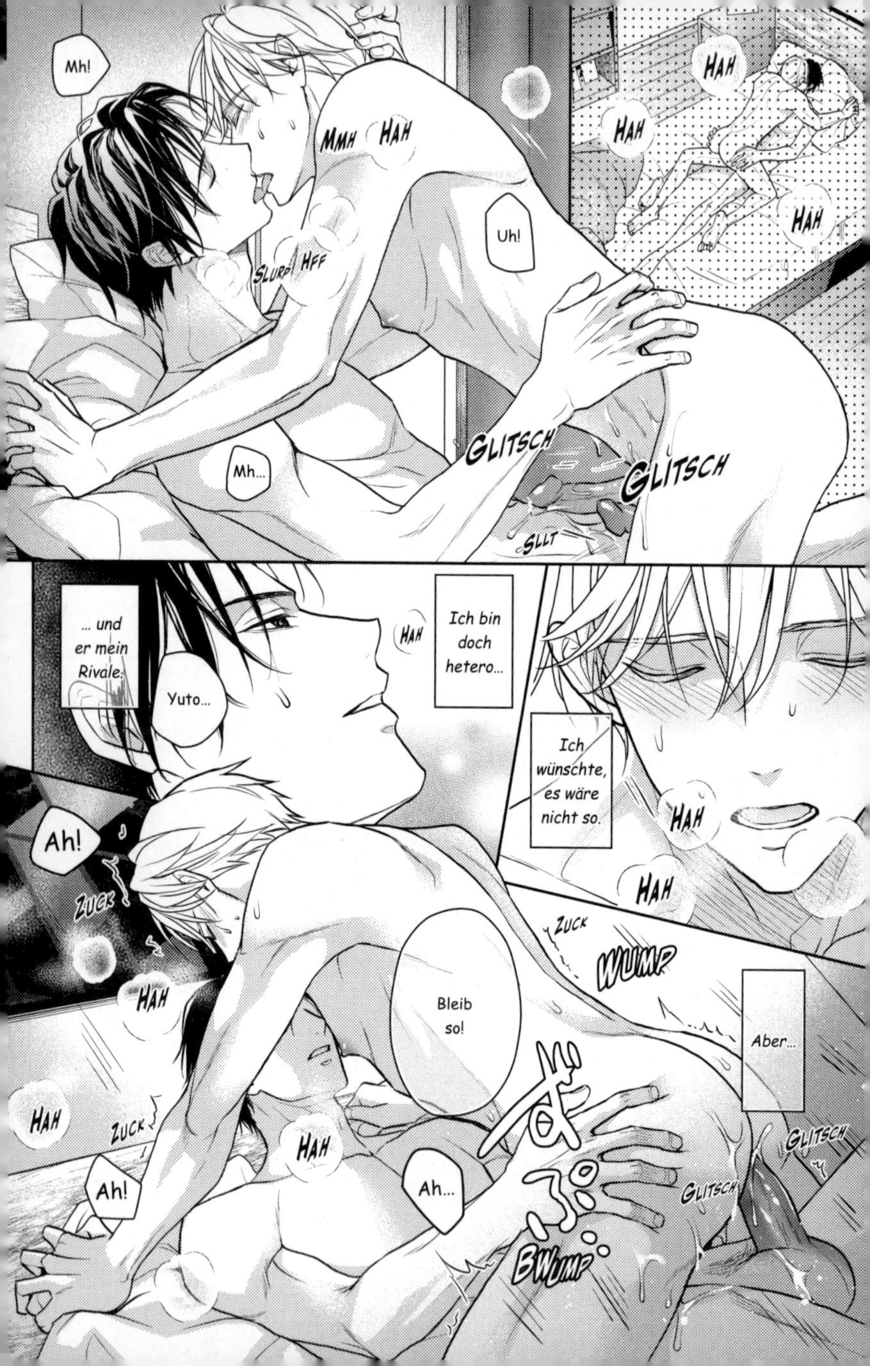
Hah
Hah
Hah
Mh!
Mmh Hah
Uh!
Slurp! Hff
Mh...
Glitsch
Glitsch
Sllt
Ich bin doch hetero...
Hah
... und er mein Rivale.
Yuto...
Ich wünschte, es wäre nicht so.
Hah
Hah
Ah!
Zuck
Hah
Zuck
Wump
Aber...
Bleib so!
Glitsch
Glitsch
Bwump
Ah...
Hah
Hah
Zuck
Ah!

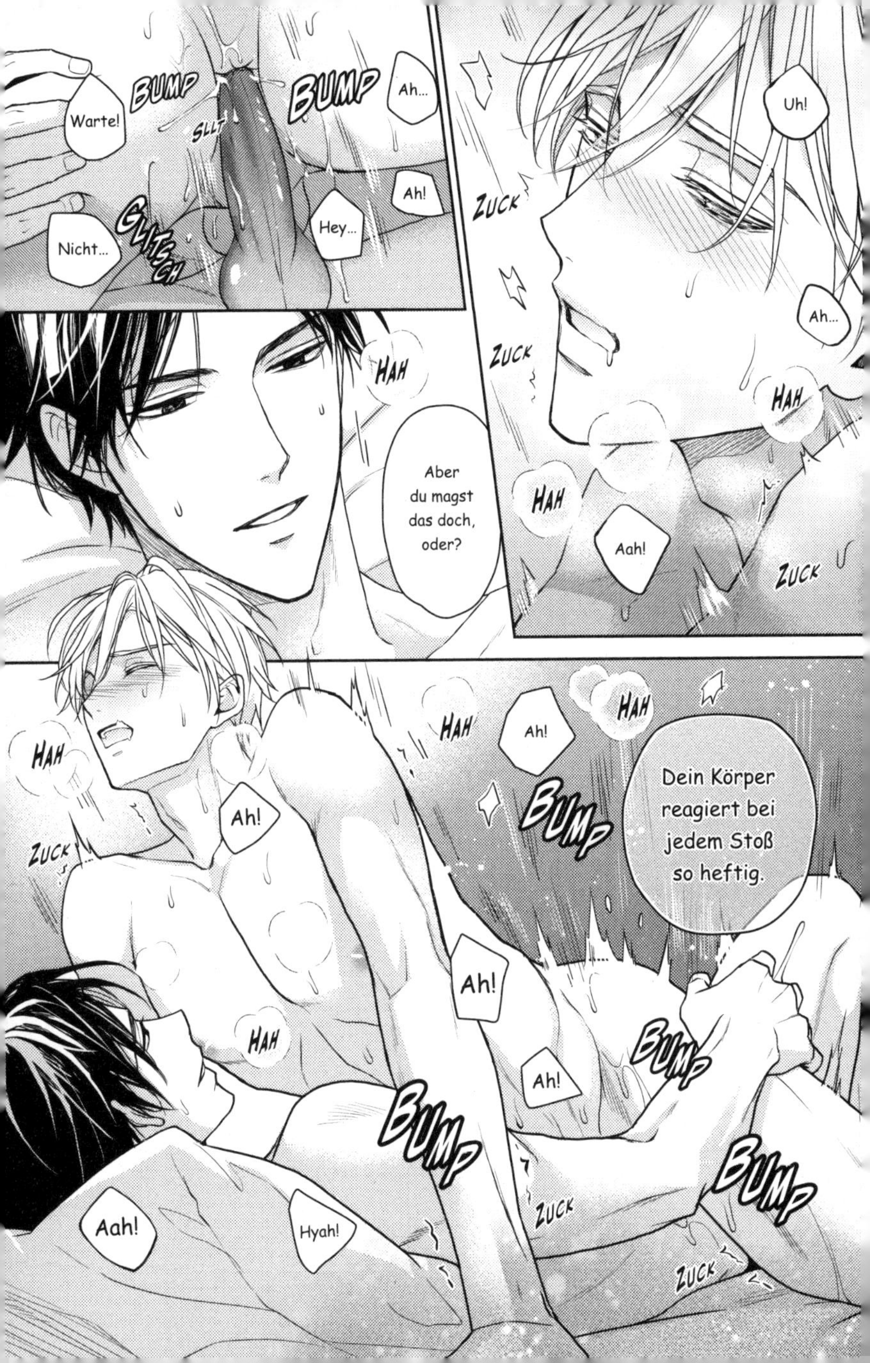

Uh!
ZUCK
ZUCK
Ah...
HAH
HAH
Aah!
ZUCK
Ah...
BUMP
BUMP
Warte!
SLLT
Ah!
Hey...
GLITSCH
Nicht...
HAH
Aber du magst das doch, oder?
HAH
Ah!
HAH
Dein Körper reagiert bei jedem Stoß so heftig.
BUMP
HAH
Ah!
ZUCK
Ah!
BUMP
Ah!
HAH
BUMP
BUMP
ZUCK
ZUCK
Hyah!
Aah!

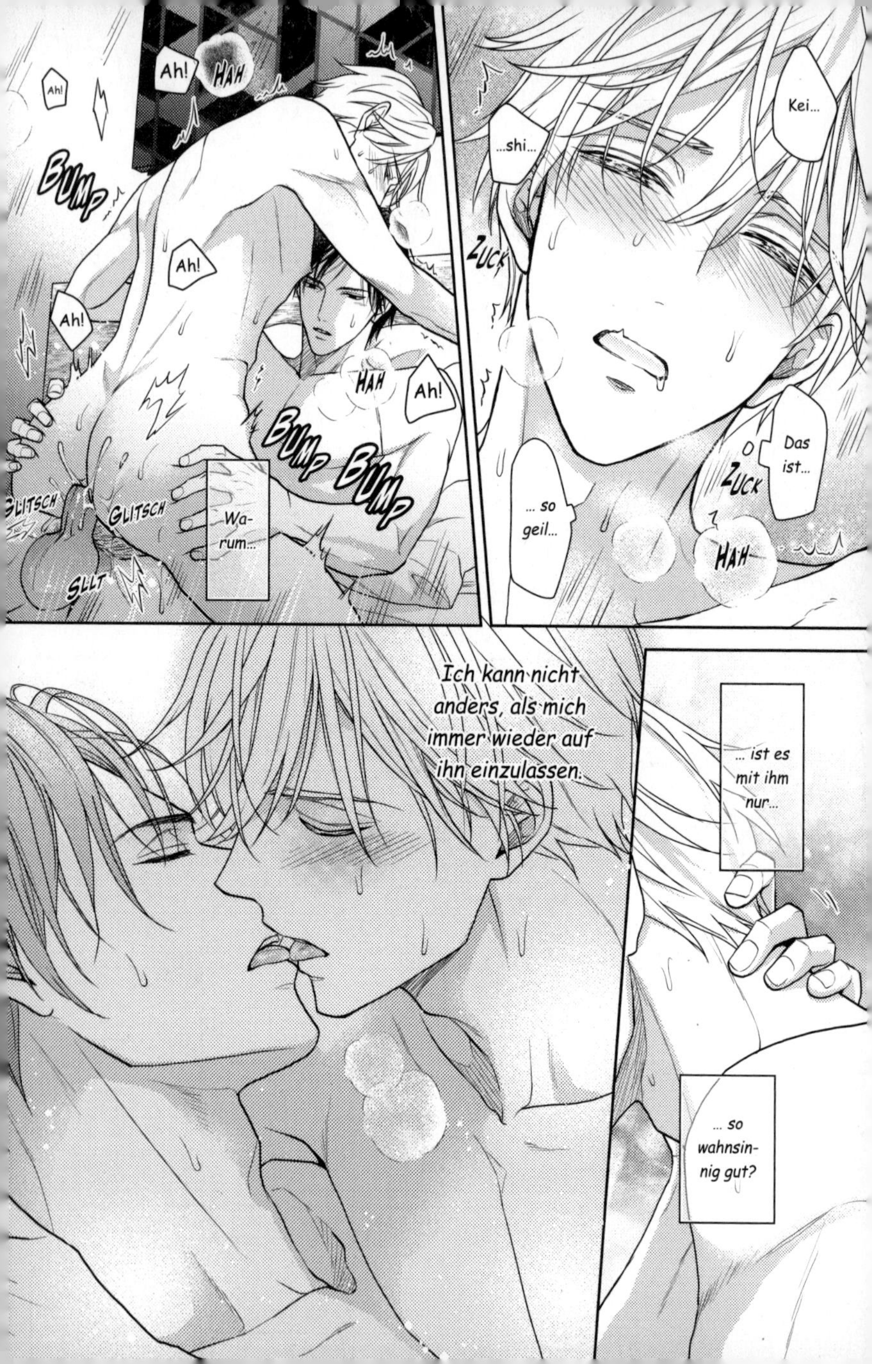

Kei...
...shi...
ZUCK
Das ist...
ZUCK
... so geil...
HAH
Ah!
HAH
Ah!
BUMP
Ah!
Ah!
HAH
Ah!
BUMP
BUMP
Wa-rum...
GLITSCH
GLITSCH
SLLT
... ist es mit ihm nur...
... so wahnsin-nig gut?
Ich kann nicht anders, als mich immer wieder auf ihn einzulassen.

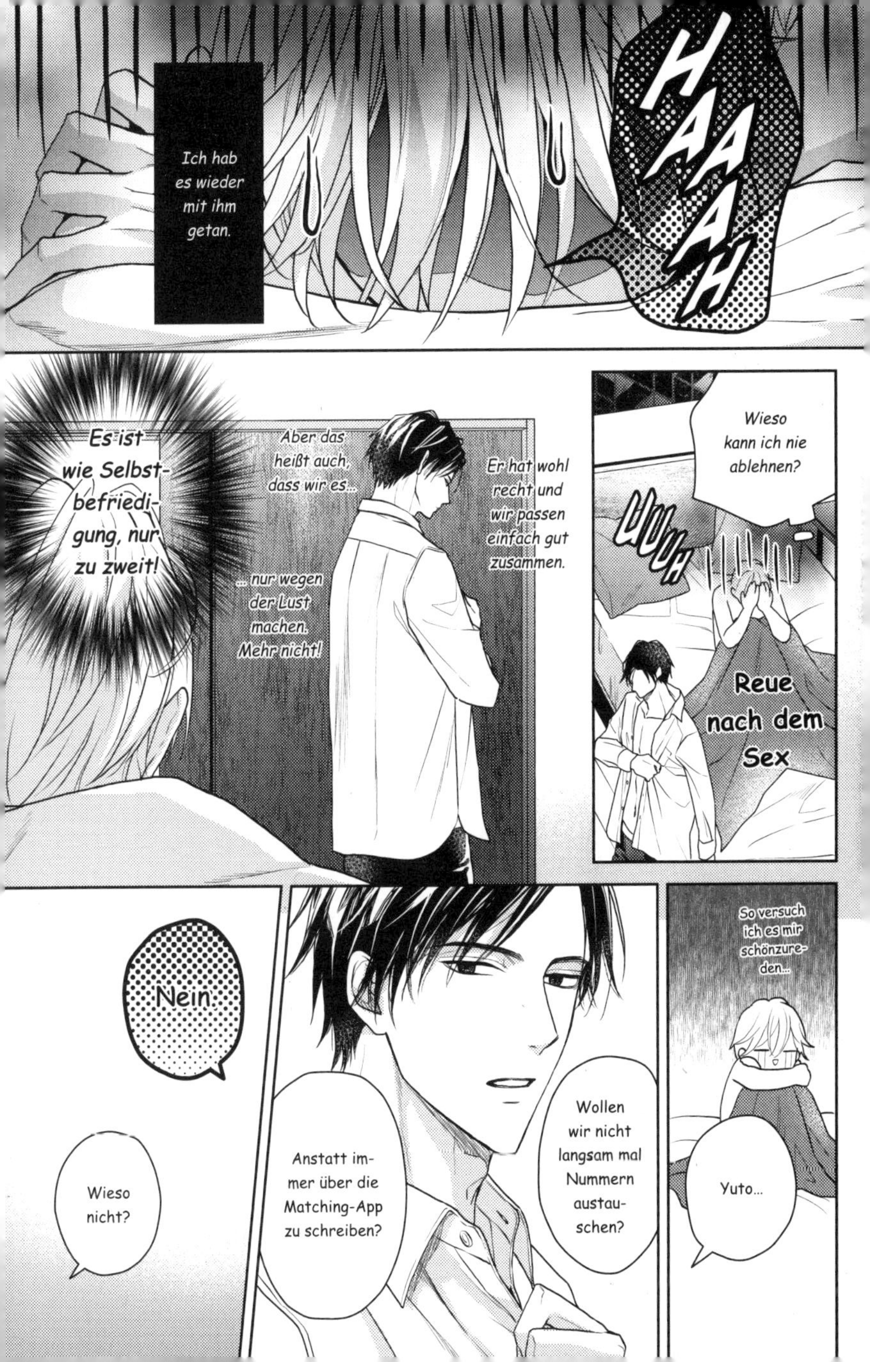

HAAAAH
Ich hab es wieder mit ihm getan.
Wieso kann ich nie ablehnen?
UUUH
Reue nach dem Sex
Er hat wohl recht und wir passen einfach gut zusammen.
Aber das heißt auch, dass wir es...
... nur wegen der Lust machen. Mehr nicht!
Es ist wie Selbstbefriedigung, nur zu zweit!
So versuch ich es mir schönzureden...
Yuto...
Wollen wir nicht langsam mal Nummern austauschen?
Anstatt immer über die Matching-App zu schreiben?
Nein.
Wieso nicht?

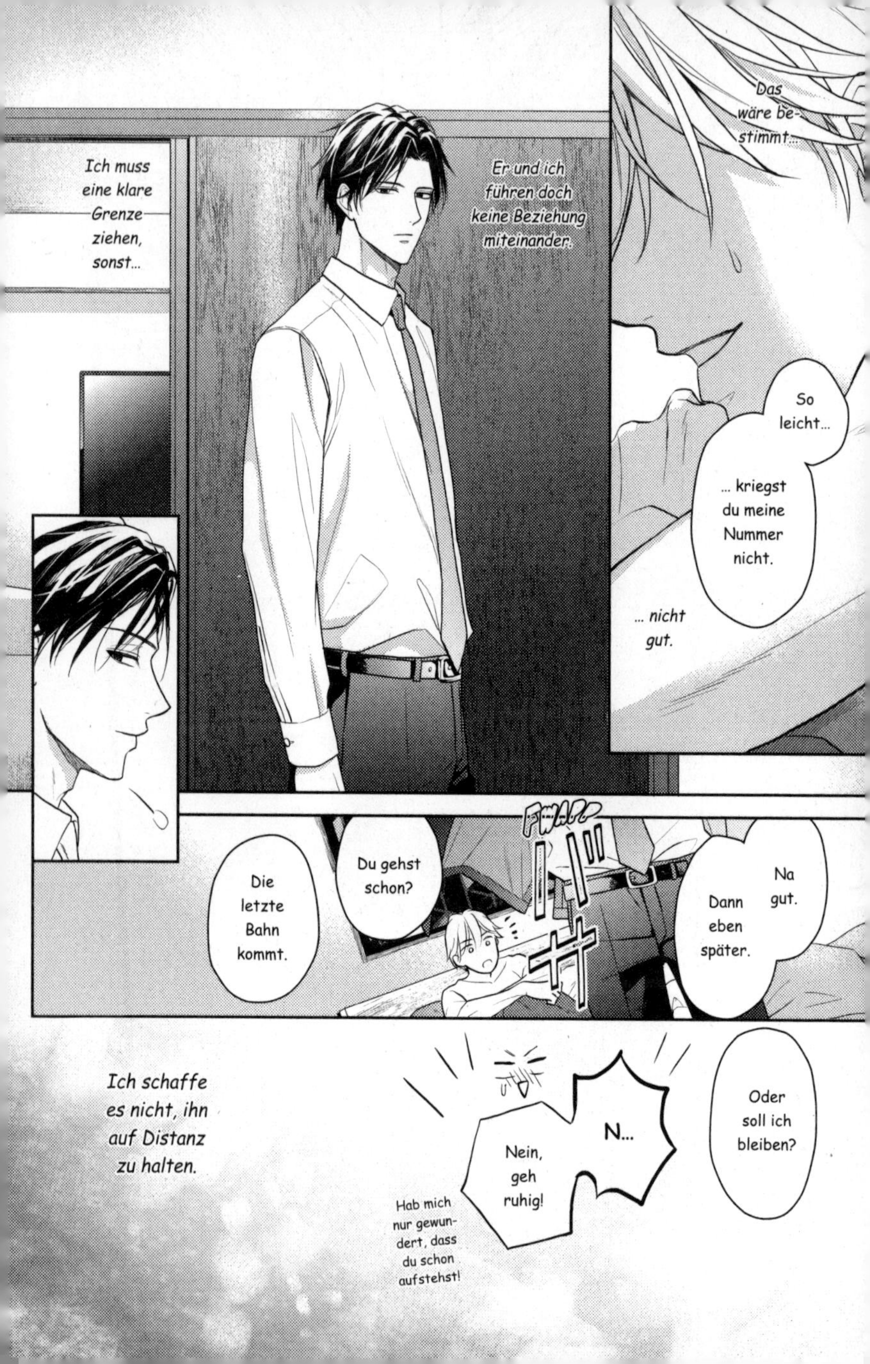
Das wäre bestimmt…
So leicht…
… kriegst du meine Nummer nicht.
… nicht gut.
Er und ich führen doch keine Beziehung miteinander.
Ich muss eine klare Grenze ziehen, sonst…
Na gut.
Dann eben später.
FWAPP
Du gehst schon?
Die letzte Bahn kommt.
Oder soll ich bleiben?
N…
Nein, geh ruhig!
Hab mich nur gewundert, dass du schon aufstehst!
Ich schaffe es nicht, ihn auf Distanz zu halten.

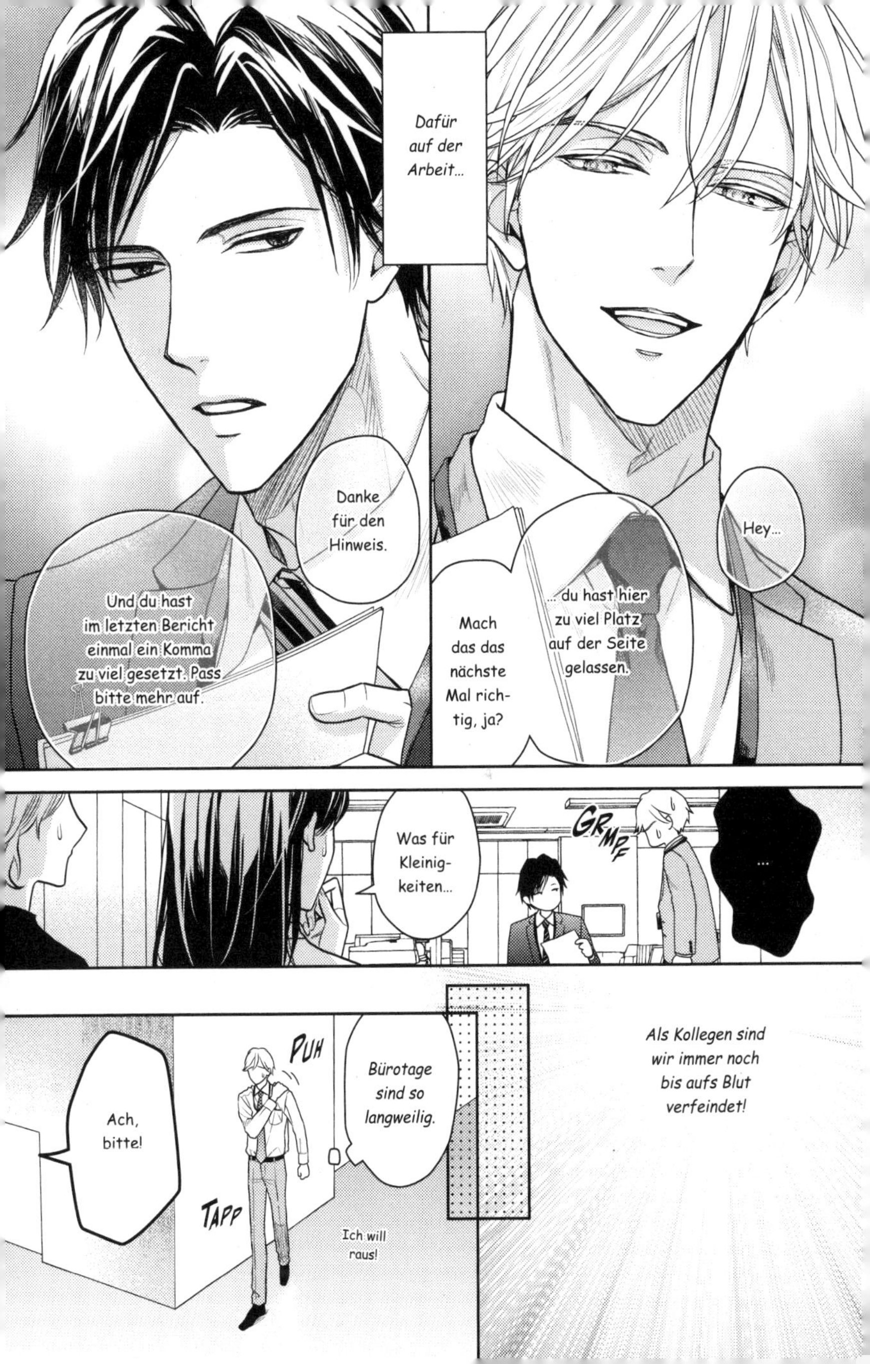
Dafür auf der Arbeit...
Hey...
... du hast hier zu viel Platz auf der Seite gelassen.
Mach das das nächste Mal richtig, ja?
Danke für den Hinweis.
Und du hast im letzten Bericht einmal ein Komma zu viel gesetzt. Pass bitte mehr auf.
...
GRMPF
Was für Kleinigkeiten...
Als Kollegen sind wir immer noch bis aufs Blut verfeindet!
Bürotage sind so langweilig.
PUH
Ach, bitte!
TAPP
Ich will raus!

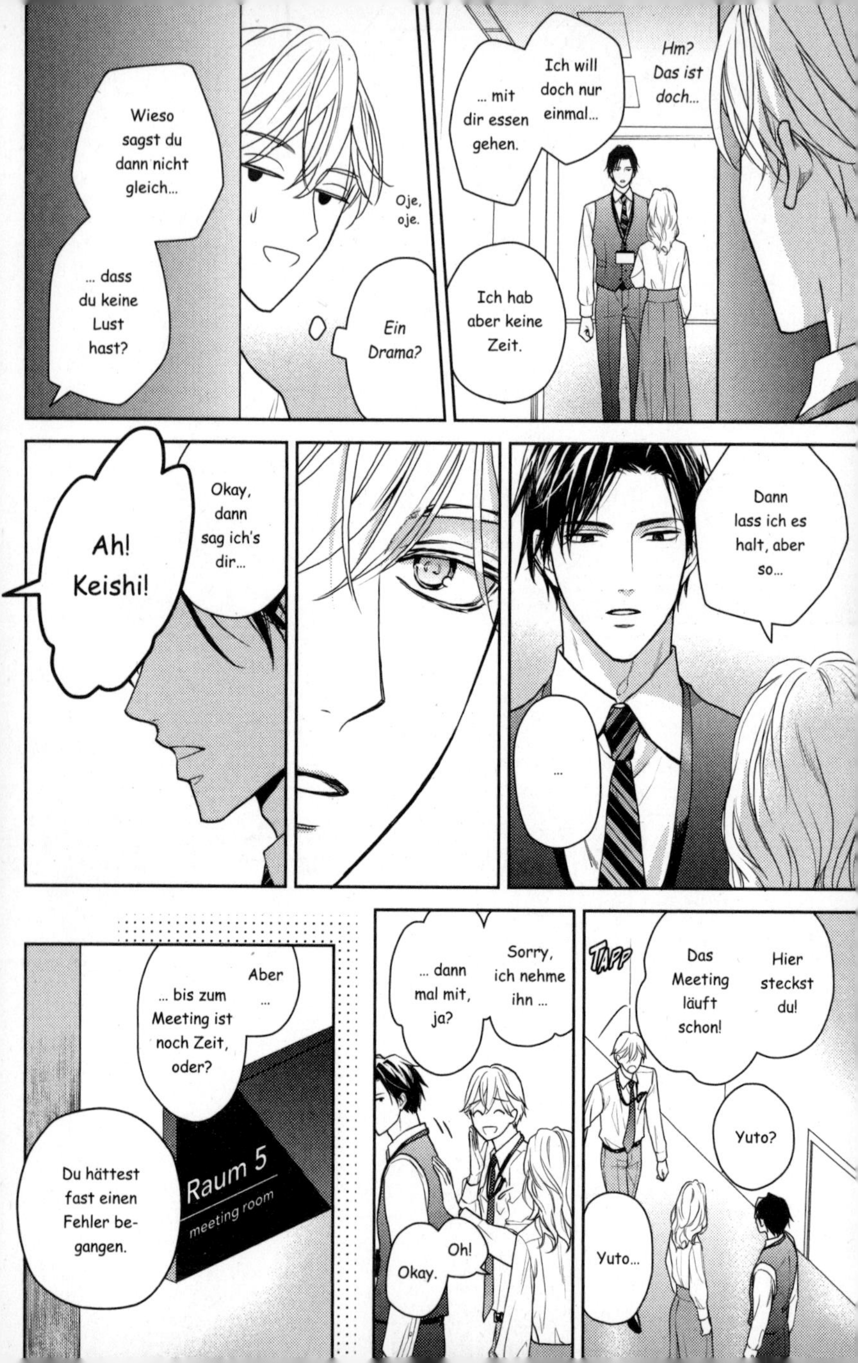
Hm? Das ist doch...
Ich will doch nur einmal...
... mit dir essen gehen.
Ich hab aber keine Zeit.
Ein Drama?
Oje, oje.
Wieso sagst du dann nicht gleich...
... dass du keine Lust hast?
Dann lass ich es halt, aber so...
...
Okay, dann sag ich's dir...
Ah! Keishi!
TAPP
Hier steckst du!
Das Meeting läuft schon!
Yuto?
Yuto...
Sorry, ich nehme ihn ...
... dann mal mit, ja?
Oh!
Okay.
Aber ...
... bis zum Meeting ist noch Zeit, oder?
Raum 5
meeting room
Du hättest fast einen Fehler begangen.

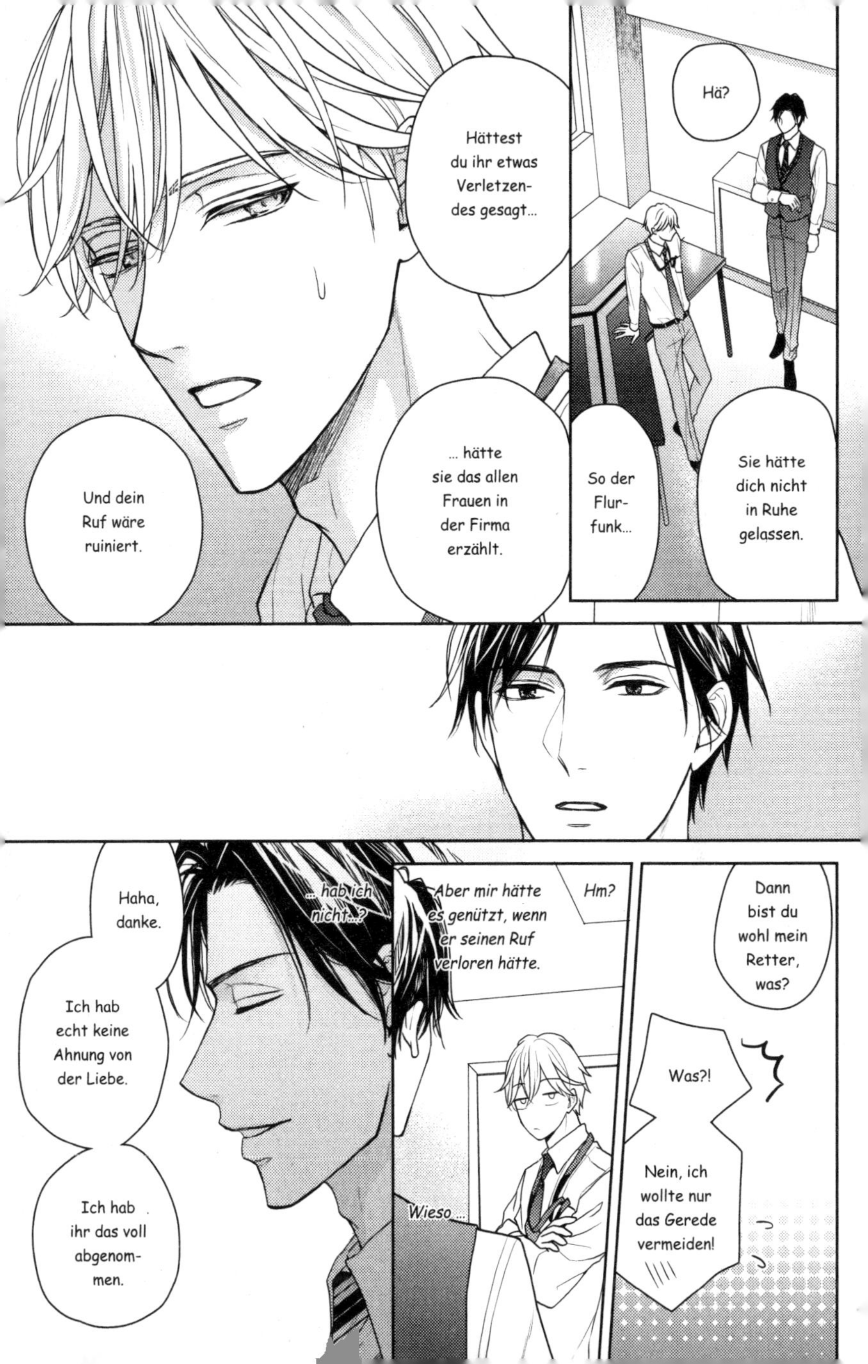
Hä?
Sie hätte dich nicht in Ruhe gelassen.
So der Flurfunk...
Hättest du ihr etwas Verletzendes gesagt...
... hätte sie das allen Frauen in der Firma erzählt.
Und dein Ruf wäre ruiniert.
Dann bist du wohl mein Retter, was?
Was?!
Nein, ich wollte nur das Gerede vermeiden!
Hm?
Aber mir hätte es genützt, wenn er seinen Ruf verloren hätte.
Wieso ...
... hab ich nicht ...?
Haha, danke.
Ich hab echt keine Ahnung von der Liebe.
Ich hab ihr das voll abgenommen.

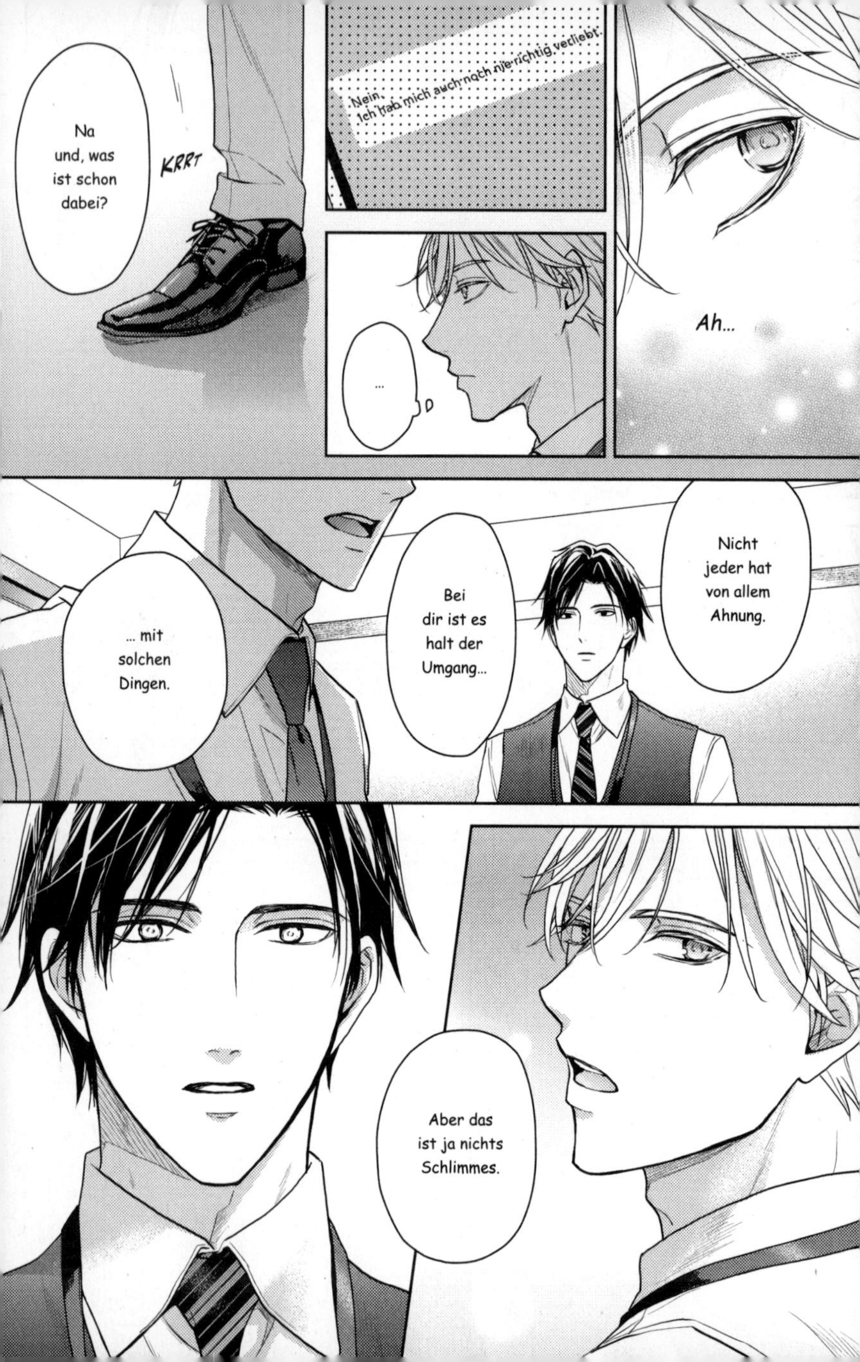
Ah...
Nein, Ich hab mich auch noch nie richtig verliebt.
...
Na und, was ist schon dabei?
KRRT
Nicht jeder hat von allem Ahnung.
Bei dir ist es halt der Umgang...
... mit solchen Dingen.
Aber das ist ja nichts Schlimmes.

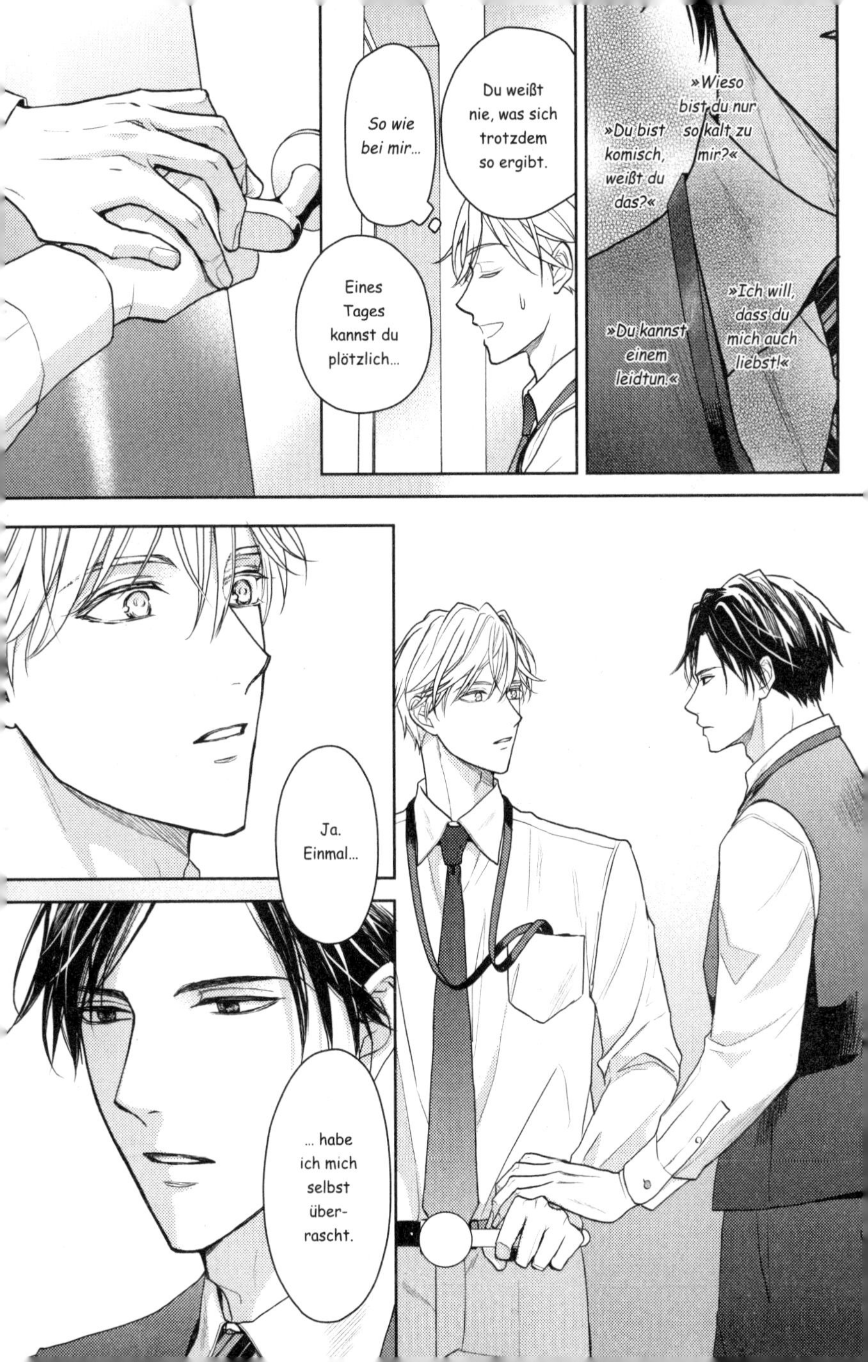
»Wieso bist du nur so kalt zu mir?«
»Du bist komisch, weißt du das?«
»Ich will, dass du mich auch liebst!«
»Du kannst einem leidtun.«
Du weißt nie, was sich trotzdem so ergibt.
So wie bei mir…
Eines Tages kannst du plötzlich…
Ja. Einmal…
… habe ich mich selbst überrascht.

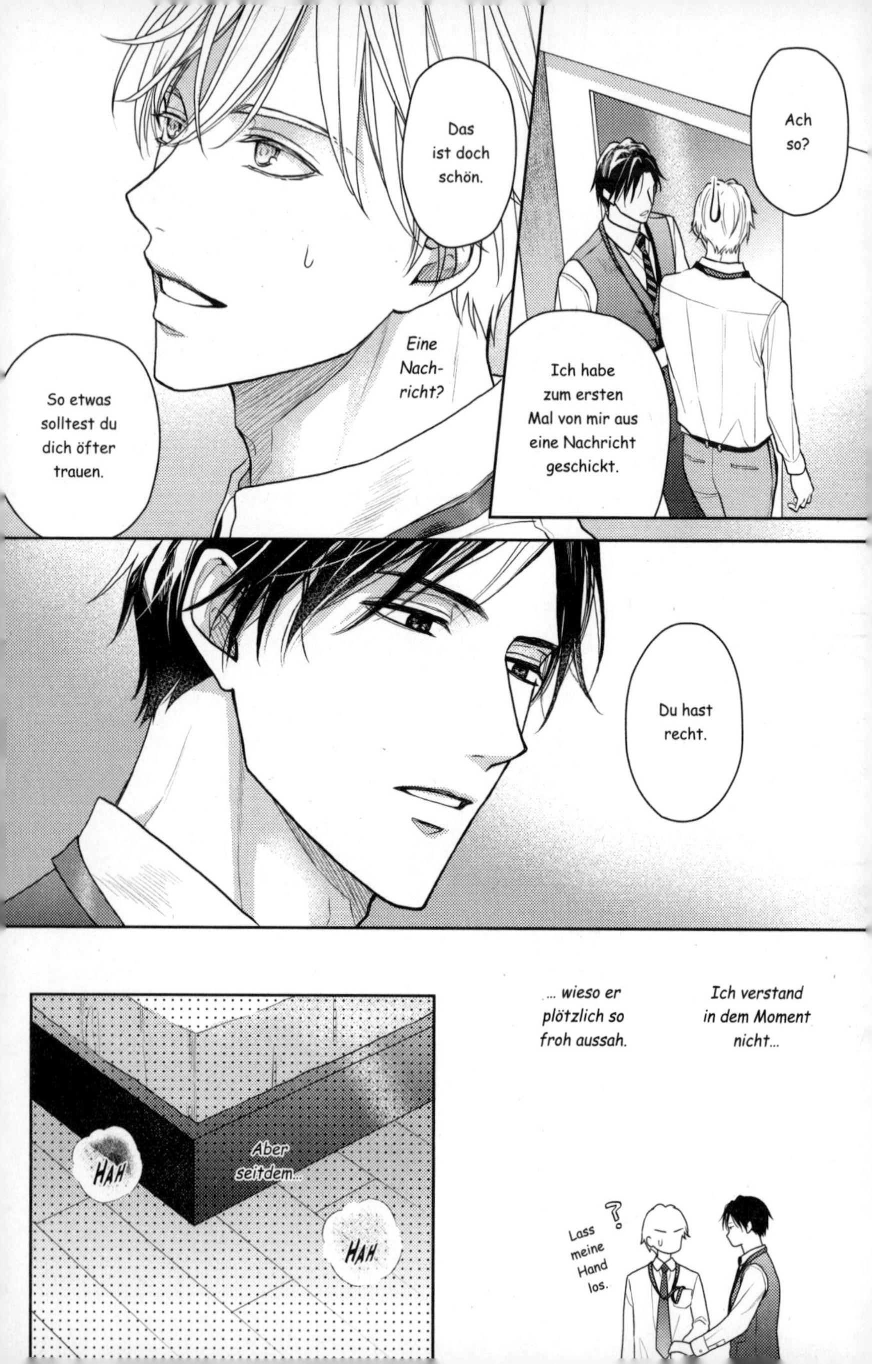

Ach so?
Ich habe zum ersten Mal von mir aus eine Nachricht geschickt.
Das ist doch schön.
Eine Nachricht?
So etwas solltest du dich öfter trauen.
Du hast recht.
Ich verstand in dem Moment nicht...
... wieso er plötzlich so froh aussah.
Lass meine Hand los.
Aber seitdem...
HAH
HAH

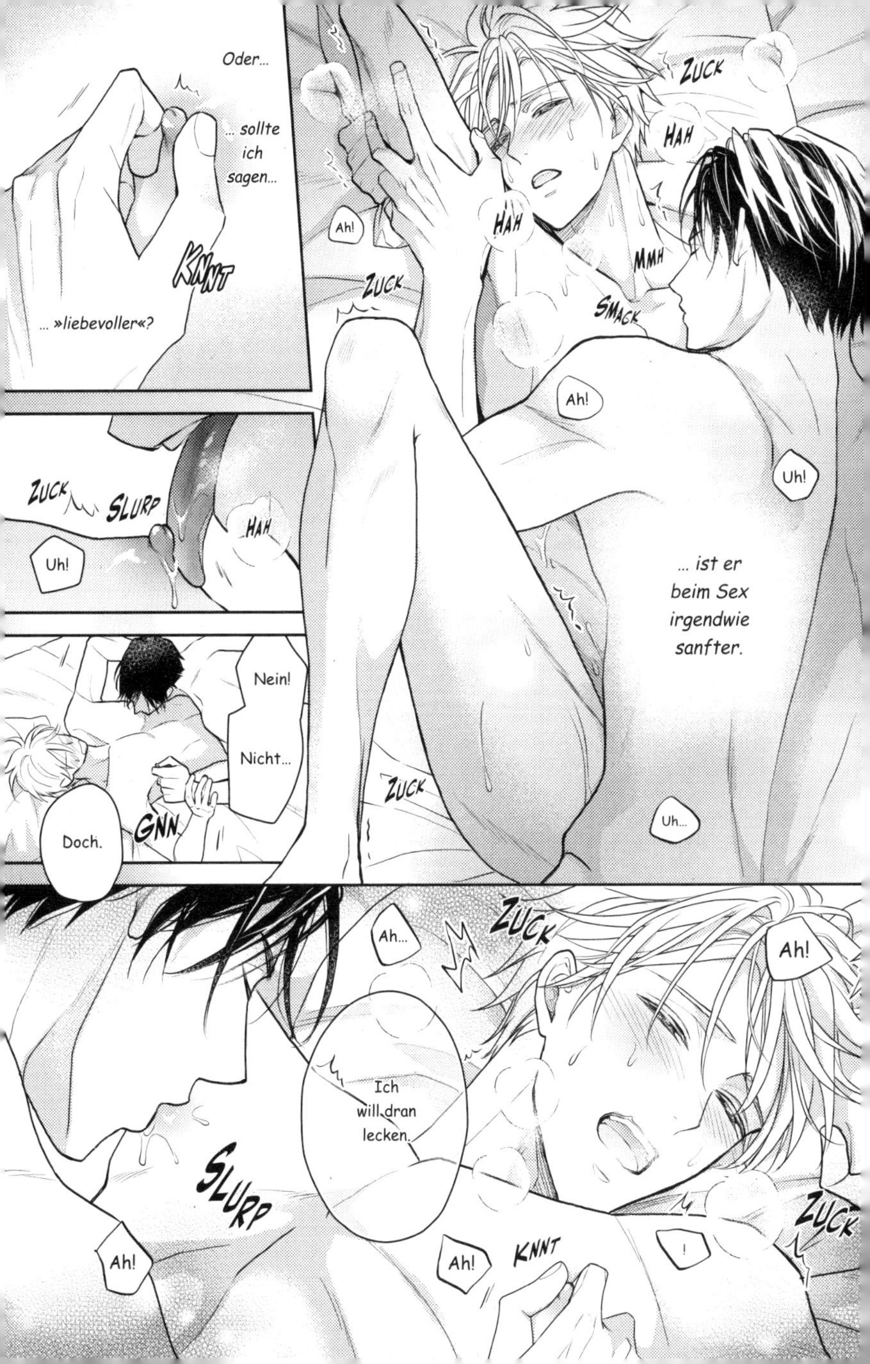

ZUCK
HAH
HAH
Ah!
MMH
SMACK
ZUCK
Ah!
Uh!
... ist er
beim Sex
irgendwie
sanfter.
ZUCK
Uh...
Oder...
... sollte
ich
sagen...
KNNT
... »liebevoller«?
HAH
SLURP
ZUCK
Uh!
Nein!
Nicht...
GNN
Doch.
Ah!
ZUCK
Ah...
Ich
will dran
lecken.
SLURP
ZUCK
!
KNNT
Ah!
Ah!

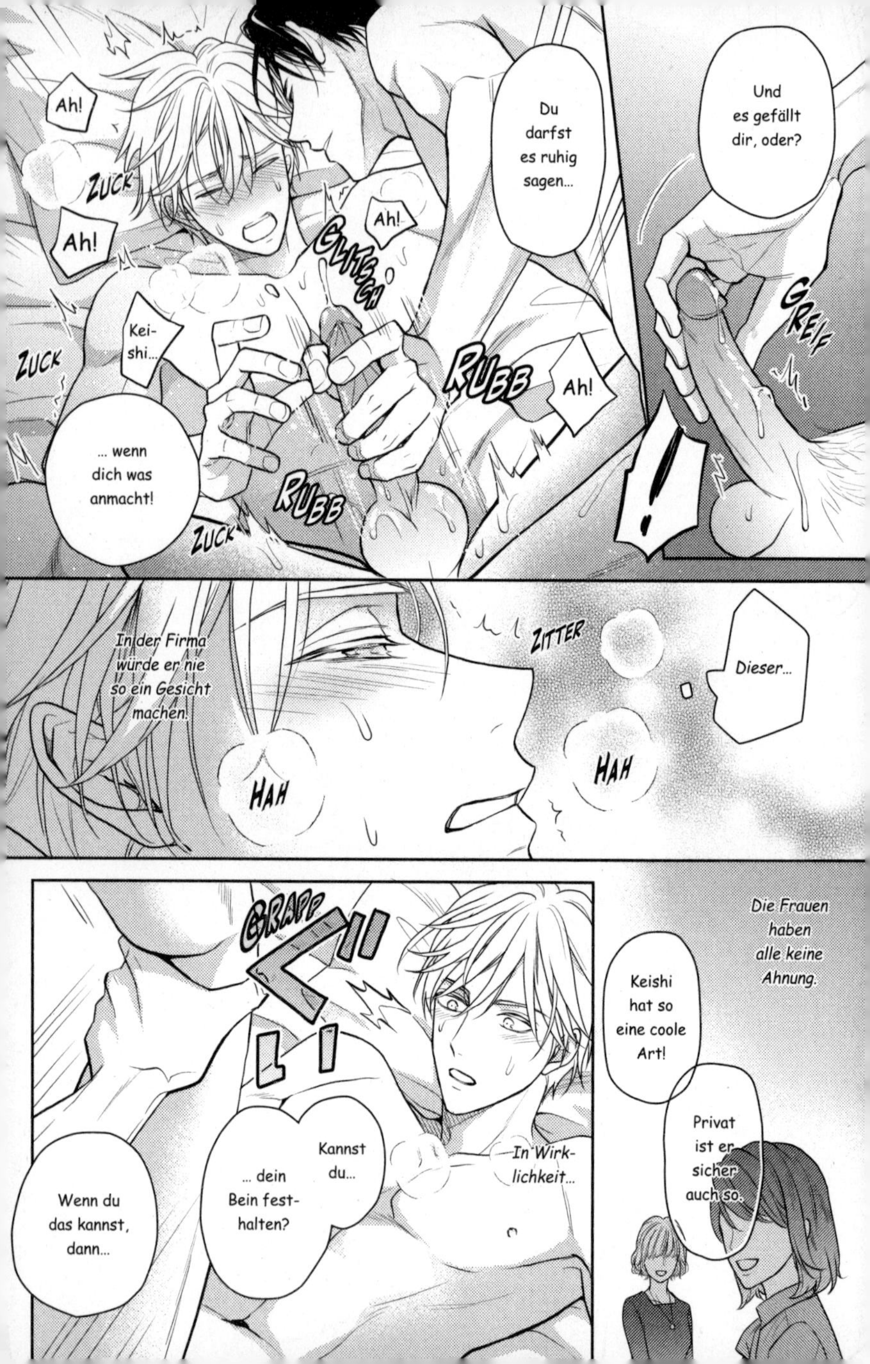
Und es gefällt dir, oder?
GREIF
!
Du darfst es ruhig sagen...
Ah!
RUBB
Ah!
Ah!
Ah!
ZUCK
Kei-shi...
... wenn dich was anmacht!
RUBB
ZUCK
ZUCK
Dieser...
HAH
ZITTER
In der Firma würde er nie so ein Gesicht machen.
HAH
Die Frauen haben alle keine Ahnung.
Keishi hat so eine coole Art!
Privat ist er sicher auch so.
In Wirklichkeit...
Kannst du...
... dein Bein fest-halten?
Wenn du das kannst, dann...
GRAPP

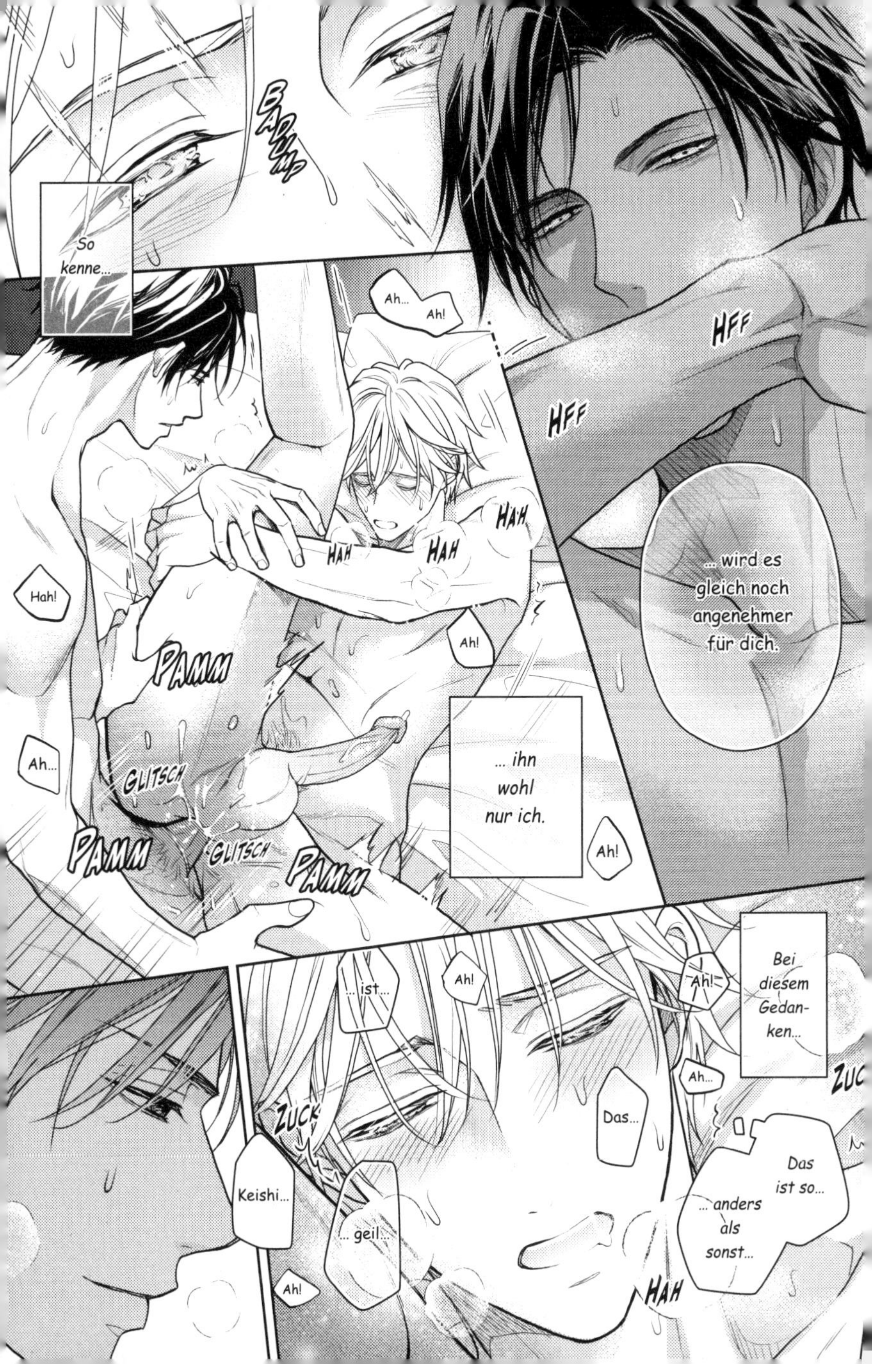
BADUMP
HFF
HFF
... wird es gleich noch angenehmer für dich.
So kenne...
Ah... Ah!
HAH
HAH
HAH
... ihn wohl nur ich.
Ah!
Ah!
Hah!
PAMM
Ah...
GLITSCH
GLITSCH
PAMM
PAMM
Bei diesem Gedanken...
Ah!
Ah!
... ist...
Ah...
ZUCK
Das...
Das ist so...
... anders als sonst...
ZUCK
Keishi...
... geil...
Ah!
HAH

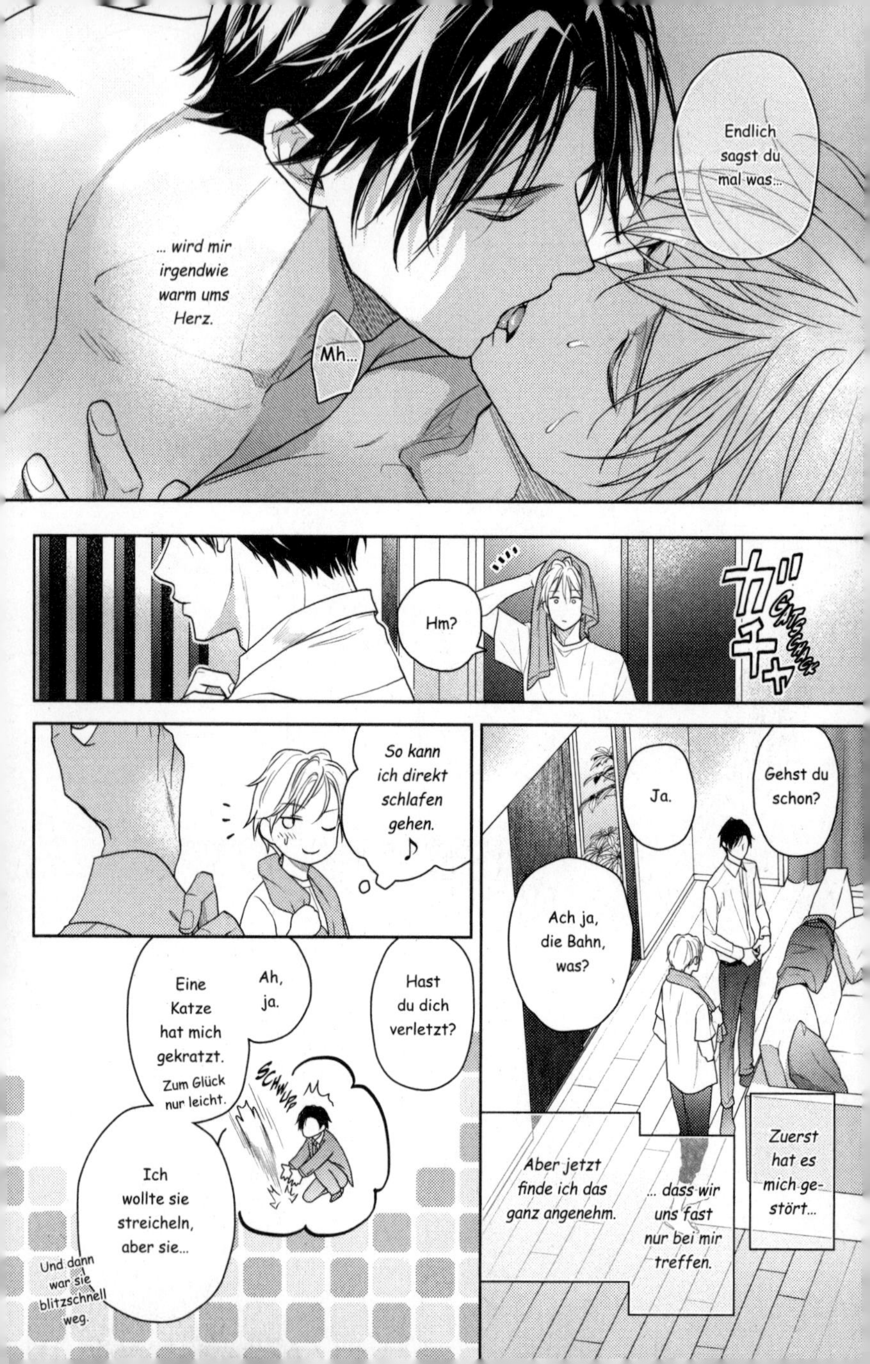

Endlich sagst du mal was...
Mh...
... wird mir irgendwie warm ums Herz.
ガチャ
...
Hm?
Gehst du schon?
Ja.
Ach ja, die Bahn, was?
So kann ich direkt schlafen gehen. ♪
Zuerst hat es mich gestört...
... dass wir uns fast nur bei mir treffen.
Aber jetzt finde ich das ganz angenehm.
Hast du dich verletzt?
Ah, ja.
Eine Katze hat mich gekratzt.
Zum Glück nur leicht.
SCHWUP
Ich wollte sie streicheln, aber sie...
Und dann war sie blitzschnell weg.

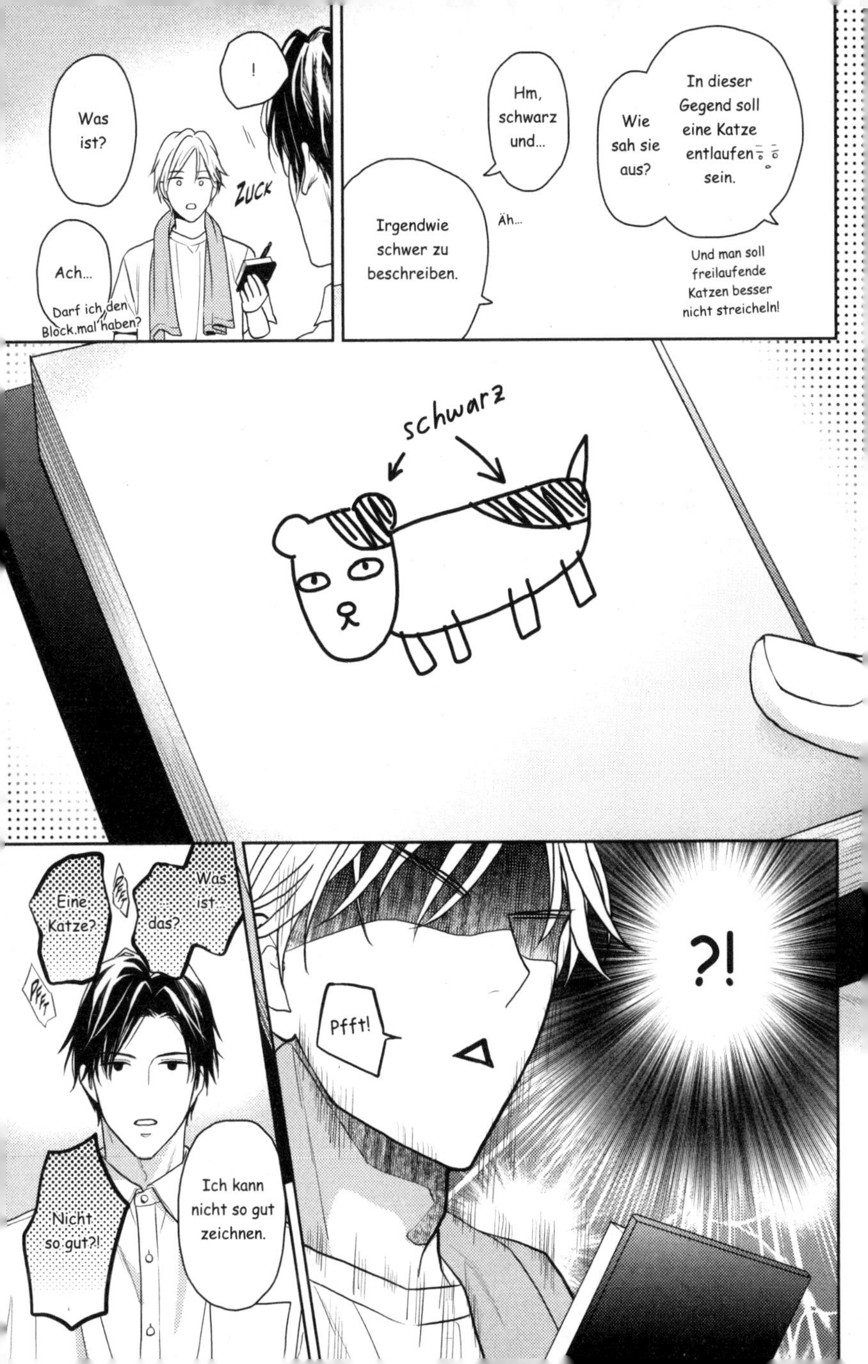
In dieser Gegend soll eine Katze entlaufen sein.
Wie sah sie aus?
Und man soll freilaufende Katzen besser nicht streicheln!
Hm, schwarz und...
Äh...
Irgendwie schwer zu beschreiben.
!
Was ist?
ZUCK
Ach...
Darf ich den Block mal haben?
schwarz
?!
Pfft!
Was ist das?
Eine Katze?
Ich kann nicht so gut zeichnen.
Nicht so gut?!

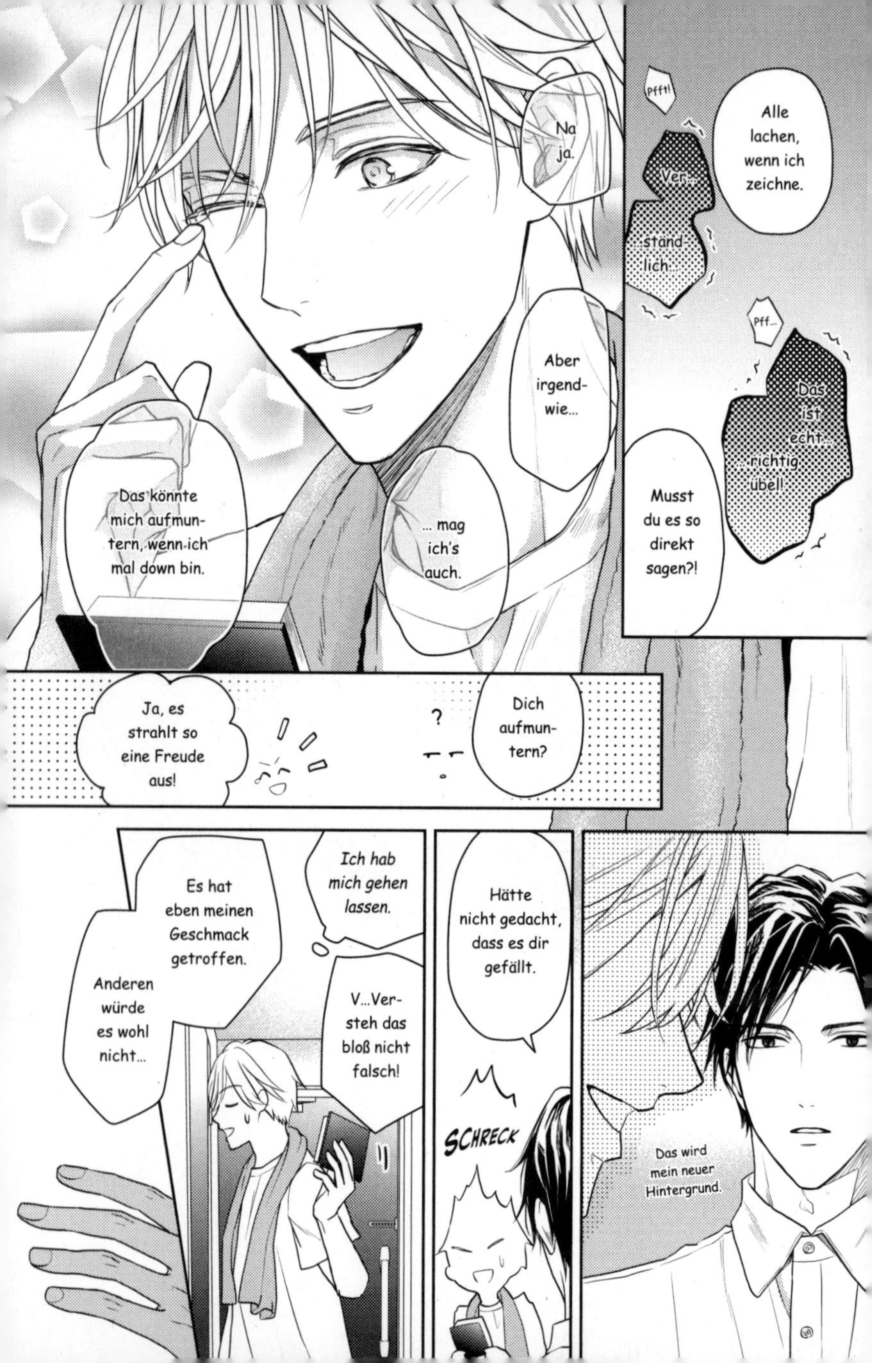
Pffft!
Alle lachen, wenn ich zeichne.
Ver... ständ-lich.
Pff...
Das ist echt... richtig übel!
Musst du es so direkt sagen?!
Na ja.
Aber irgend-wie...
... mag ich's auch.
Das könnte mich aufmun-tern, wenn ich mal down bin.
Dich aufmun-tern?
?
Ja, es strahlt so eine Freude aus!
Das wird mein neuer Hintergrund.
Hätte nicht gedacht, dass es dir gefällt.
SCHRECK
Ich hab mich gehen lassen.
Es hat eben meinen Geschmack getroffen.
Anderen würde es wohl nicht...
V...Ver-steh das bloß nicht falsch!

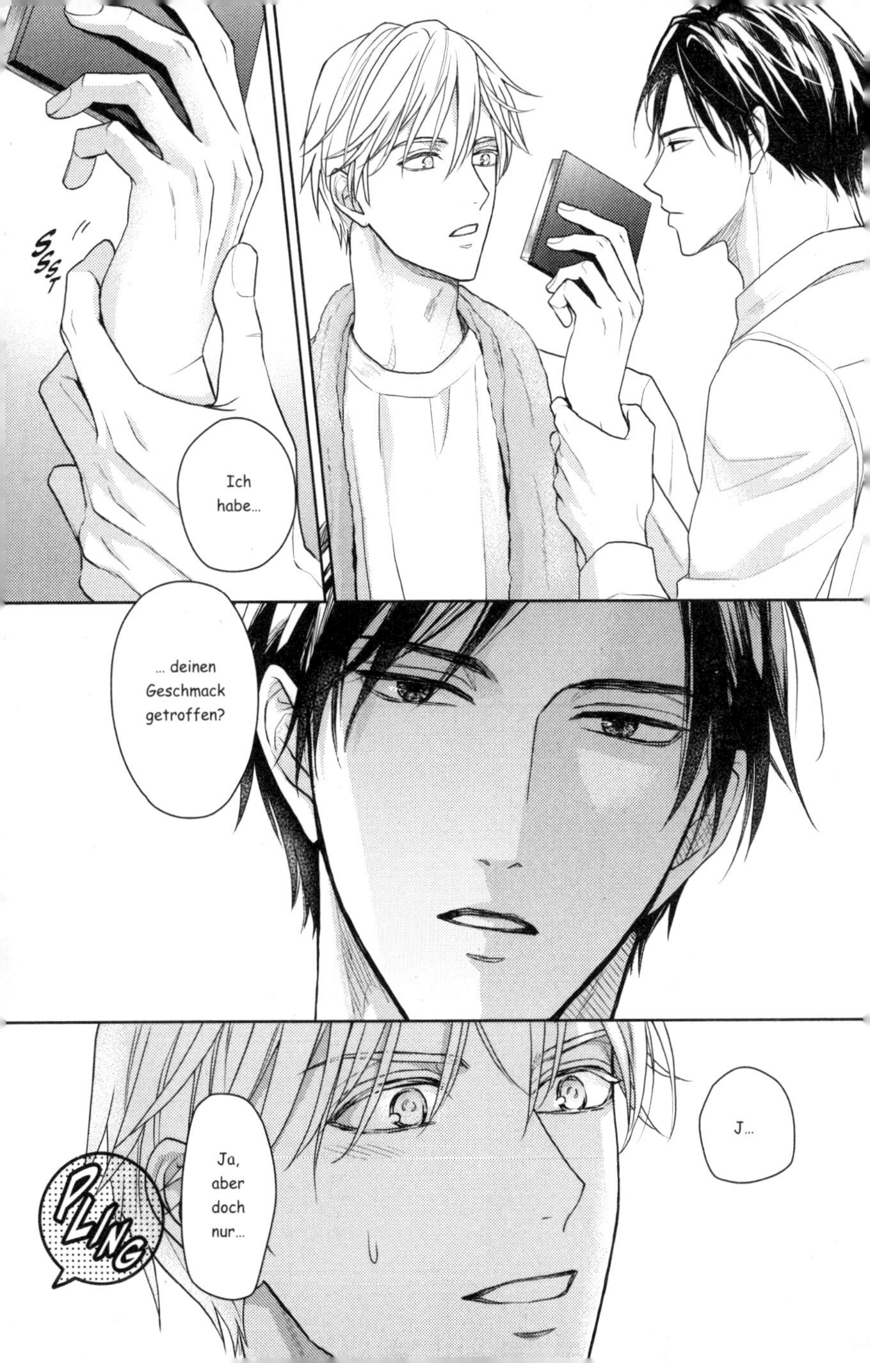
SSST
Ich habe...
... deinen Geschmack getroffen?
J...
Ja, aber doch nur...
PLING

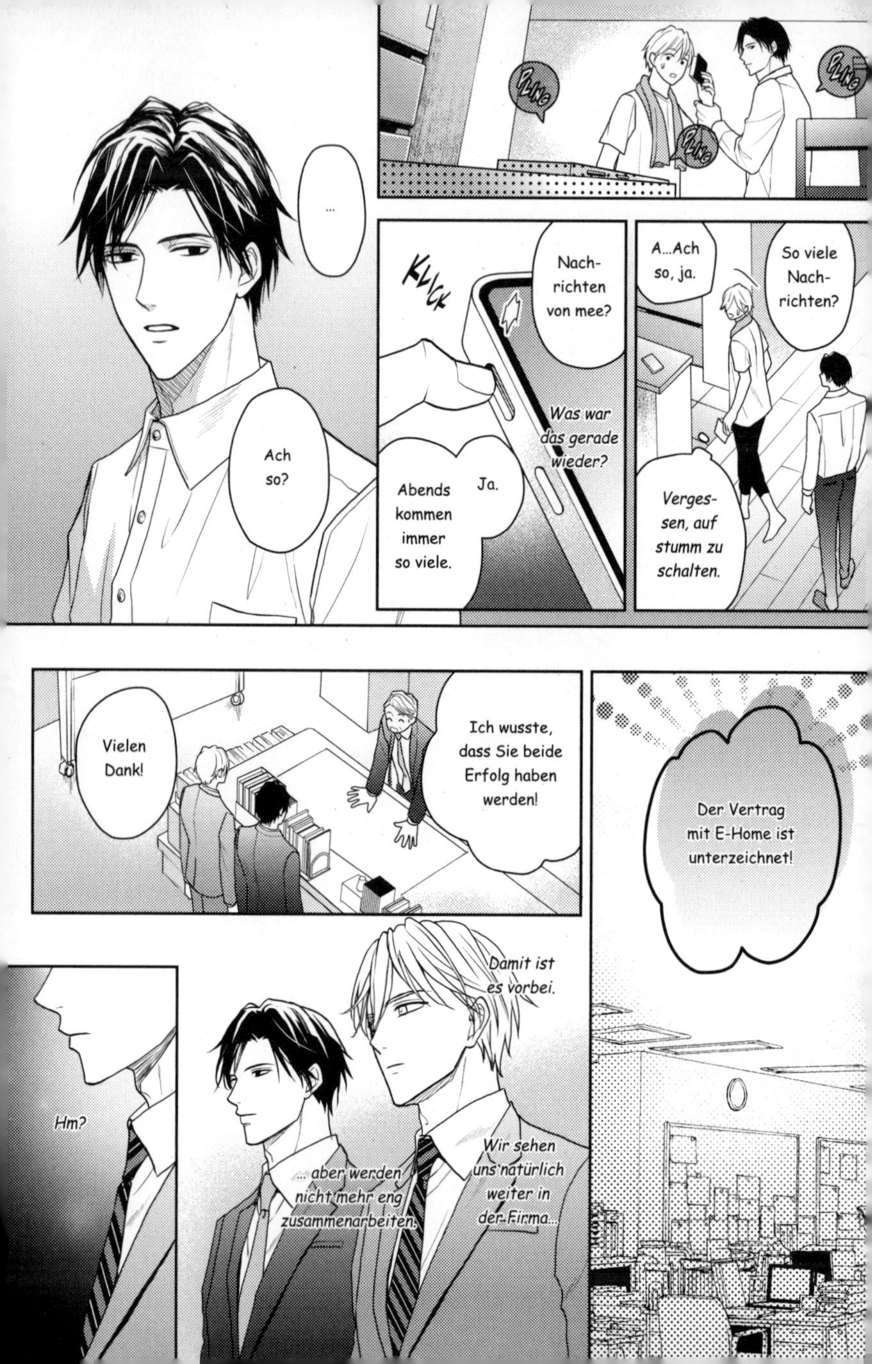
PLING
PLING
PLING
So viele Nachrichten?
A...Ach so, ja.
Verges-sen, auf stumm zu schalten.
KLICK
Nach-richten von mee?
Was war das gerade wieder?
Ja.
Abends kommen immer so viele.
...
Ach so?
Der Vertrag mit E-Home ist unterzeichnet!
Ich wusste, dass Sie beide Erfolg haben werden!
Vielen Dank!
Damit ist es vorbei.
Wir sehen uns natürlich weiter in der Firma...
... aber werden nicht mehr eng zusammenarbeiten.
Hm?

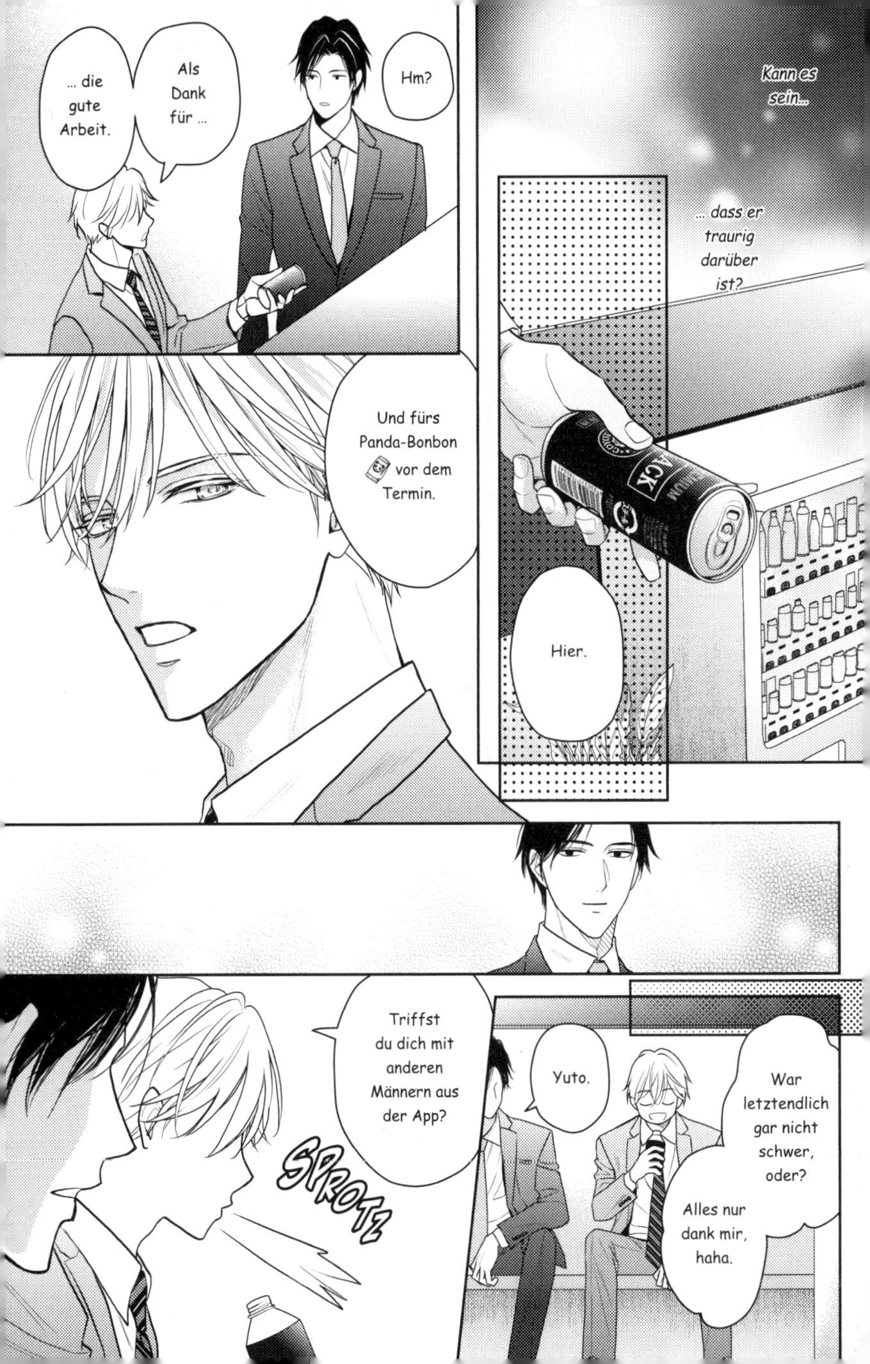

... die gute Arbeit.
Als Dank für ...
Hm?
Kann es sein...
... dass er traurig darüber ist?
Und fürs Panda-Bonbon vor dem Termin.
Hier.
Triffst du dich mit anderen Männern aus der App?
SPROTZ
Yuto.
War letztendlich gar nicht schwer, oder?
Alles nur dank mir, haha.

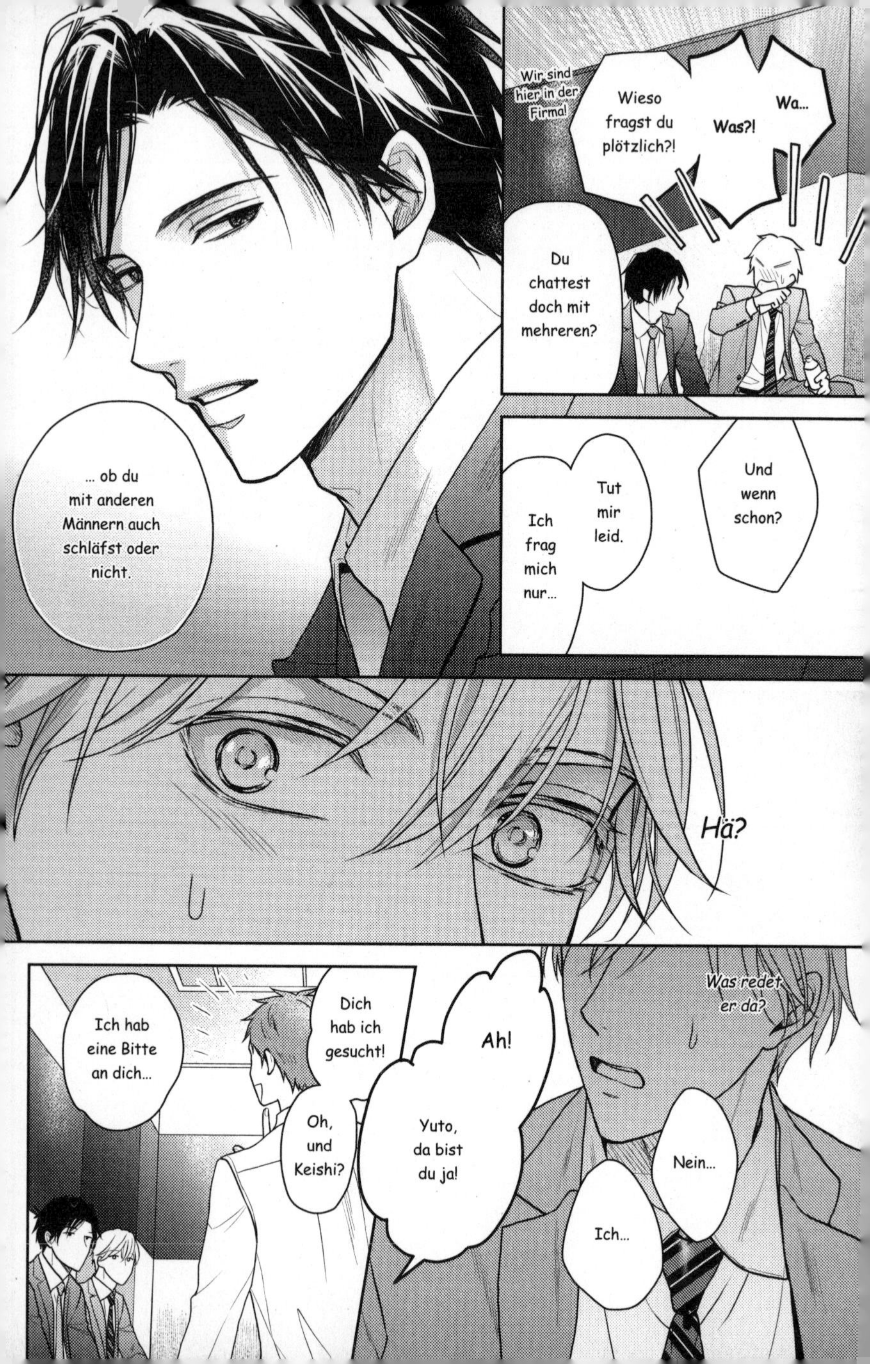
Wa...
Was?!
Wieso fragst du plötzlich?!
Wir sind hier in der Firma!
Du chattest doch mit mehreren?
Und wenn schon?
Tut mir leid.
Ich frag mich nur...
... ob du mit anderen Männern auch schläfst oder nicht.
Hä?
Was redet er da?
Nein...
Ich...
Ah!
Yuto, da bist du ja!
Dich hab ich gesucht!
Oh, und Keishi?
Ich hab eine Bitte an dich...

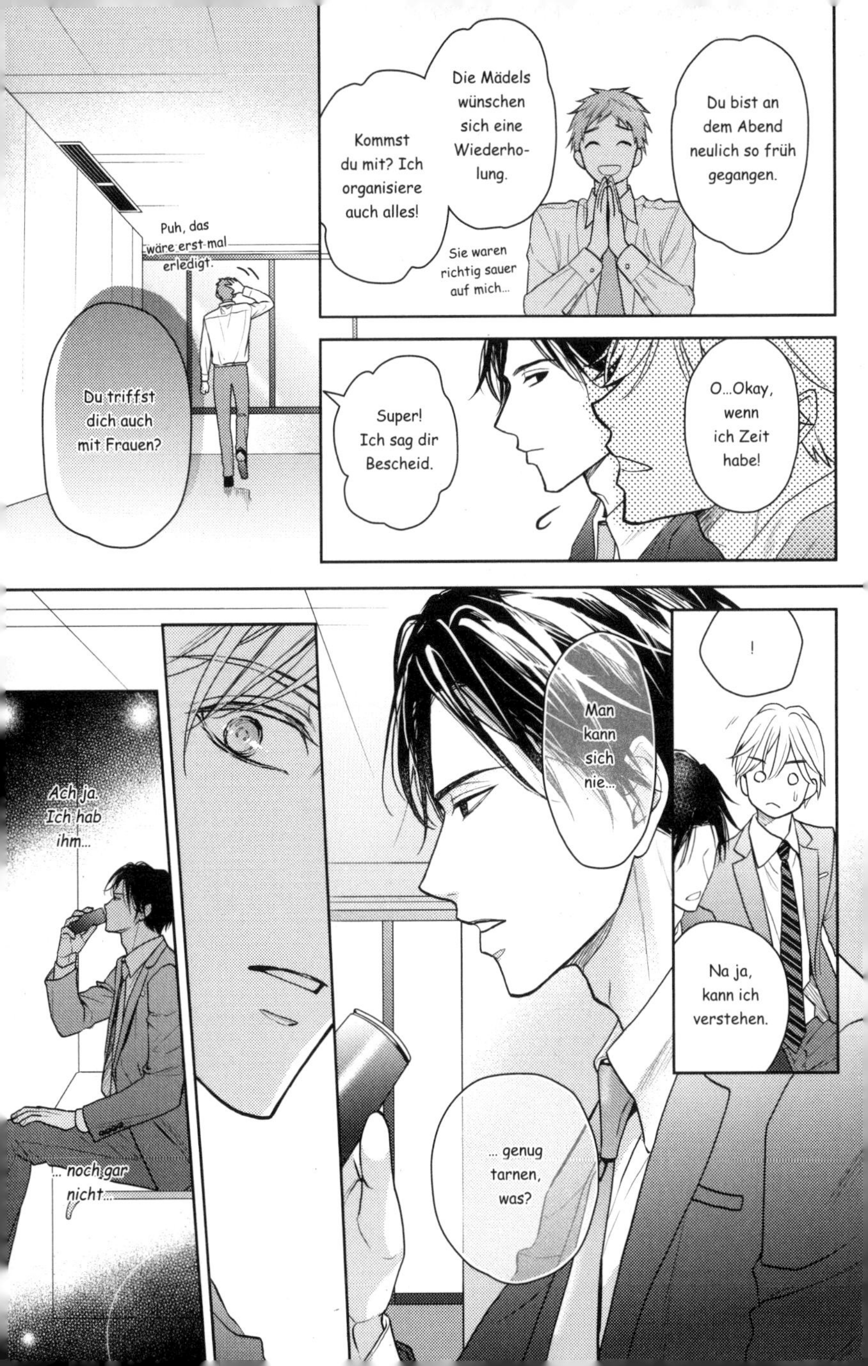
Du bist an dem Abend neulich so früh gegangen.
Die Mädels wünschen sich eine Wiederholung.
Kommst du mit? Ich organisiere auch alles!
Sie waren richtig sauer auf mich...
O...Okay, wenn ich Zeit habe!
Super! Ich sag dir Bescheid.
Puh, das wäre erst mal erledigt.
Du triffst dich auch mit Frauen?
!
Man kann sich nie...
Na ja, kann ich verstehen.
... genug tarnen, was?
Ach ja. Ich hab ihm...
... noch gar nicht...

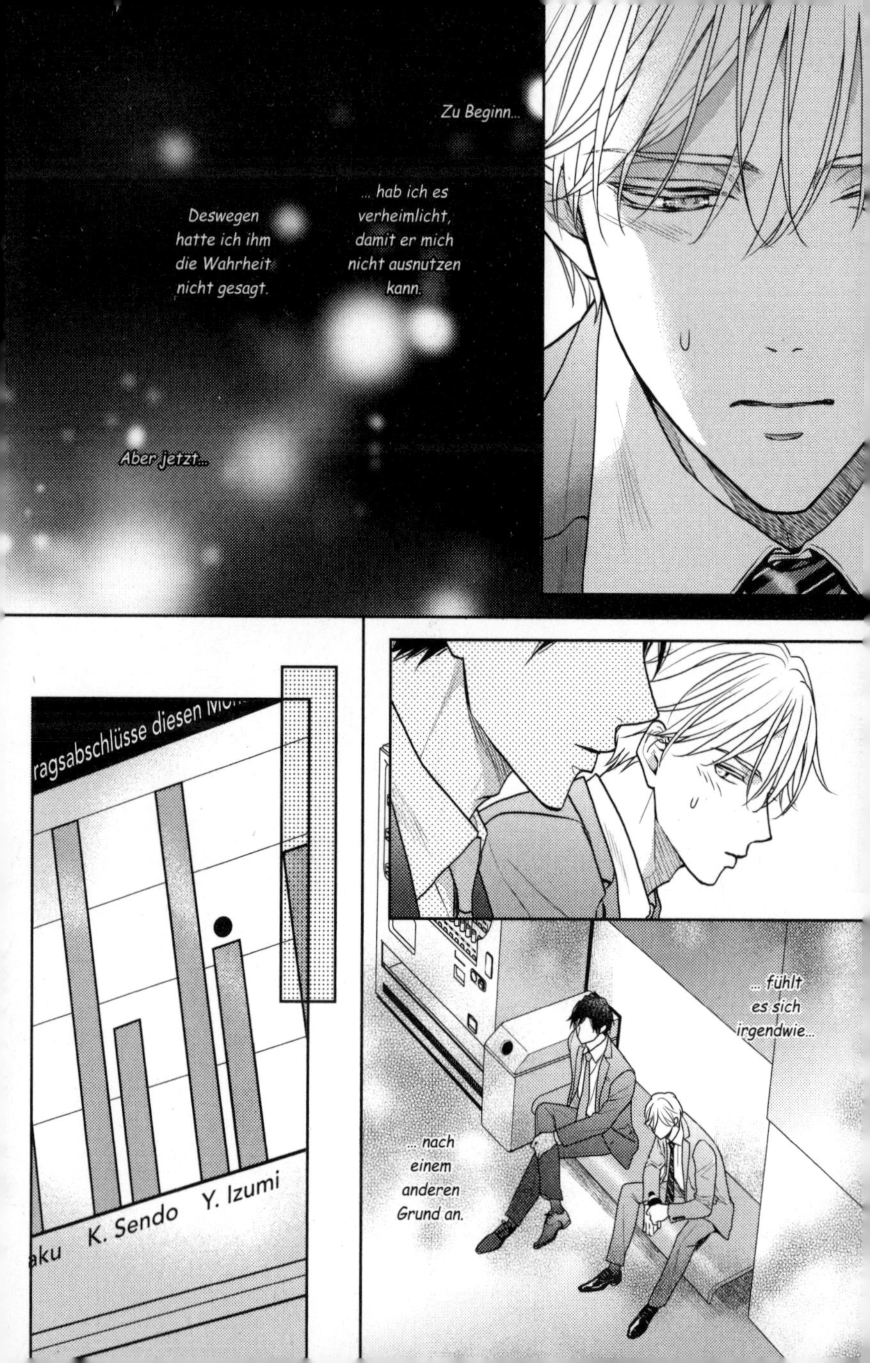
Zu Beginn...
... hab ich es verheimlicht, damit er mich nicht ausnutzen kann.
Deswegen hatte ich ihm die Wahrheit nicht gesagt.
Aber jetzt...
ragsabschlüsse diesen Mo
K. Sendo
Y. Izumi
... fühlt es sich irgendwie...
... nach einem anderen Grund an.

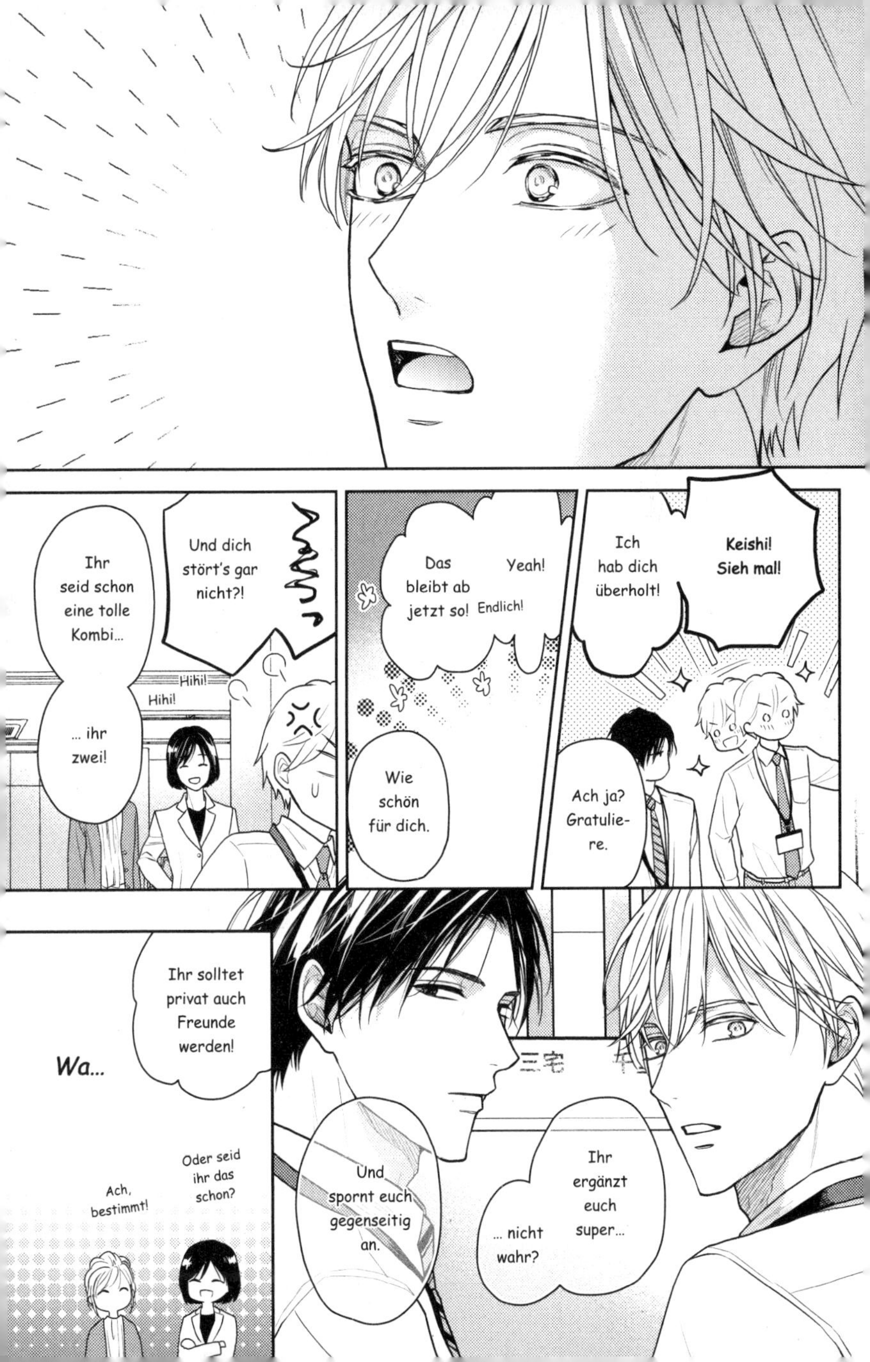
Keishi! Sieh mal!
Ich hab dich überholt!
Ach ja? Gratuliere.
Yeah!
Endlich!
Das bleibt ab jetzt so!
Wie schön für dich.
Und dich stört's gar nicht?!
Ihr seid schon eine tolle Kombi...
Hihi!
Hihi!
... ihr zwei!
三宅
Ihr ergänzt euch super...
... nicht wahr?
Und spornt euch gegenseitig an.
Ihr solltet privat auch Freunde werden!
Wa...
Oder seid ihr das schon?
Ach, bestimmt!

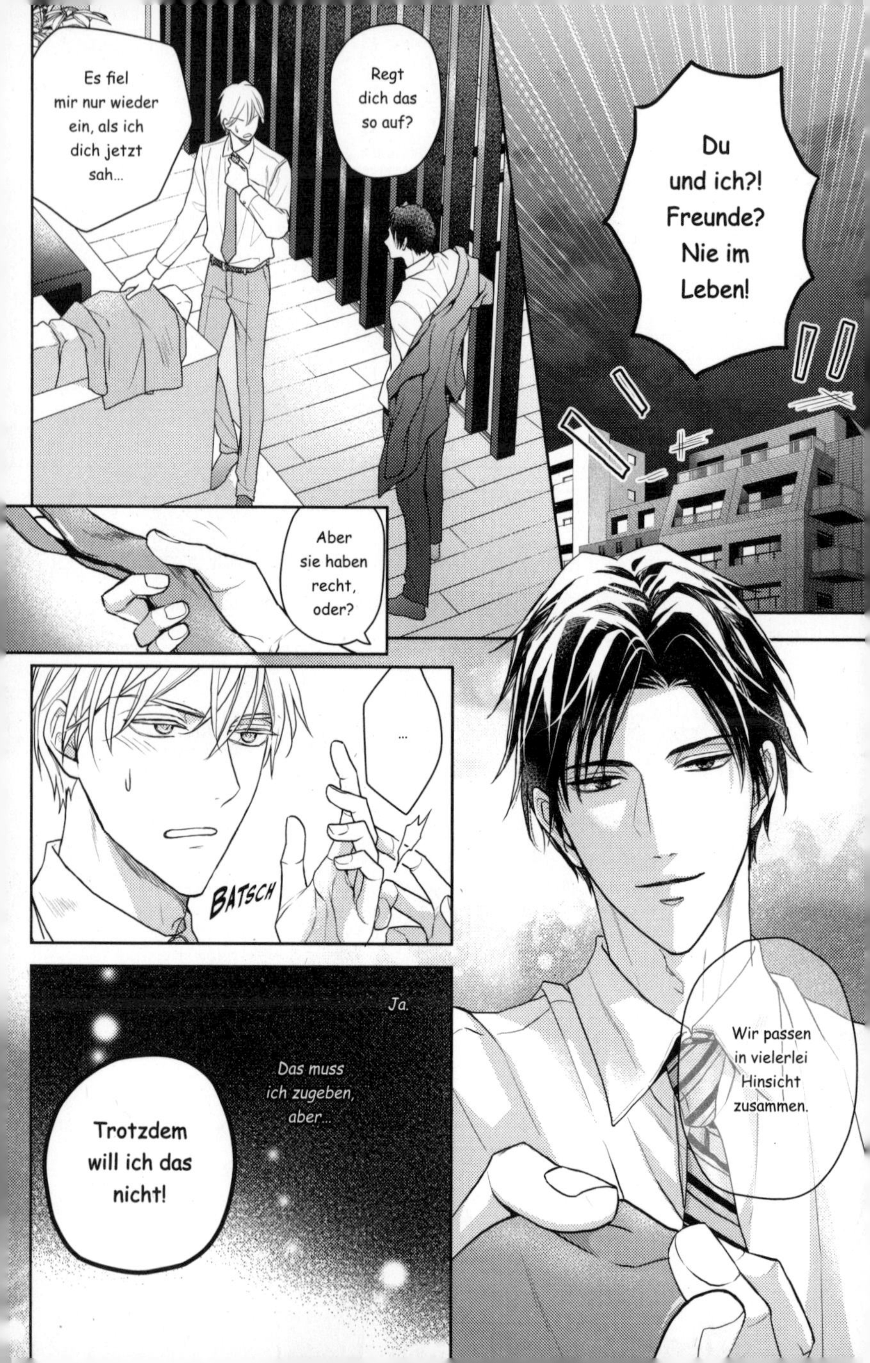
Du und ich?! Freunde? Nie im Leben!
Regt dich das so auf?
Es fiel mir nur wieder ein, als ich dich jetzt sah...
Aber sie haben recht, oder?
...
BATSCH
Wir passen in vielerlei Hinsicht zusammen.
Ja.
Das muss ich zugeben, aber...
Trotzdem will ich das nicht!

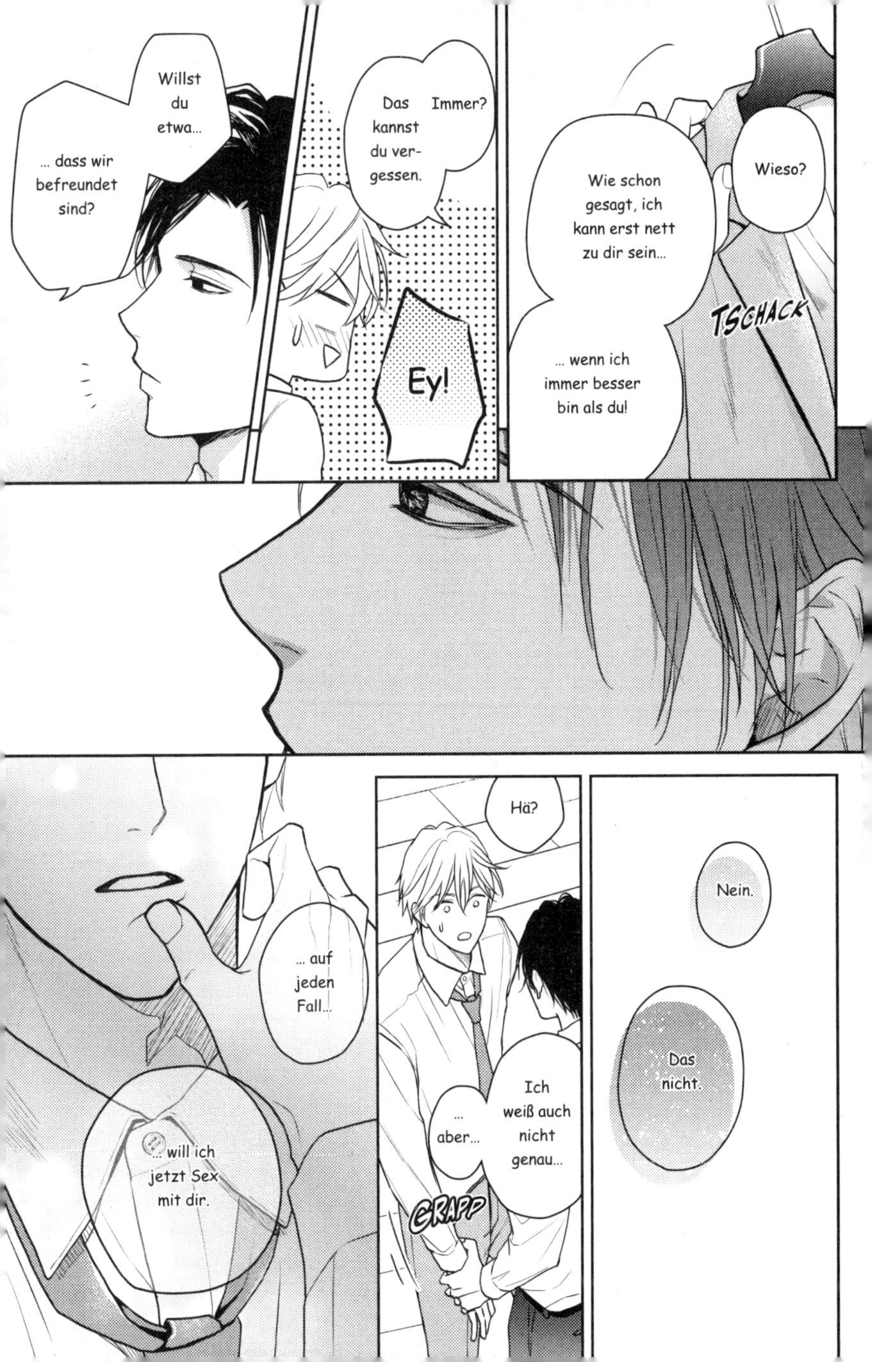

Wieso?
Wie schon gesagt, ich kann erst nett zu dir sein...
... wenn ich immer besser bin als du!
TSCHACK
Immer?
Das kannst du vergessen.
Ey!
Willst du etwa...
... dass wir befreundet sind?
Nein.
Das nicht.
Hä?
Ich weiß auch nicht genau...
... aber...
GRAPP
... auf jeden Fall...
... will ich jetzt Sex mit dir.

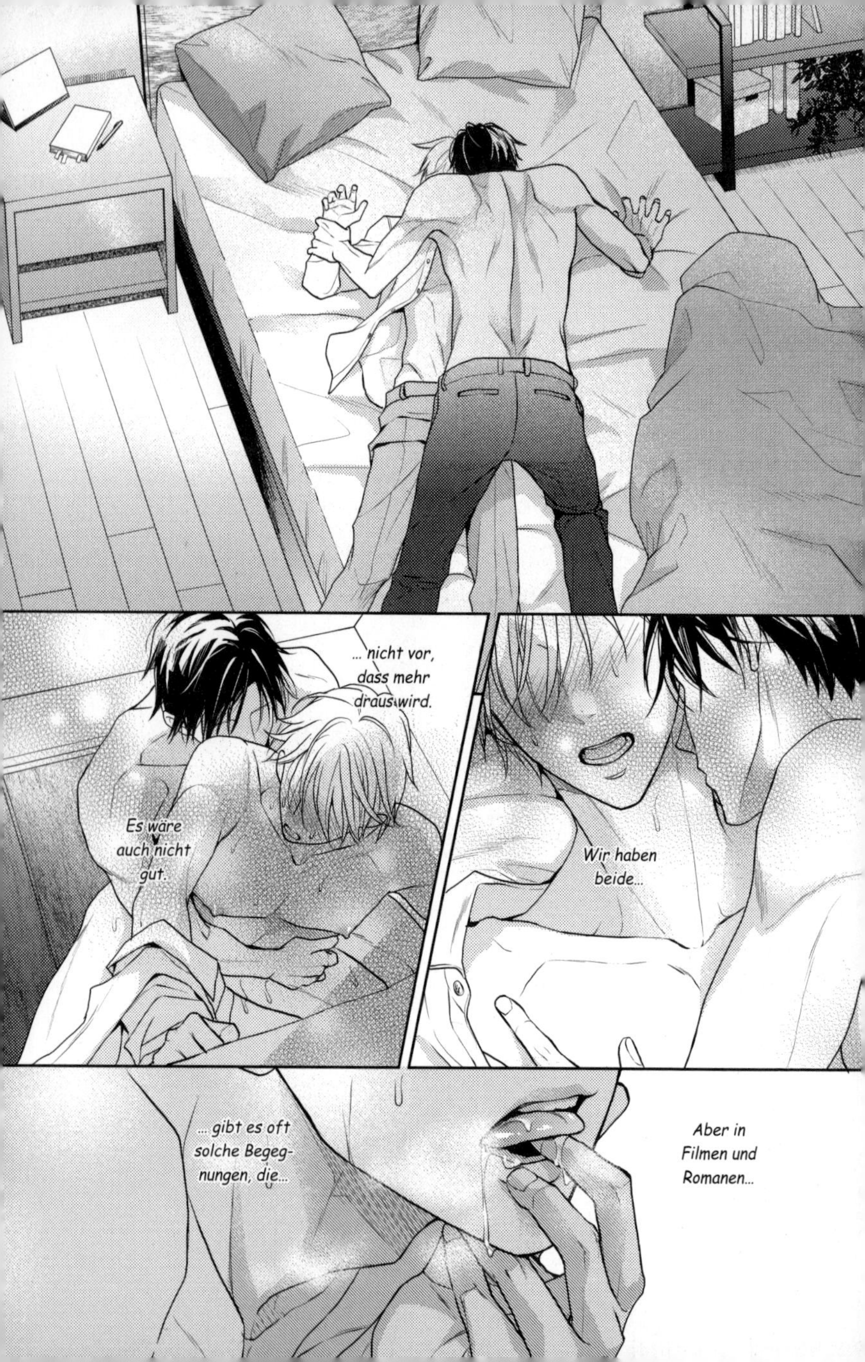
Wir haben beide…
… nicht vor, dass mehr draus wird.
Es wäre auch nicht gut.
Aber in Filmen und Romanen…
… gibt es oft solche Begegnungen, die…

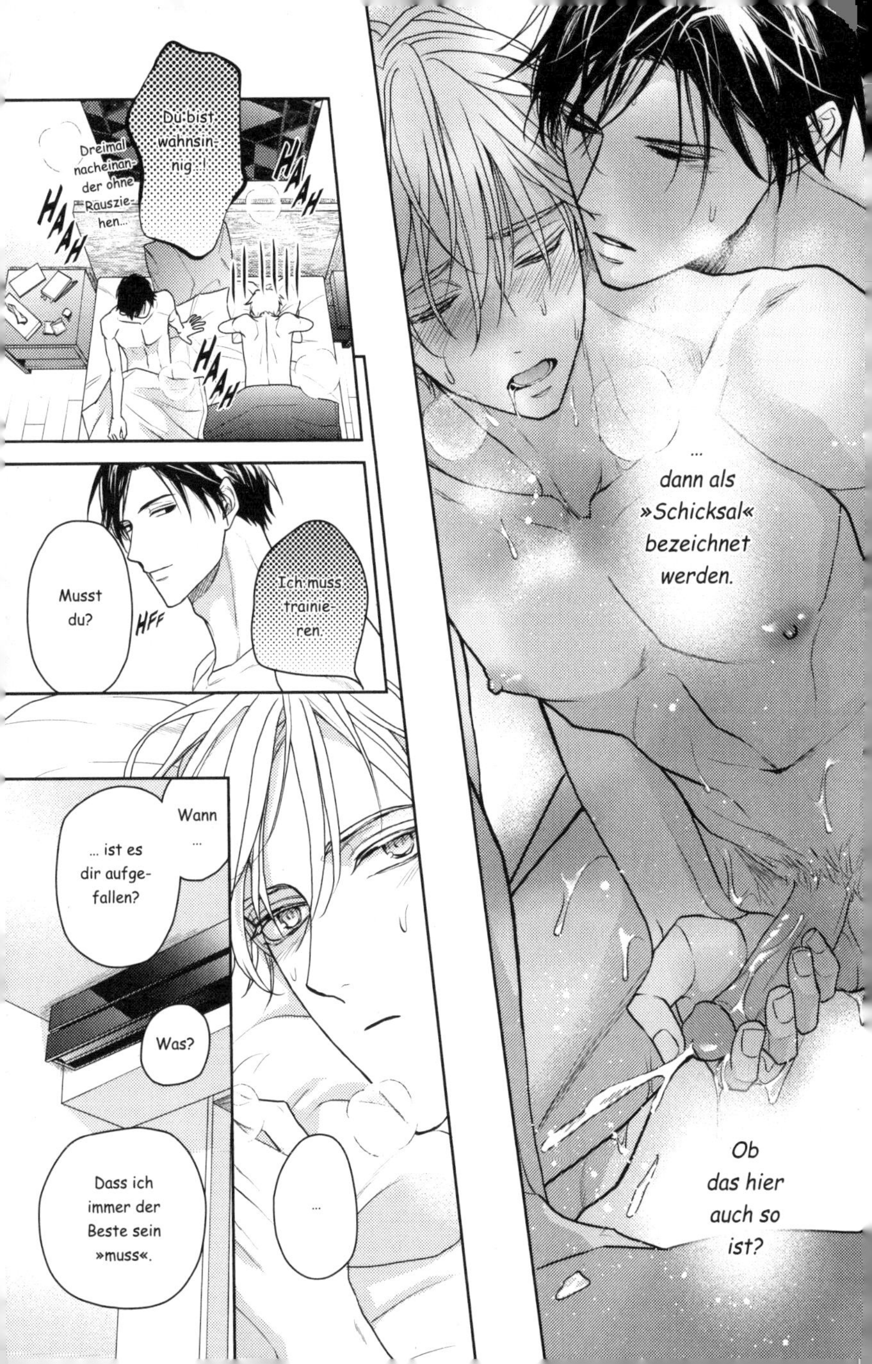
... dann als »Schicksal« bezeichnet werden.
Ob das hier auch so ist?
Du bist wahnsinnig!
HAAH
Dreimal nacheinander ohne Rausziehen...
HAAH
HAAH
Ich muss trainieren.
HFF
Musst du?
Wann ...
... ist es dir aufgefallen?
Was?
...
Dass ich immer der Beste sein »muss«.

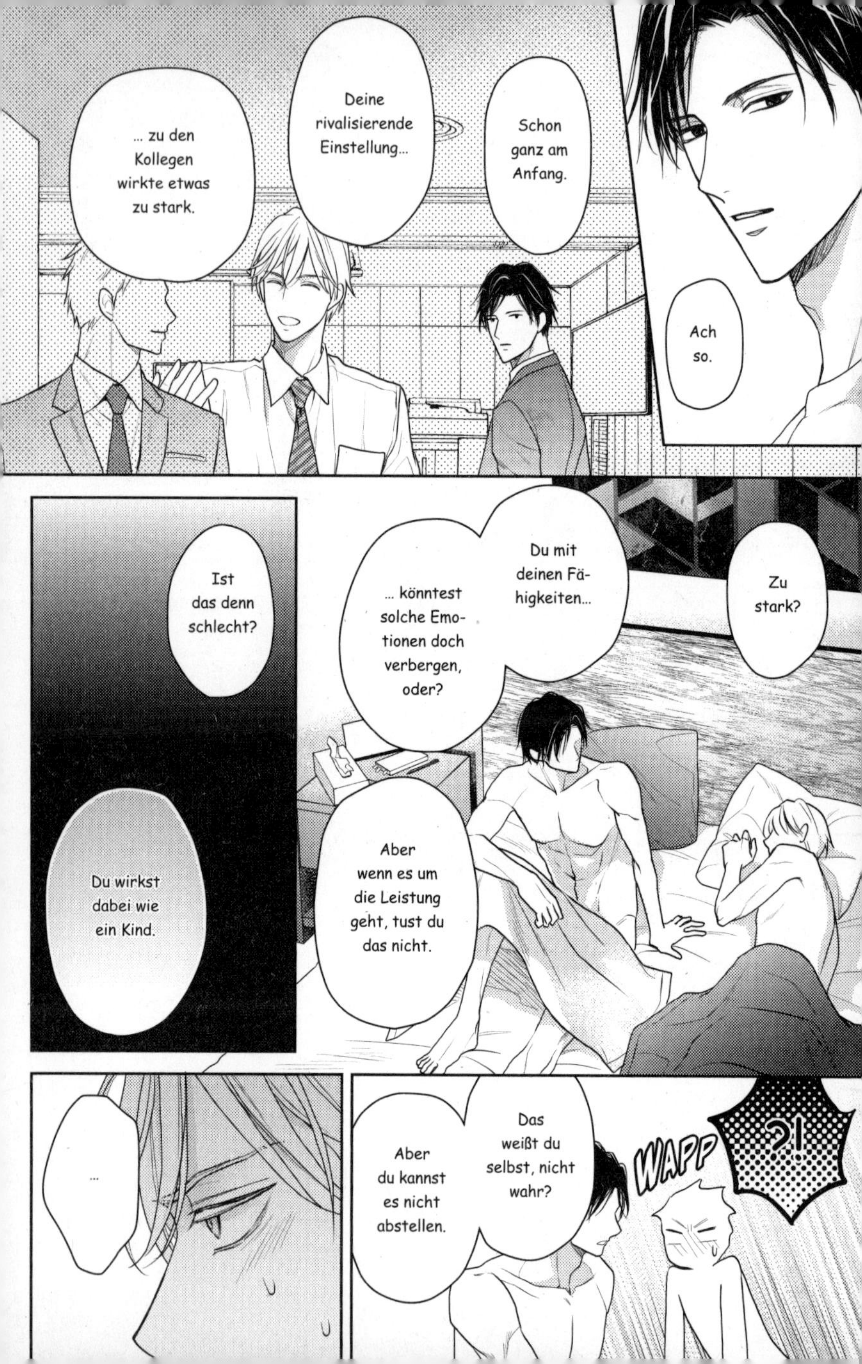
Ach so.
Schon ganz am Anfang.
Deine rivalisierende Einstellung…
… zu den Kollegen wirkte etwas zu stark.
Zu stark?
Du mit deinen Fähigkeiten…
… könntest solche Emotionen doch verbergen, oder?
Aber wenn es um die Leistung geht, tust du das nicht.
Ist das denn schlecht?
Du wirkst dabei wie ein Kind.
?!
WAPP
Das weißt du selbst, nicht wahr?
Aber du kannst es nicht abstellen.
…

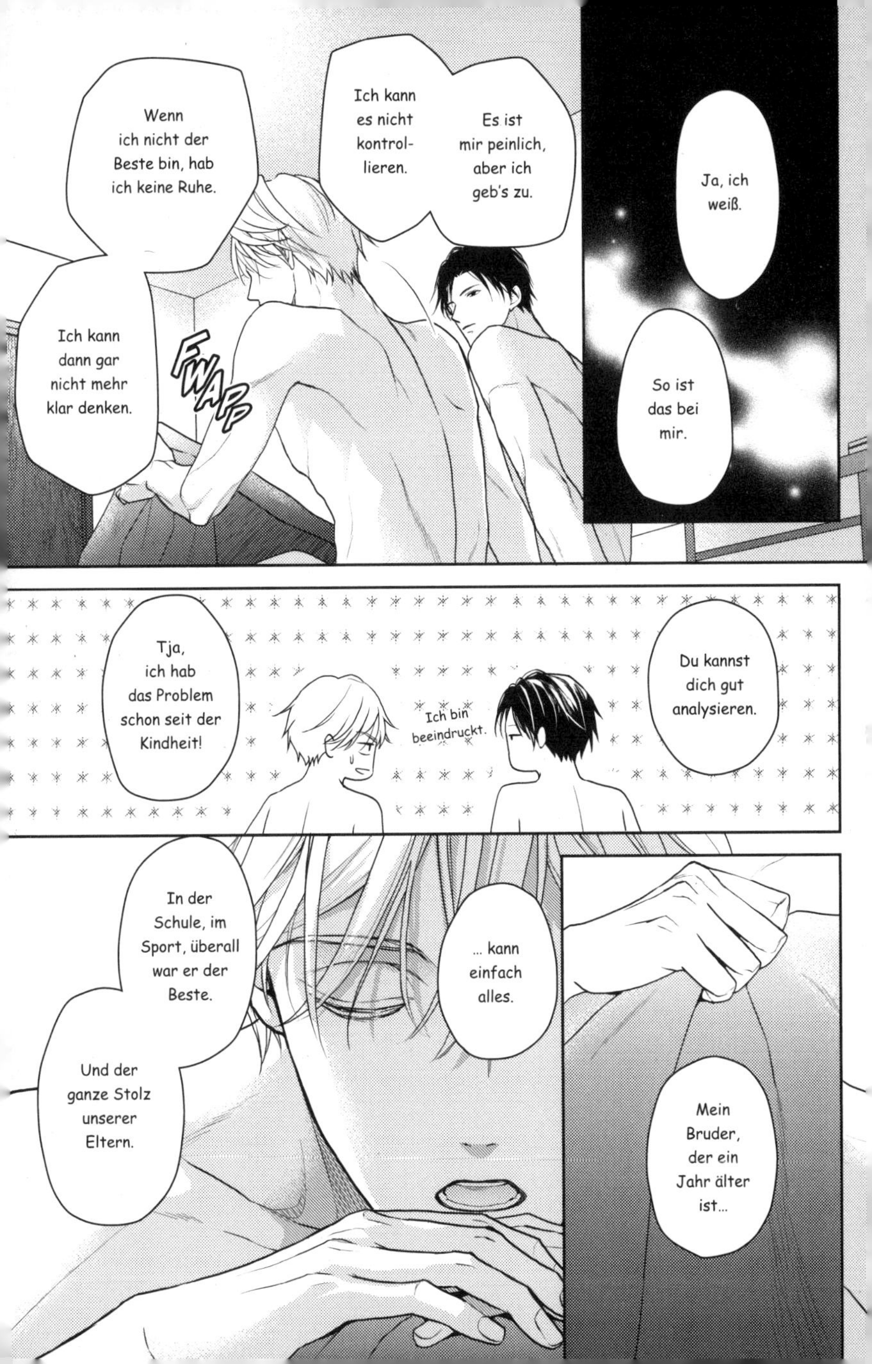
Ja, ich weiß.
So ist das bei mir.
Es ist mir peinlich, aber ich geb's zu.
Ich kann es nicht kontrol-lieren.
Wenn ich nicht der Beste bin, hab ich keine Ruhe.
Ich kann dann gar nicht mehr klar denken.
FWAPP
Du kannst dich gut analysieren.
Ich bin beeindruckt.
Tja, ich hab das Problem schon seit der Kindheit!
Mein Bruder, der ein Jahr älter ist...
... kann einfach alles.
In der Schule, im Sport, überall war er der Beste.
Und der ganze Stolz unserer Eltern.

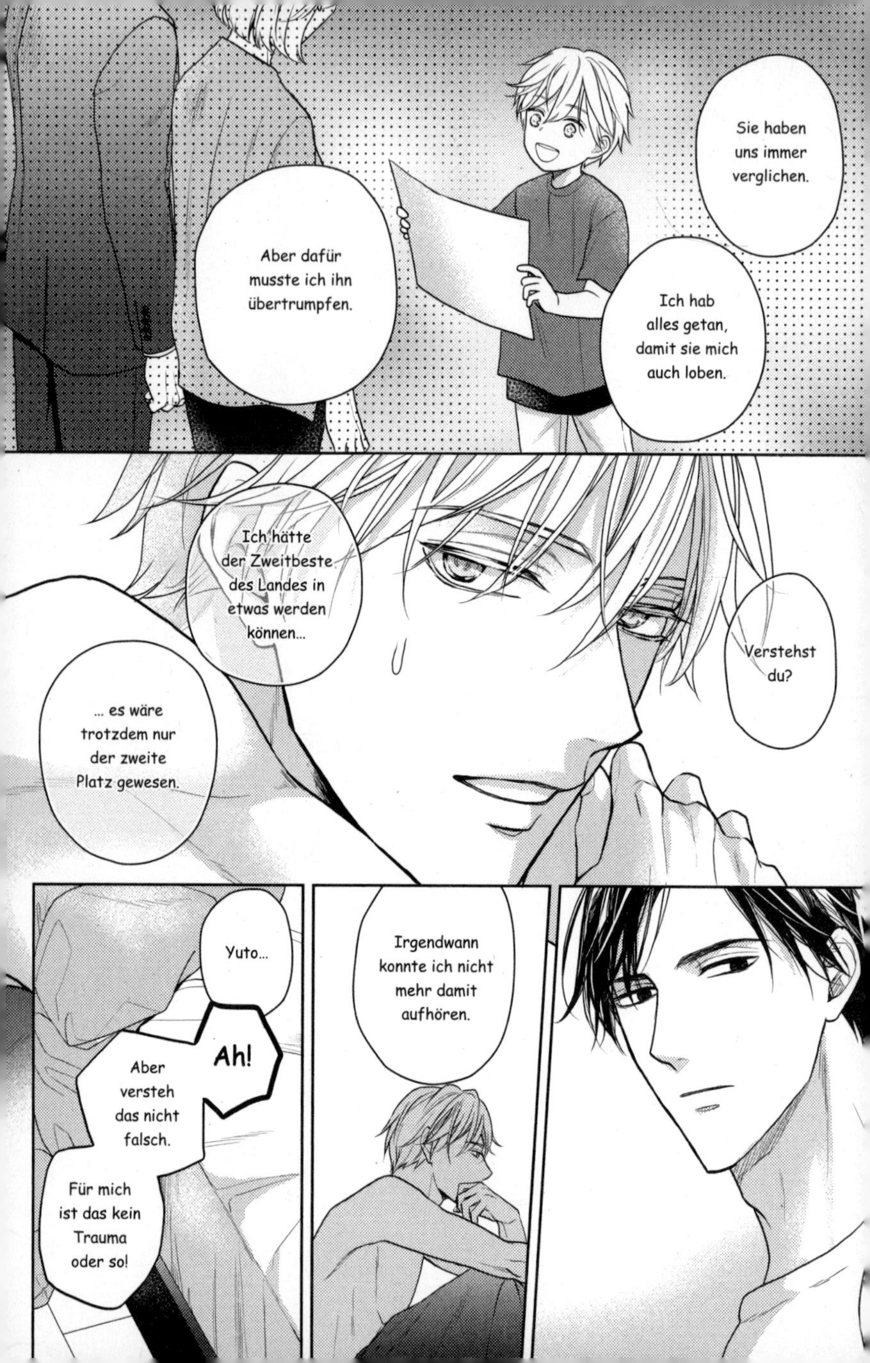
Sie haben uns immer verglichen.
Ich hab alles getan, damit sie mich auch loben.
Aber dafür musste ich ihn übertrumpfen.
Verstehst du?
Ich hätte der Zweitbeste des Landes in etwas werden können...
... es wäre trotzdem nur der zweite Platz gewesen.
Irgendwann konnte ich nicht mehr damit aufhören.
Yuto...
Ah!
Aber versteh das nicht falsch.
Für mich ist das kein Trauma oder so!

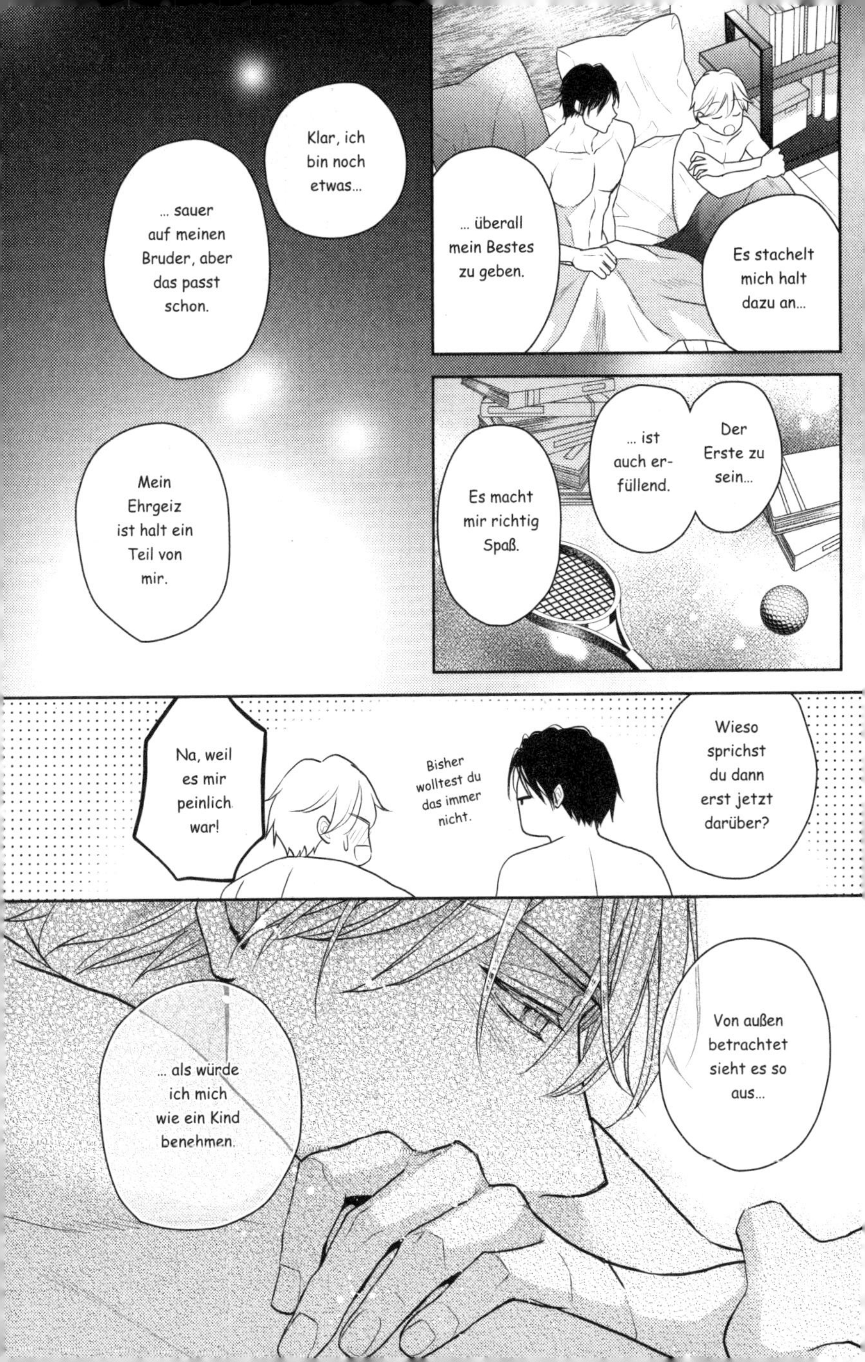
Es stachelt mich halt dazu an...
... überall mein Bestes zu geben.
Klar, ich bin noch etwas...
... sauer auf meinen Bruder, aber das passt schon.
Der Erste zu sein...
... ist auch erfüllend.
Es macht mir richtig Spaß.
Mein Ehrgeiz ist halt ein Teil von mir.
Wieso sprichst du dann erst jetzt darüber?
Bisher wolltest du das immer nicht.
Na, weil es mir peinlich war!
Von außen betrachtet sieht es so aus...
... als würde ich mich wie ein Kind benehmen.

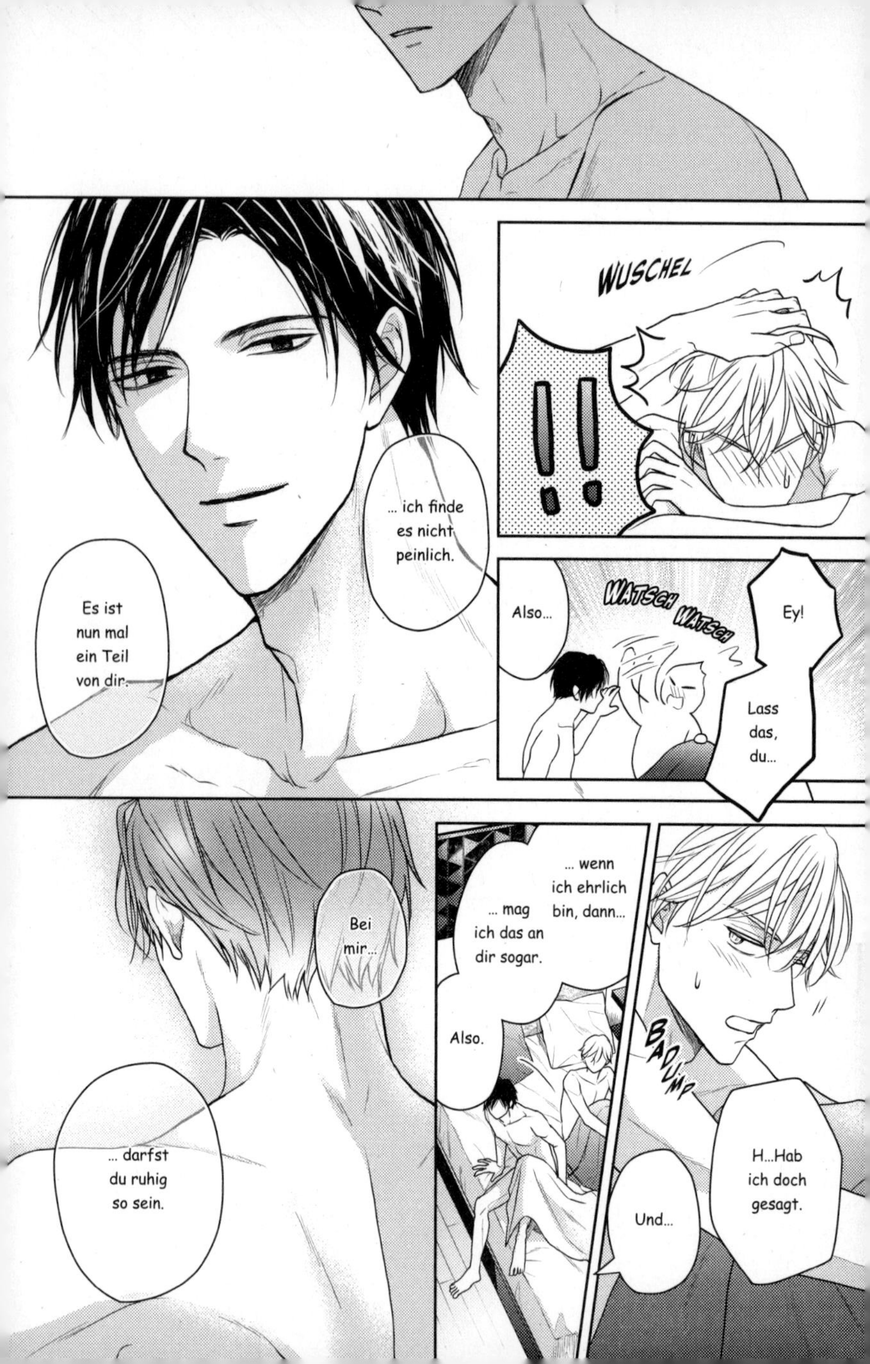
WUSCHEL
!!
Ey!
Lass das, du...
WATSCH WATSCH
Also...
... ich finde es nicht peinlich.
Es ist nun mal ein Teil von dir.
H...Hab ich doch gesagt.
Und...
BADUMP
... wenn ich ehrlich bin, dann...
... mag ich das an dir sogar.
Also.
Bei mir...
... darfst du ruhig so sein.

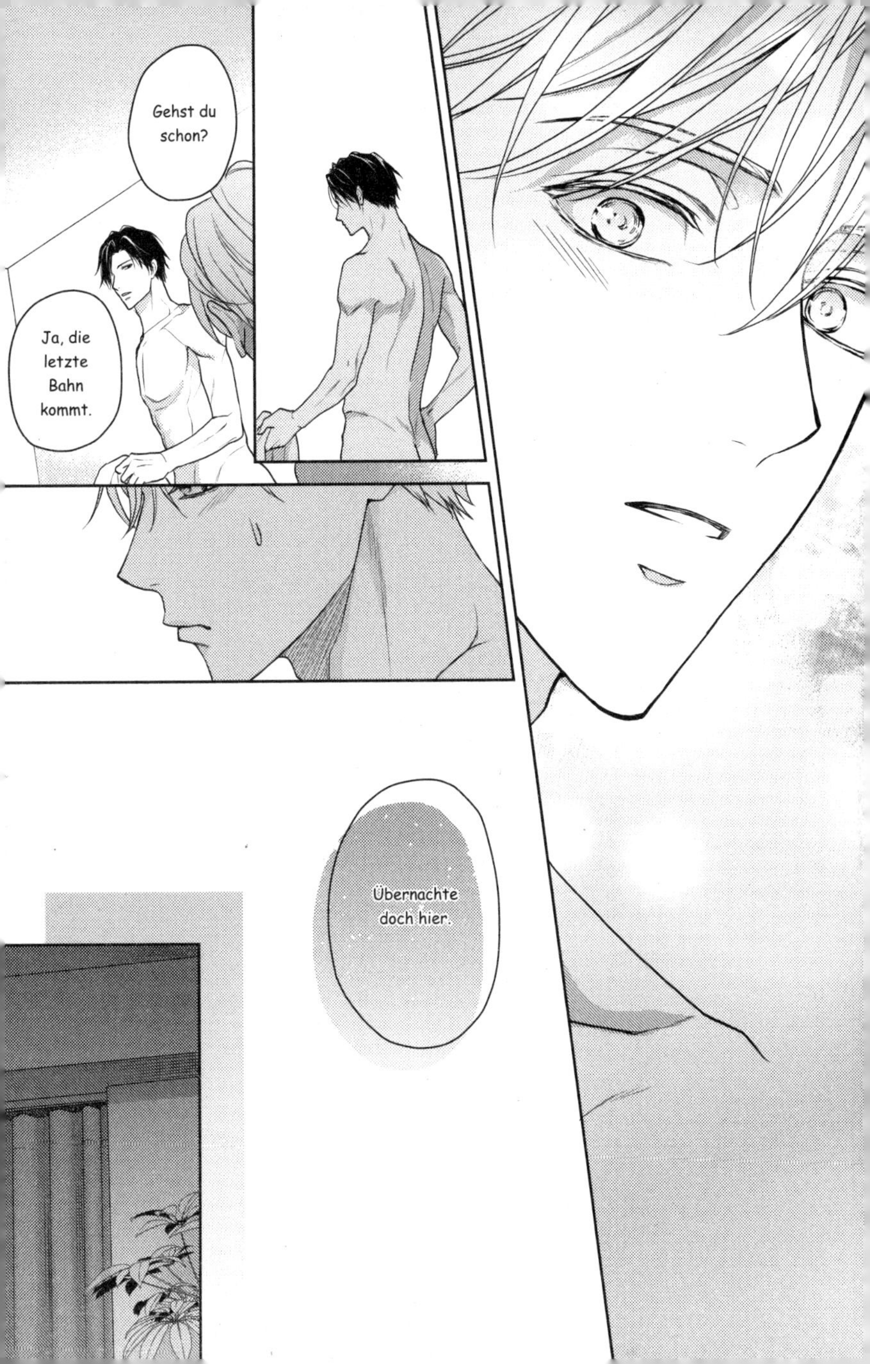
Gehst du schon?
Ja, die letzte Bahn kommt.
Übernachte doch hier.

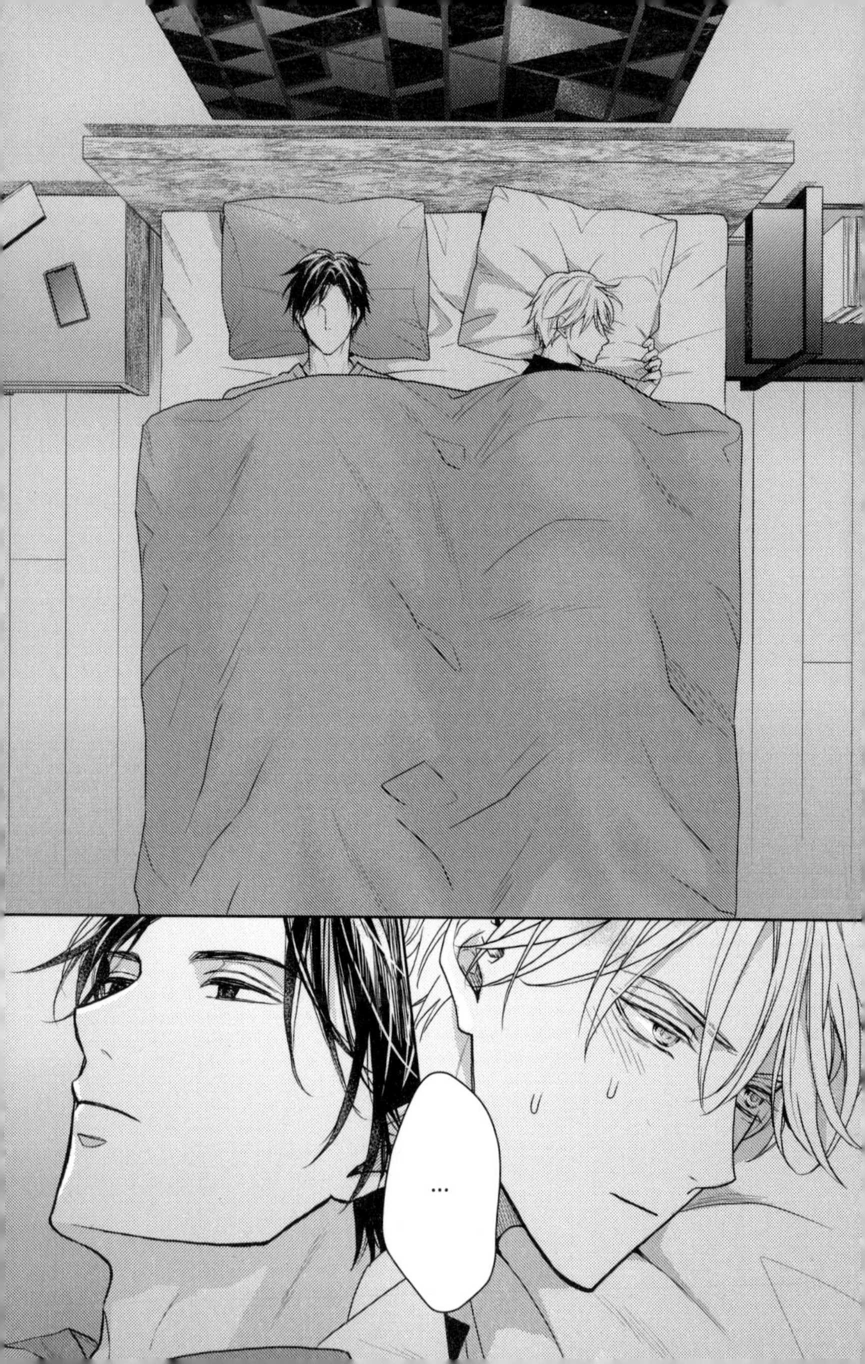

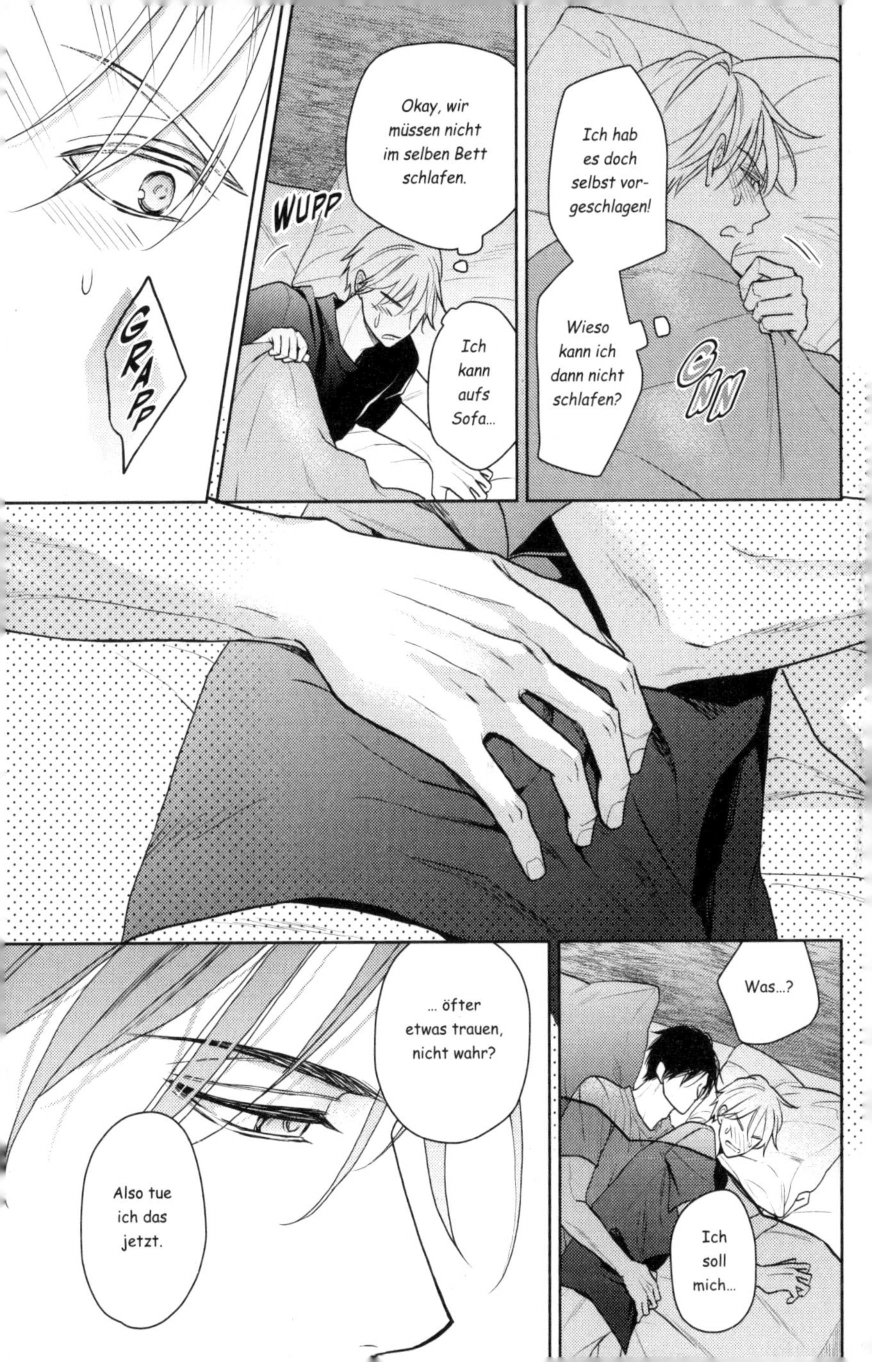
Ich hab es doch selbst vorgeschlagen!
Wieso kann ich dann nicht schlafen?
GNN
Okay, wir müssen nicht im selben Bett schlafen.
WUPP
Ich kann aufs Sofa...
GRAPP
Was...?
Ich soll mich...
... öfter etwas trauen, nicht wahr?
Also tue ich das jetzt.

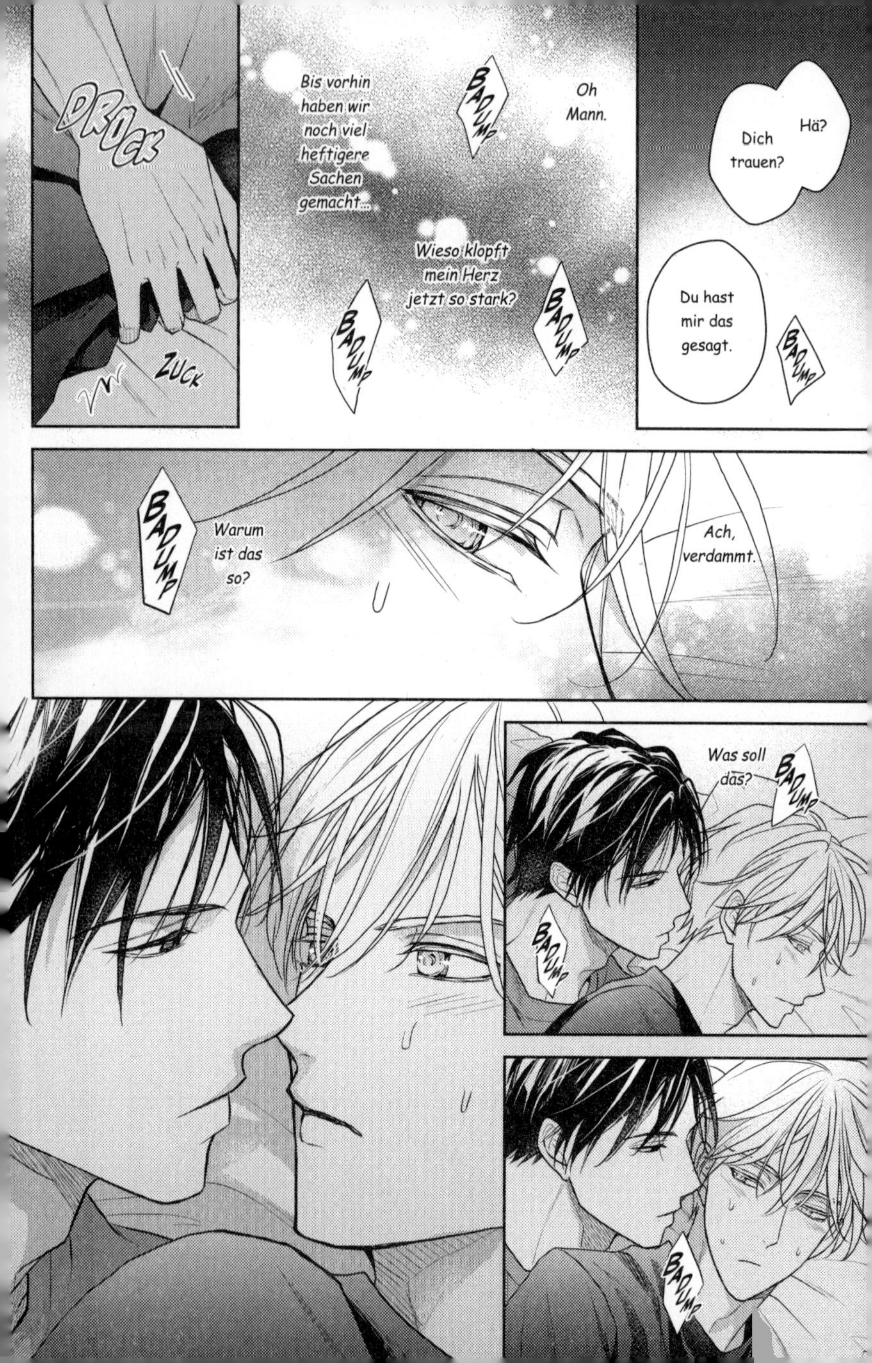
Hä?
Dich trauen?
Du hast mir das gesagt.
BADUMP
Oh Mann.
BADUMP
Bis vorhin haben wir noch viel heftigere Sachen gemacht…
Wieso klopft mein Herz jetzt so stark?
BADUMP
BADUMP
DRÜCK
ZUCK
Ach, verdammt.
Warum ist das so?
BADUMP
Was soll das?
BADUMP
BADUMP
BADUMP

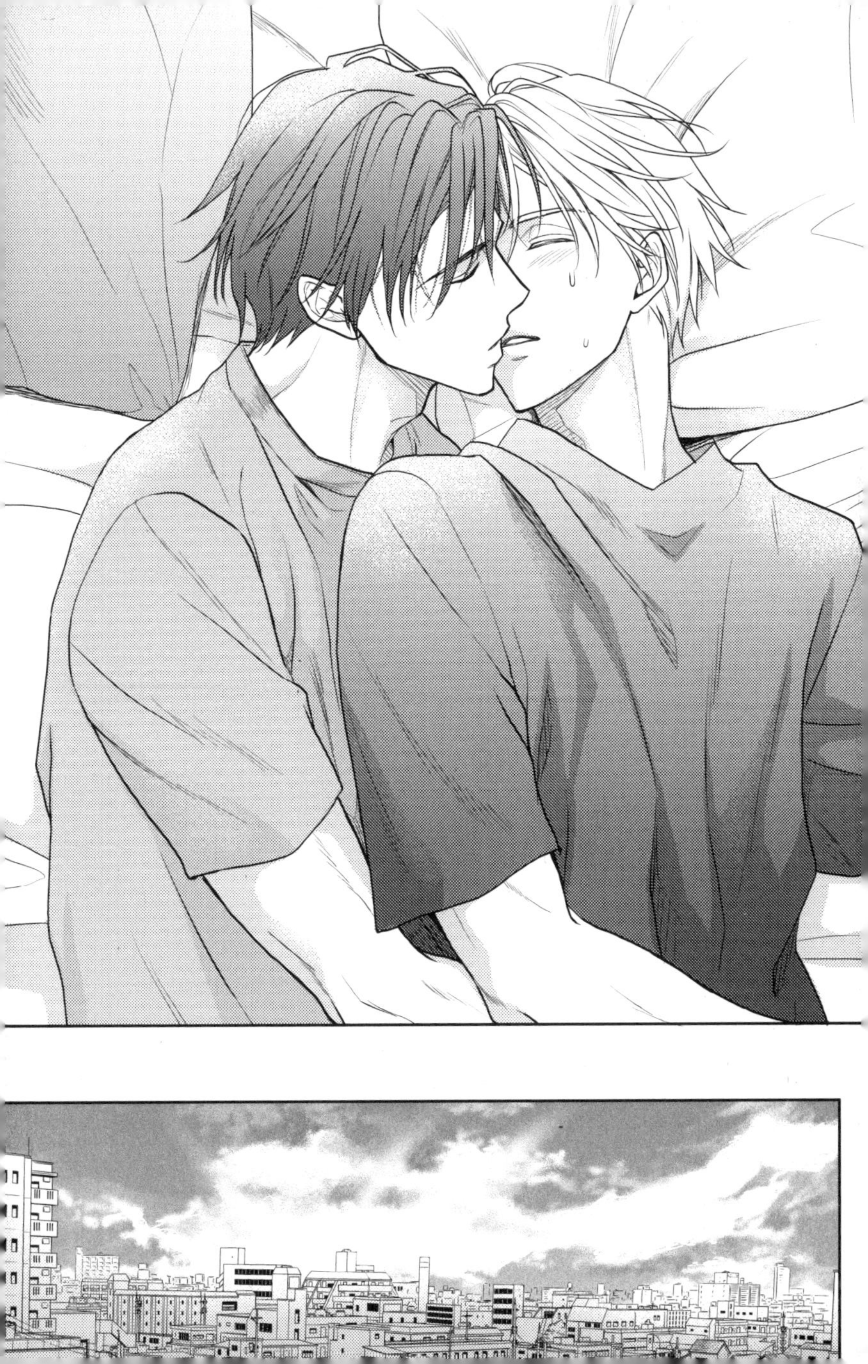

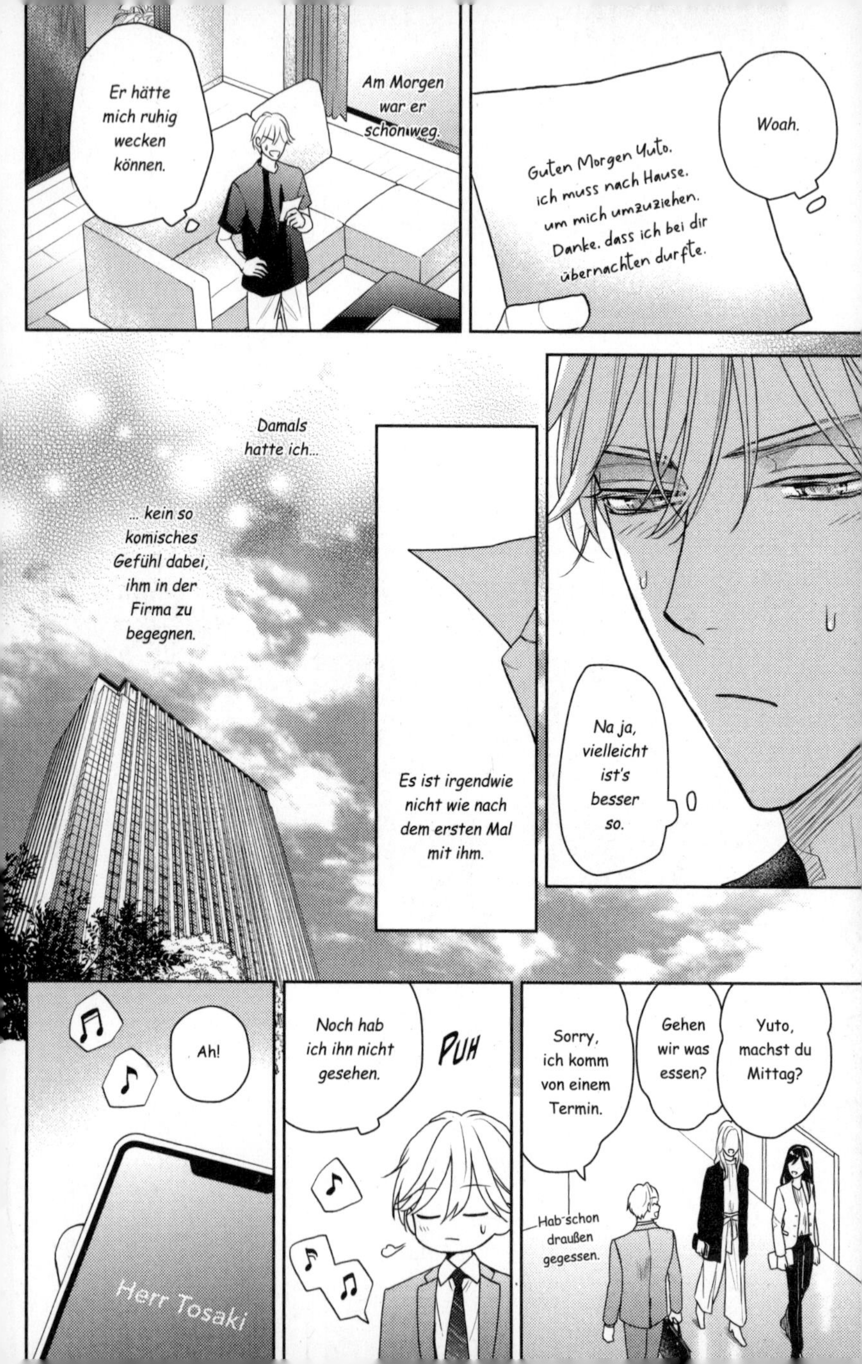

Woah.
Guten Morgen Yuto. ich muss nach Hause. um mich umzuziehen. Danke. dass ich bei dir übernachten durfte.
Am Morgen war er schon weg.
Er hätte mich ruhig wecken können.
Na ja, vielleicht ist's besser so.
Es ist irgendwie nicht wie nach dem ersten Mal mit ihm.
Damals hatte ich...
... kein so komisches Gefühl dabei, ihm in der Firma zu begegnen.
Yuto, machst du Mittag?
Gehen wir was essen?
Sorry, ich komm von einem Termin.
Hab schon draußen gegessen.
Noch hab ich ihn nicht gesehen.
PUH
Ah!
Herr Tosaki

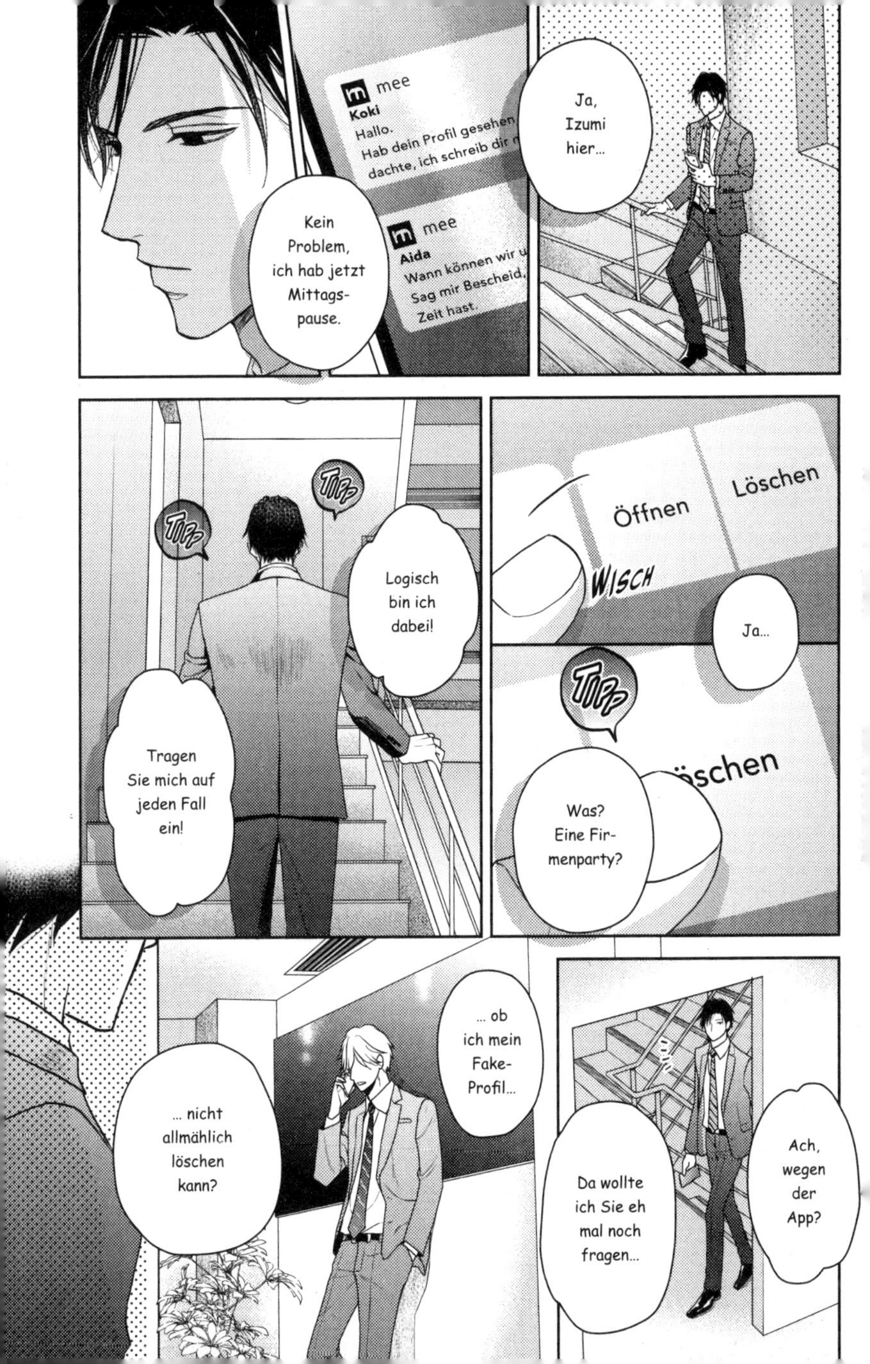
Ja, Izumi hier...
mee
Koki
Hallo.
Hab dein Profil gesehen,
dachte, ich schreib dir
mee
Aida
Wann können wir
Sag mir Bescheid,
Zeit hast.
Kein Problem, ich hab jetzt Mittags-pause.
Öffnen
Löschen
WISCH
Ja...
TIPP
öschen
Was? Eine Fir-menparty?
TIPP
TIPP
Logisch bin ich dabei!
Tragen Sie mich auf jeden Fall ein!
Ach, wegen der App?
Da wollte ich Sie eh mal noch fragen...
... ob ich mein Fake-Profil...
... nicht allmählich löschen kann?

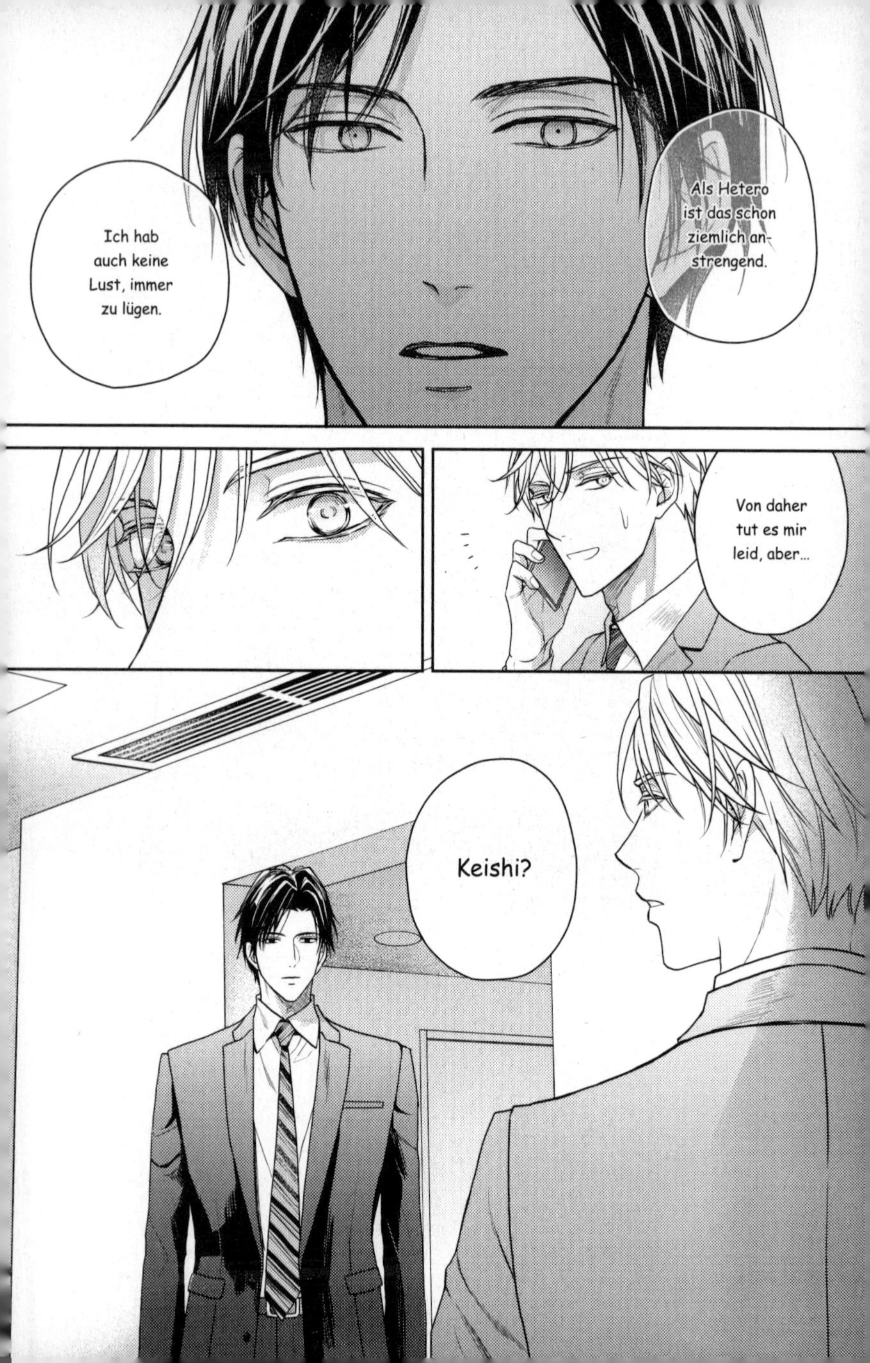
Als Hetero ist das schon ziemlich anstrengend.
Ich hab auch keine Lust, immer zu lügen.
Von daher tut es mir leid, aber...
Keishi?

Destiny but Incompatible

Destiny but Incompatible

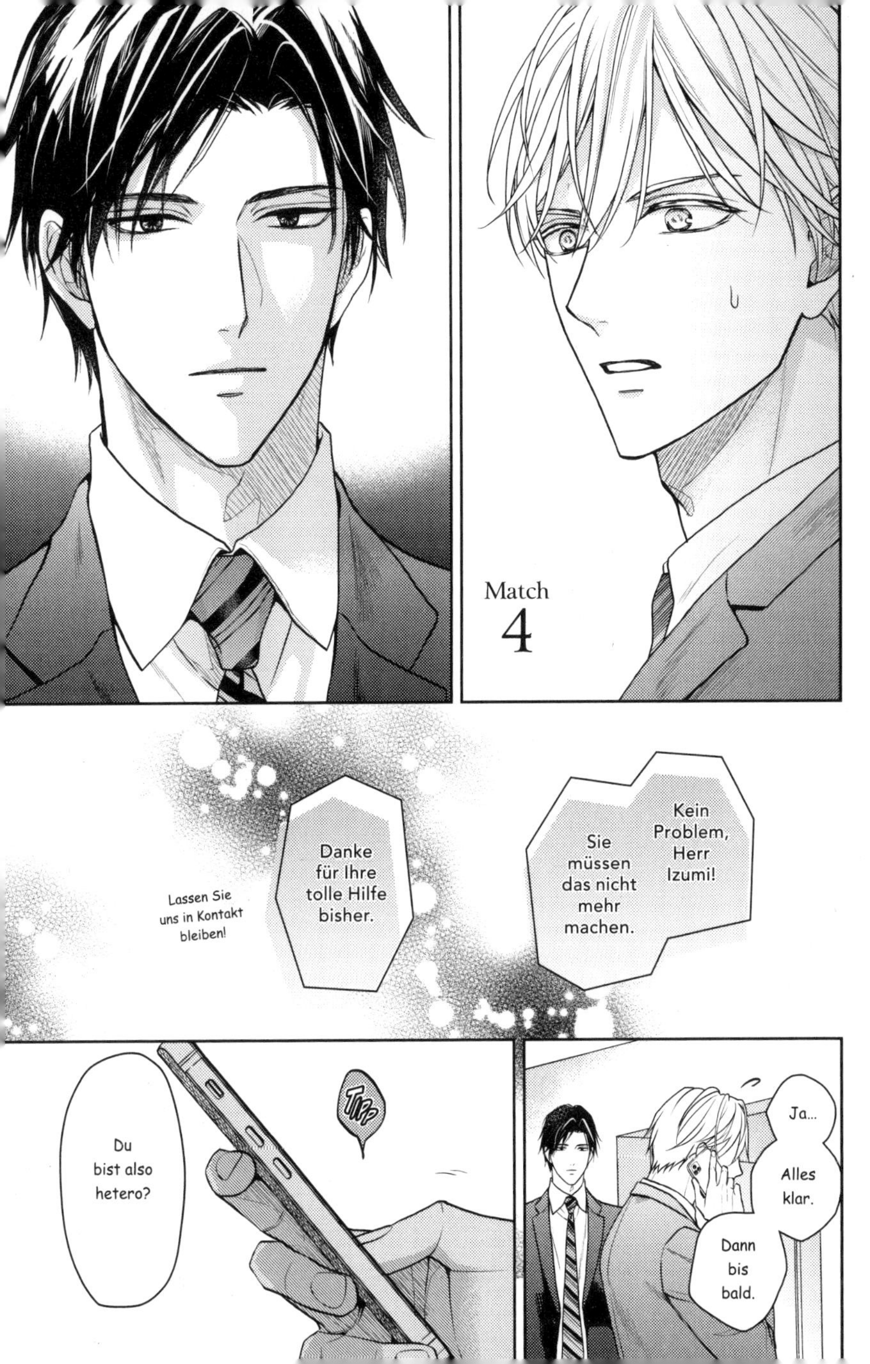
Match 4
Kein Problem, Herr Izumi!
Sie müssen das nicht mehr machen.
Danke für Ihre tolle Hilfe bisher.
Lassen Sie uns in Kontakt bleiben!
Ja...
Alles klar.
Dann bis bald.
TIPP
Du bist also hetero?

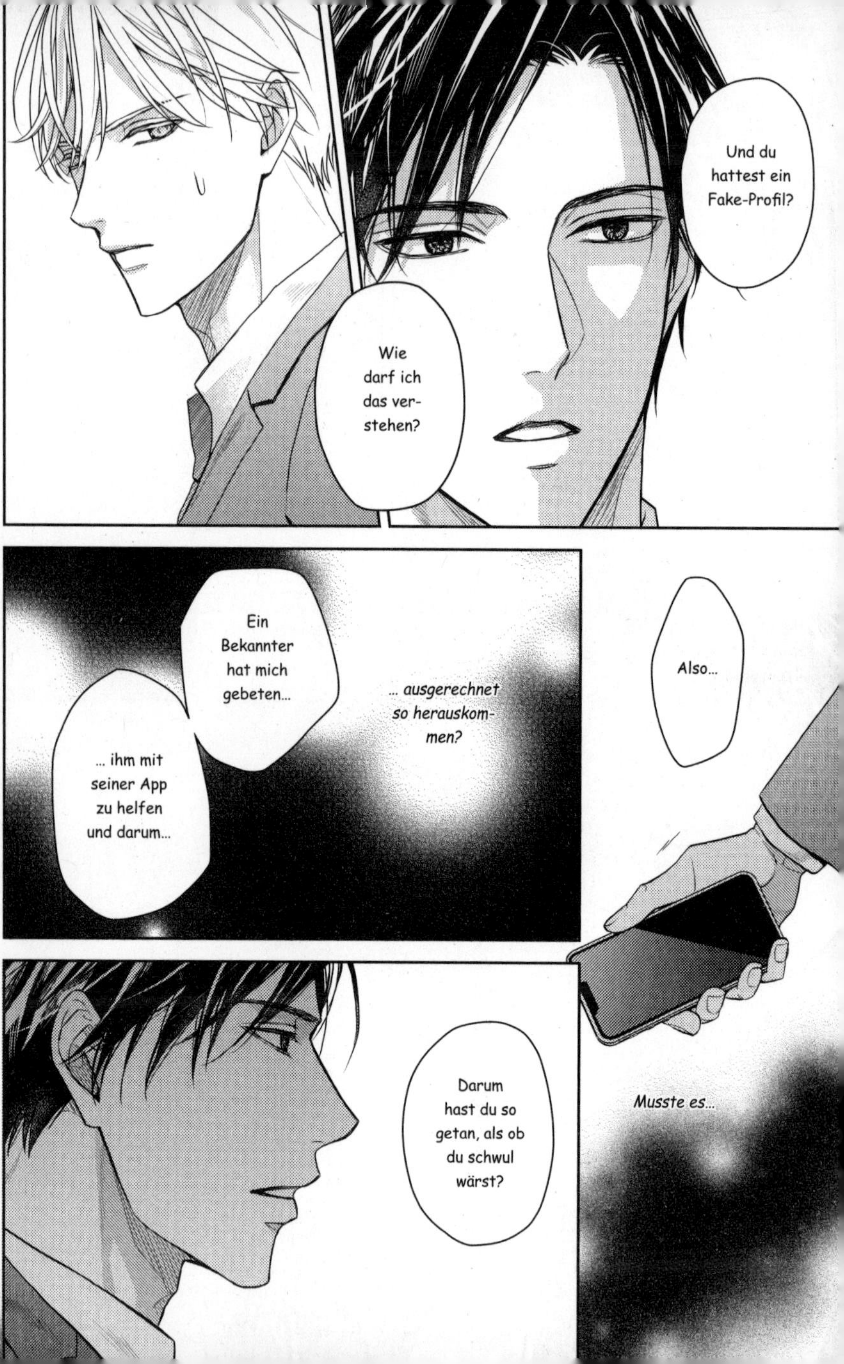
Und du hattest ein Fake-Profil?
Wie darf ich das verstehen?
Also...
... ausgerechnet so herauskommen?
Ein Bekannter hat mich gebeten...
... ihm mit seiner App zu helfen und darum...
Musste es...
Darum hast du so getan, als ob du schwul wärst?

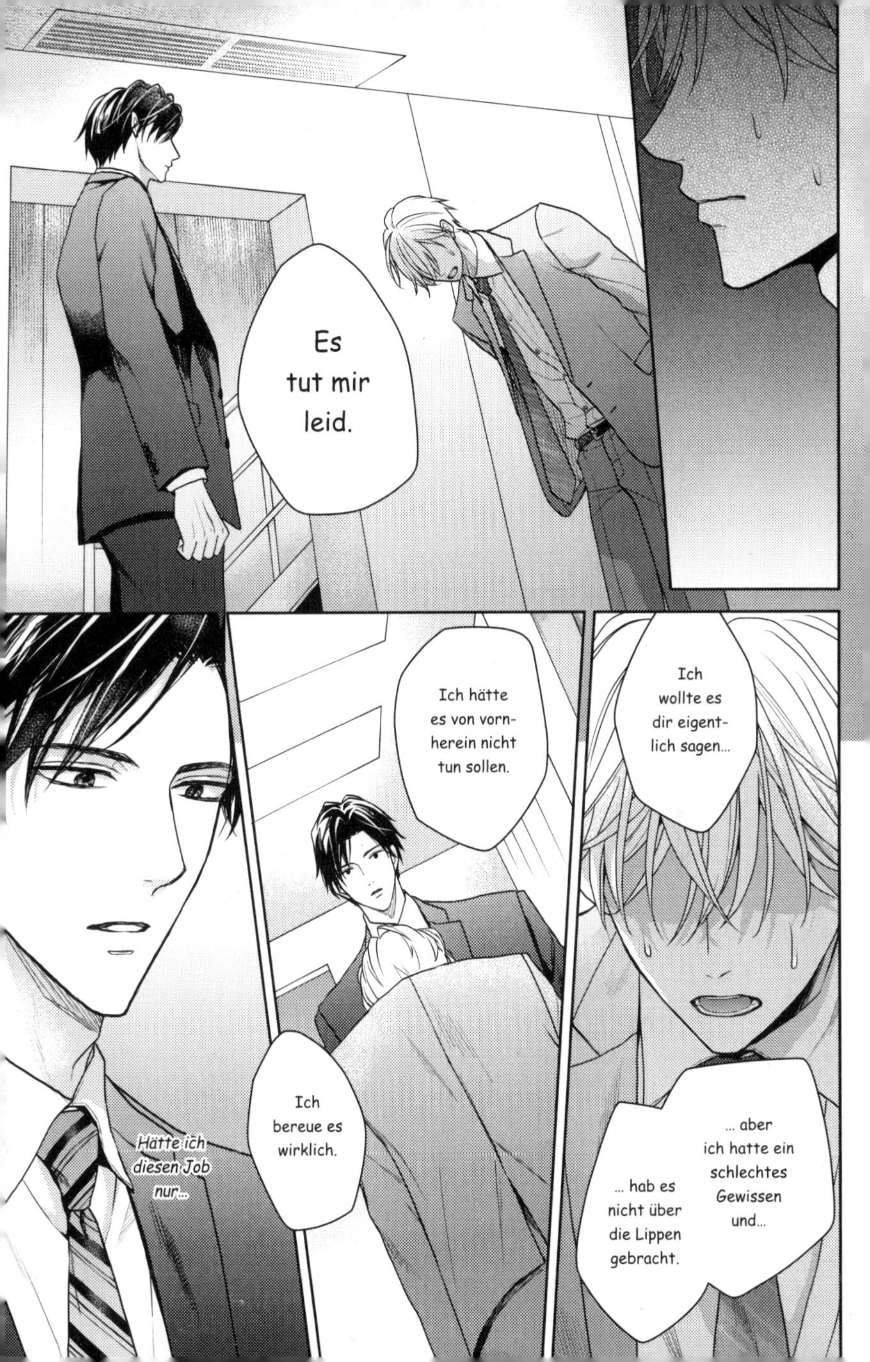
Es tut mir leid.
Ich wollte es dir eigentlich sagen...
... aber ich hatte ein schlechtes Gewissen und...
... hab es nicht über die Lippen gebracht.
Ich hätte es von vornherein nicht tun sollen.
Ich bereue es wirklich.
Hätte ich diesen Job nur...

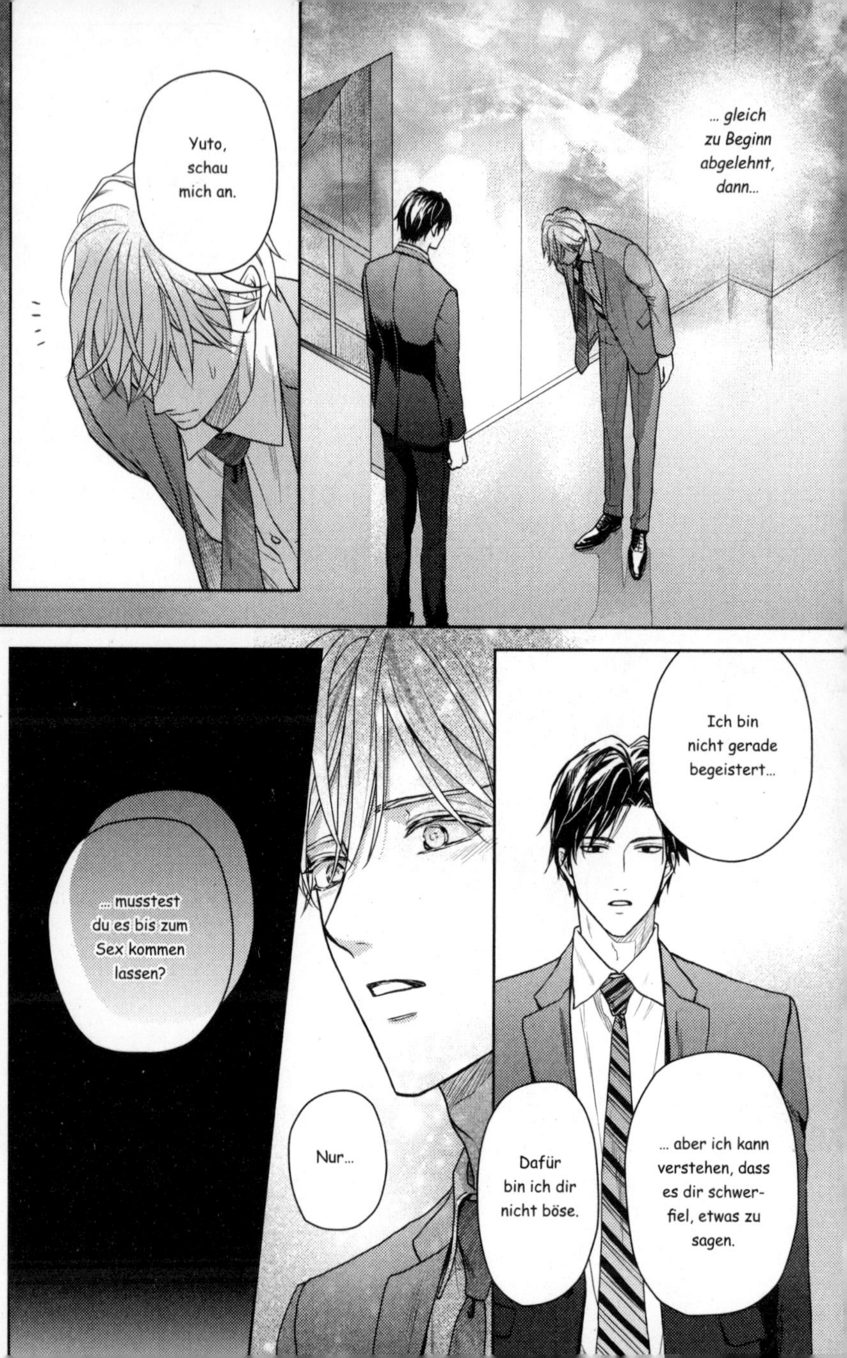
... gleich zu Beginn abgelehnt, dann...
Yuto, schau mich an.
Ich bin nicht gerade begeistert...
... musstest du es bis zum Sex kommen lassen?
... aber ich kann verstehen, dass es dir schwer-fiel, etwas zu sagen.
Dafür bin ich dir nicht böse.
Nur...

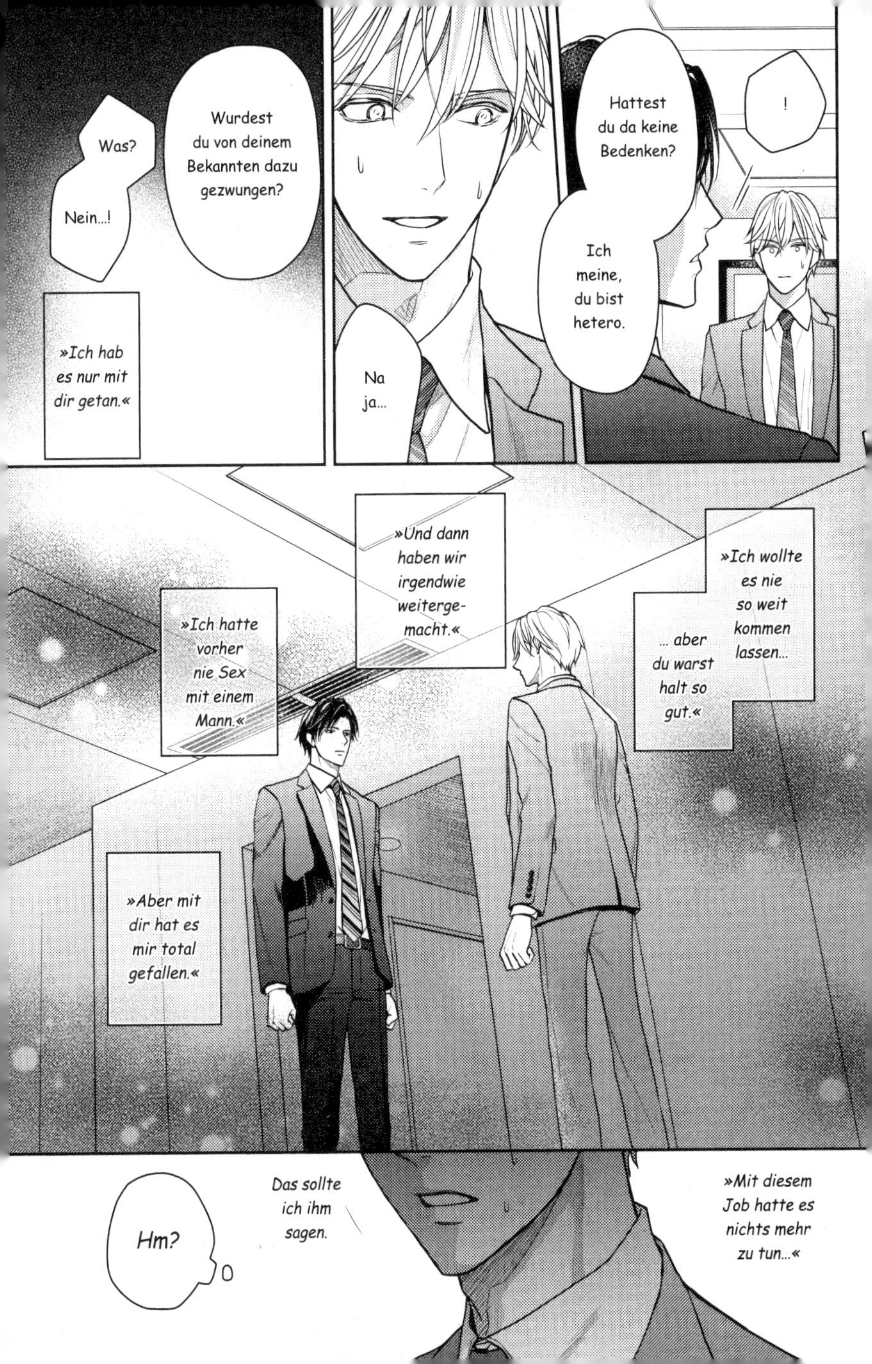
!
Hattest du da keine Bedenken?
Ich meine, du bist hetero.
Na ja...
Wurdest du von deinem Bekannten dazu gezwungen?
Was?
Nein...!
»Ich hab es nur mit dir getan.«
»Ich wollte es nie so weit kommen lassen...
... aber du warst halt so gut.«
»Und dann haben wir irgendwie weiterge-macht.«
»Ich hatte vorher nie Sex mit einem Mann.«
»Aber mit dir hat es mir total gefallen.«
»Mit diesem Job hatte es nichts mehr zu tun...«
Das sollte ich ihm sagen.
Hm?

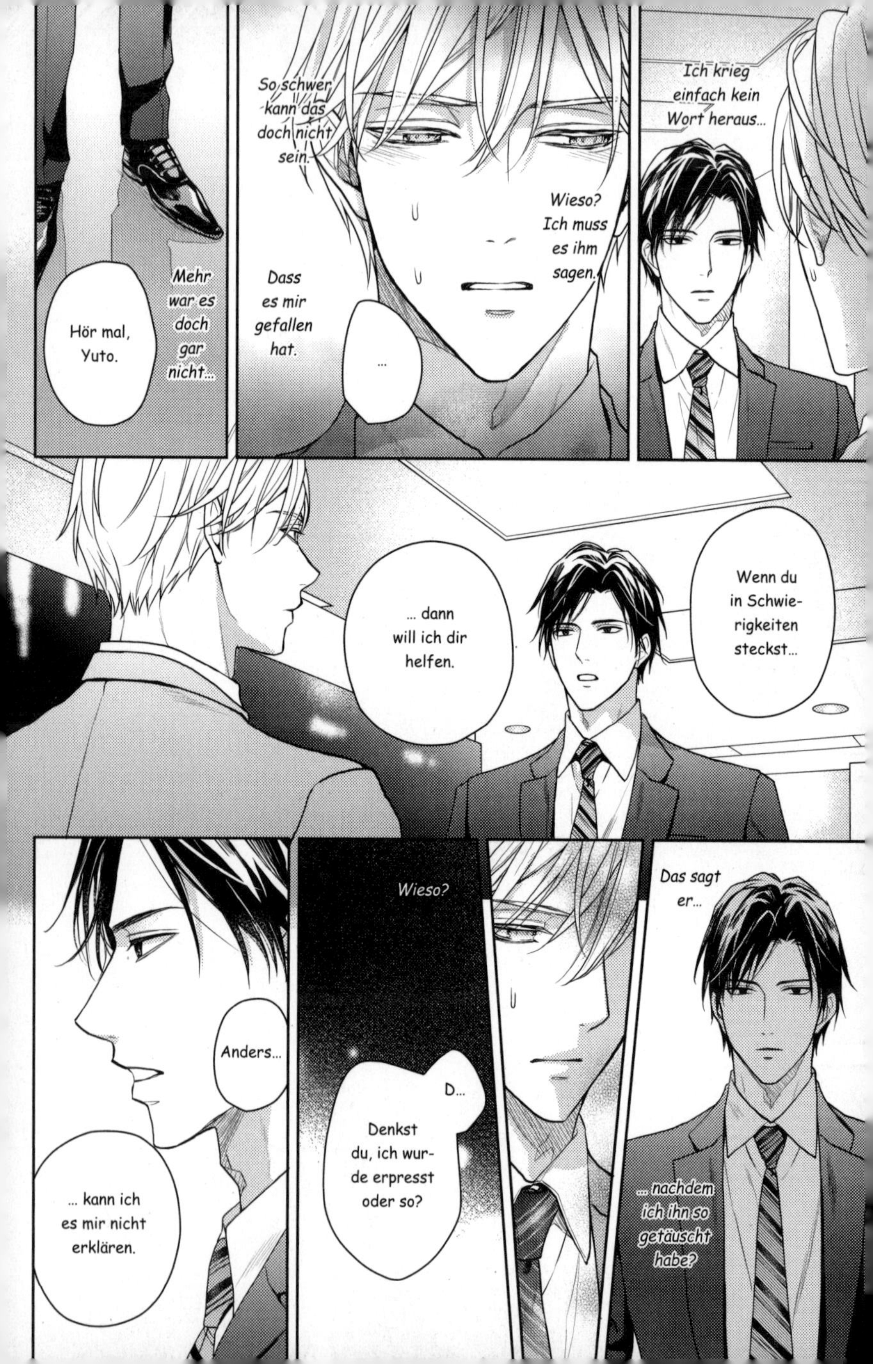
Ich krieg einfach kein Wort heraus...
Wieso? Ich muss es ihm sagen.
So schwer kann das doch nicht sein.
...
Dass es mir gefallen hat.
Mehr war es doch gar nicht...
Hör mal, Yuto.
Wenn du in Schwierigkeiten steckst...
... dann will ich dir helfen.
Das sagt er...
... nachdem ich ihn so getäuscht habe?
Wieso?
D...
Denkst du, ich wurde erpresst oder so?
Anders...
... kann ich es mir nicht erklären.

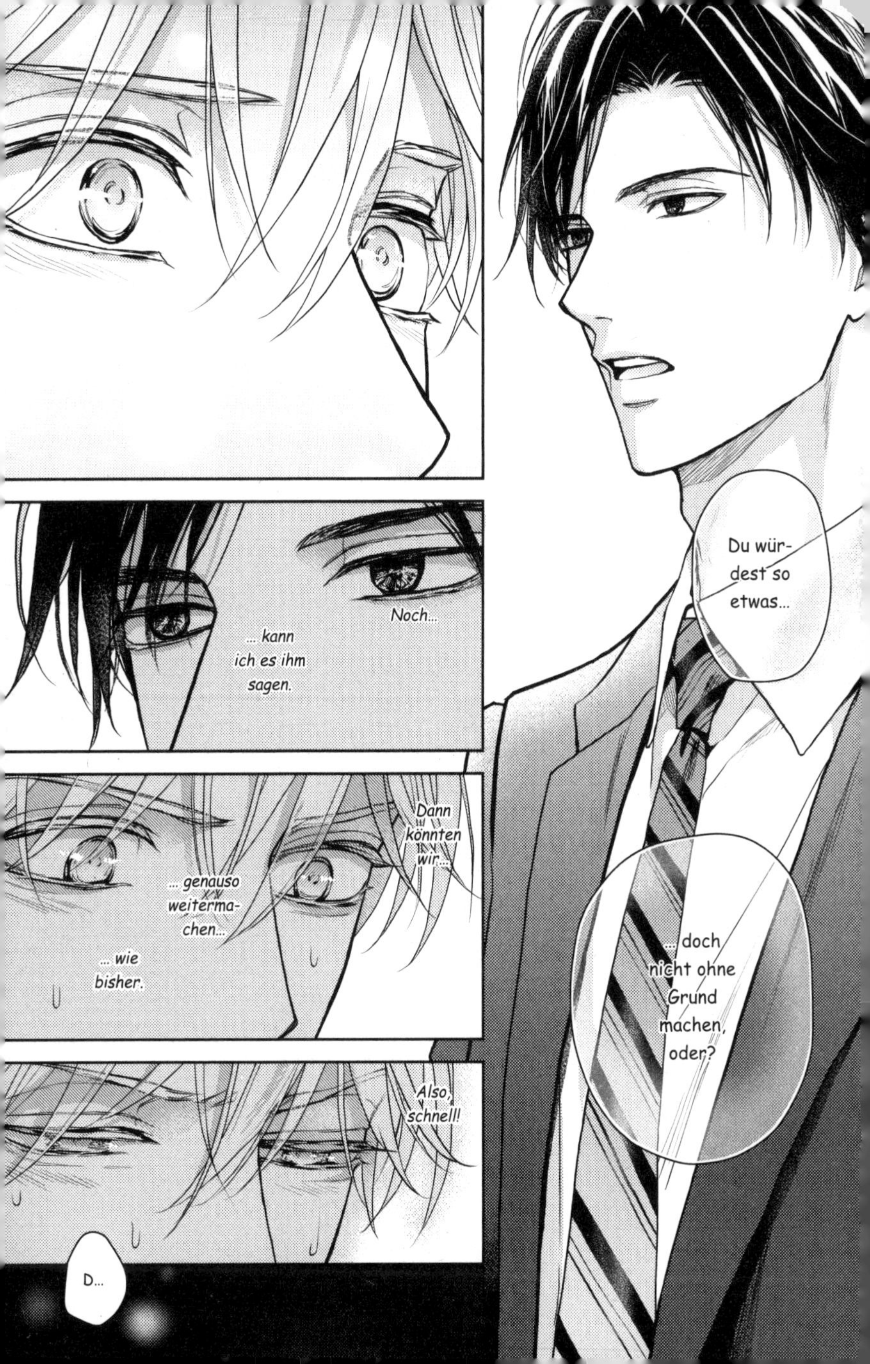
Du würdest so etwas...
... doch nicht ohne Grund machen, oder?
Noch...
... kann ich es ihm sagen.
Dann könnten wir...
... genauso weitermachen...
... wie bisher.
Also, schnell!
D...

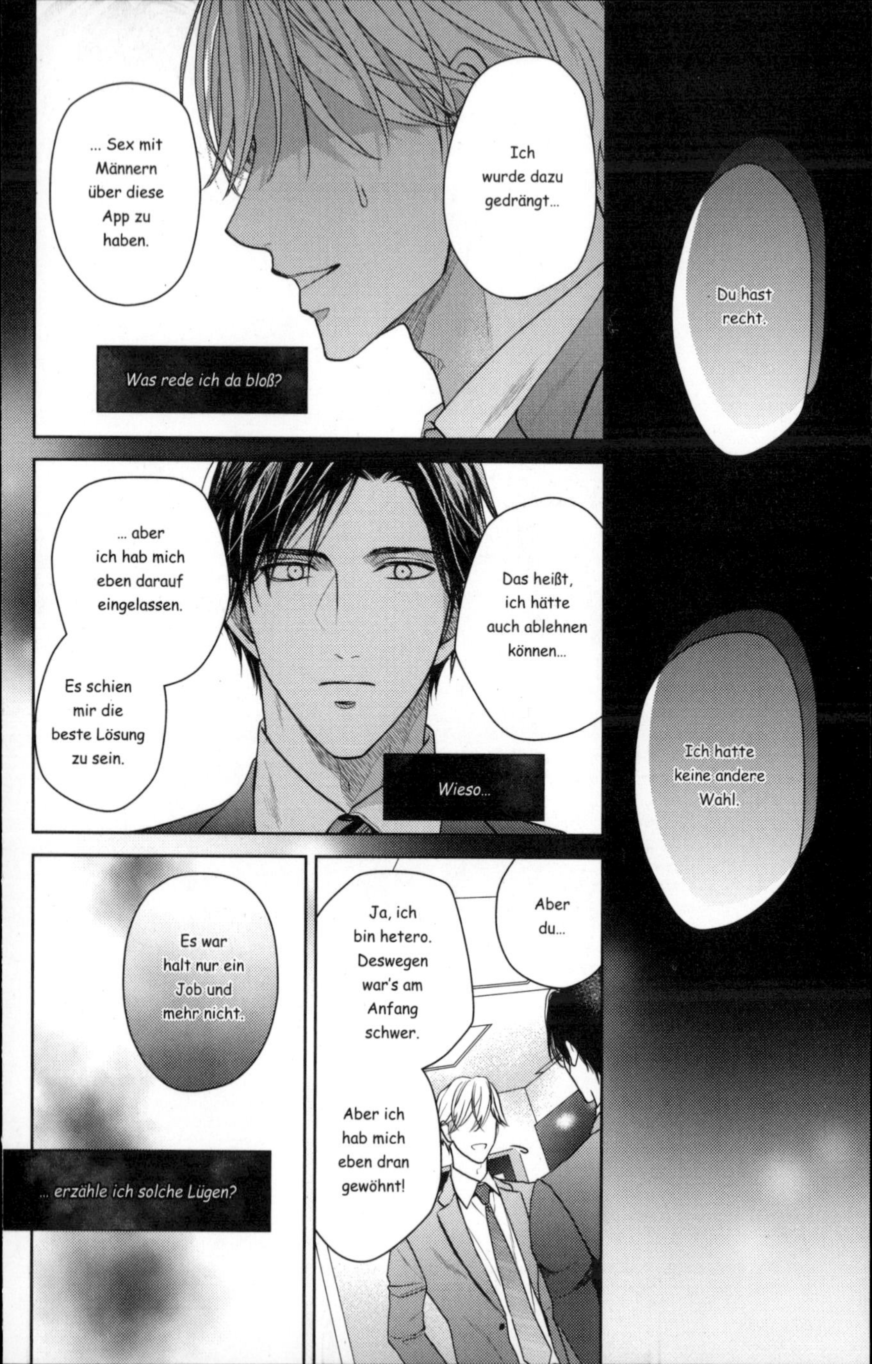

Du hast recht.
Ich wurde dazu gedrängt...
... Sex mit Männern über diese App zu haben.
Was rede ich da bloß?
Ich hatte keine andere Wahl.
Das heißt, ich hätte auch ablehnen können...
... aber ich hab mich eben darauf eingelassen.
Es schien mir die beste Lösung zu sein.
Wieso...
Aber du...
Ja, ich bin hetero. Deswegen war's am Anfang schwer.
Aber ich hab mich eben dran gewöhnt!
Es war halt nur ein Job und mehr nicht.
... erzähle ich solche Lügen?

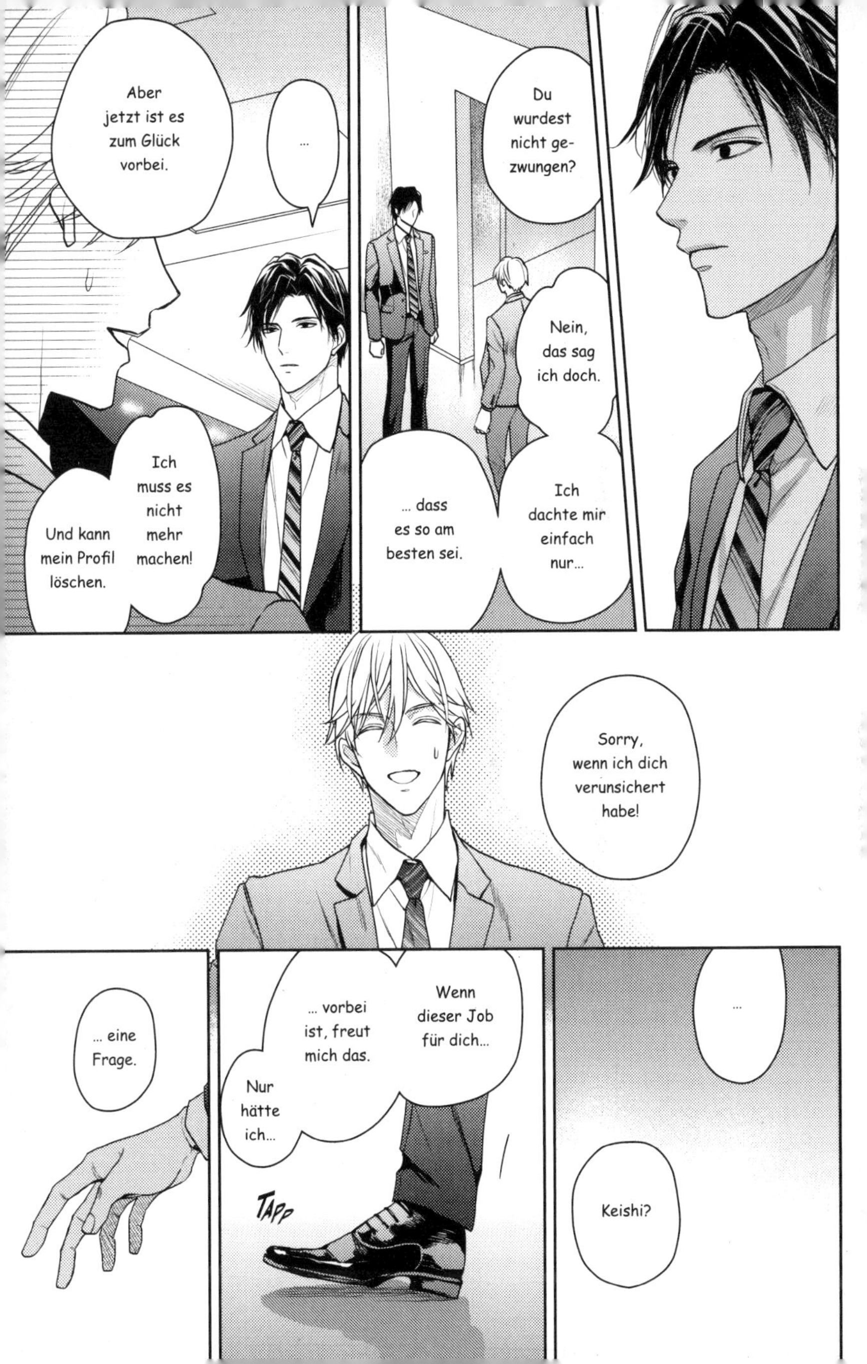
Du wurdest nicht gezwungen?
Nein, das sag ich doch.
Ich dachte mir einfach nur...
... dass es so am besten sei.
Aber jetzt ist es zum Glück vorbei.
...
Ich muss es nicht mehr machen!
Und kann mein Profil löschen.
Sorry, wenn ich dich verunsichert habe!
...
Keishi?
Wenn dieser Job für dich...
... vorbei ist, freut mich das.
Nur hätte ich...
TAPP
... eine Frage.

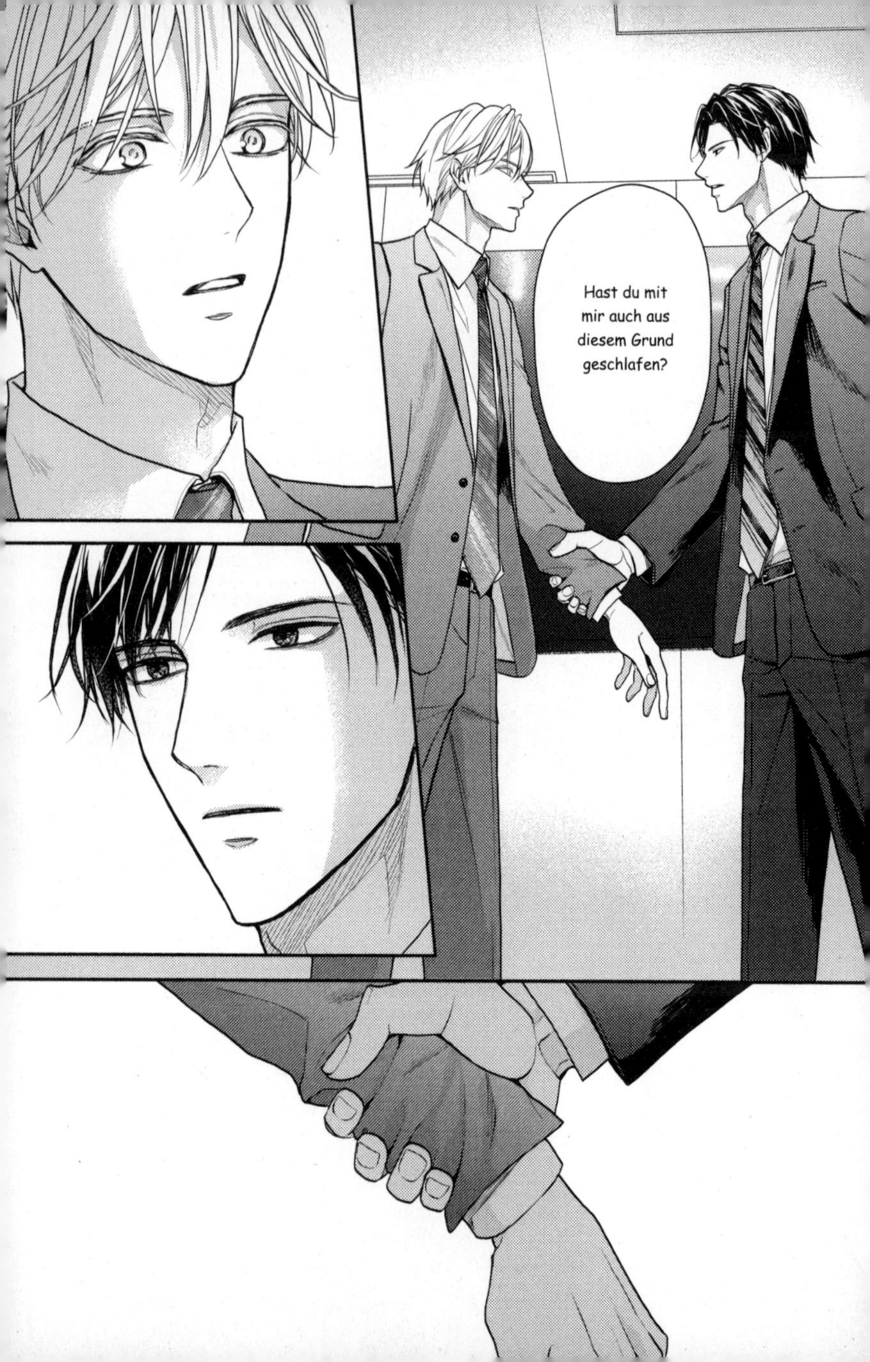
Hast du mit mir auch aus diesem Grund geschlafen?

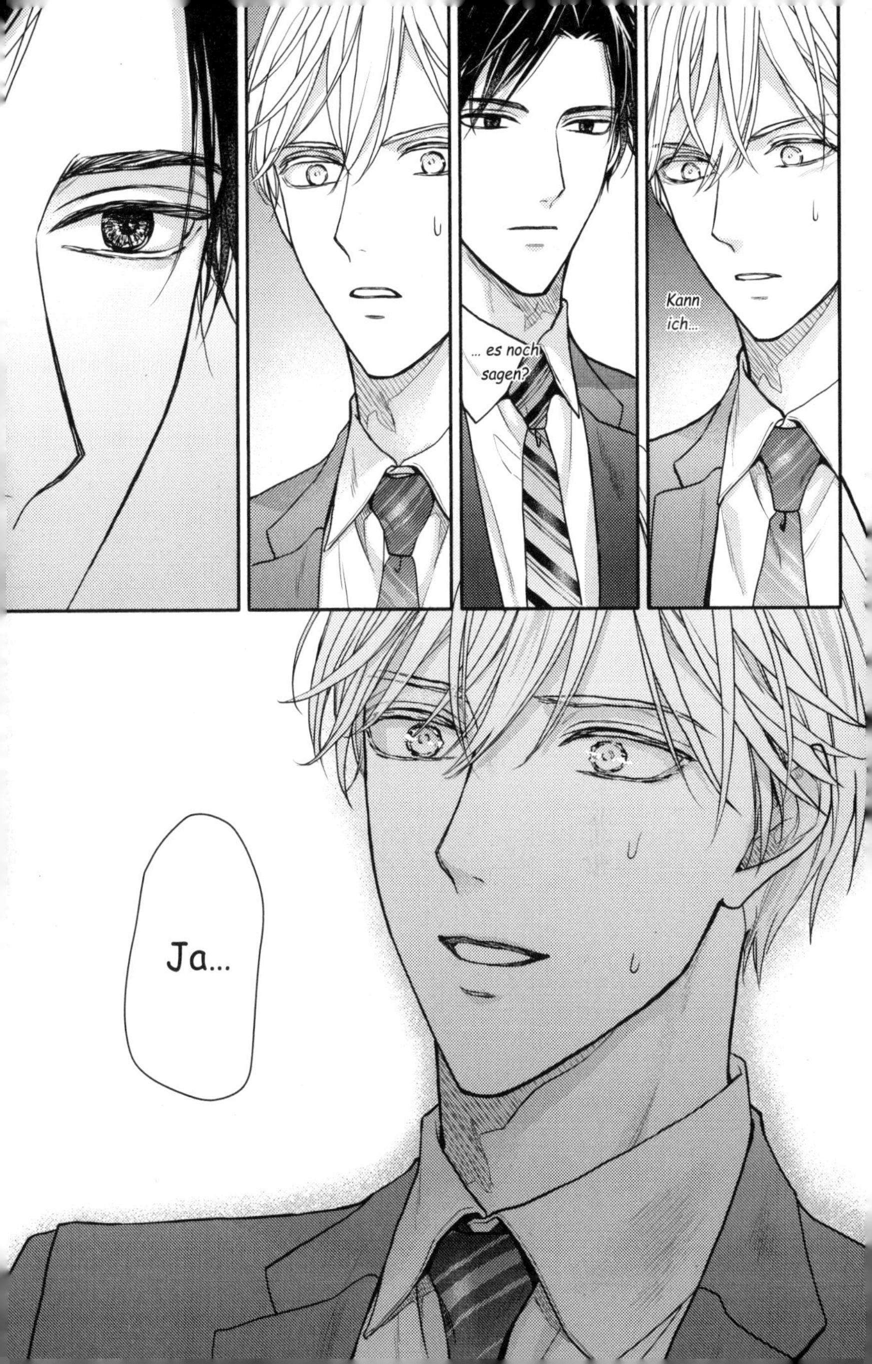
Kann ich...
... es noch sagen?
Ja...

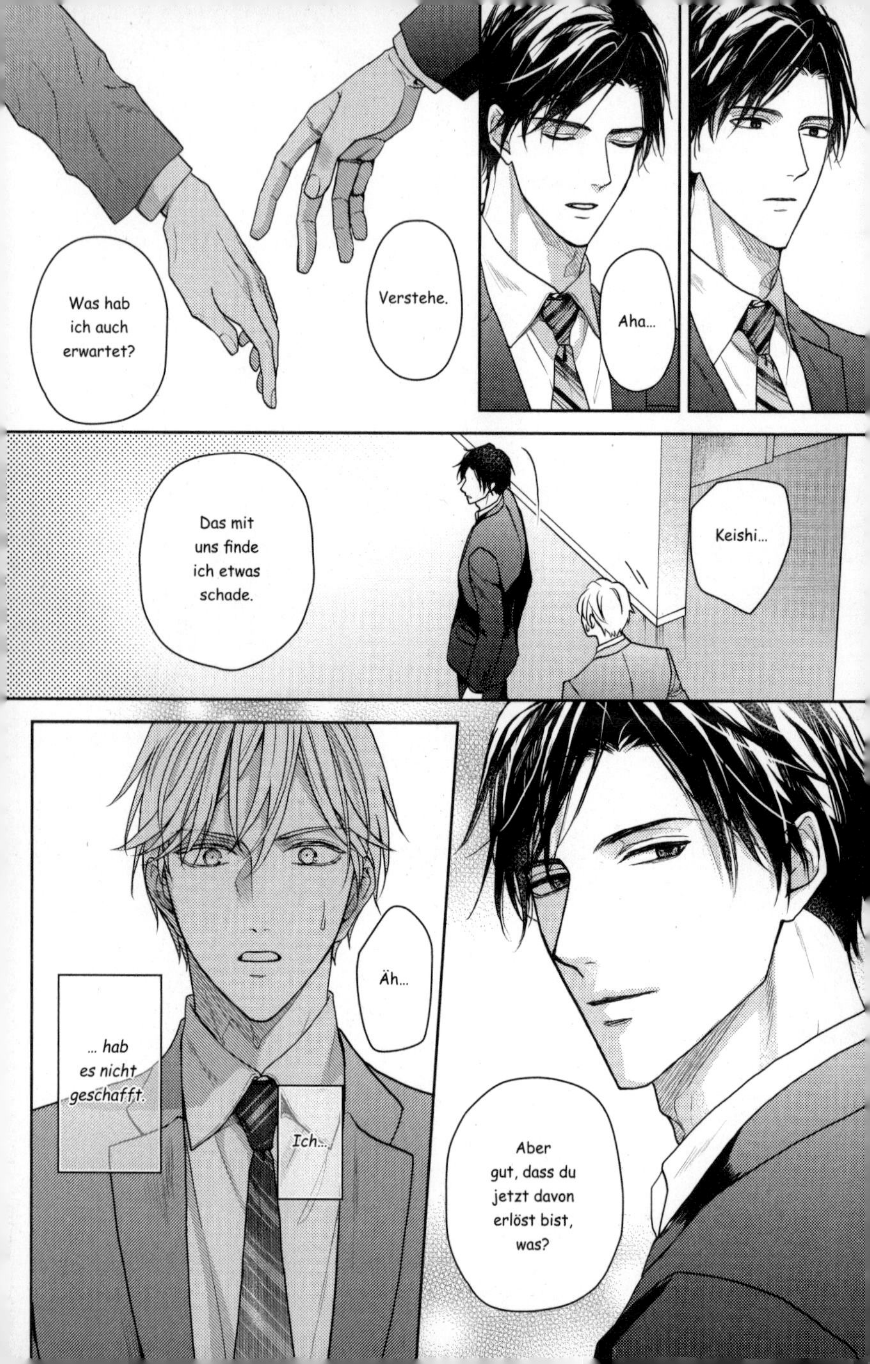
Aha...
Verstehe.
Was hab ich auch erwartet?
Keishi...
Das mit uns finde ich etwas schade.
Aber gut, dass du jetzt davon erlöst bist, was?
Äh...
Ich...
... hab es nicht geschafft.

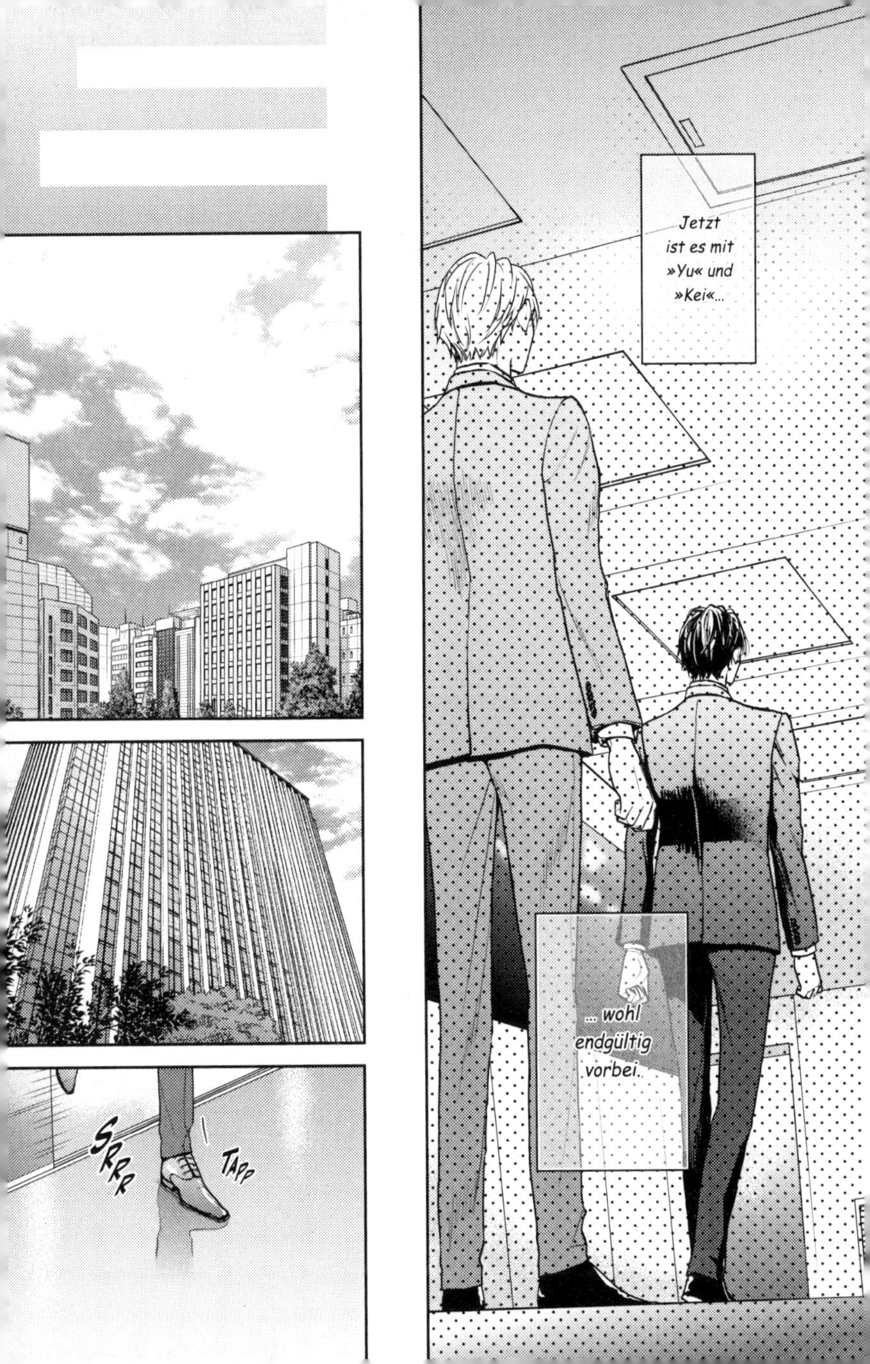
Jetzt ist es mit »Yu« und »Kei«…
… wohl endgültig vorbei.
SRRR
TAPP

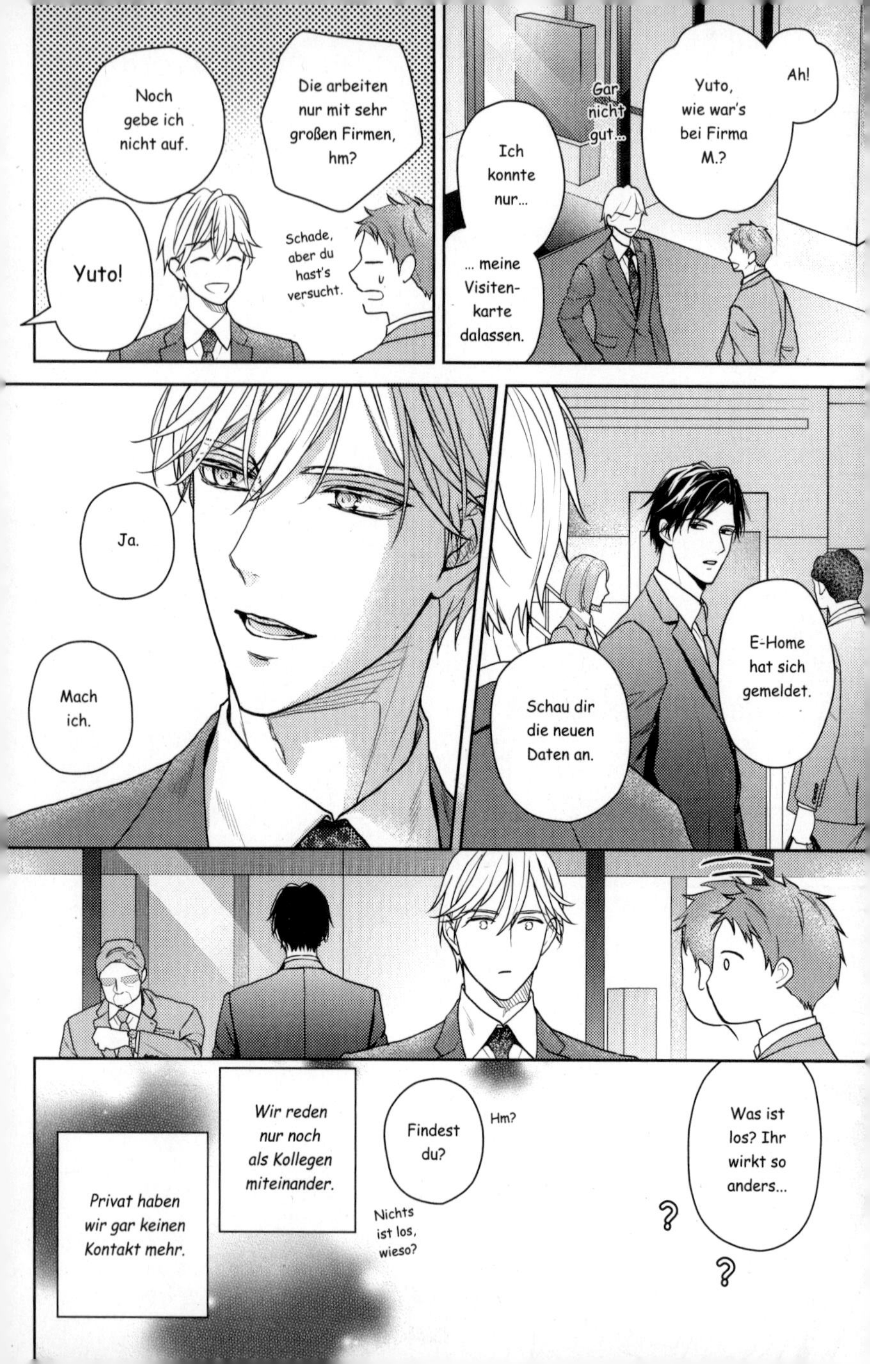
Ah!
Yuto, wie war's bei Firma M.?
Gar nicht gut...
Ich konnte nur...
... meine Visitenkarte dalassen.
Die arbeiten nur mit sehr großen Firmen, hm?
Noch gebe ich nicht auf.
Schade, aber du hast's versucht.
Yuto!
E-Home hat sich gemeldet.
Schau dir die neuen Daten an.
Ja.
Mach ich.
Was ist los? Ihr wirkt so anders...
Hm?
Findest du?
Nichts ist los, wieso?
Wir reden nur noch als Kollegen miteinander.
Privat haben wir gar keinen Kontakt mehr.

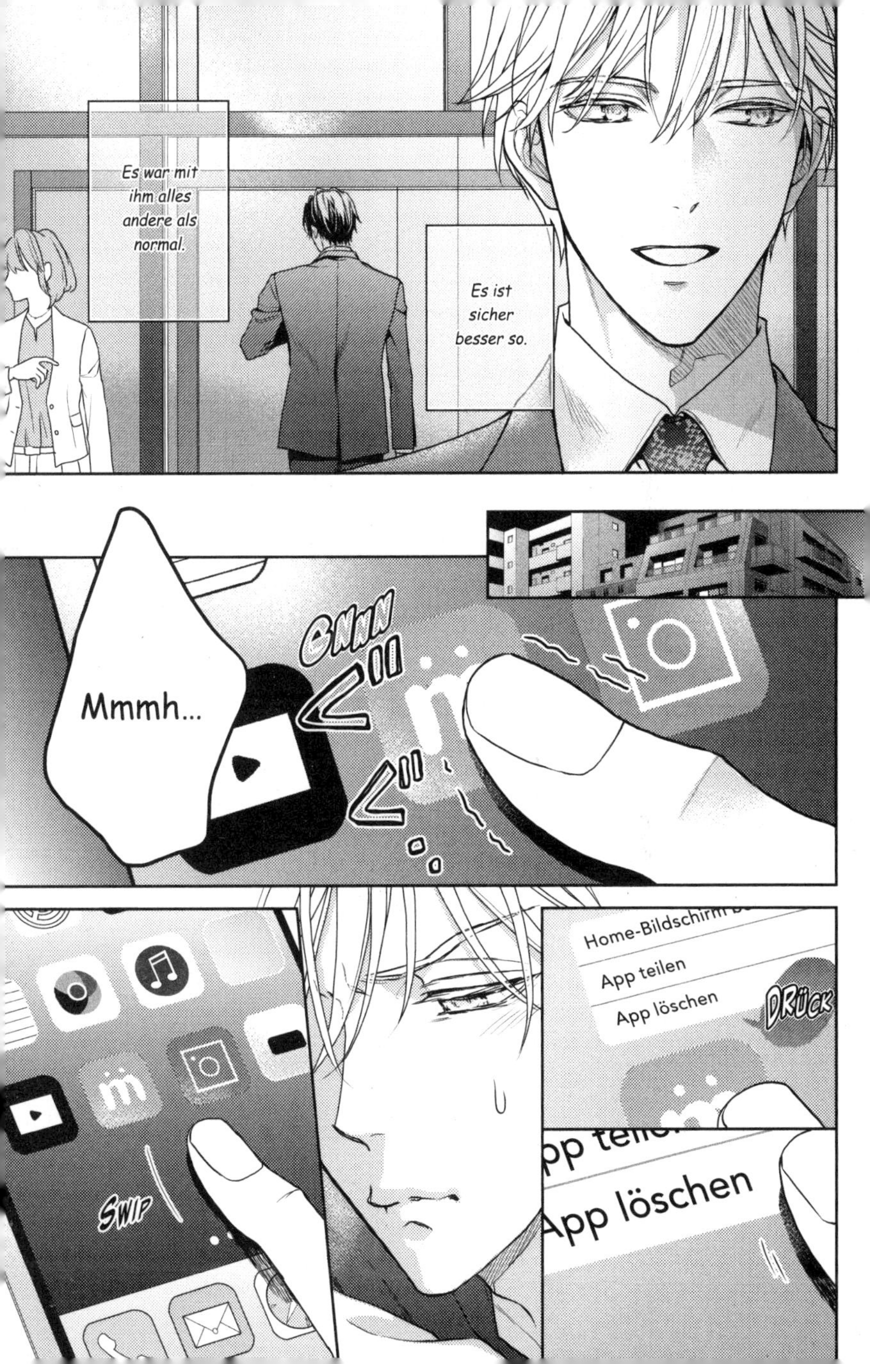
Es war mit ihm alles andere als normal.
Es ist sicher besser so.
Mmmh...
GNNN
Home-Bildschirm
App teilen
App löschen
DRÜCK
SWIP
App löschen

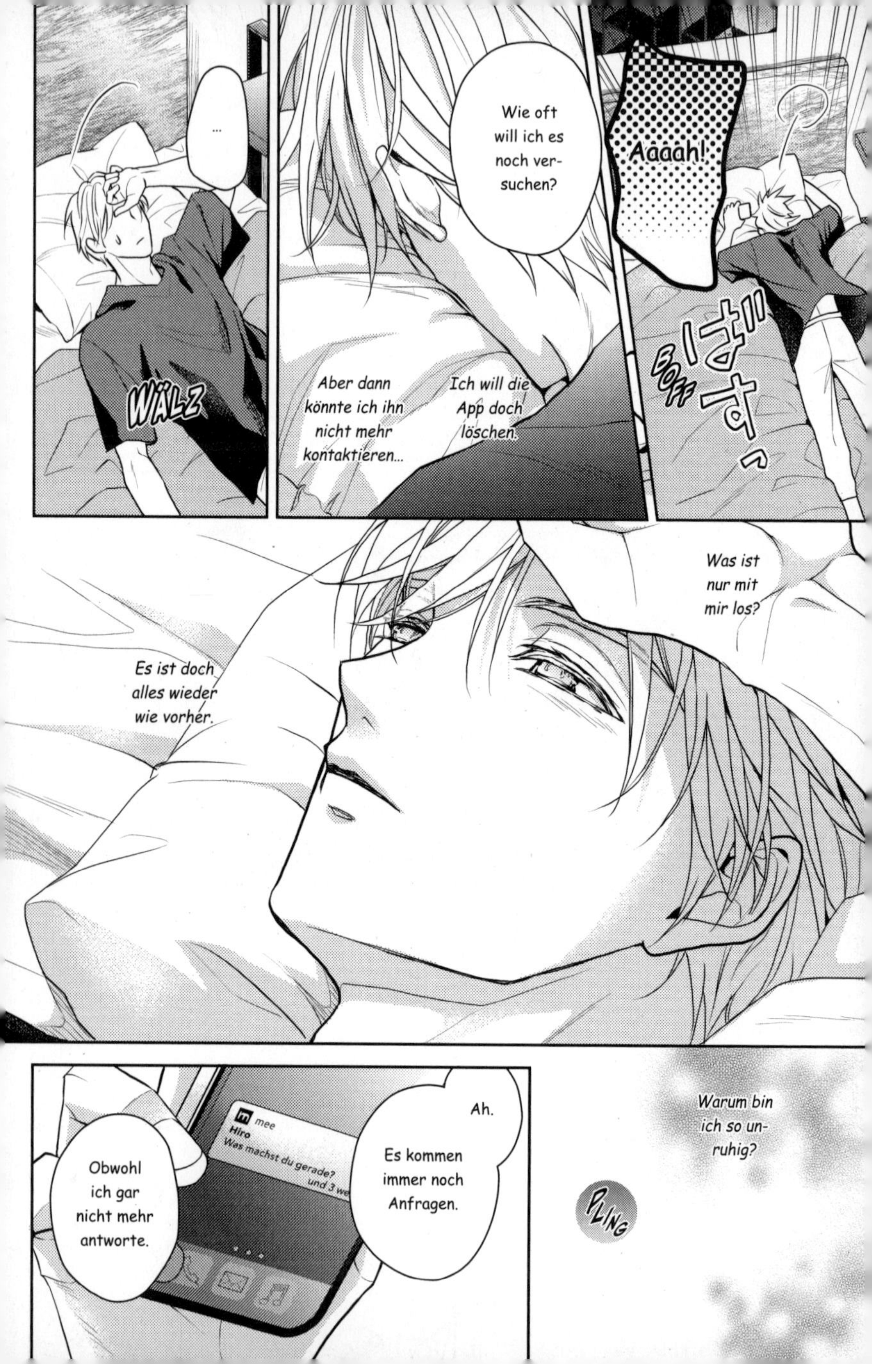
Aaaah!
BOFF
Wie oft will ich es noch versuchen?
Ich will die App doch löschen.
Aber dann könnte ich ihn nicht mehr kontaktieren...
...
WÄLZ
Was ist nur mit mir los?
Es ist doch alles wieder wie vorher.
Warum bin ich so unruhig?
PLING
Ah.
Es kommen immer noch Anfragen.
mee
Hiro
Was machst du gerade?
Obwohl ich gar nicht mehr antworte.

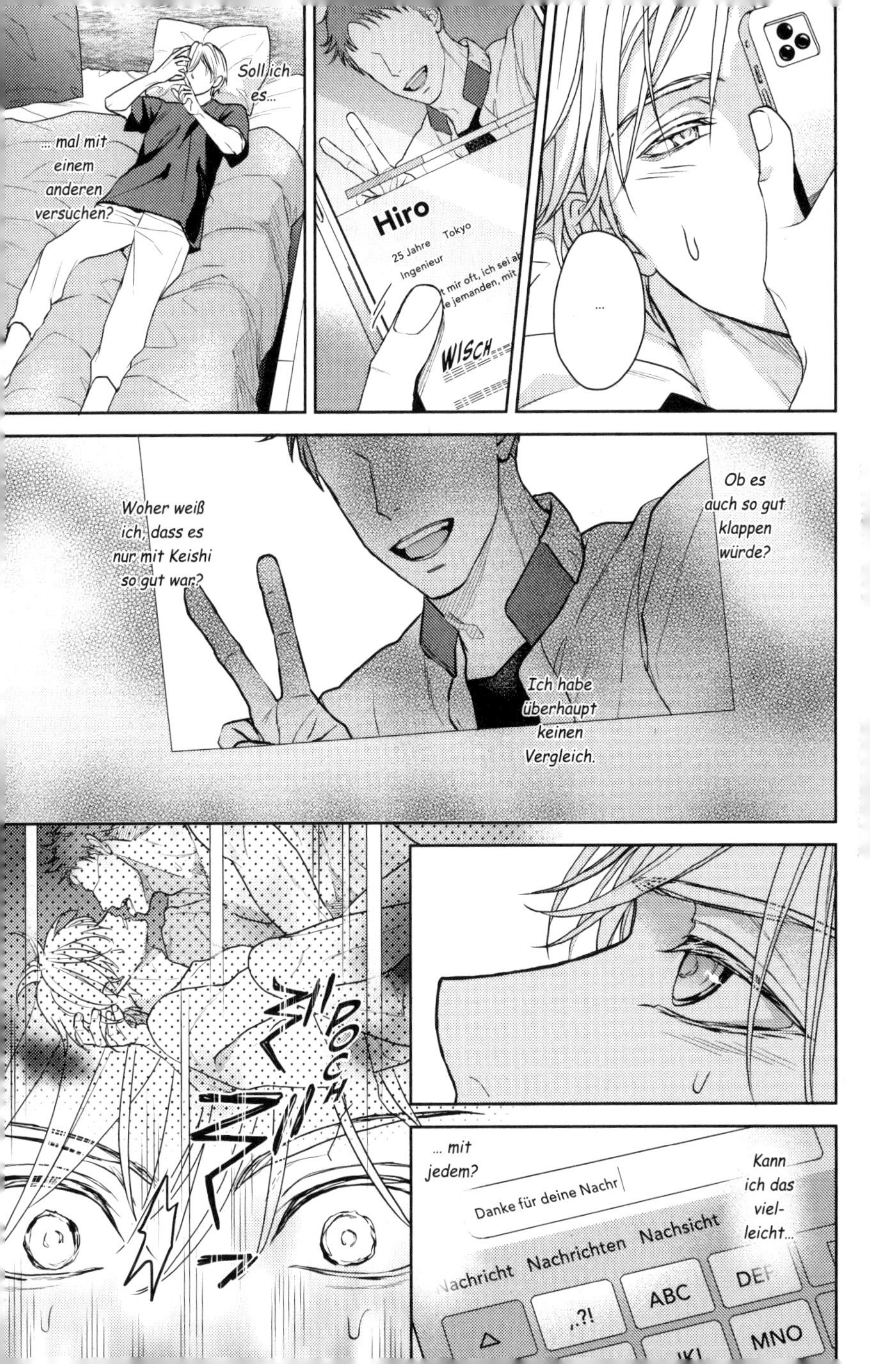

...
Hiro
25 Jahre Tokyo
Ingenieur
WISCH
Soll ich es...
... mal mit einem anderen versuchen?
Ob es auch so gut klappen würde?
Ich habe überhaupt keinen Vergleich.
Woher weiß ich, dass es nur mit Keishi so gut war?
Kann ich das vielleicht...
... mit jedem?
Danke für deine Nachr
Nachricht Nachrichten Nachsicht
.,?! ABC DEF MNO
DOCH

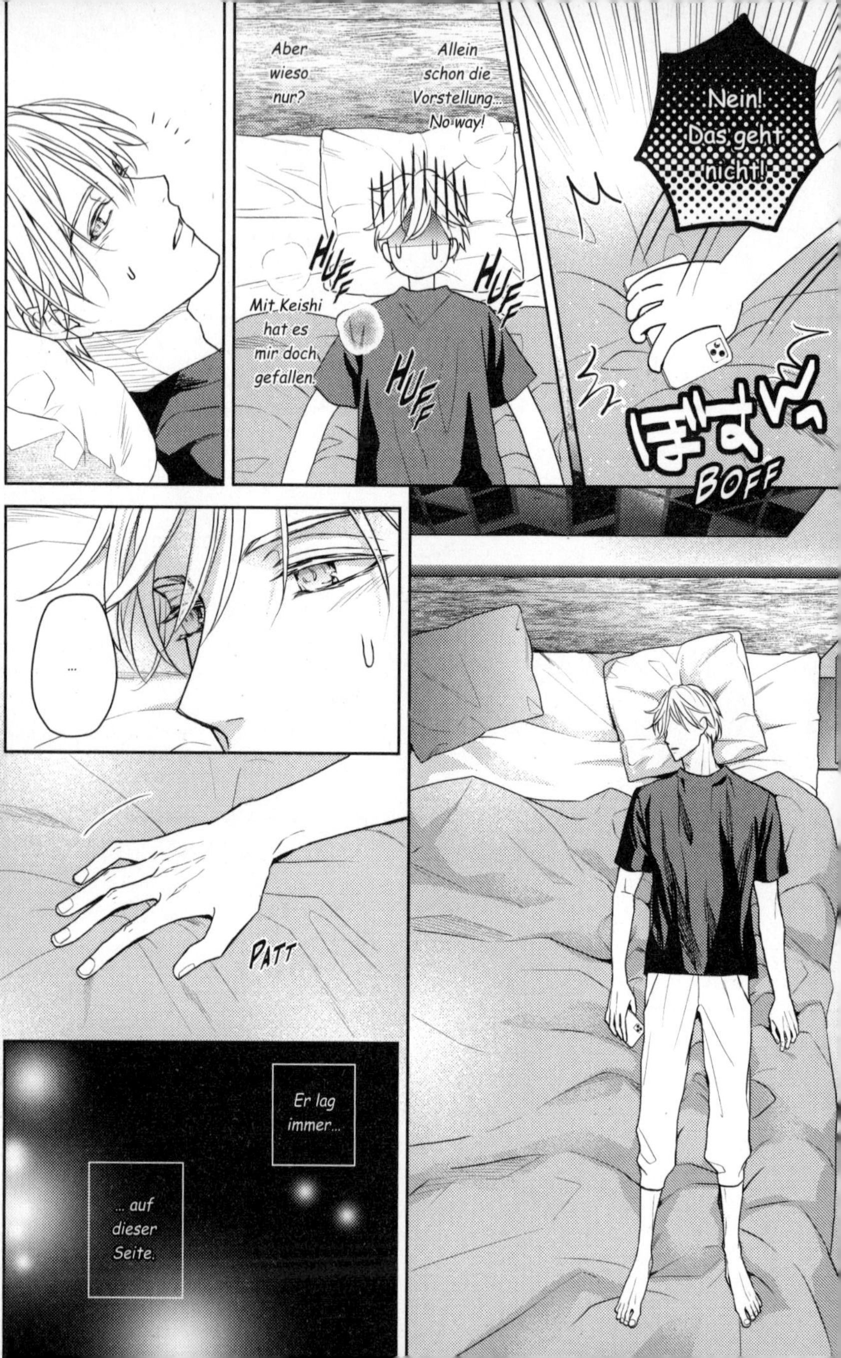
Allein schon die Vorstellung... No way!
Aber wieso nur?
Mit Keishi hat es mir doch gefallen.
HUFF
HUFF
HUFF
Nein! Das geht nicht!
ぼすん
BOFF
...
PATT
Er lag immer...
... auf dieser Seite.

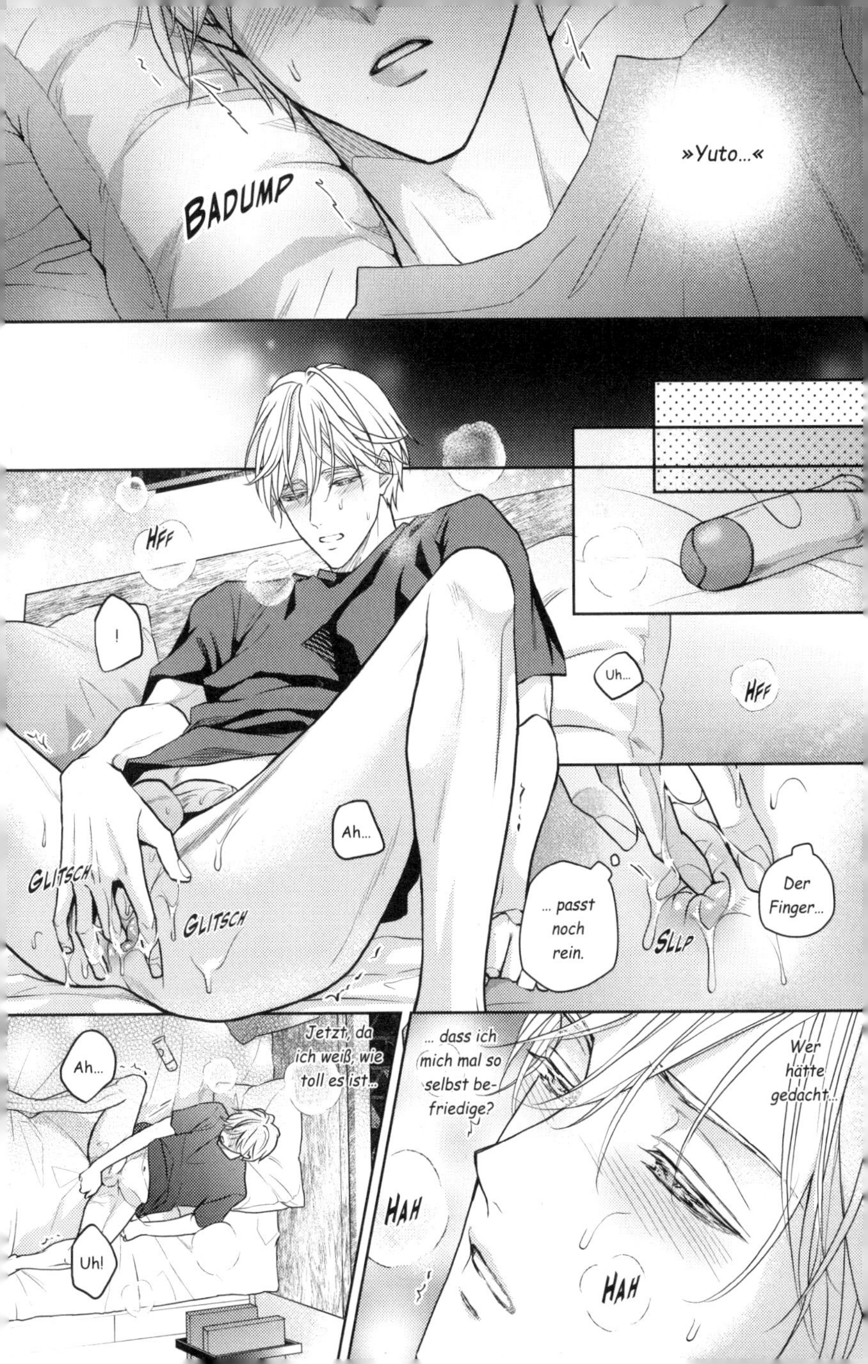
»Yuto…«
BADUMP
Uh…
HFF
Der Finger…
SLLP
… passt noch rein.
HFF
!
Ah…
GLITSCH
GLITSCH
Wer hätte gedacht…
… dass ich mich mal so selbst be-friedige?
HAH
HAH
Jetzt, da ich weiß, wie toll es ist…
Ah…
Uh!

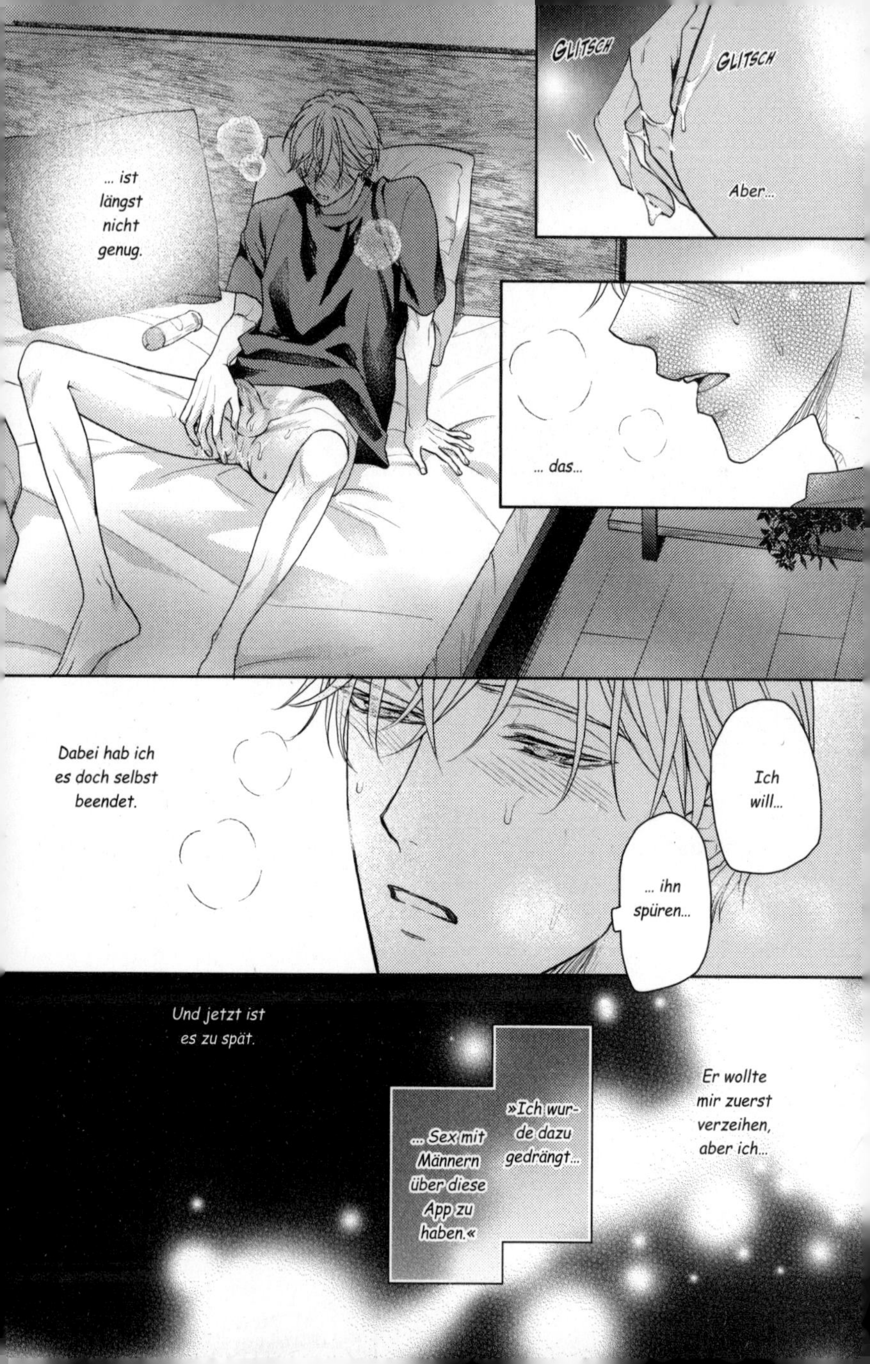
GLITSCH
GLITSCH
Aber...
... das...
... ist längst nicht genug.
Ich will...
... ihn spüren...
Dabei hab ich es doch selbst beendet.
Er wollte mir zuerst verzeihen, aber ich...
»Ich wurde dazu gedrängt...
... Sex mit Männern über diese App zu haben.«
Und jetzt ist es zu spät.

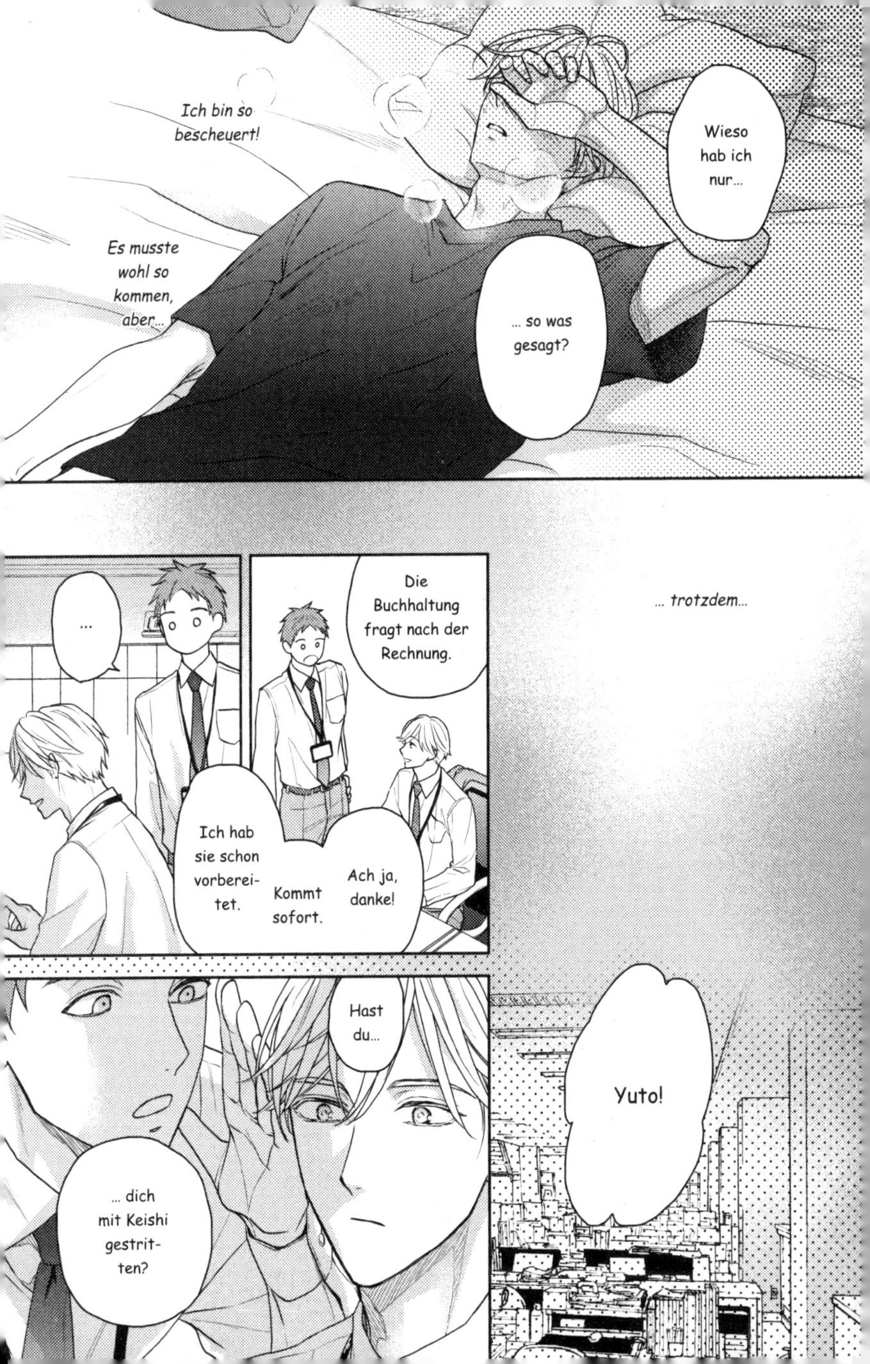
Wieso hab ich nur...
... so was gesagt?
Ich bin so bescheuert!
Es musste wohl so kommen, aber...
... trotzdem...
Die Buchhaltung fragt nach der Rechnung.
Ach ja, danke!
Kommt sofort.
...
Ich hab sie schon vorberei-tet.
Yuto!
Hast du...
... dich mit Keishi gestrit-ten?

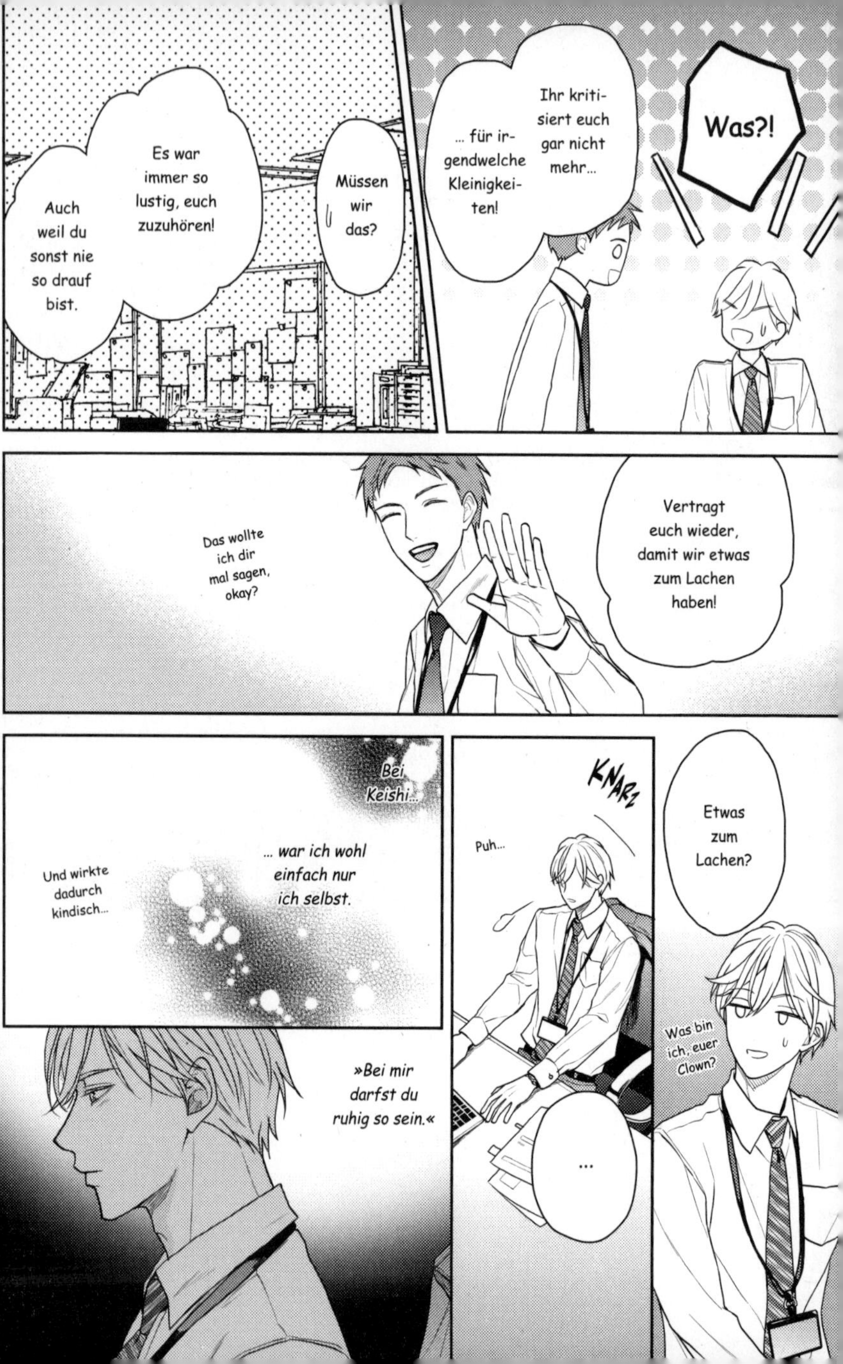
Was?!
Ihr kritisiert euch gar nicht mehr...
... für irgendwelche Kleinigkeiten!
Müssen wir das?
Es war immer so lustig, euch zuzuhören!
Auch weil du sonst nie so drauf bist.
Vertragt euch wieder, damit wir etwas zum Lachen haben!
Das wollte ich dir mal sagen, okay?
Etwas zum Lachen?
Was bin ich, euer Clown?
KNARZ
Puh...
...
Bei Keishi...
... war ich wohl einfach nur ich selbst.
Und wirkte dadurch kindisch...
»Bei mir darfst du ruhig so sein.«

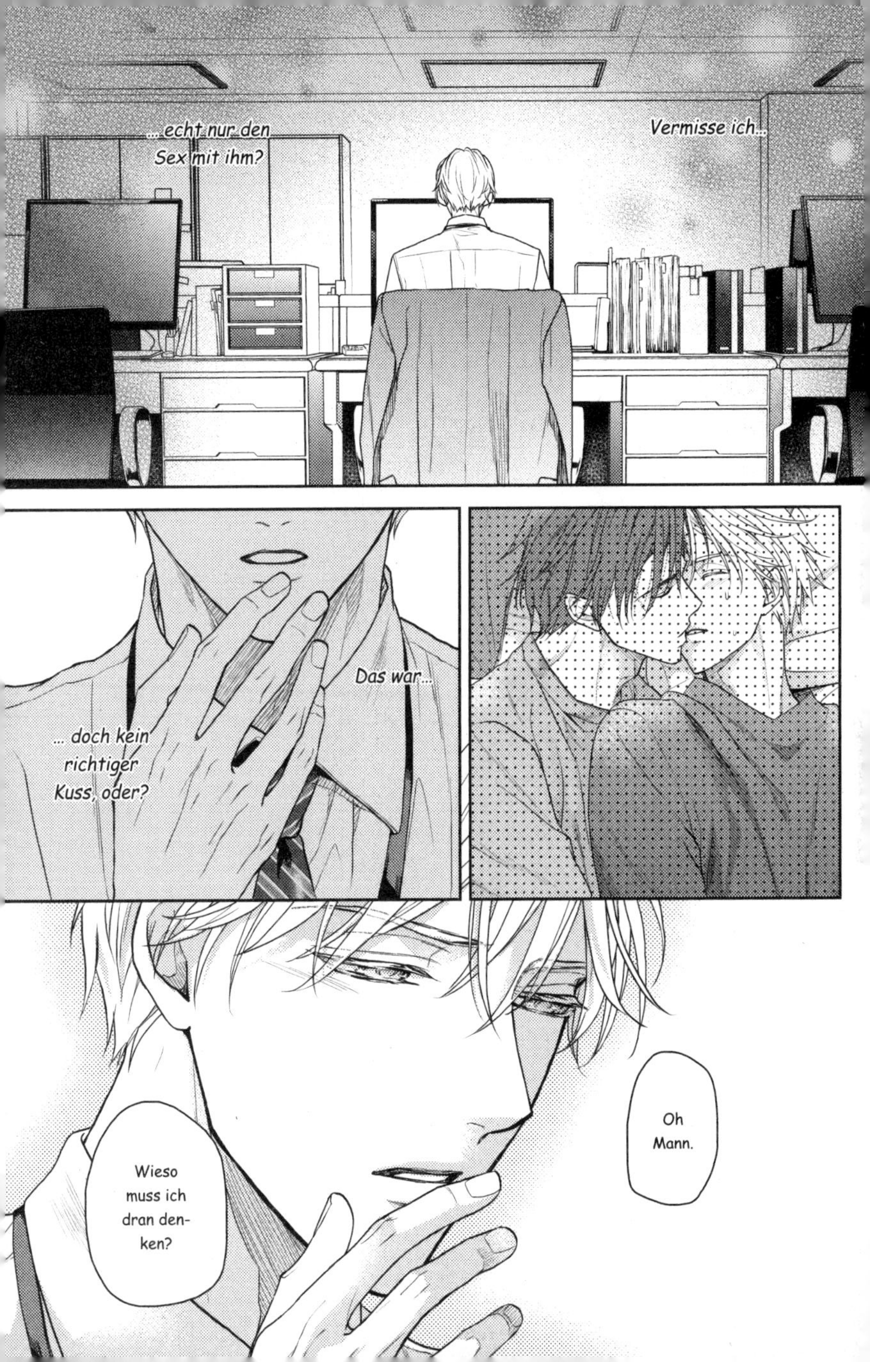
Vermisse ich...
... echt nur den Sex mit ihm?
Das war...
... doch kein richtiger Kuss, oder?
Oh Mann.
Wieso muss ich dran den-ken?

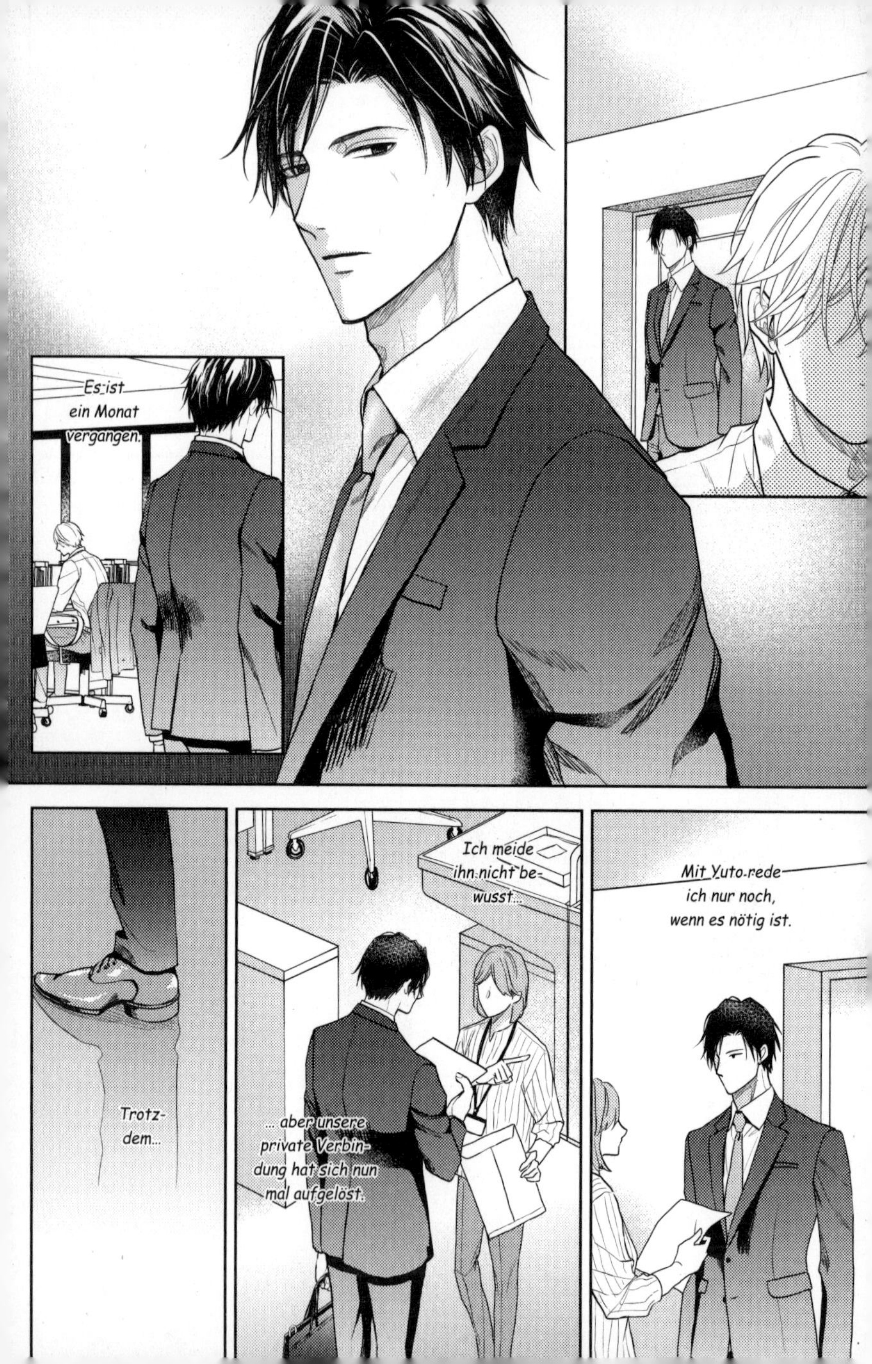

Es ist ein Monat vergangen.
Mit Yuto rede ich nur noch, wenn es nötig ist.
Ich meide ihn nicht bewusst...
... aber unsere private Verbindung hat sich nun mal aufgelöst.
Trotzdem...

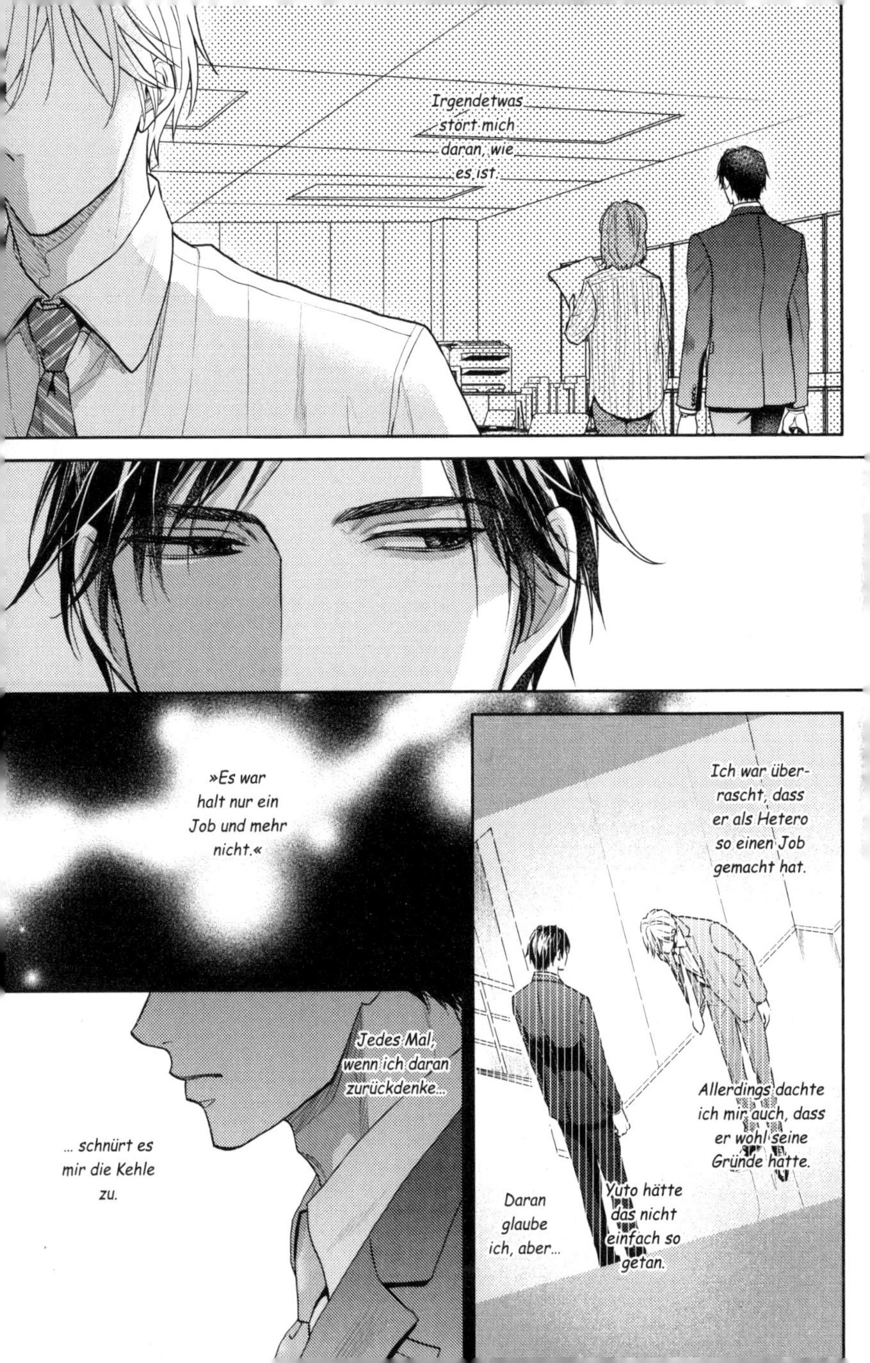
Irgendetwas stört mich daran, wie es ist.
»Es war halt nur ein Job und mehr nicht.«
Ich war überrascht, dass er als Hetero so einen Job gemacht hat.
Allerdings dachte ich mir auch, dass er wohl seine Gründe hatte.
Yuto hätte das nicht einfach so getan.
Daran glaube ich, aber...
Jedes Mal, wenn ich daran zurückdenke...
... schnürt es mir die Kehle zu.

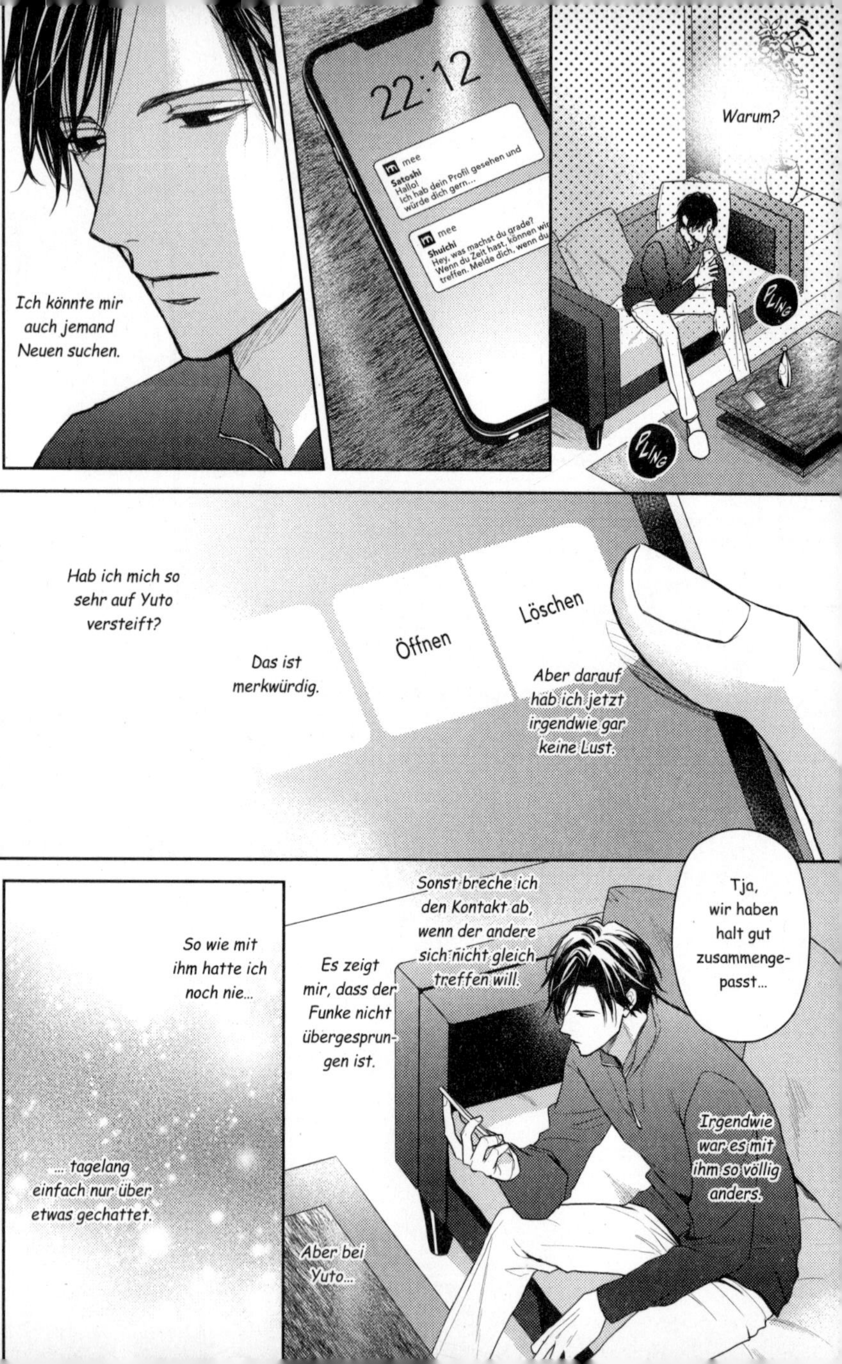
Warum?
PLING
PLING
22:12
mee
Satoshi
Hallo!
Ich hab dein Profil gesehen und
würde dich gern...
mee
Shuichi
Hey, was machst du grade?
Ich könnte mir auch jemand Neuen suchen.
Löschen
Öffnen
Aber darauf hab ich jetzt irgendwie gar keine Lust.
Das ist merkwürdig.
Hab ich mich so sehr auf Yuto versteift?
Tja, wir haben halt gut zusammengepasst...
Sonst breche ich den Kontakt ab, wenn der andere sich nicht gleich treffen will.
Es zeigt mir, dass der Funke nicht übergesprungen ist.
Irgendwie war es mit ihm so völlig anders.
Aber bei Yuto...
So wie mit ihm hatte ich noch nie...
... tagelang einfach nur über etwas gechattet.

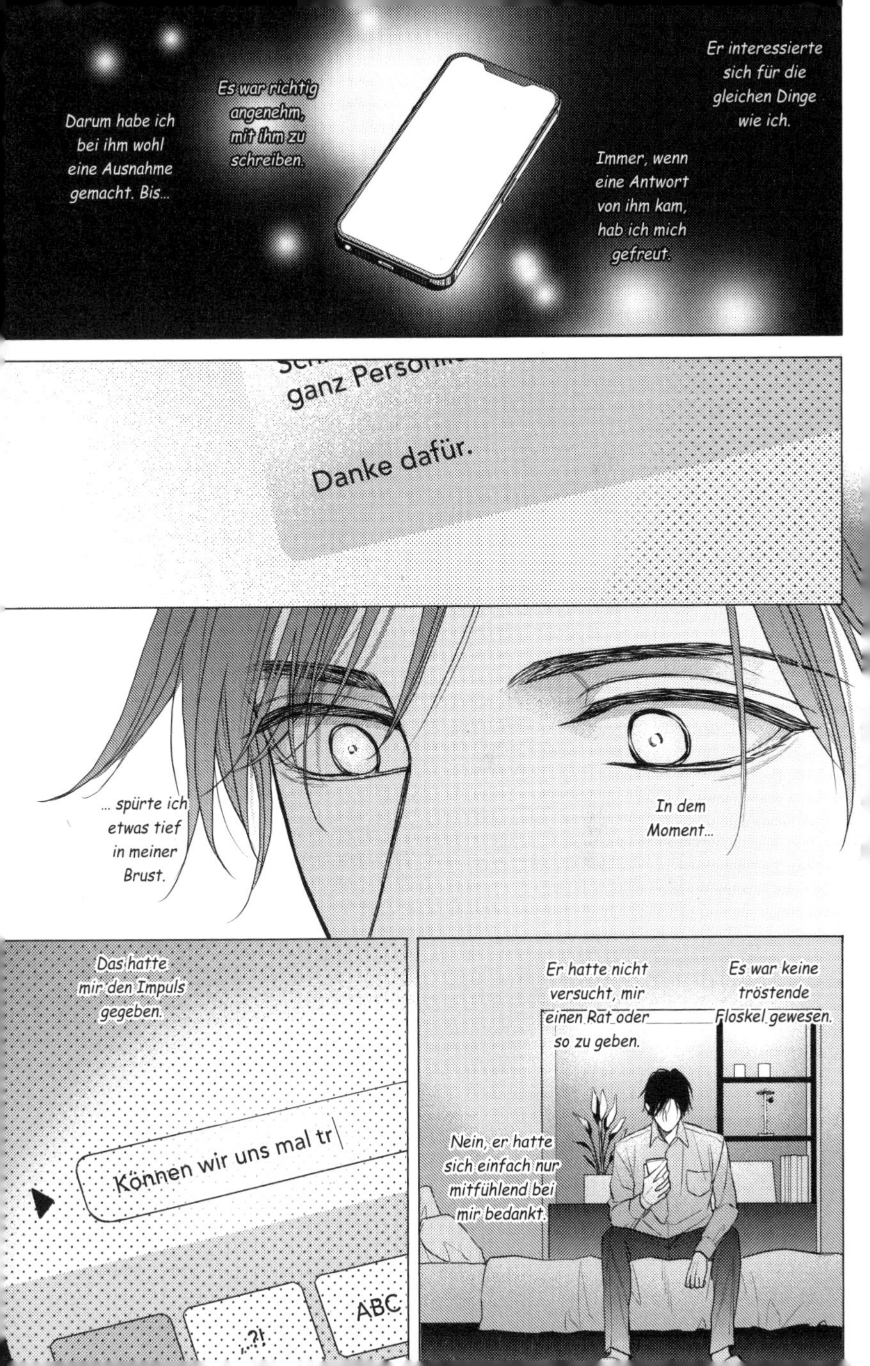

Er interessierte sich für die gleichen Dinge wie ich.
Immer, wenn eine Antwort von ihm kam, hab ich mich gefreut.
Es war richtig angenehm, mit ihm zu schreiben.
Darum habe ich bei ihm wohl eine Ausnahme gemacht. Bis...
ganz Persön
Danke dafür.
In dem Moment...
... spürte ich etwas tief in meiner Brust.
Es war keine tröstende Floskel gewesen.
Er hatte nicht versucht, mir einen Rat oder so zu geben.
Nein, er hatte sich einfach nur mitfühlend bei mir bedankt.
Das hatte mir den Impuls gegeben.
Können wir uns mal tr
ABC
„?!

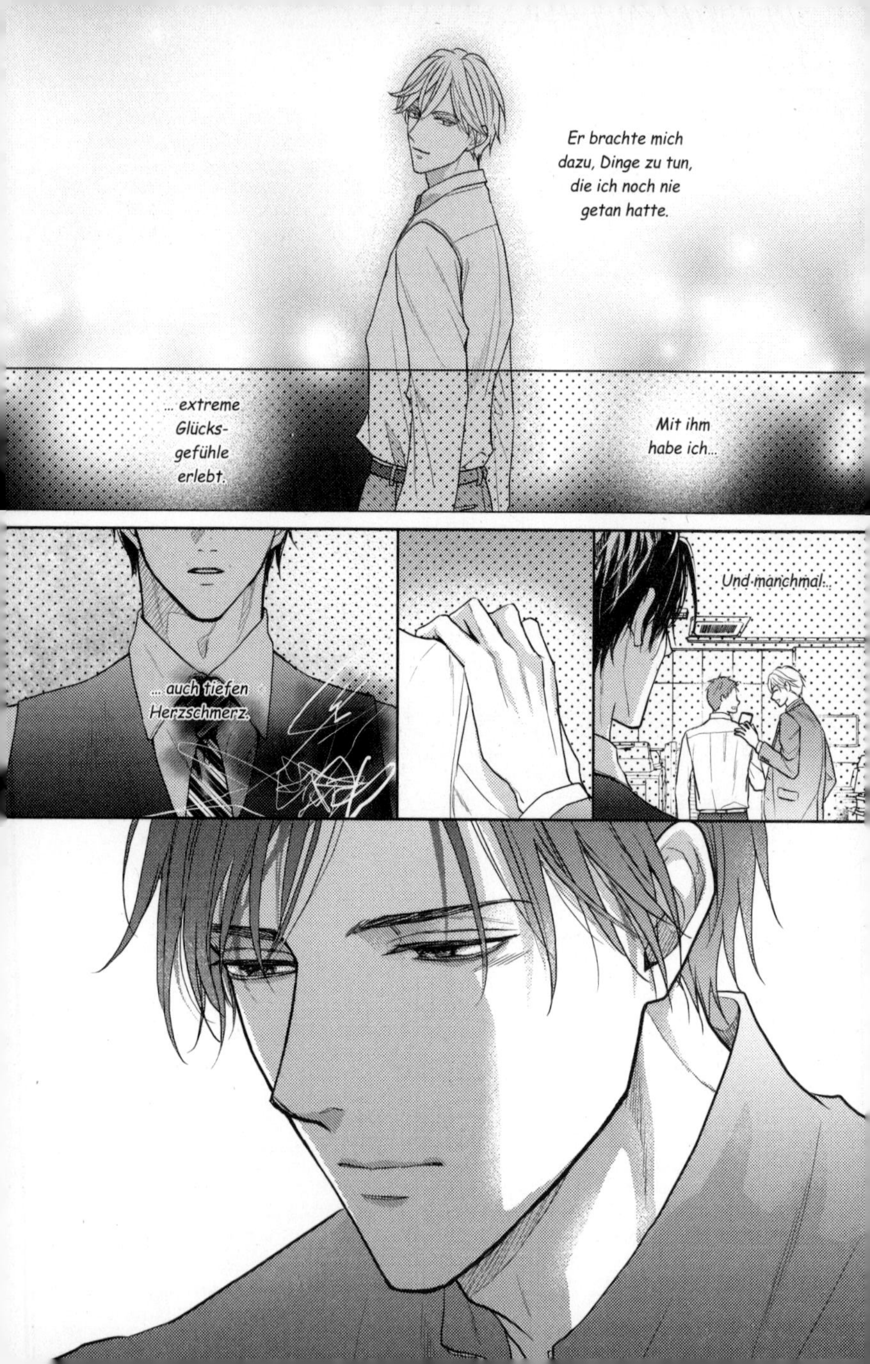
Er brachte mich
dazu, Dinge zu tun,
die ich noch nie
getan hatte.
Mit ihm
habe ich...
... extreme
Glücks-
gefühle
erlebt.
Und manchmal...
... auch tiefen
Herzschmerz.

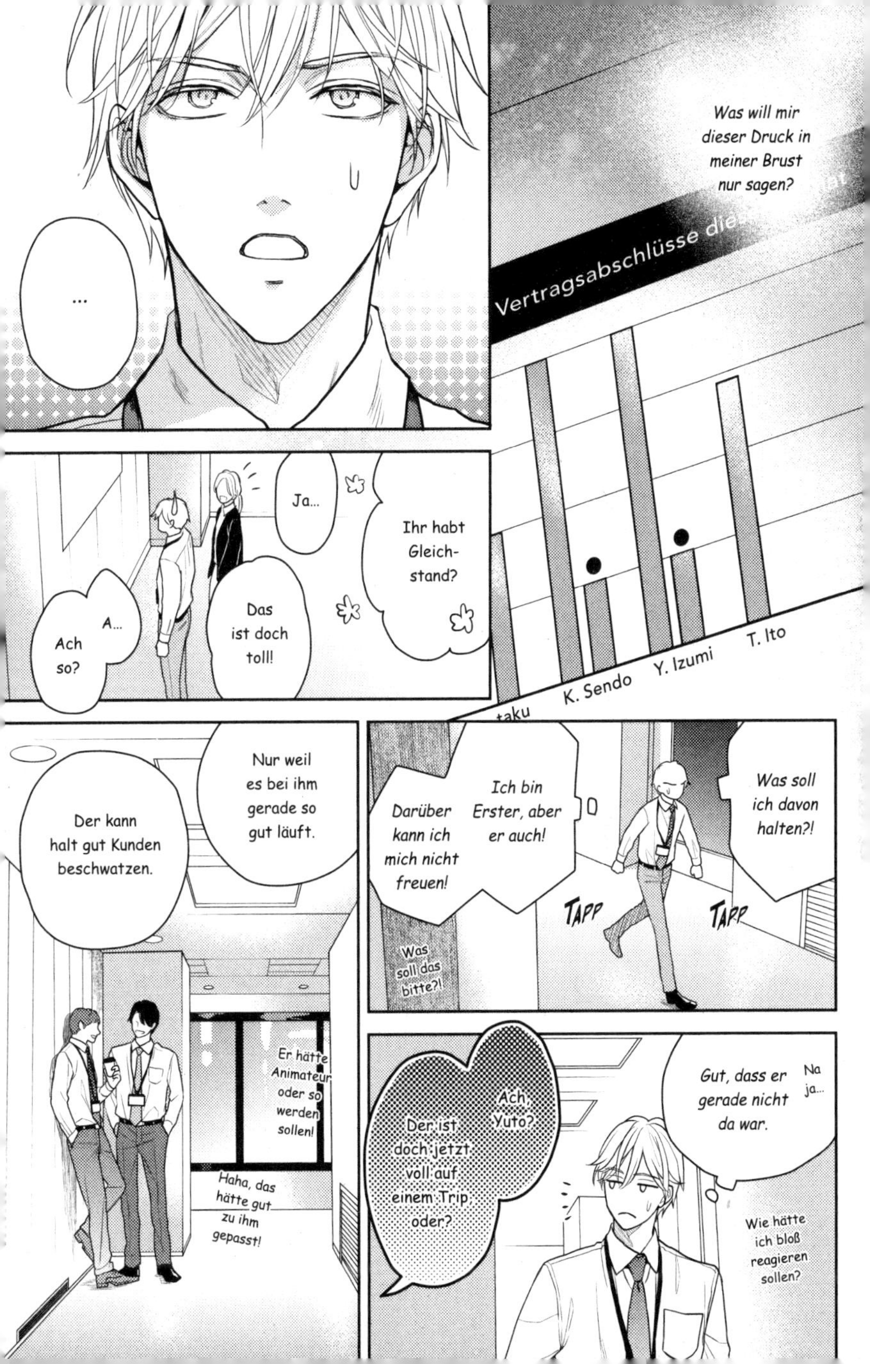
Was will mir dieser Druck in meiner Brust nur sagen?
Vertragsabschlüsse
K. Sendo
Y. Izumi
T. Ito
...
Ihr habt Gleichstand?
Ja...
Das ist doch toll!
A...
Ach so?
Was soll ich davon halten?!
Ich bin Erster, aber er auch!
Darüber kann ich mich nicht freuen!
TAPP
TAPP
Was soll das bitte?!
Ach, Yuto?
Der ist doch jetzt voll auf einem Trip, oder?
Nur weil es bei ihm gerade so gut läuft.
Der kann halt gut Kunden beschwatzen.
Er hätte Animateur oder so werden sollen!
Haha, das hätte gut zu ihm gepasst!
Na ja...
Gut, dass er gerade nicht da war.
Wie hätte ich bloß reagieren sollen?

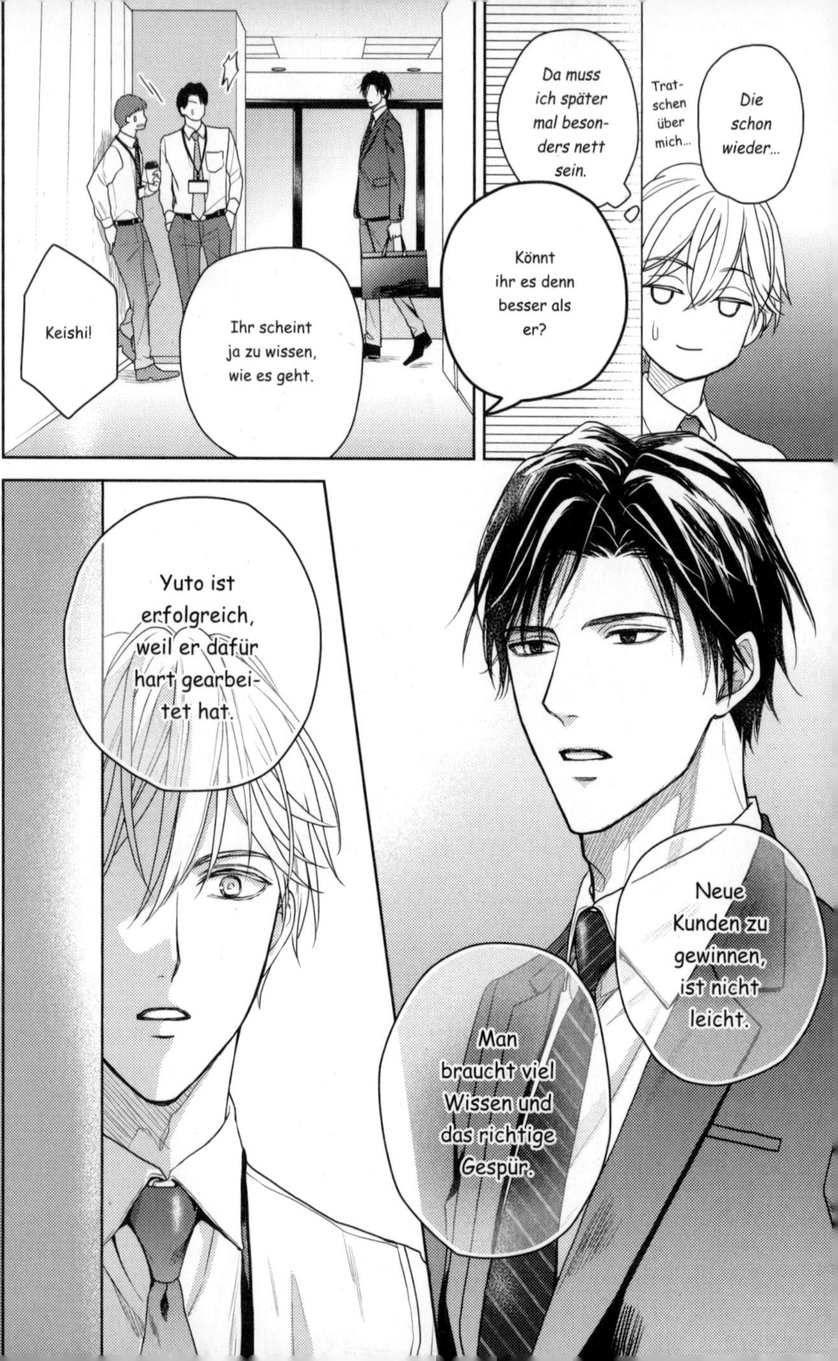
Die schon wieder...
Tratschen über mich...
Da muss ich später mal besonders nett sein.
Ihr scheint ja zu wissen, wie es geht.
Könnt ihr es denn besser als er?
Keishi!
Neue Kunden zu gewinnen, ist nicht leicht.
Man braucht viel Wissen und das richtige Gespür.
Yuto ist erfolgreich, weil er dafür hart gearbeitet hat.

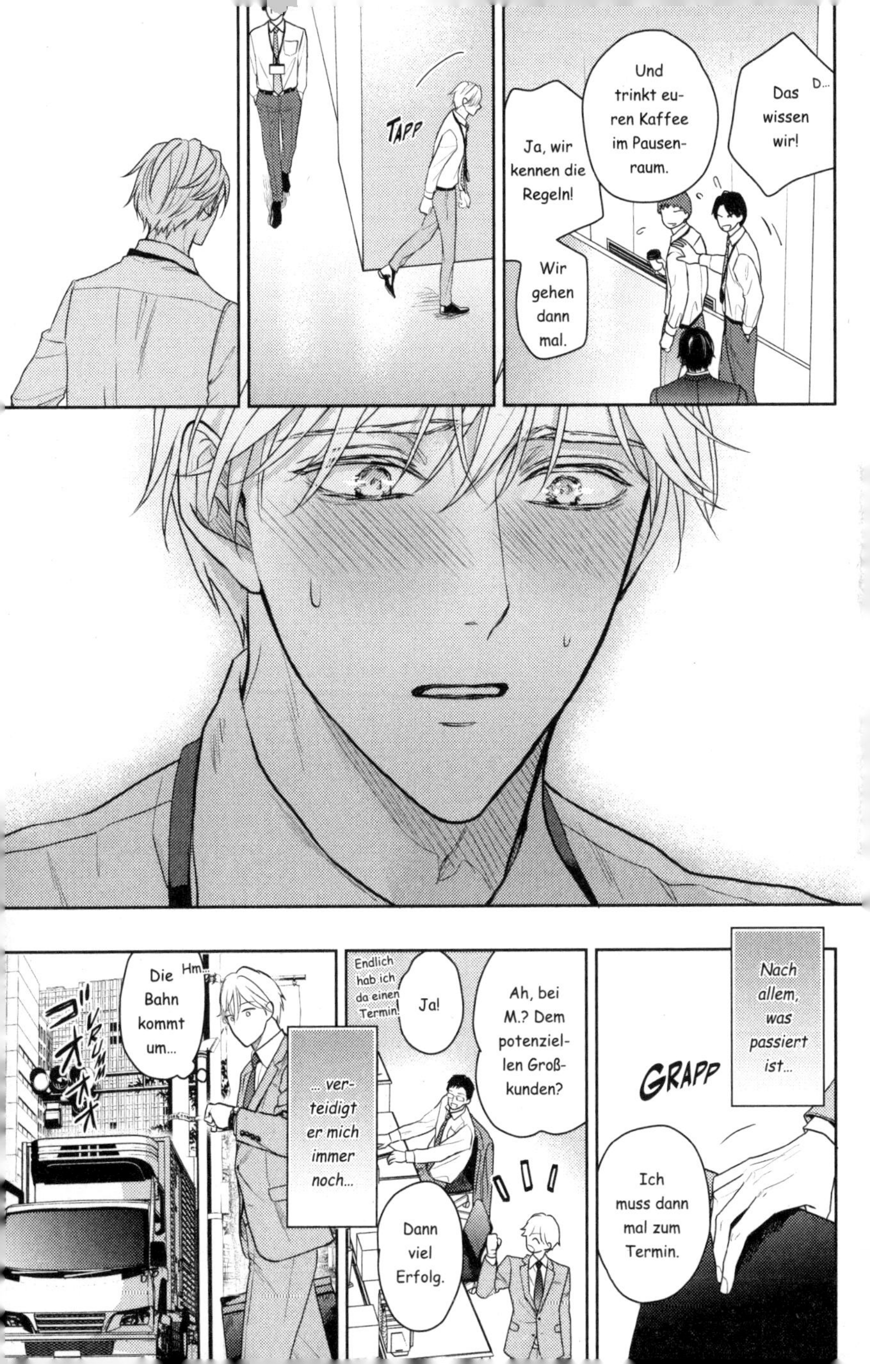
D...
Das wissen wir!
Und trinkt euren Kaffee im Pausenraum.
Ja, wir kennen die Regeln!
Wir gehen dann mal.
TAPP
Nach allem, was passiert ist...
GRAPP
Ich muss dann mal zum Termin.
Ah, bei M.? Dem potenziellen Großkunden?
Ja!
Endlich hab ich da einen Termin!
Dann viel Erfolg.
... verteidigt er mich immer noch...
Hm...
Die Bahn kommt um...
VRUMM

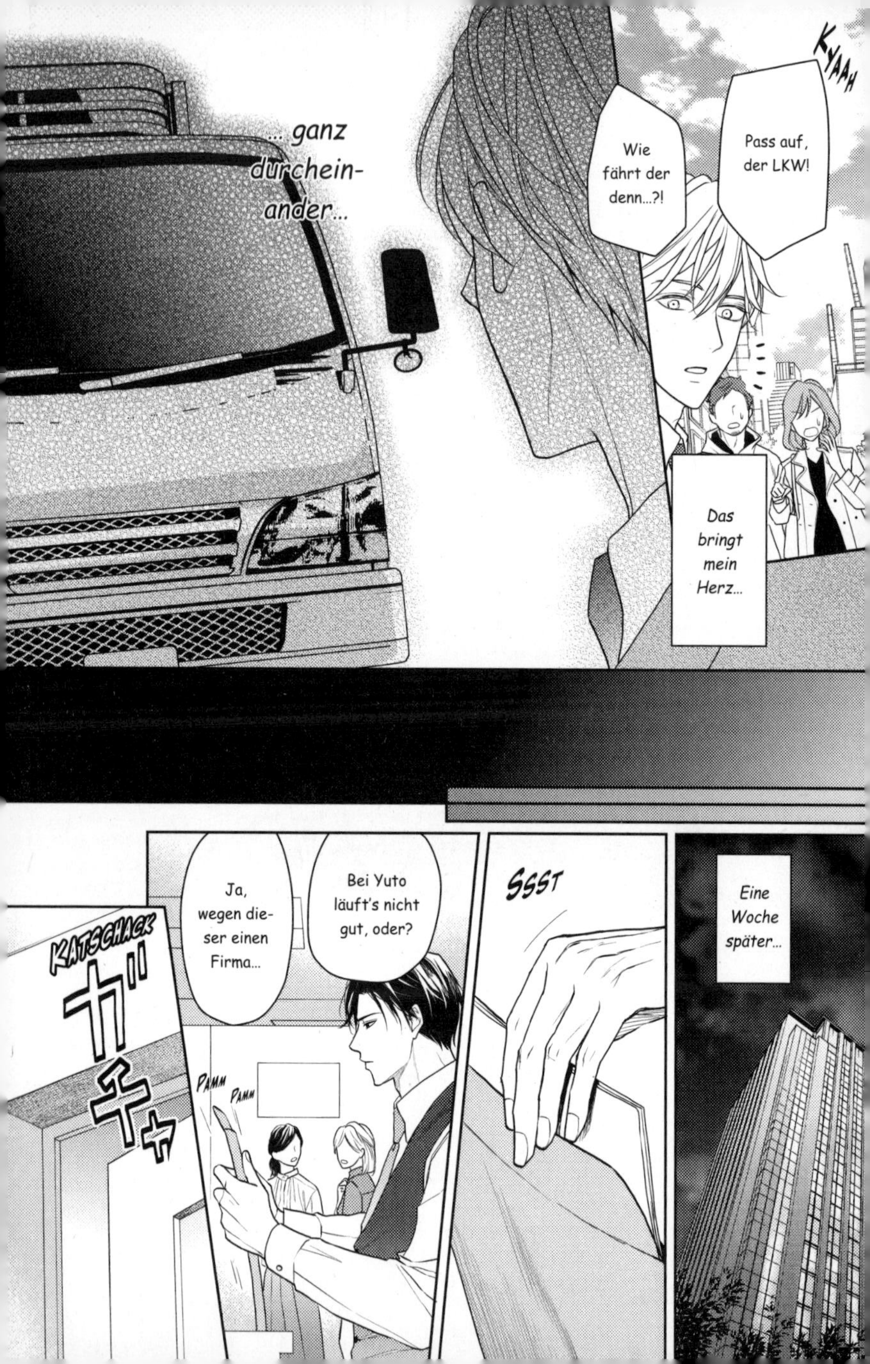
Kyaah
Pass auf, der LKW!
Wie fährt der denn...?!
Das bringt mein Herz...
... ganz durchein-ander...
Eine Woche später...
SSST
Bei Yuto läuft's nicht gut, oder?
Ja, wegen die-ser einen Firma...
Pamm
Pamm
Katschack
ガチャ

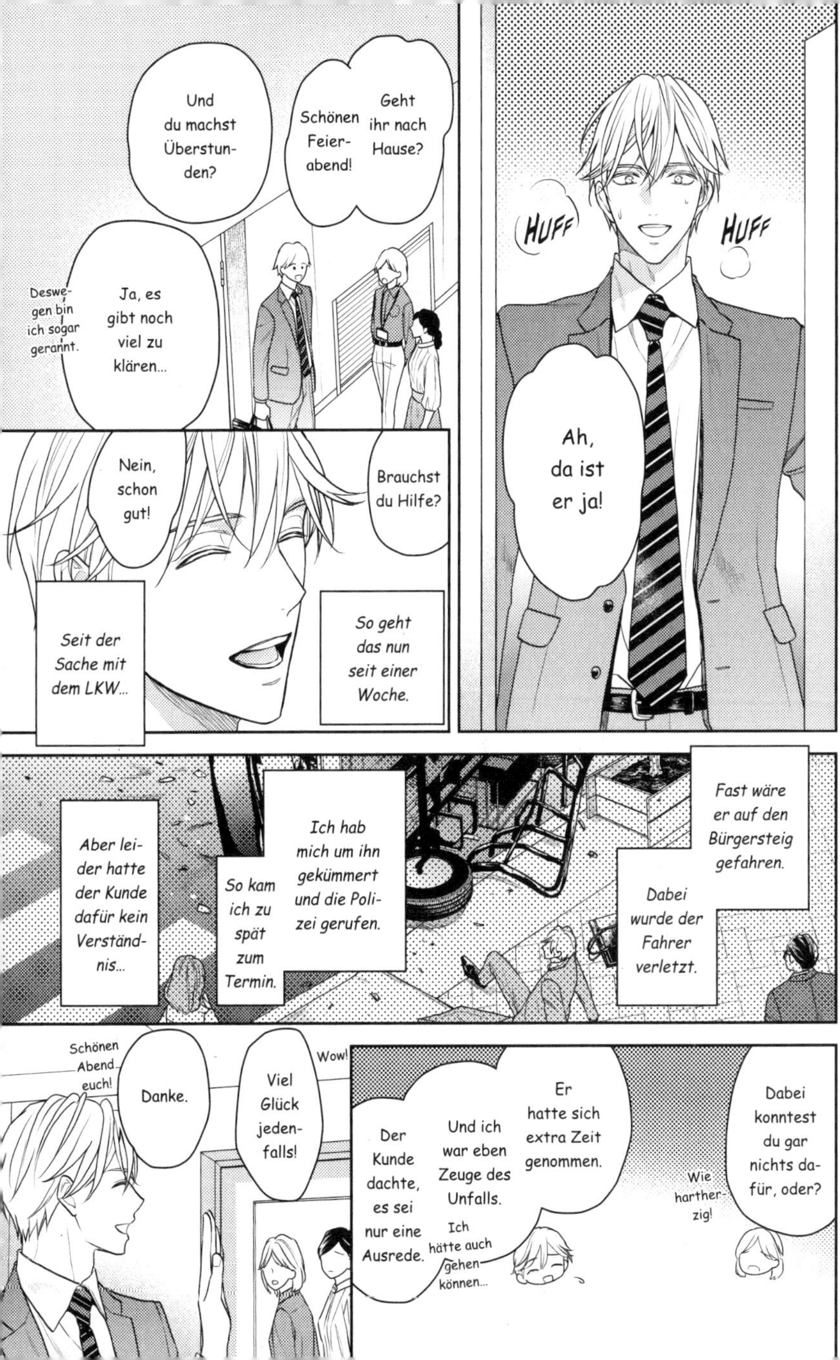

Ah, da ist er ja!
HUFF HUFF
Geht ihr nach Hause?
Schönen Feierabend!
Und du machst Überstunden?
Ja, es gibt noch viel zu klären...
Deswegen bin ich sogar gerannt.
Brauchst du Hilfe?
Nein, schon gut!
So geht das nun seit einer Woche.
Seit der Sache mit dem LKW...
Fast wäre er auf den Bürgersteig gefahren.
Dabei wurde der Fahrer verletzt.
Ich hab mich um ihn gekümmert und die Polizei gerufen.
So kam ich zu spät zum Termin.
Aber leider hatte der Kunde dafür kein Verständnis...
Dabei konntest du gar nichts dafür, oder?
Wie hartherzig!
Er hatte sich extra Zeit genommen.
Und ich war eben Zeuge des Unfalls.
Ich hätte auch gehen können...
Der Kunde dachte, es sei nur eine Ausrede.
Wow!
Viel Glück jedenfalls!
Danke.
Schönen Abend euch!

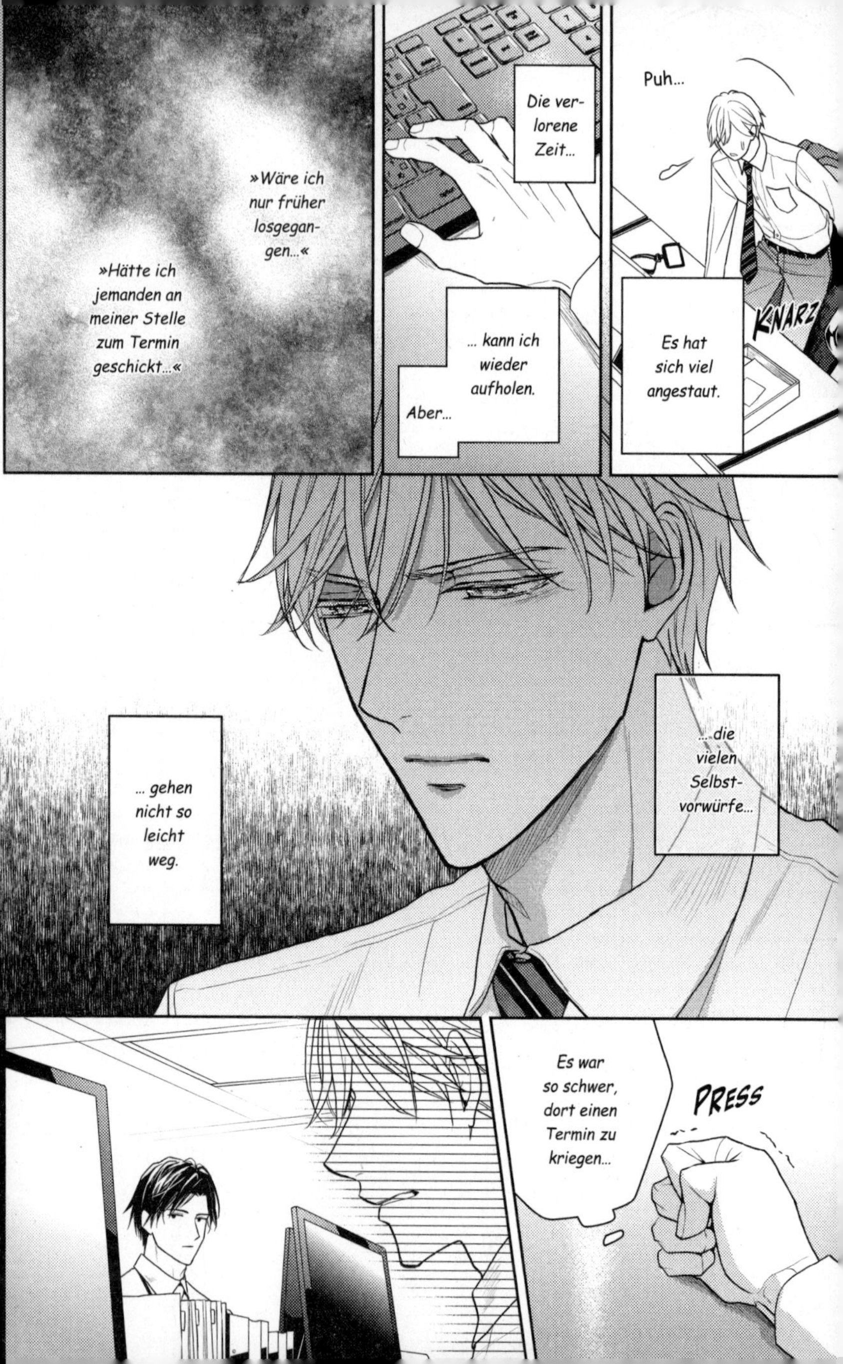
Puh...
KNARZ
Es hat sich viel angestaut.
Die verlorene Zeit...
... kann ich wieder aufholen.
Aber...
»Wäre ich nur früher losgegangen...«
»Hätte ich jemanden an meiner Stelle zum Termin geschickt...«
... die vielen Selbstvorwürfe...
... gehen nicht so leicht weg.
PRESS
Es war so schwer, dort einen Termin zu kriegen...

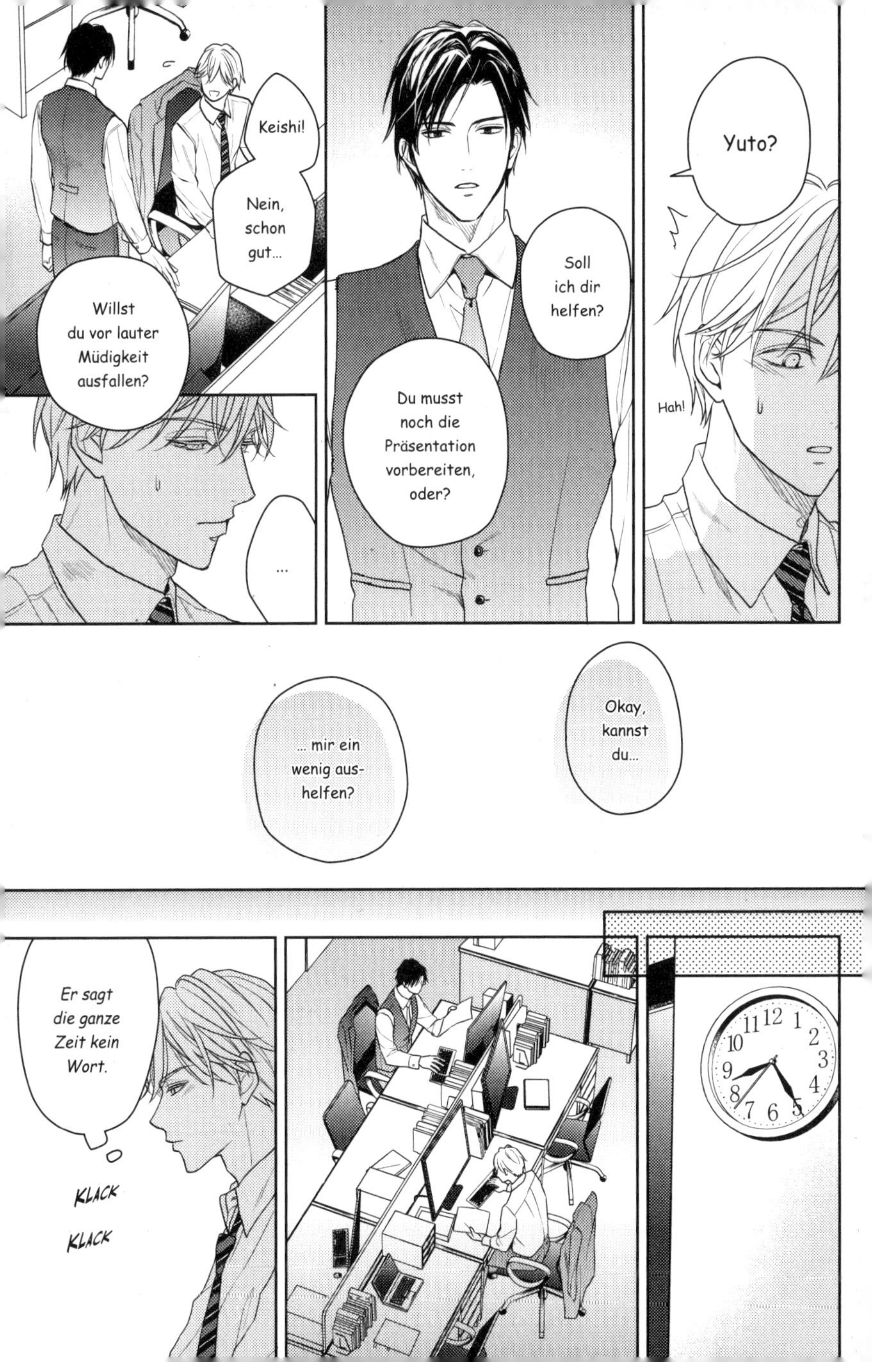

Yuto?
Hah!
Soll ich dir helfen?
Du musst noch die Präsentation vorbereiten, oder?
Keishi!
Nein, schon gut...
Willst du vor lauter Müdigkeit ausfallen?
...
Okay, kannst du...
... mir ein wenig aus-helfen?
KLACK
KLACK
Er sagt die ganze Zeit kein Wort.

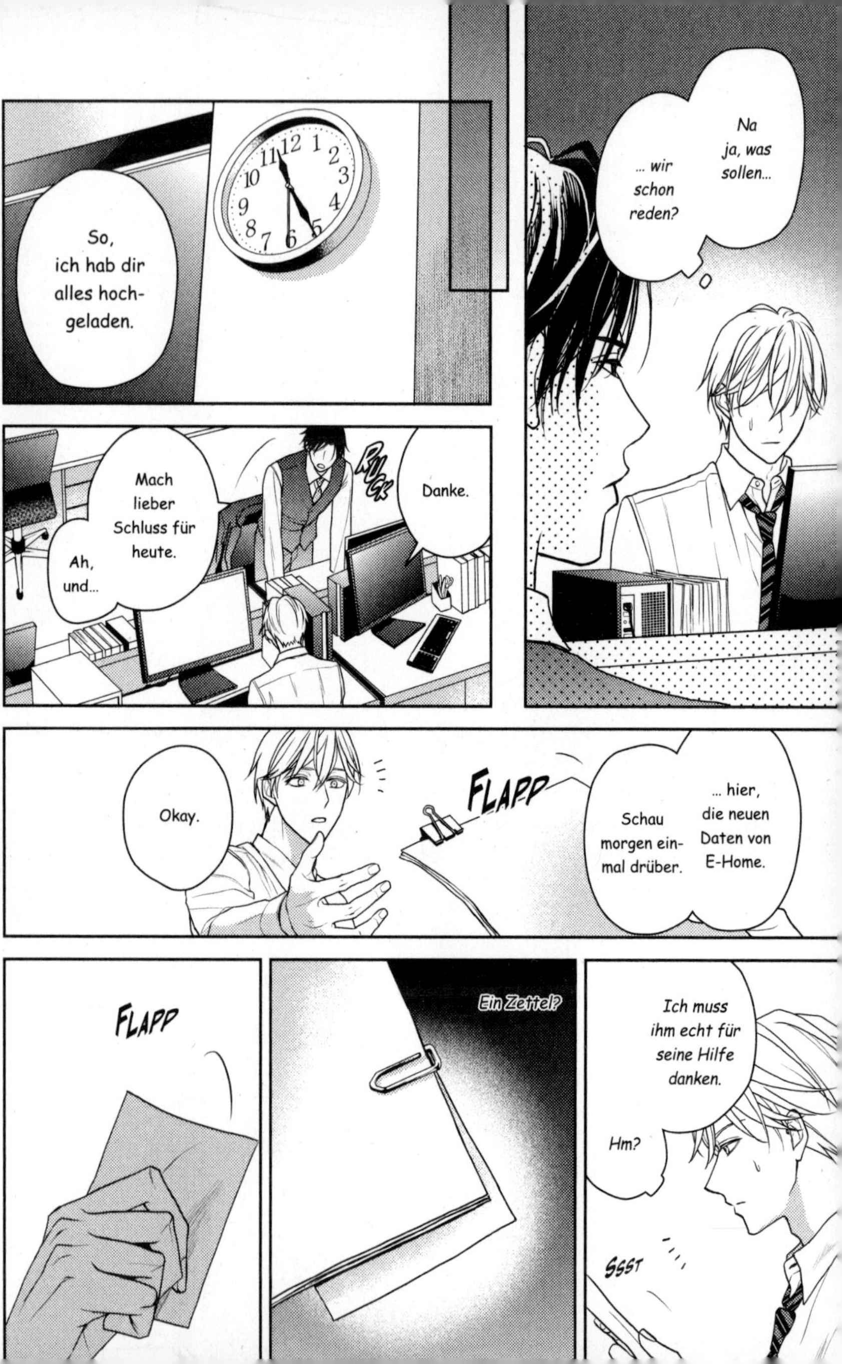
Na ja, was sollen...
... wir schon reden?
So, ich hab dir alles hochgeladen.
Danke.
RUCK
Mach lieber Schluss für heute.
Ah, und...
... hier, die neuen Daten von E-Home.
Schau morgen einmal drüber.
FLAPP
Okay.
Ich muss ihm echt für seine Hilfe danken.
Hm?
SSST
Ein Zettel?
FLAPP

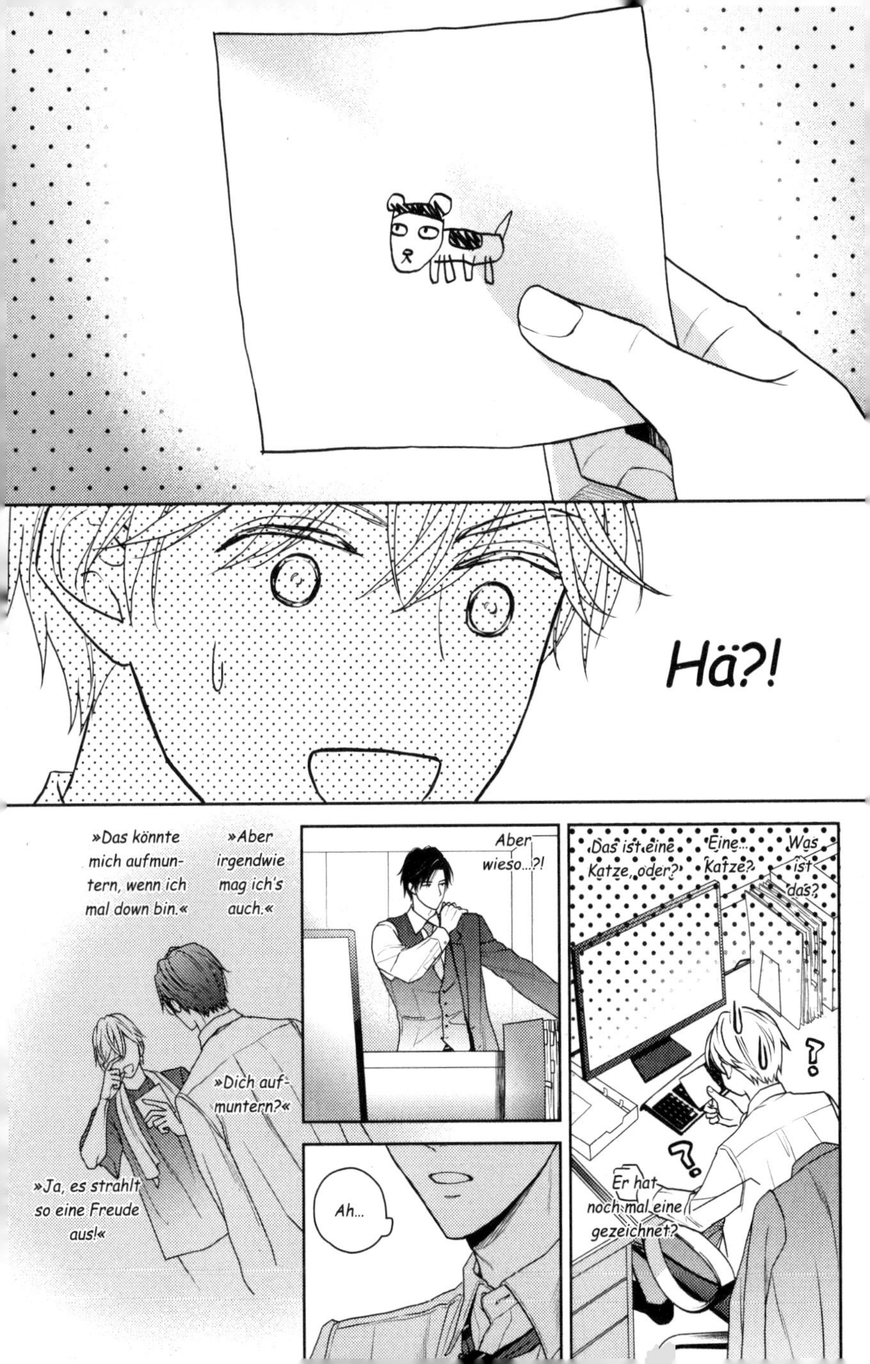
Hä?!
Was ist das?
Eine... Katze?
Das ist eine Katze, oder?
Er hat noch mal eine gezeichnet?
Aber wieso...?!
Ah...
»Aber irgendwie mag ich's auch.«
»Das könnte mich aufmuntern, wenn ich mal down bin.«
»Dich aufmuntern?«
»Ja, es strahlt so eine Freude aus!«

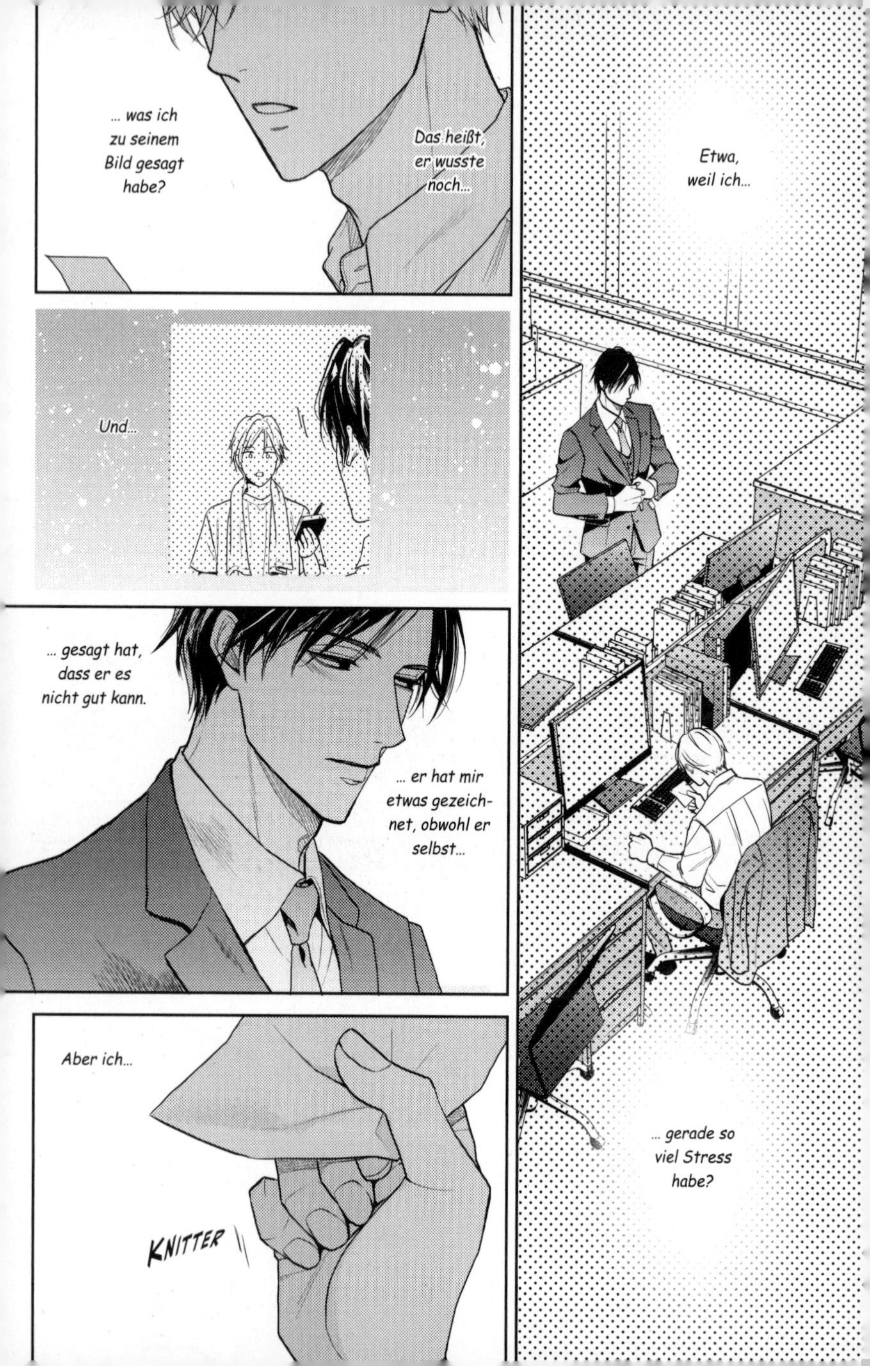
Das heißt, er wusste noch...
... was ich zu seinem Bild gesagt habe?
Und...
... gesagt hat, dass er es nicht gut kann.
... er hat mir etwas gezeichnet, obwohl er selbst...
Aber ich...
KNITTER
Etwa, weil ich...
... gerade so viel Stress habe?

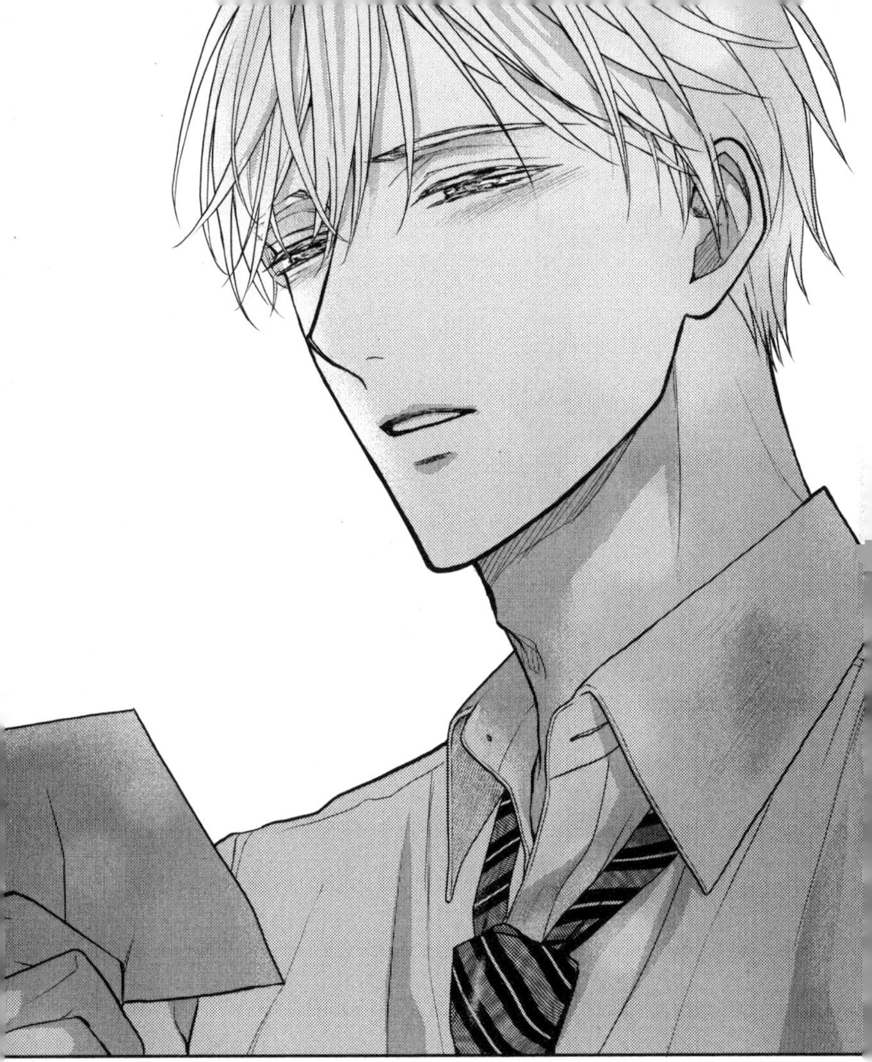

Jetzt weiß ich endlich…

… wieso ich damals…

… nicht die Wahrheit sagen konnte.

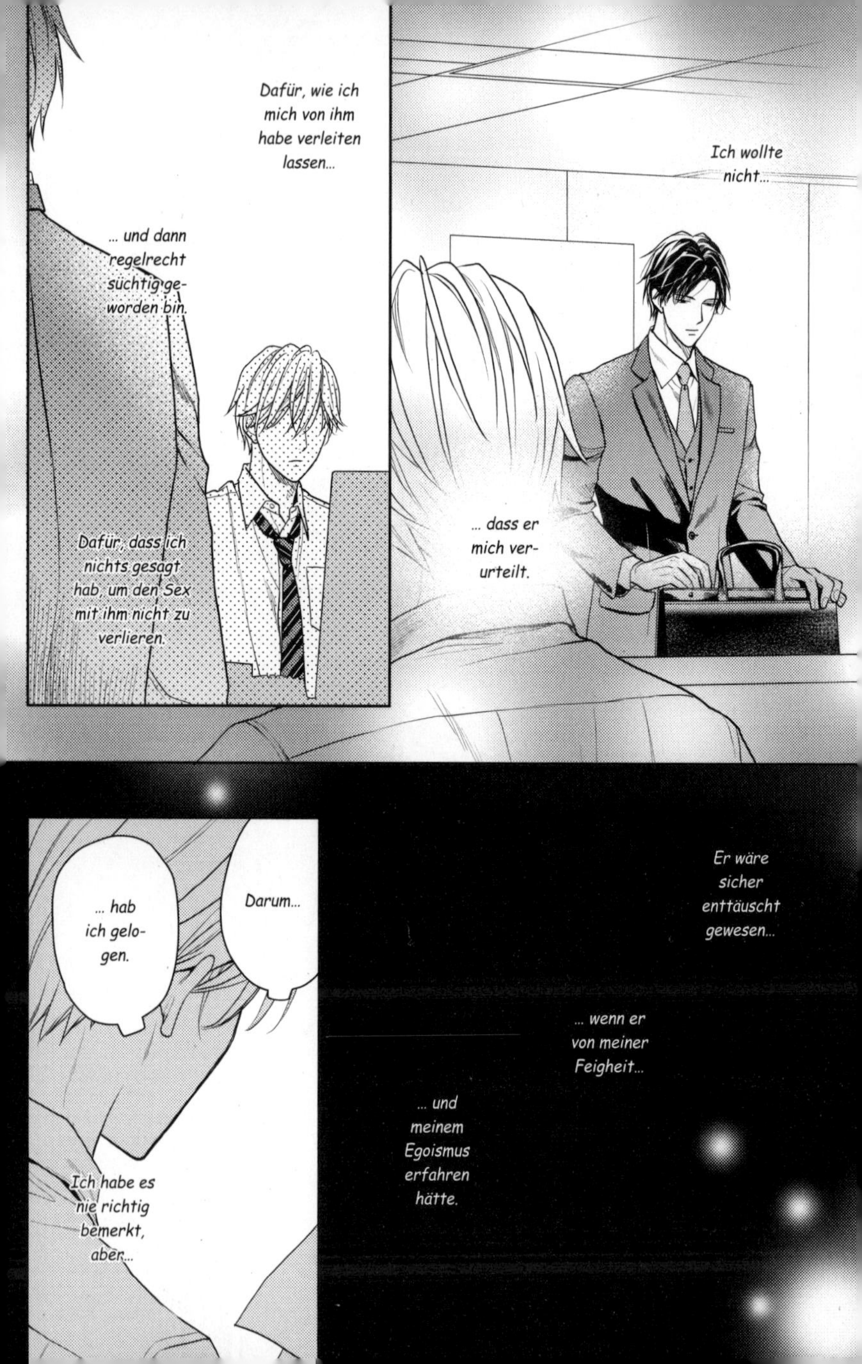
Ich wollte nicht...
... dass er mich verurteilt.
Dafür, wie ich mich von ihm habe verleiten lassen...
... und dann regelrecht süchtig geworden bin.
Dafür, dass ich nichts gesagt hab, um den Sex mit ihm nicht zu verlieren.
Er wäre sicher enttäuscht gewesen...
... wenn er von meiner Feigheit...
... und meinem Egoismus erfahren hätte.
Darum...
... hab ich gelogen.
Ich habe es nie richtig bemerkt, aber...

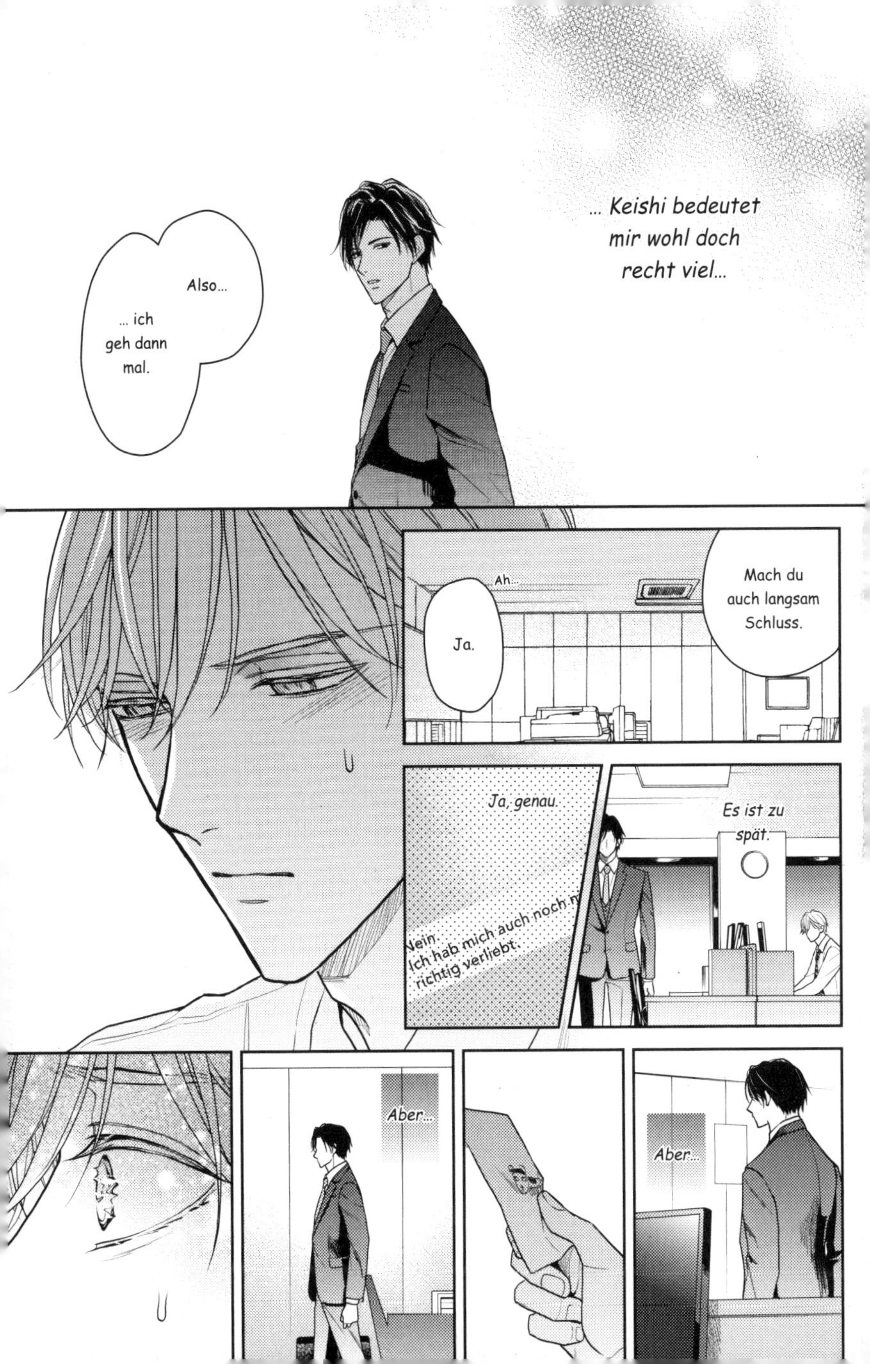
... Keishi bedeutet mir wohl doch recht viel...
Also... ... ich geh dann mal.
Mach du auch langsam Schluss.
Ah...
Ja.
Es ist zu spät.
Ja, genau.
Nein. Ich hab mich auch noch n richtig verliebt.
Aber...
Aber...

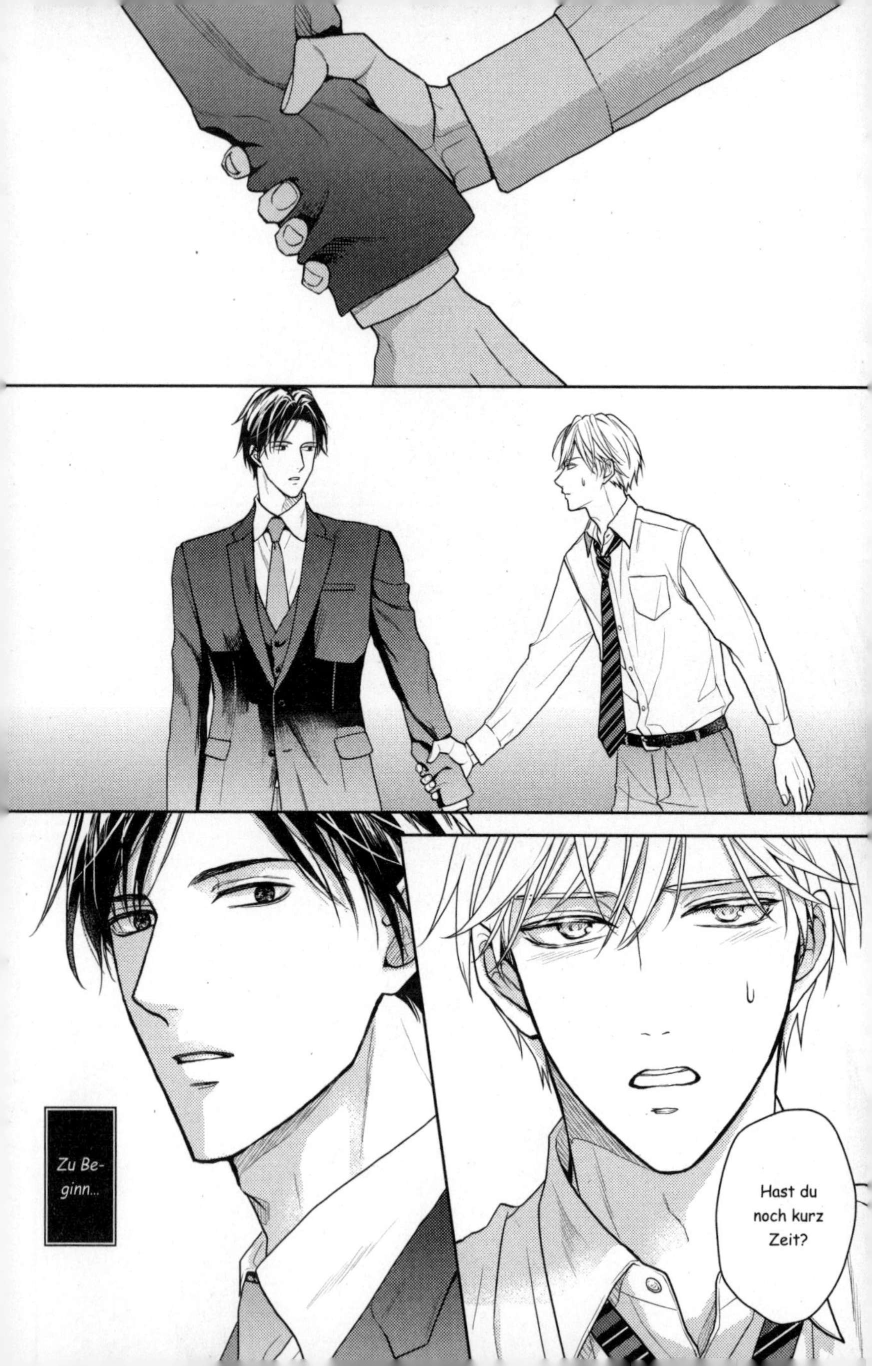
Hast du noch kurz Zeit?
Zu Beginn...

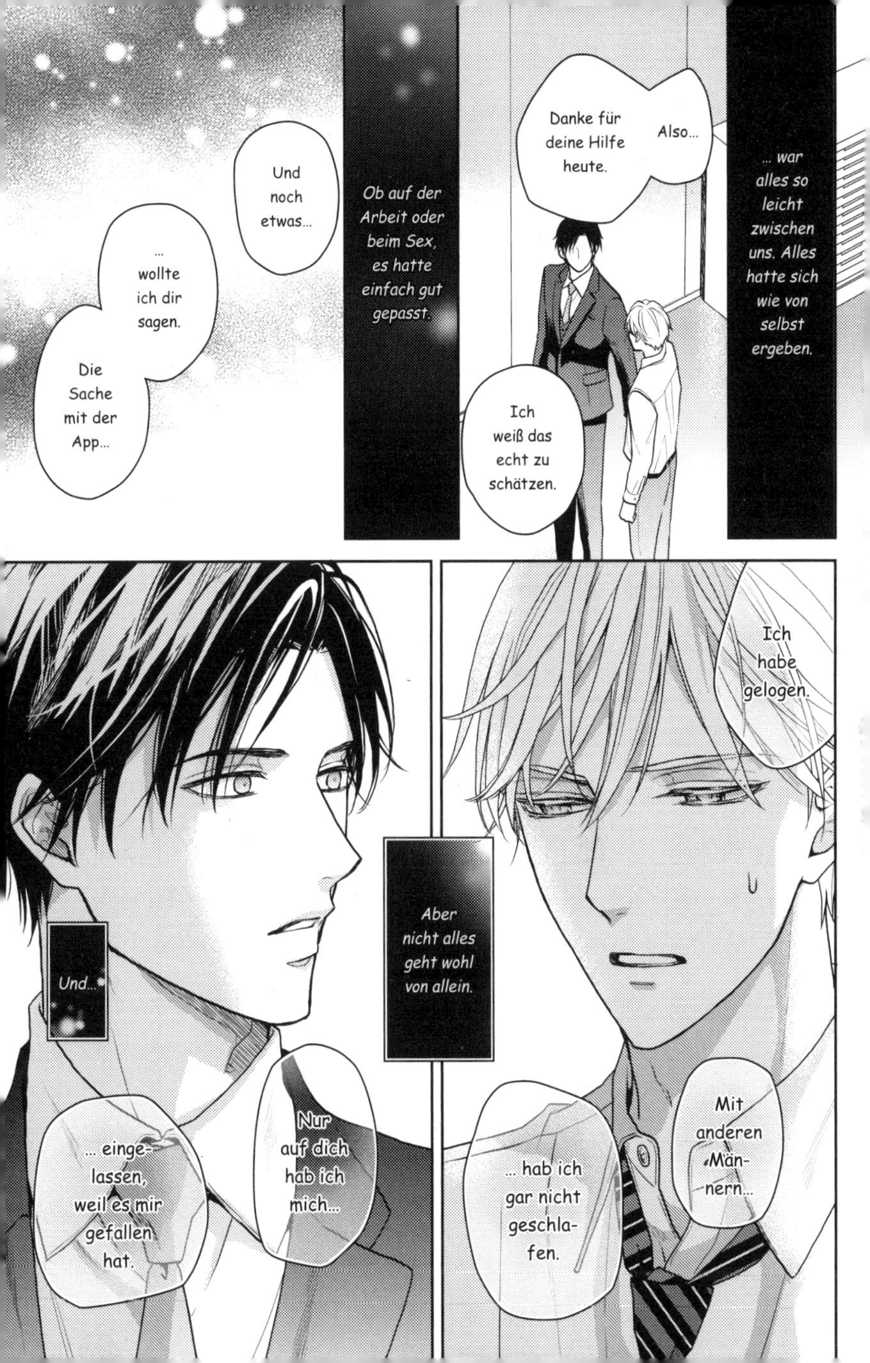
... war alles so leicht zwischen uns. Alles hatte sich wie von selbst ergeben.
Also...
Danke für deine Hilfe heute.
Ich weiß das echt zu schätzen.
Ob auf der Arbeit oder beim Sex, es hatte einfach gut gepasst.
Und noch etwas...
... wollte ich dir sagen.
Die Sache mit der App...
Ich habe gelogen.
Mit anderen Männern...
... hab ich gar nicht geschlafen.
Aber nicht alles geht wohl von allein.
Und...
Nur auf dich hab ich mich...
... einge-lassen, weil es mir gefallen hat.

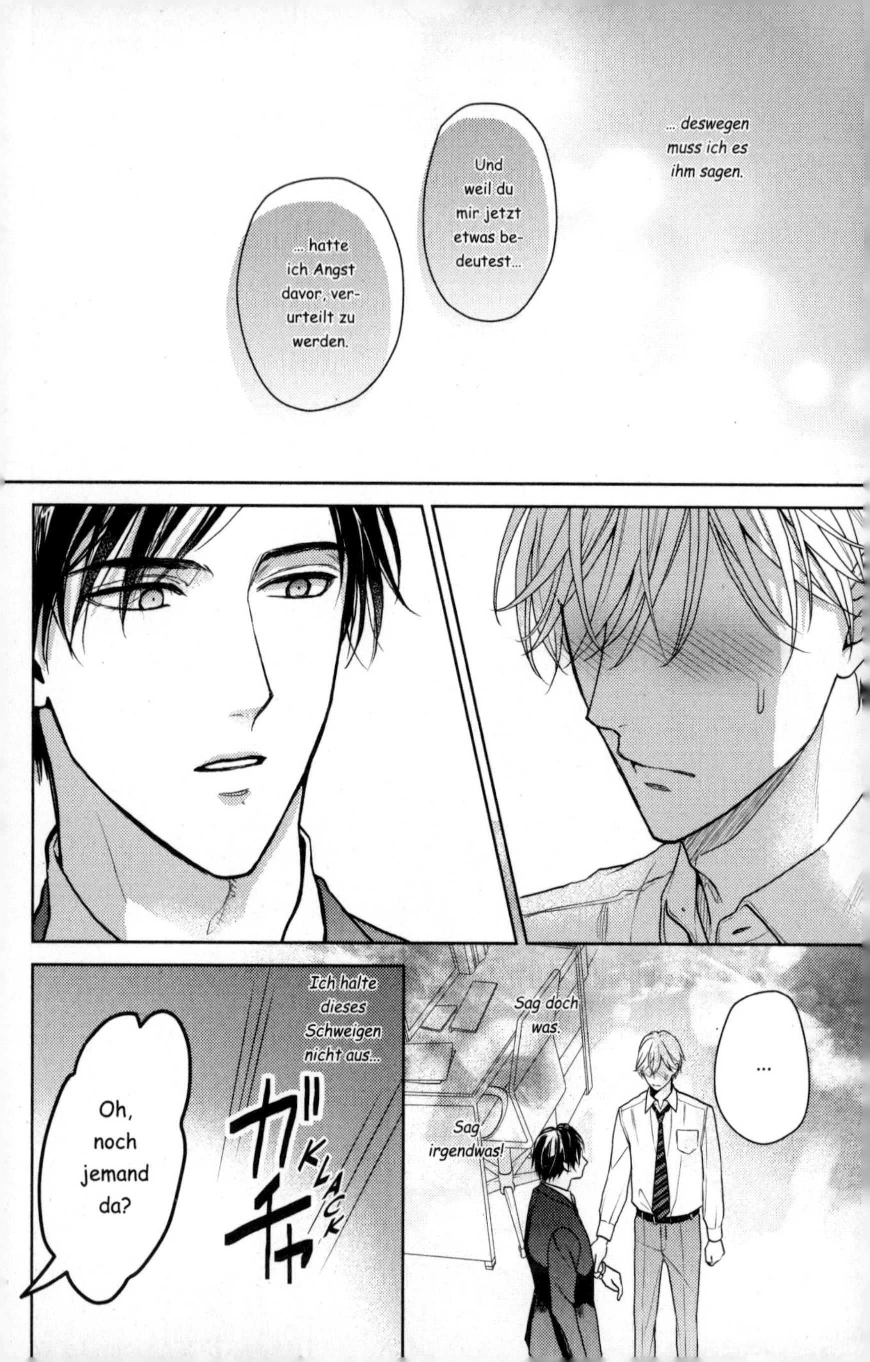
... deswegen muss ich es ihm sagen.
Und weil du mir jetzt etwas bedeutest...
... hatte ich Angst davor, verurteilt zu werden.
...
Sag doch was.
Sag irgendwas!
Ich halte dieses Schweigen nicht aus...
ガチャ
KLACK
Oh, noch jemand da?

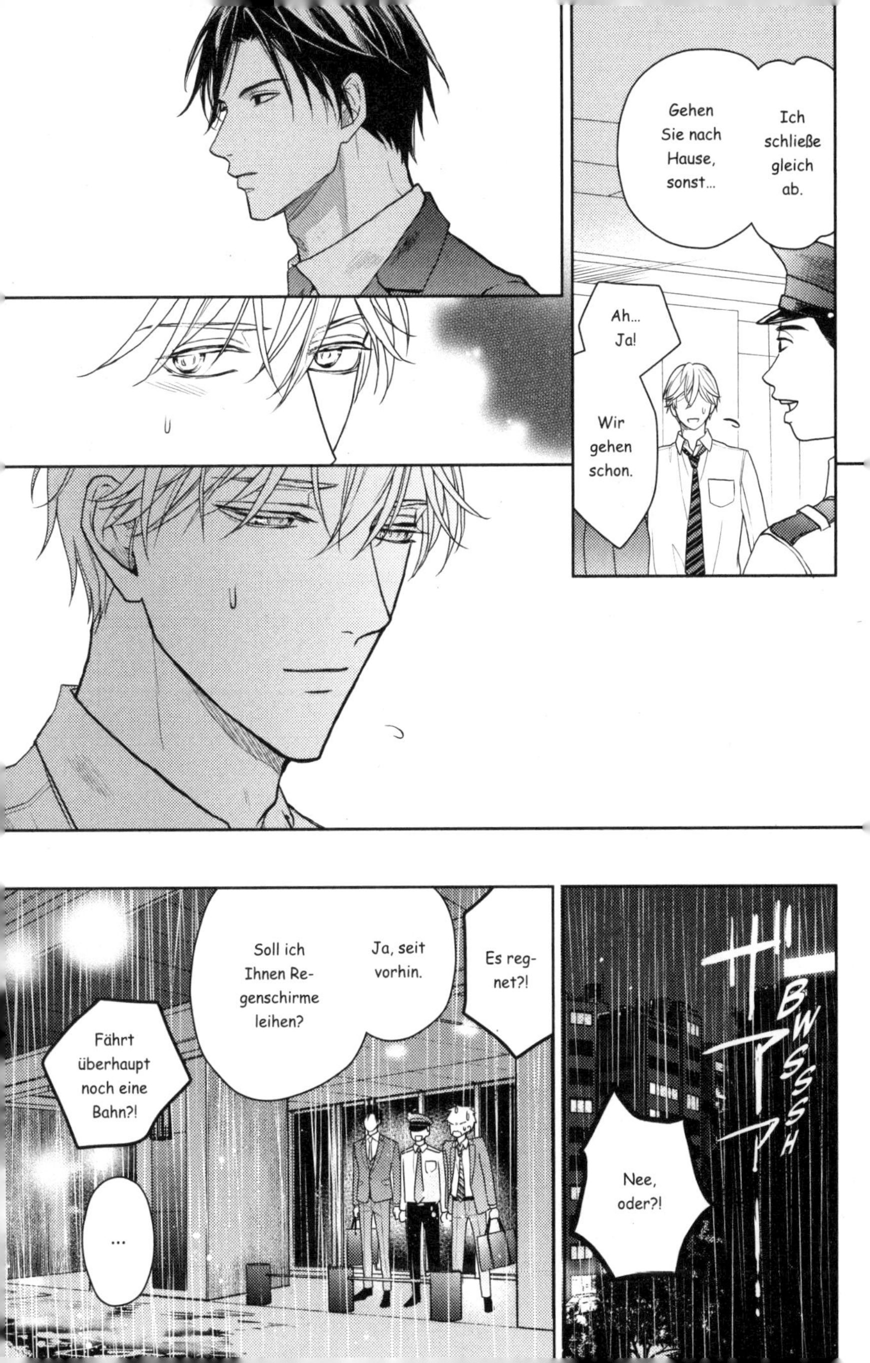

Ich schließe gleich ab.
Gehen Sie nach Hause, sonst…
Ah… Ja!
Wir gehen schon.
BWSSSH
Nee, oder?!
Es regnet?!
Ja, seit vorhin.
Soll ich Ihnen Regenschirme leihen?
Fährt überhaupt noch eine Bahn?!
…

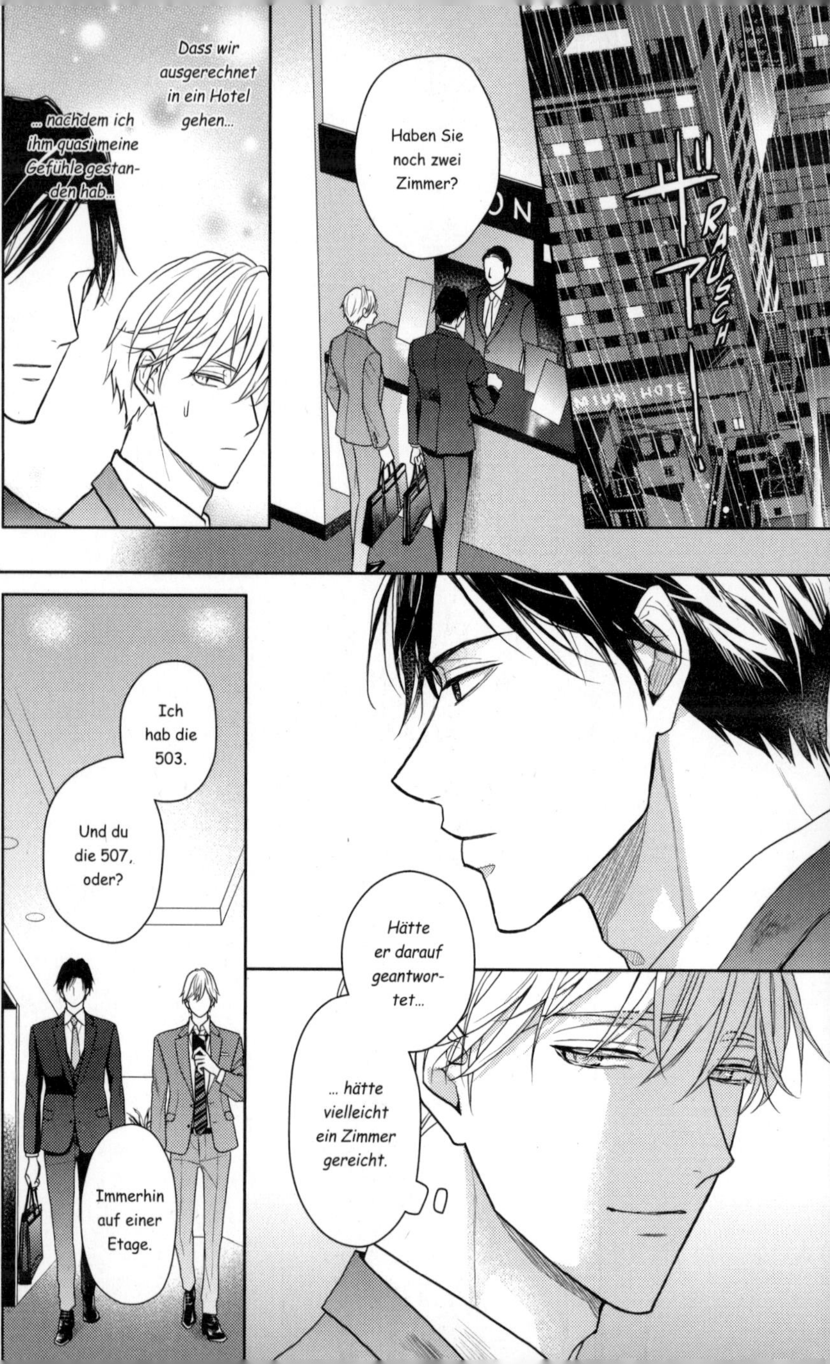
RAUSCH
Haben Sie noch zwei Zimmer?
Dass wir ausgerechnet in ein Hotel gehen...
... nachdem ich ihm quasi meine Gefühle gestanden hab...
Hätte er darauf geantwortet...
... hätte vielleicht ein Zimmer gereicht.
Ich hab die 503.
Und du die 507, oder?
Immerhin auf einer Etage.

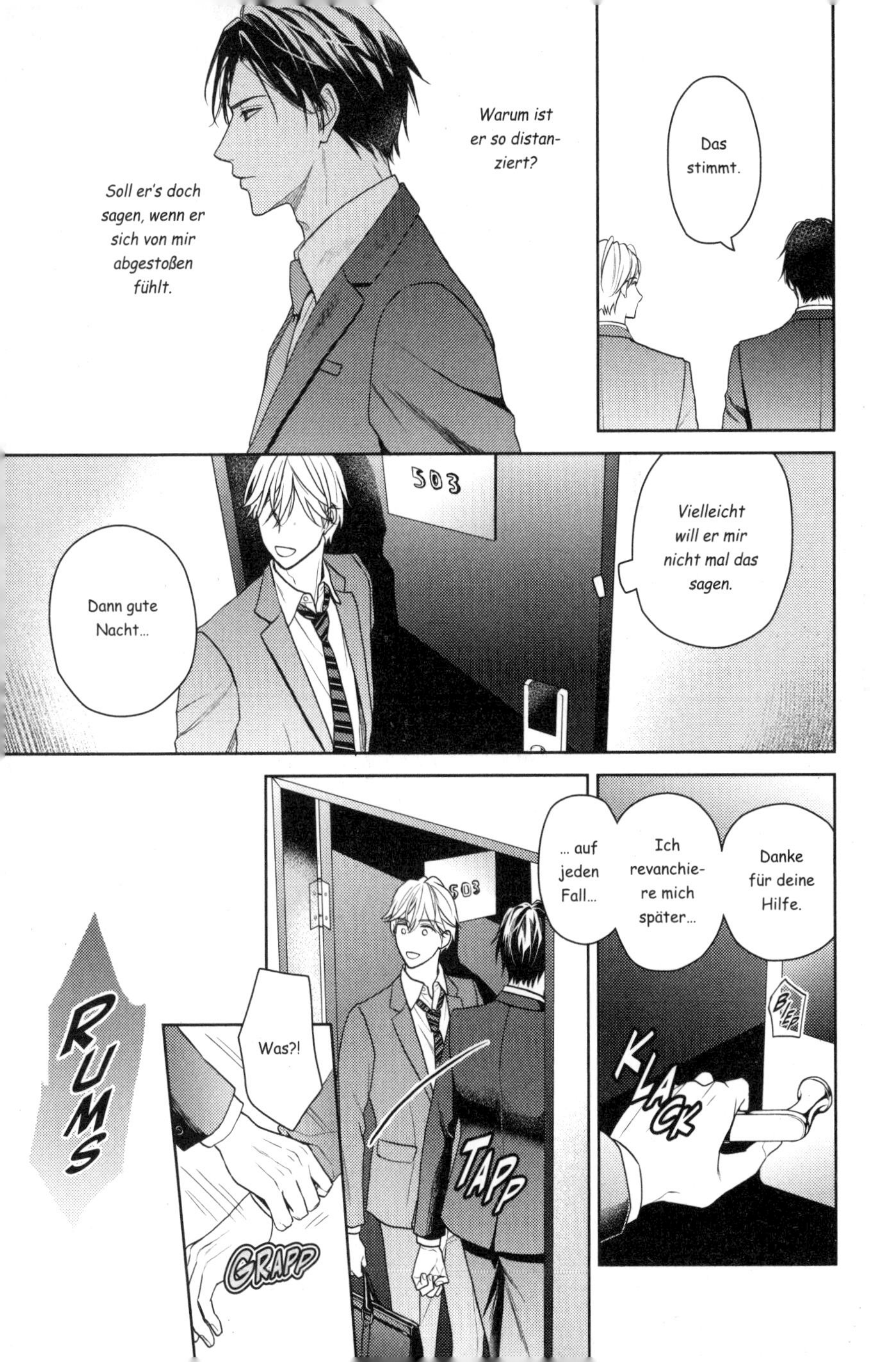

Das stimmt.
Warum ist er so distanziert?
Soll er's doch sagen, wenn er sich von mir abgestoßen fühlt.
503
Vielleicht will er mir nicht mal das sagen.
Dann gute Nacht...
Danke für deine Hilfe.
Ich revanchiere mich später...
... auf jeden Fall...
BIEP
KLACK
503
TAPP
Was?!
RUMS
GRAPP

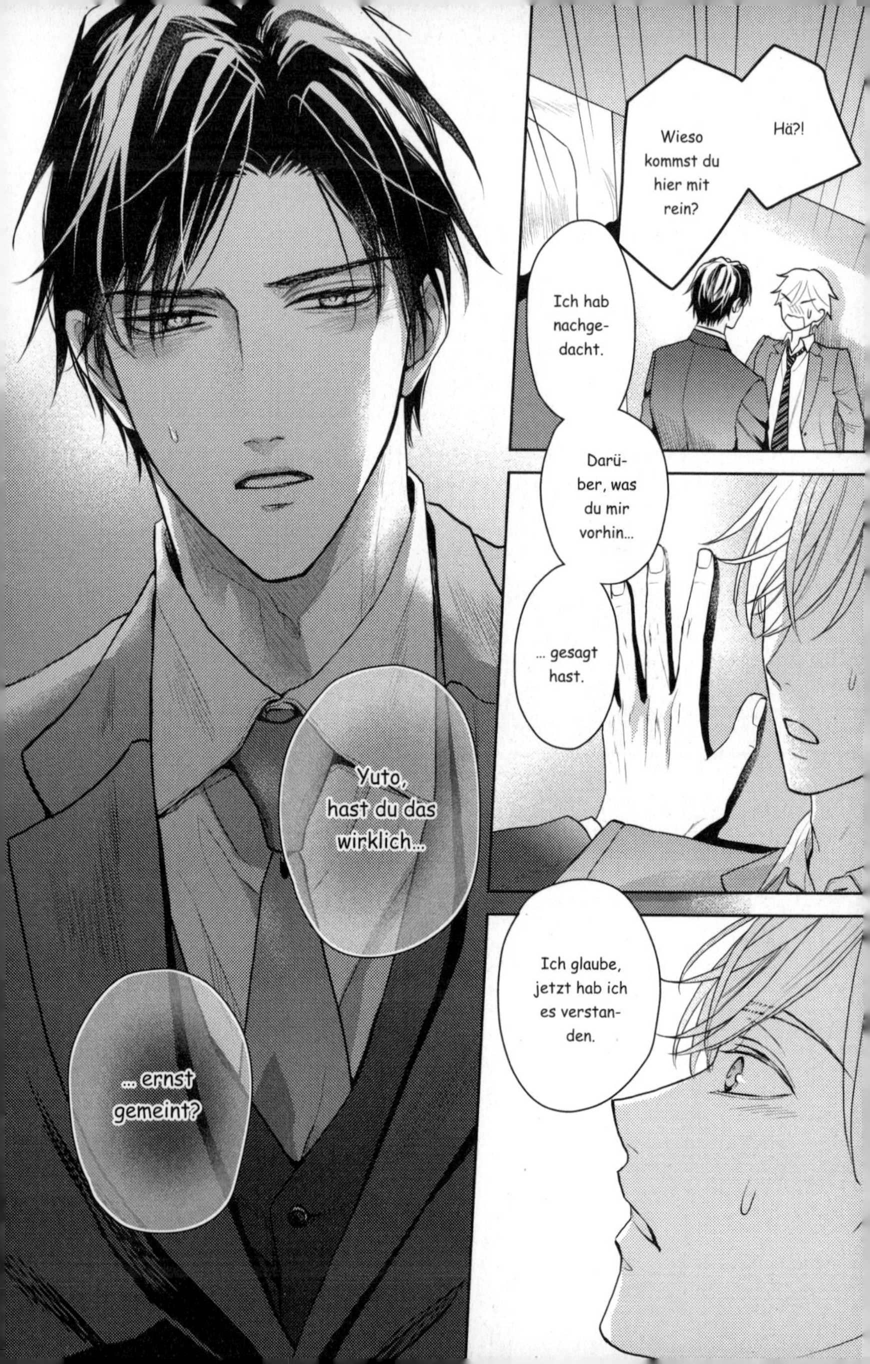
Hä?!
Wieso kommst du hier mit rein?
Ich hab nachgedacht.
Darüber, was du mir vorhin...
... gesagt hast.
Ich glaube, jetzt hab ich es verstanden.
Yuto, hast du das wirklich...
... ernst gemeint?

Destiny but Incompatible

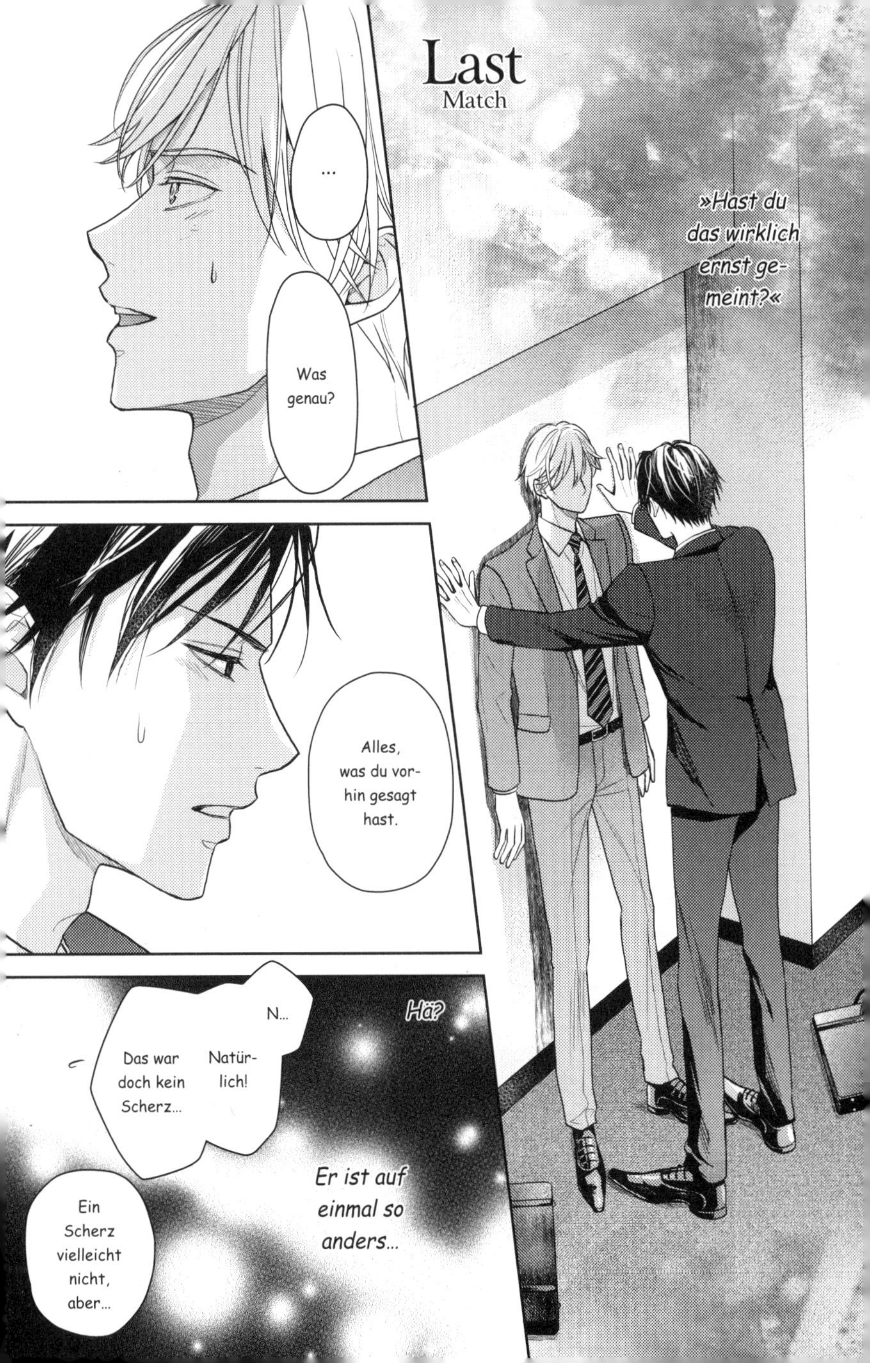
Last
Match
»Hast du das wirklich ernst gemeint?«
...
Was genau?
Alles, was du vorhin gesagt hast.
Hä?
N... Natürlich!
Das war doch kein Scherz...
Ein Scherz vielleicht nicht, aber...
Er ist auf einmal so anders...

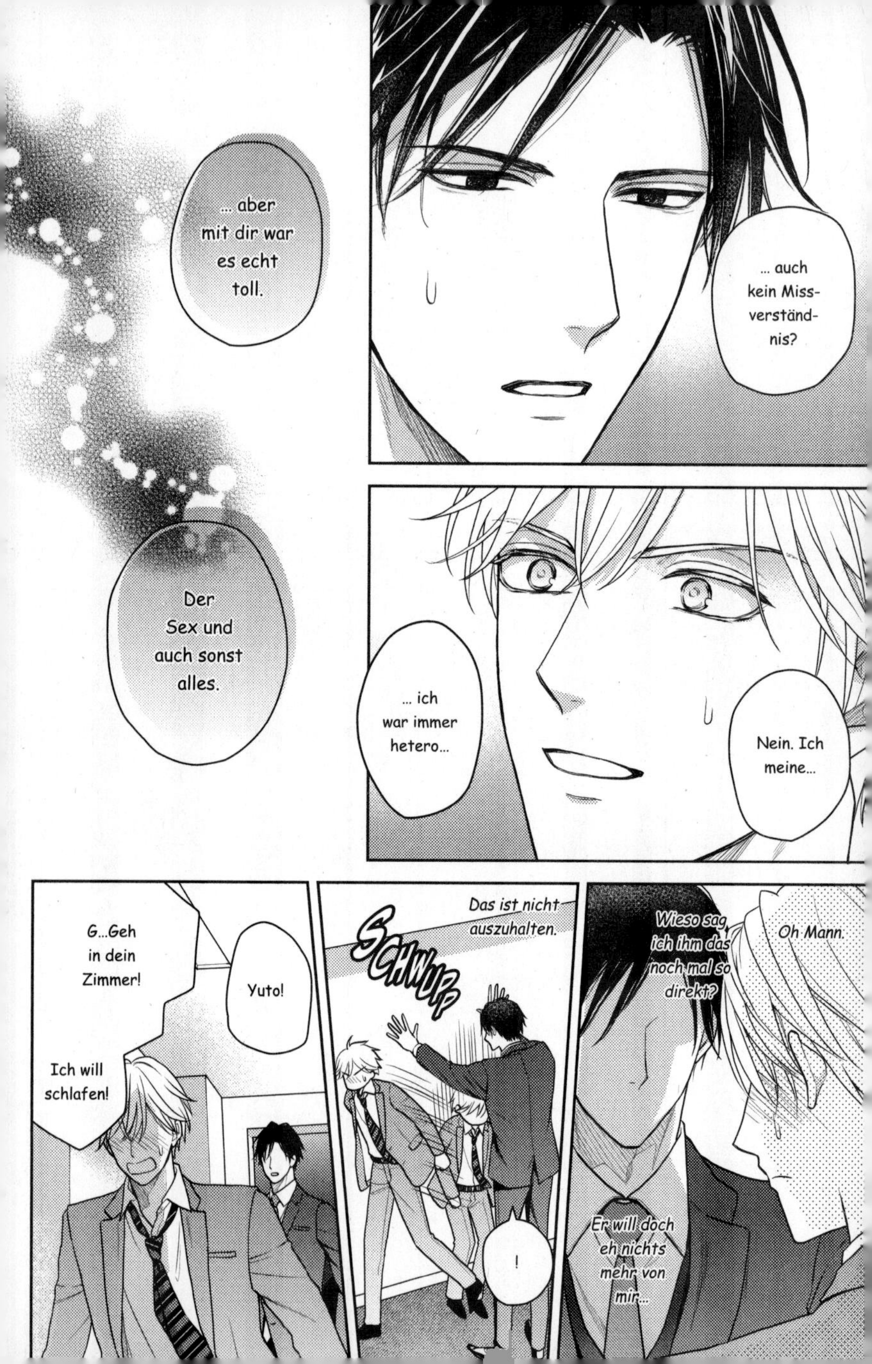
... auch kein Miss-verständ-nis?
... aber mit dir war es echt toll.
Der Sex und auch sonst alles.
Nein. Ich meine...
... ich war immer hetero...
Oh Mann.
Wieso sag ich ihm das noch mal so direkt?
Er will doch eh nichts mehr von mir...
Das ist nicht auszuhalten.
SCHWUPP
!
Yuto!
G...Geh in dein Zimmer!
Ich will schlafen!

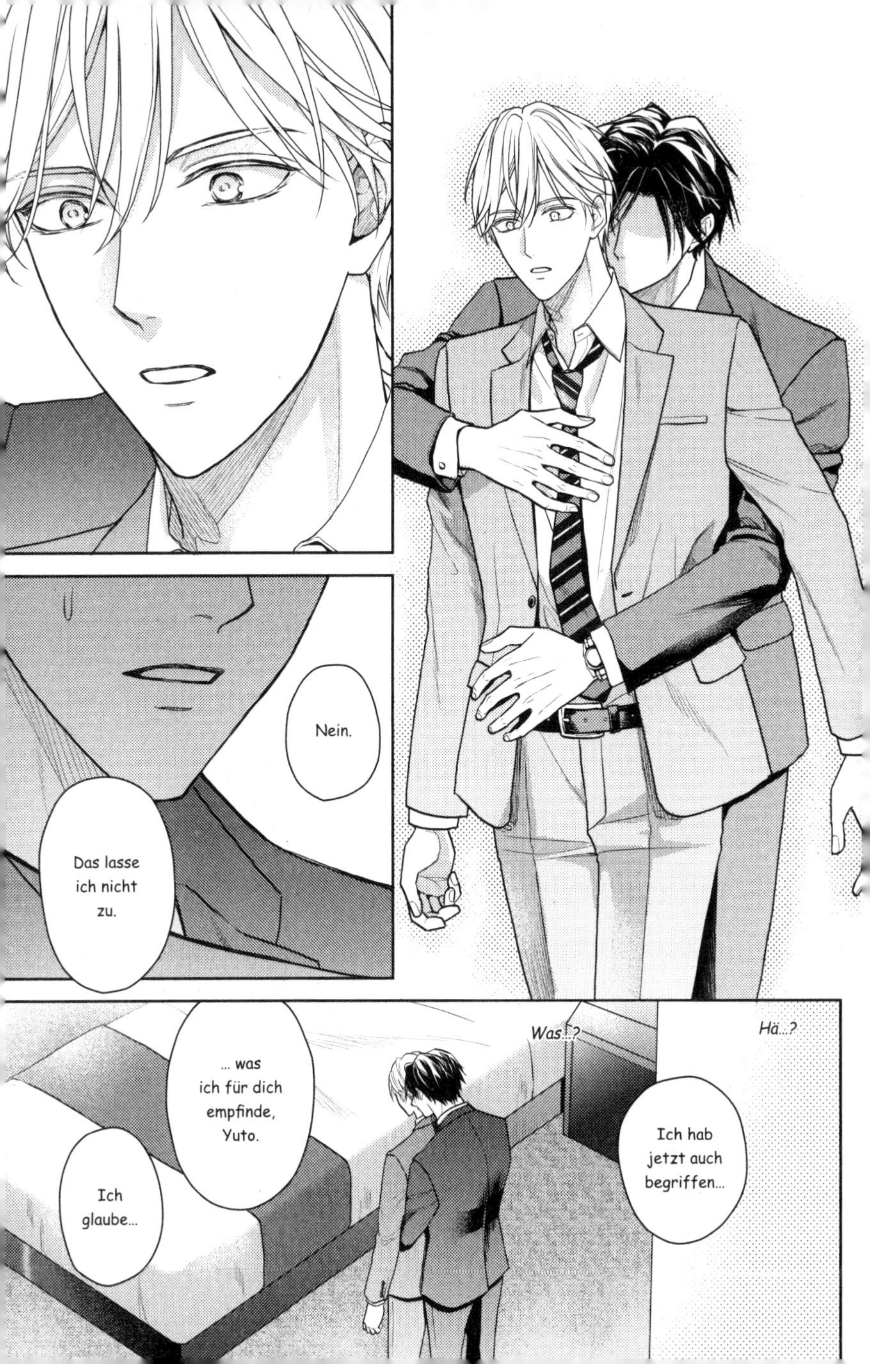
Nein.
Das lasse ich nicht zu.
Hä...?
Ich hab jetzt auch begriffen...
Was...?
... was ich für dich empfinde, Yuto.
Ich glaube...

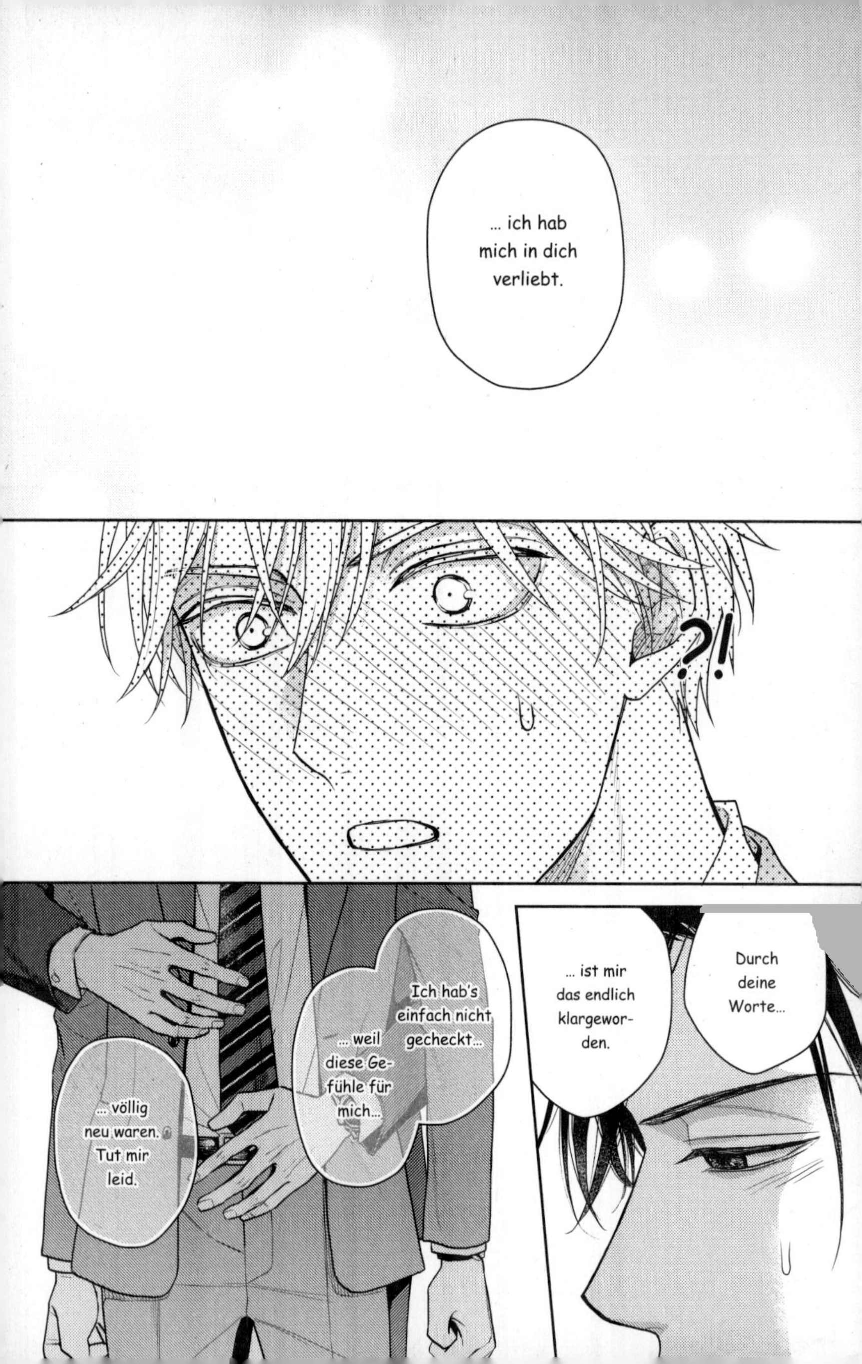
... ich hab mich in dich verliebt.
?!
Durch deine Worte...
... ist mir das endlich klargeworden.
Ich hab's einfach nicht gecheckt...
... weil diese Gefühle für mich...
... völlig neu waren. Tut mir leid.

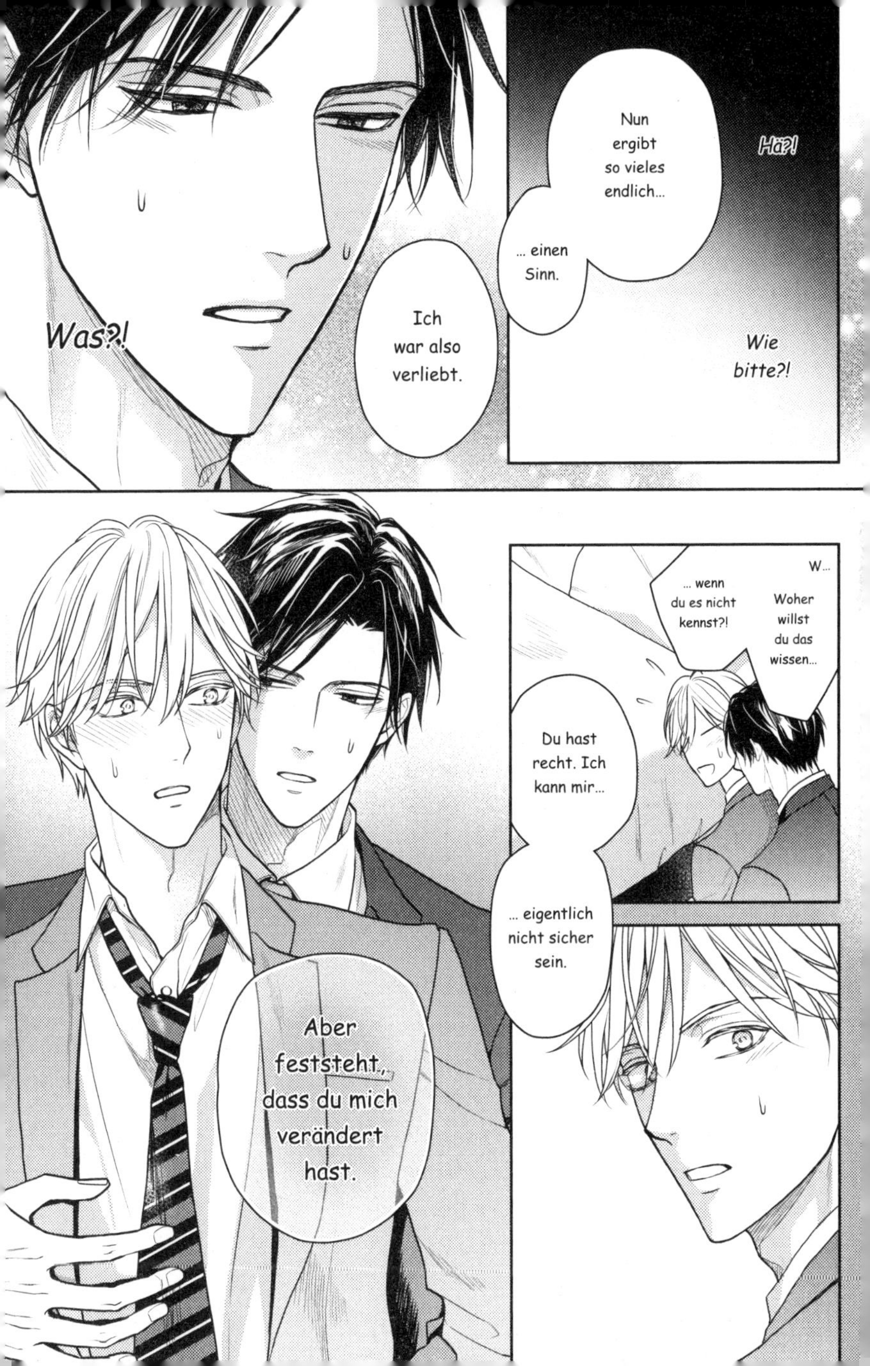
Hä?!
Nun ergibt so vieles endlich...
... einen Sinn.
Wie bitte?!
Ich war also verliebt.
Was?!
W...
Woher willst du das wissen...
... wenn du es nicht kennst?!
Du hast recht. Ich kann mir...
... eigentlich nicht sicher sein.
Aber feststeht, dass du mich verändert hast.

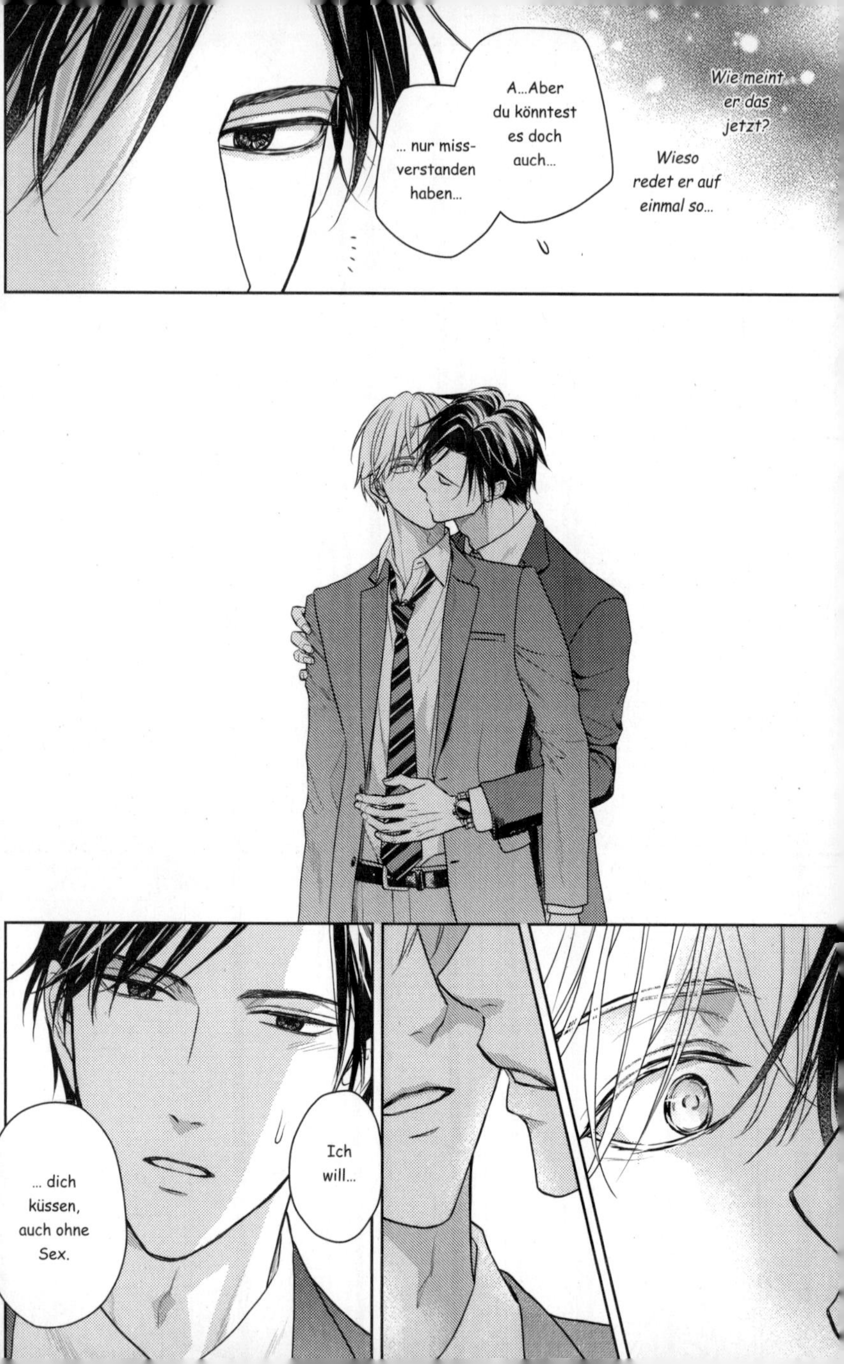
Wie meint er das jetzt?
Wieso redet er auf einmal so...
A...Aber du könntest es doch auch...
... nur miss-verstanden haben...
Ich will...
... dich küssen, auch ohne Sex.

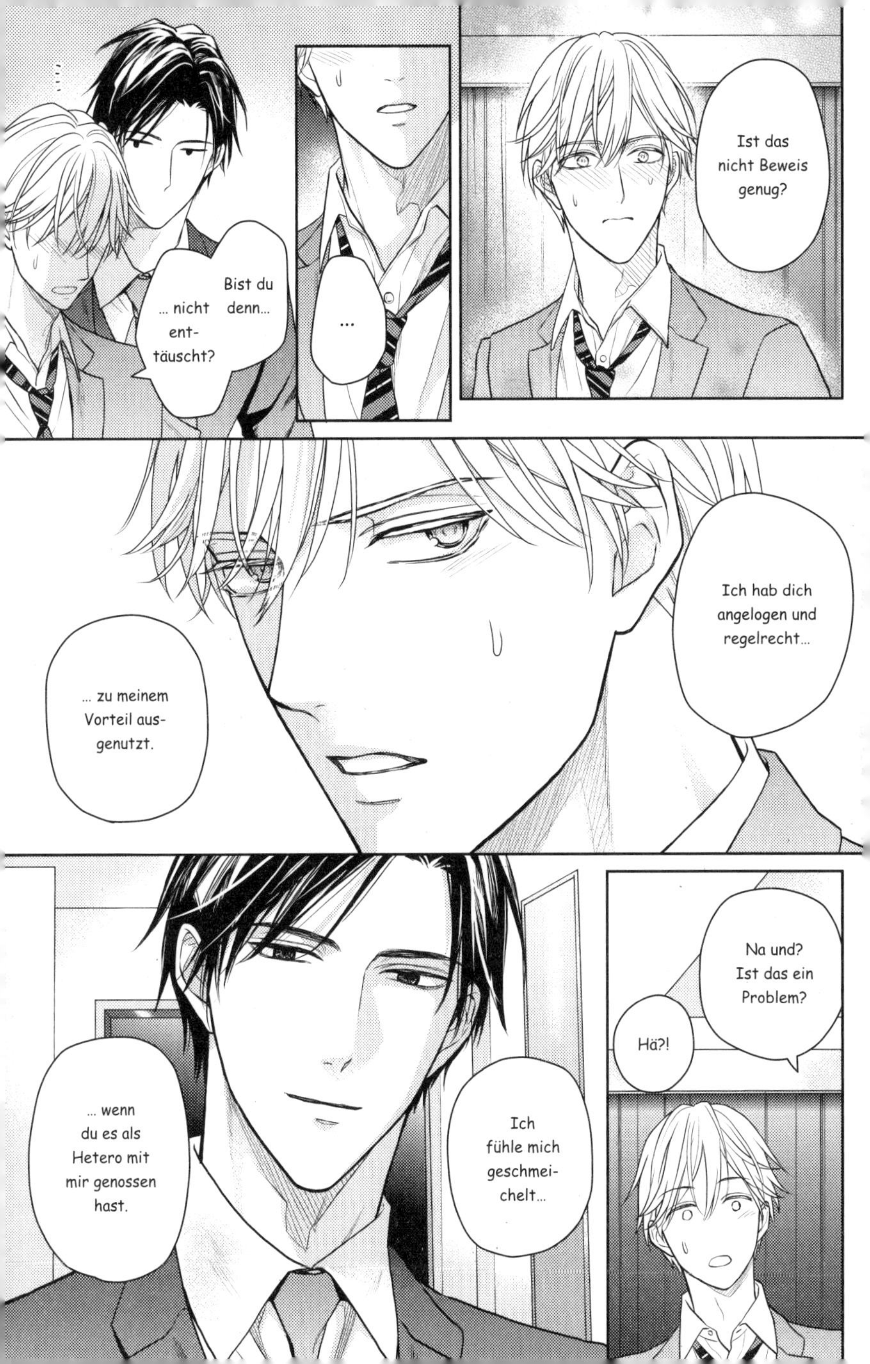
Ist das nicht Beweis genug?
…
Bist du denn… … nicht ent-täuscht?
Ich hab dich angelogen und regelrecht…
… zu meinem Vorteil aus-genutzt.
Na und? Ist das ein Problem?
Hä?!
Ich fühle mich geschmei-chelt…
… wenn du es als Hetero mit mir genossen hast.

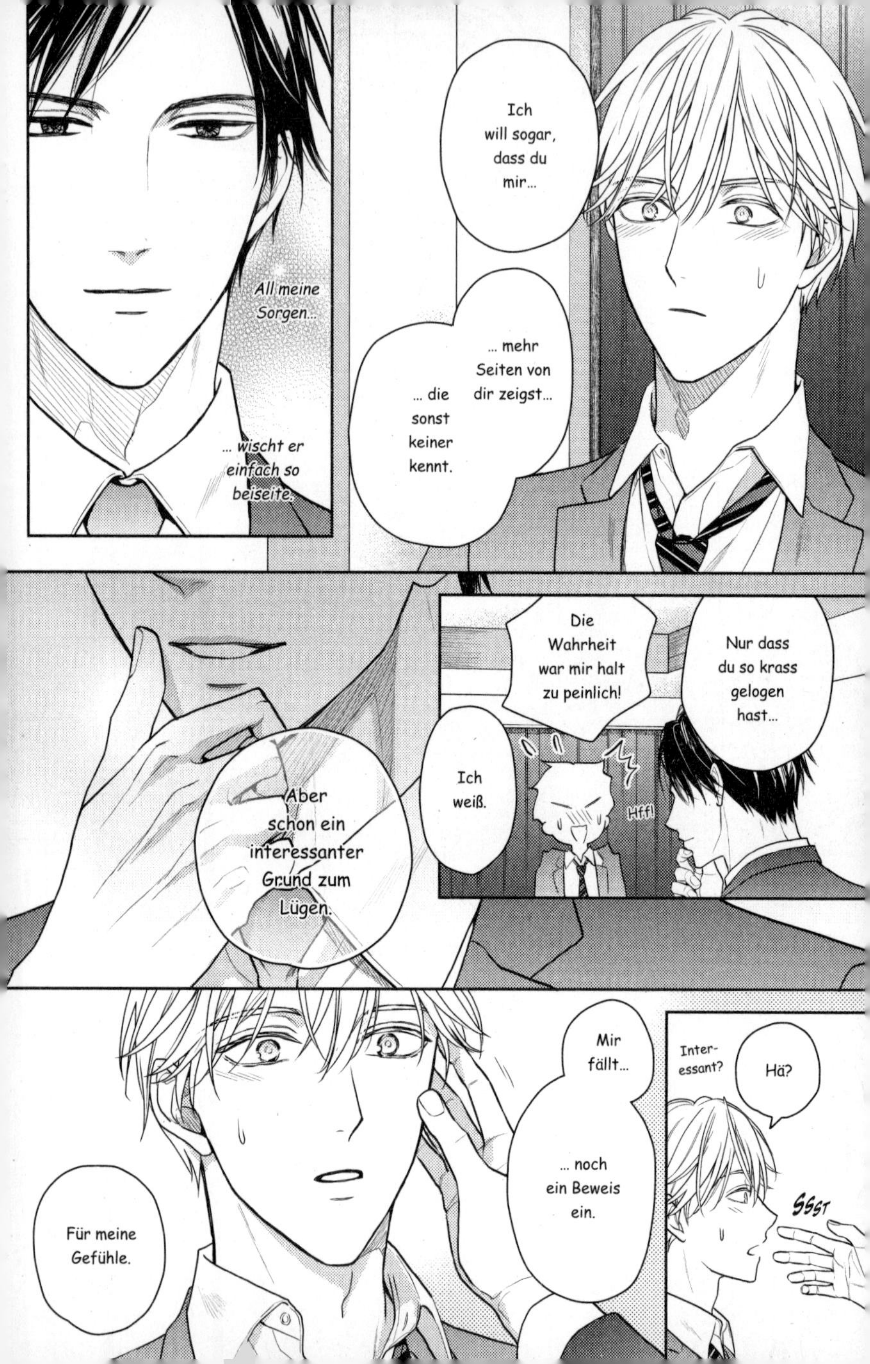
Ich will sogar, dass du mir...
... mehr Seiten von dir zeigst...
... die sonst keiner kennt.
All meine Sorgen...
... wischt er einfach so beiseite.
Nur dass du so krass gelogen hast...
Die Wahrheit war mir halt zu peinlich!
Ich weiß.
Hff!
Aber schon ein interessanter Grund zum Lügen.
Hä?
Inter-essant?
SSST
Mir fällt...
... noch ein Beweis ein.
Für meine Gefühle.

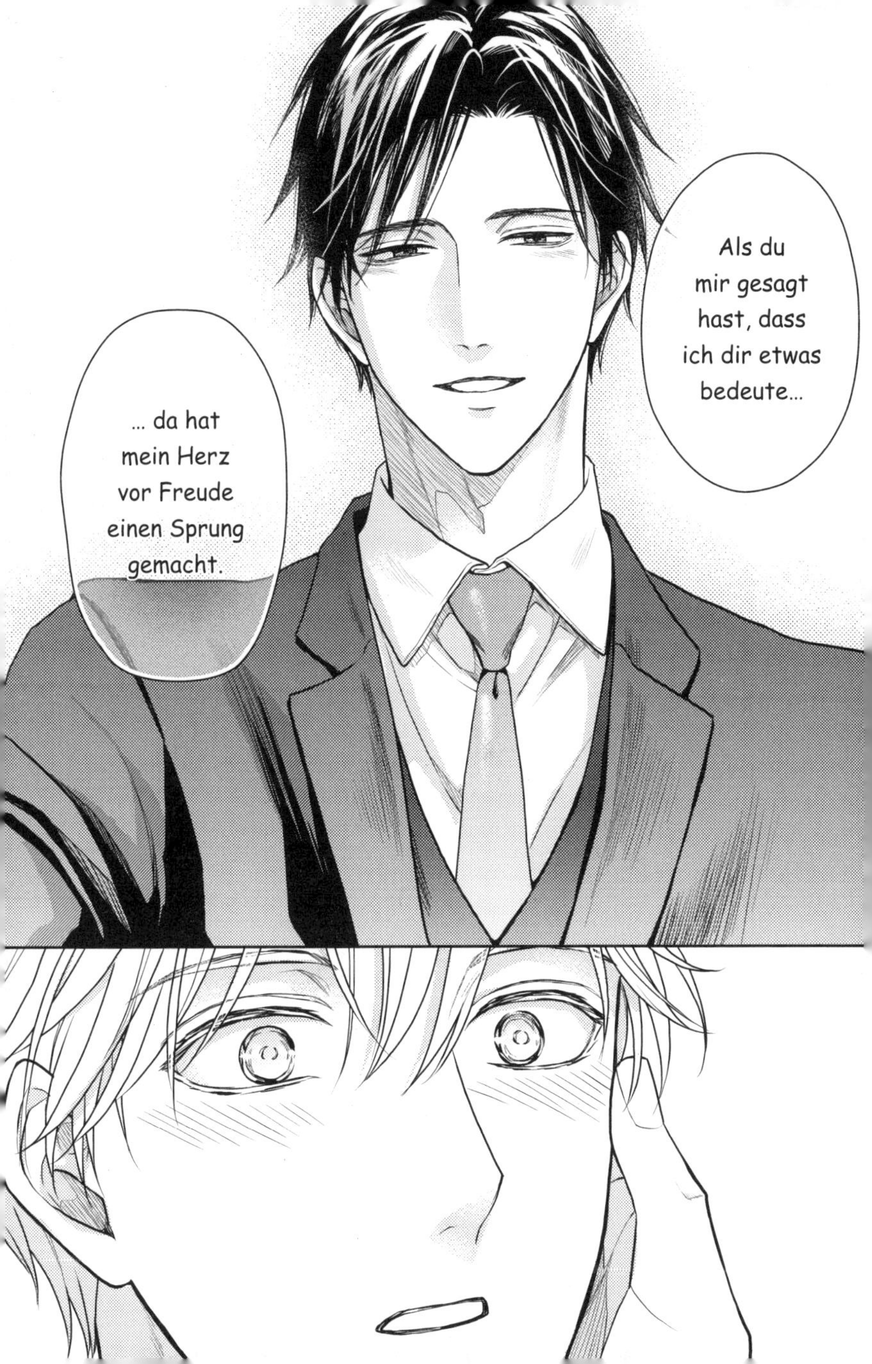

Als du mir gesagt hast, dass ich dir etwas bedeute…
… da hat mein Herz vor Freude einen Sprung gemacht.

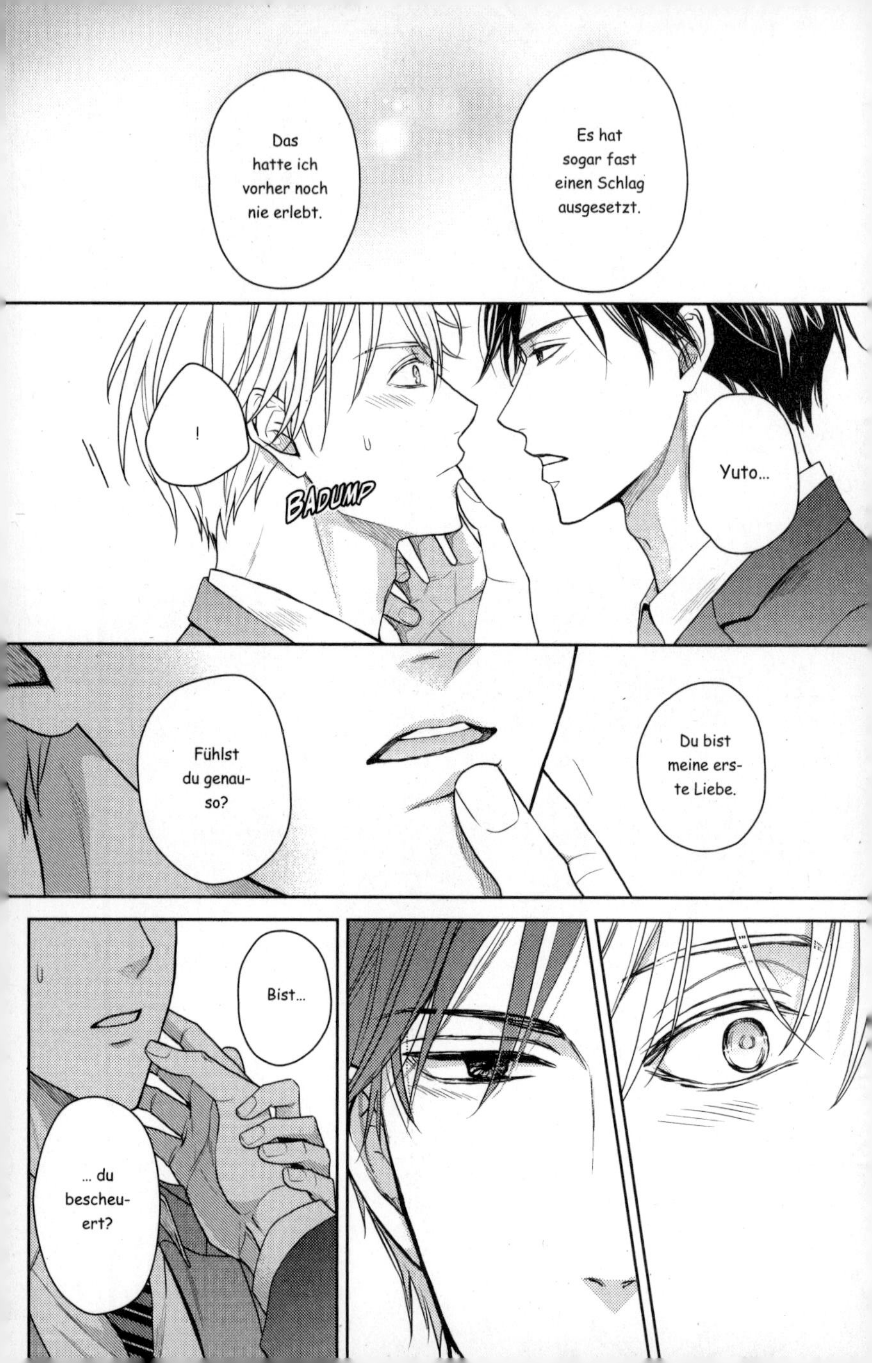
Es hat sogar fast einen Schlag ausgesetzt.
Das hatte ich vorher noch nie erlebt.
Yuto...
BADUMP
!
Du bist meine ers-te Liebe.
Fühlst du genau-so?
Bist...
... du bescheu-ert?

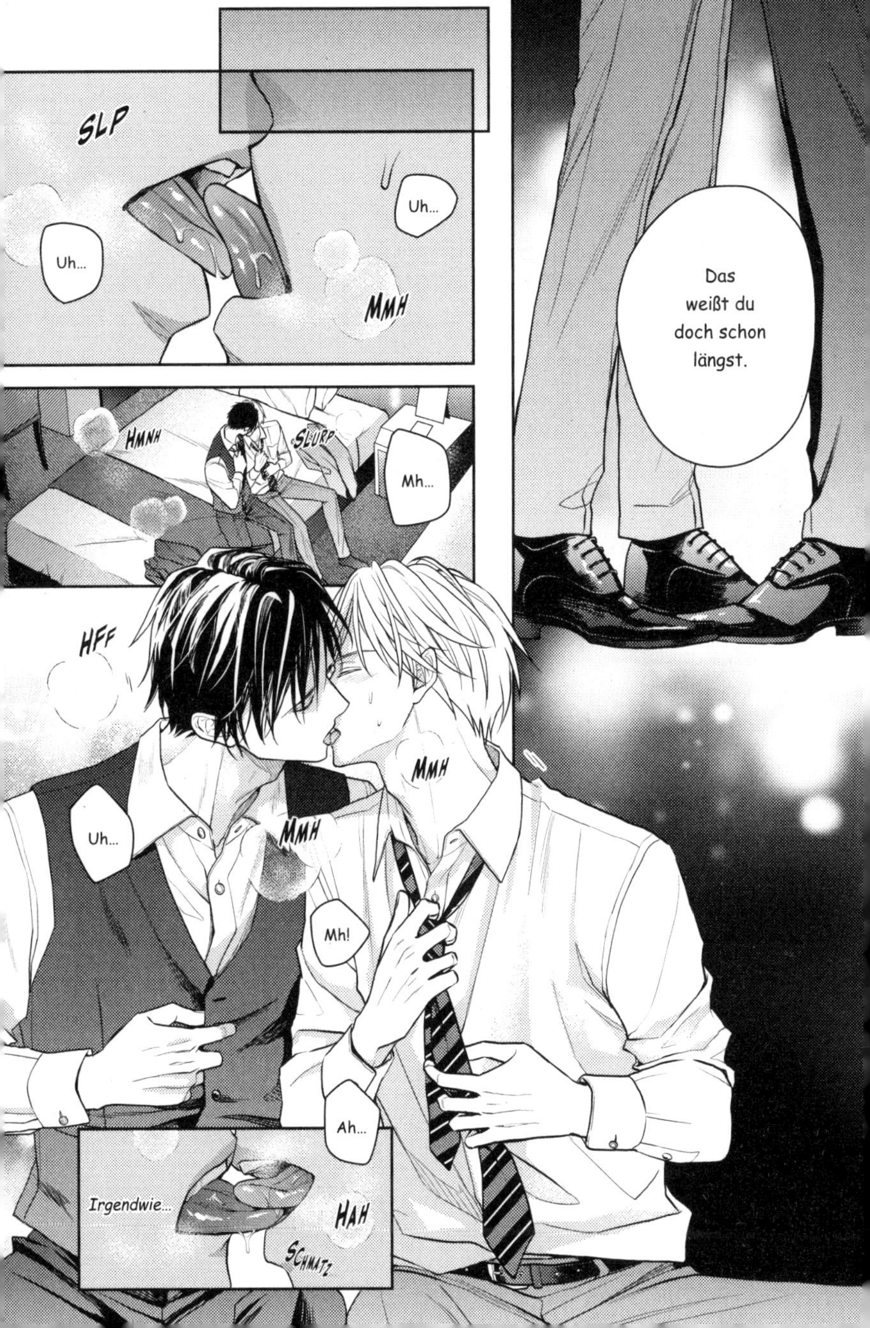
Das weißt du doch schon längst.
SLP
Uh...
Uh...
MMH
Mh...
SLURP
HMNH
MMH
HFF
MMH
Uh...
Mh!
Ah...
HAH
SCHMATZ
Irgendwie...

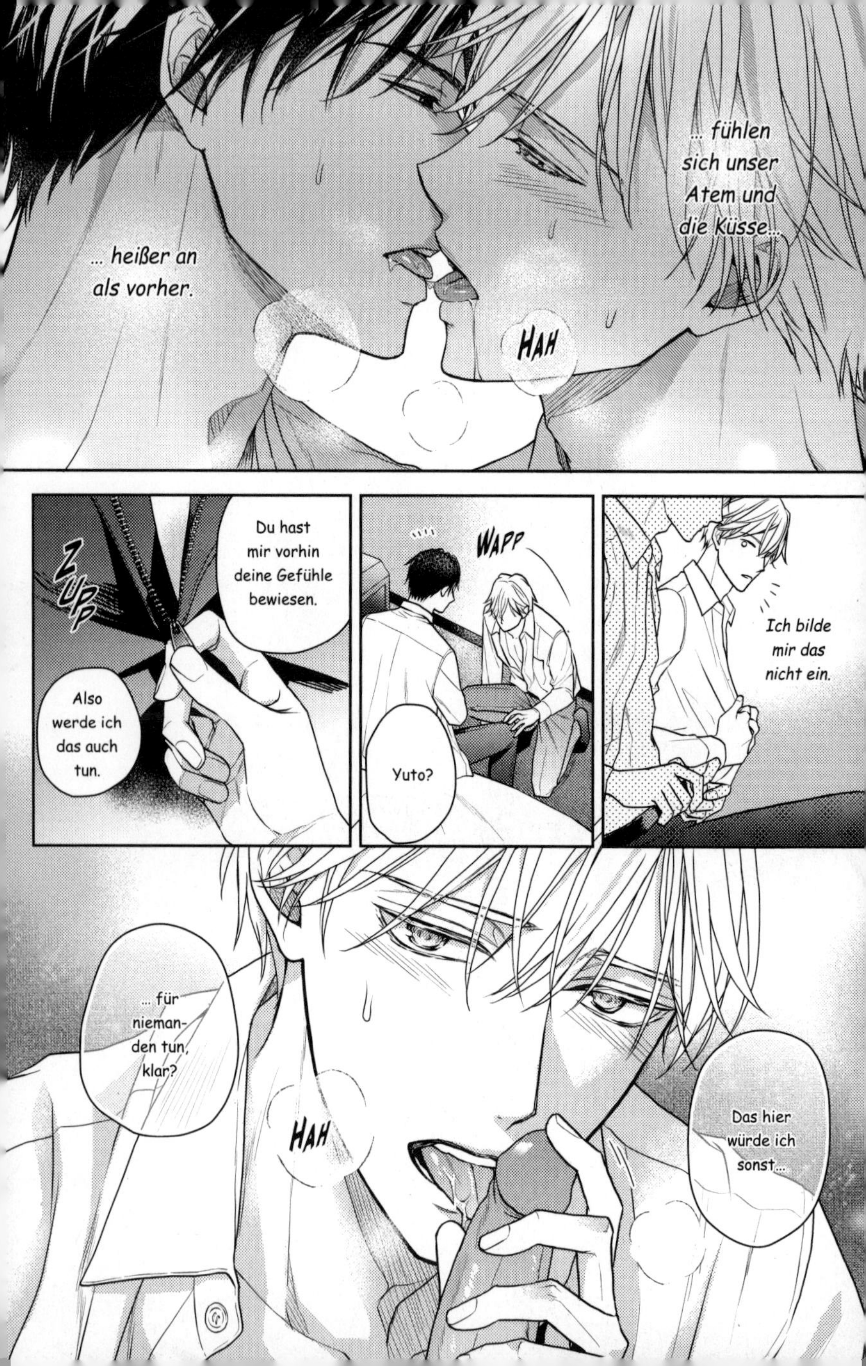
... fühlen sich unser Atem und die Küsse...
... heißer an als vorher.
HAH
Ich bilde mir das nicht ein.
WAPP
Yuto?
Du hast mir vorhin deine Gefühle bewiesen.
ZUPP
Also werde ich das auch tun.
Das hier würde ich sonst...
... für nieman-den tun, klar?
HAH

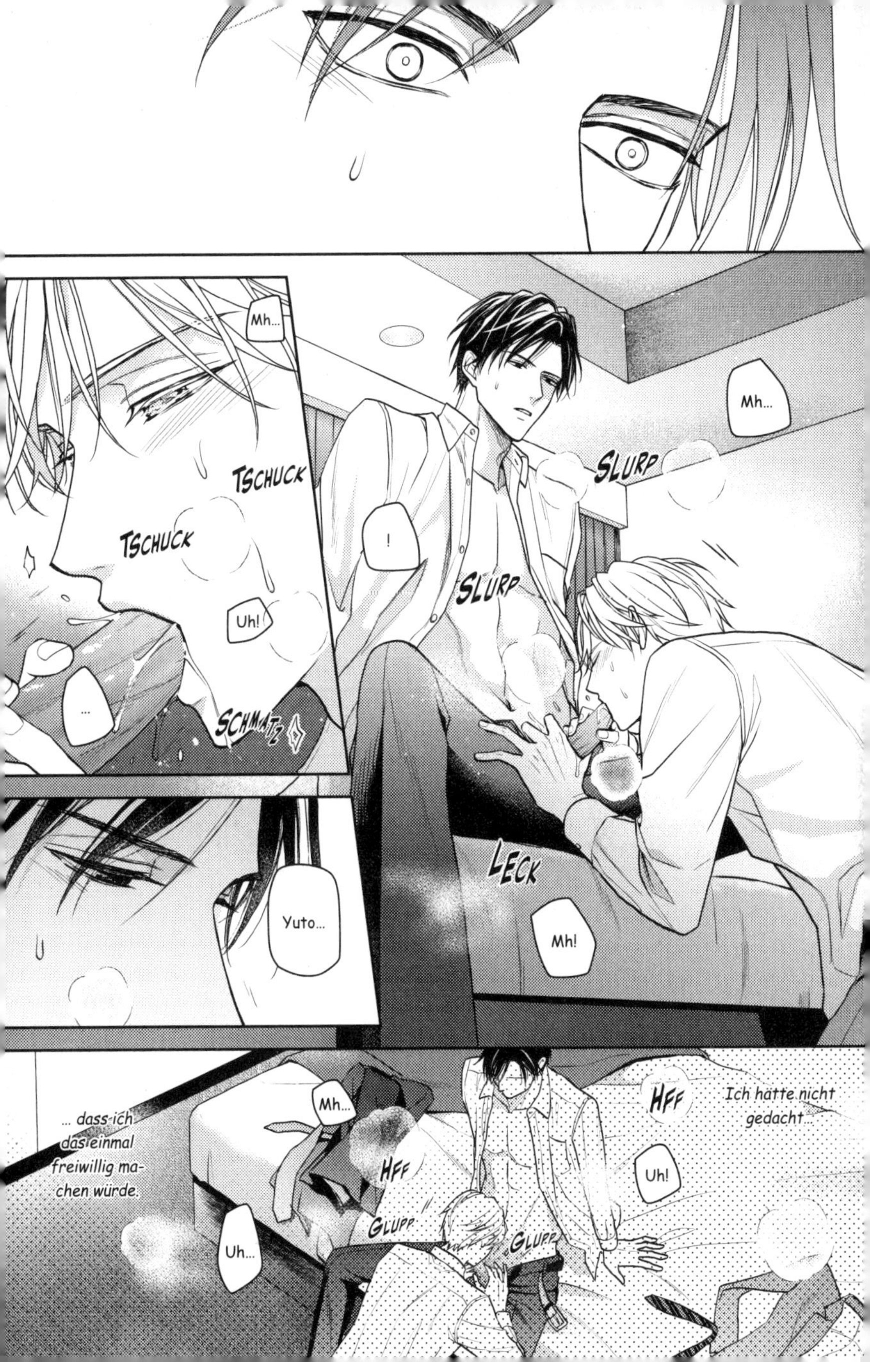
Mh...
Slurp
!
Slurp
Leck
Mh!
Mh...
Tschuck
Tschuck
Uh!
...
Schmatz
Yuto...
Ich hätte nicht gedacht...
Hff
Uh!
Mh...
Hff
Glupp
Glupp
Uh...
... dass ich das einmal freiwillig machen würde.

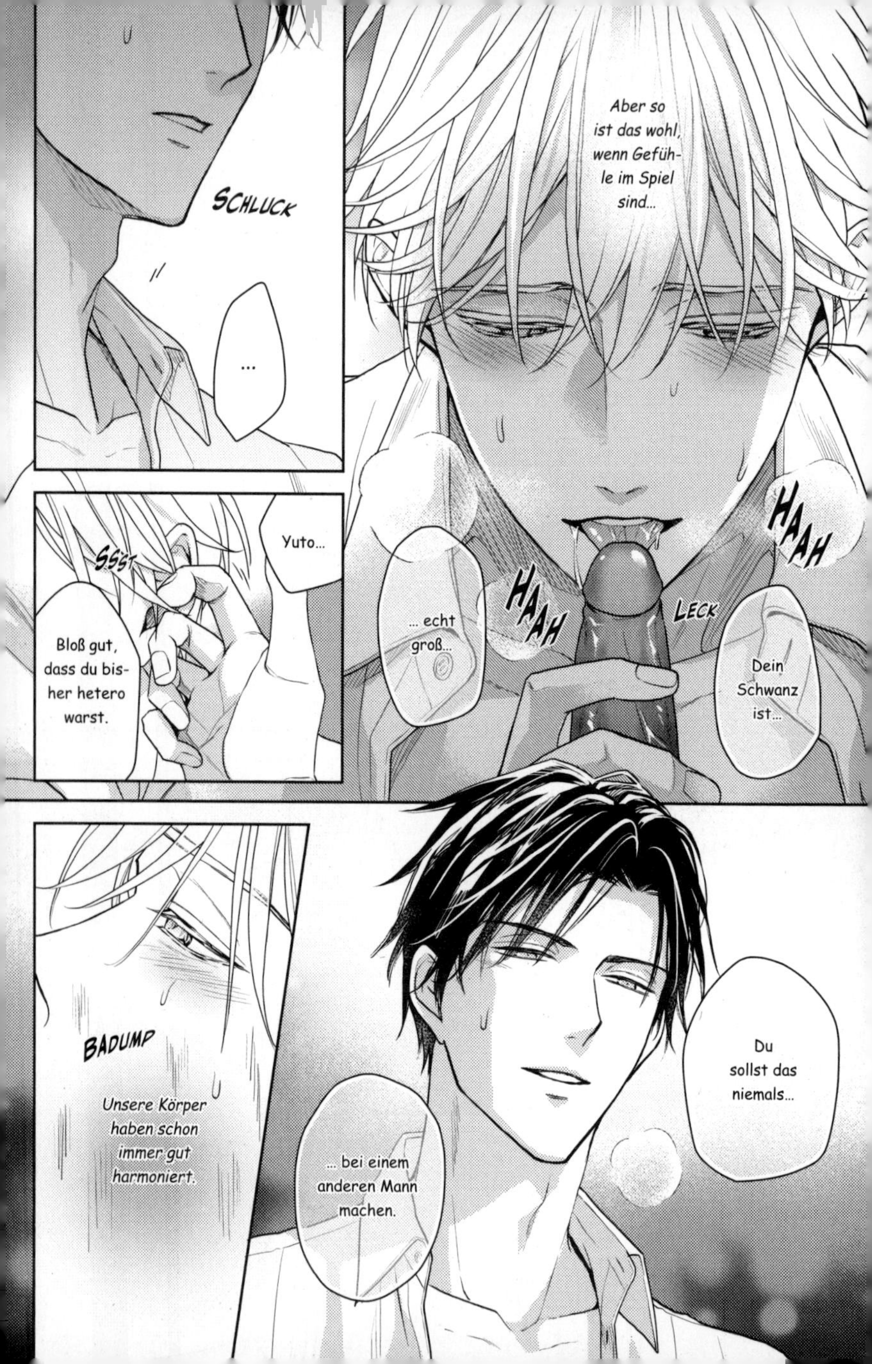
Aber so ist das wohl, wenn Gefühle im Spiel sind...
SCHLUCK
...
HAAH
Dein Schwanz ist...
LECK
HAAH
... echt groß...
Yuto...
SSST
Bloß gut, dass du bisher hetero warst.
Du sollst das niemals...
... bei einem anderen Mann machen.
BADUMP
Unsere Körper haben schon immer gut harmoniert.

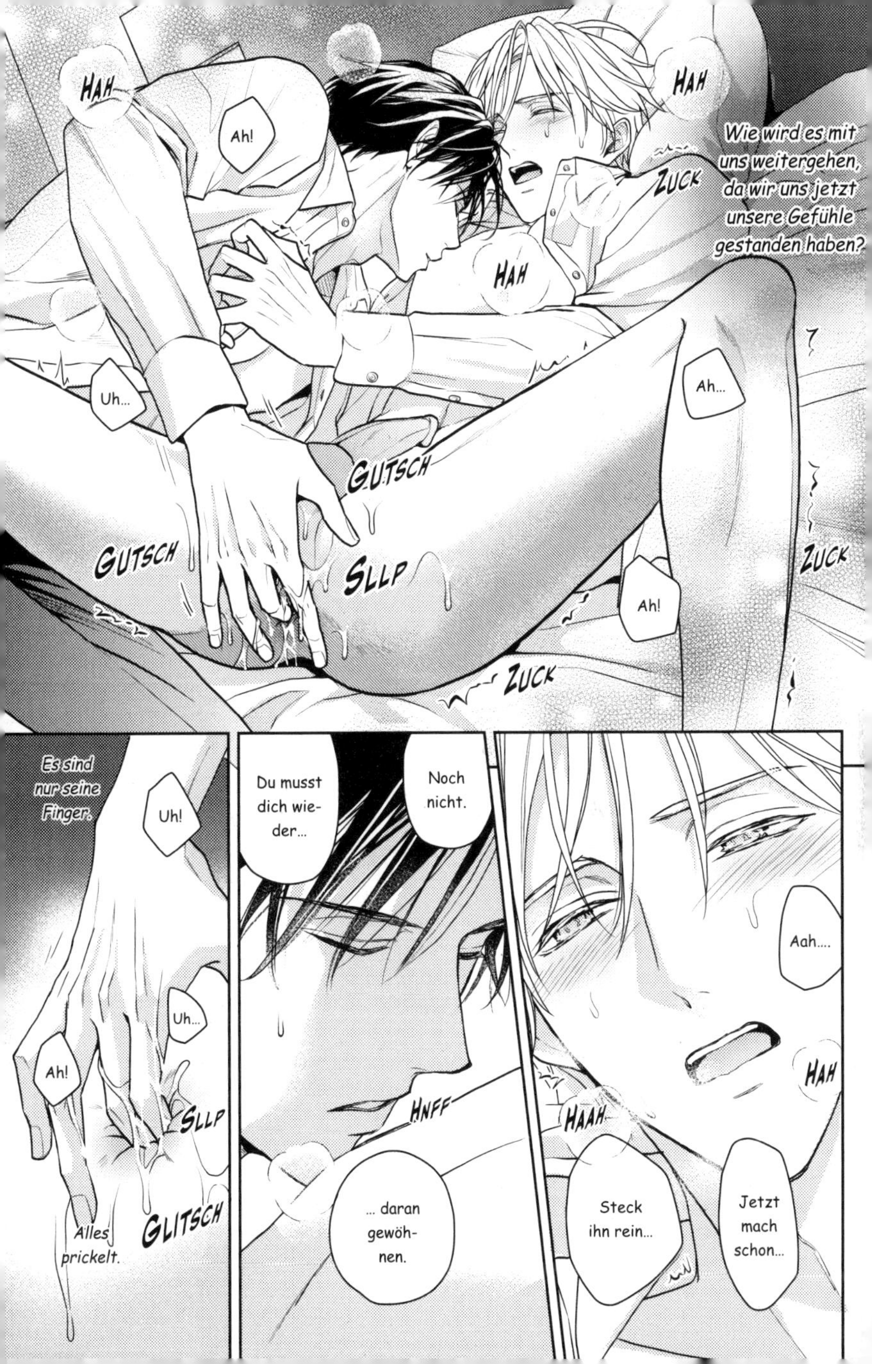

Hah
Wie wird es mit uns weitergehen, da wir uns jetzt unsere Gefühle gestanden haben?
Zuck
Hah
Ah!
Hah
Ah...
Uh...
Gutsch
Zuck
Ah!
Sllp
Gutsch
Zuck
Aah....
Hah
Haah
Jetzt mach schon...
Steck ihn rein...
Noch nicht.
Du musst dich wieder...
Hnff
... daran gewöhnen.
Es sind nur seine Finger.
Uh!
Uh...
Ah!
Sllp
Glitsch
Alles prickelt.

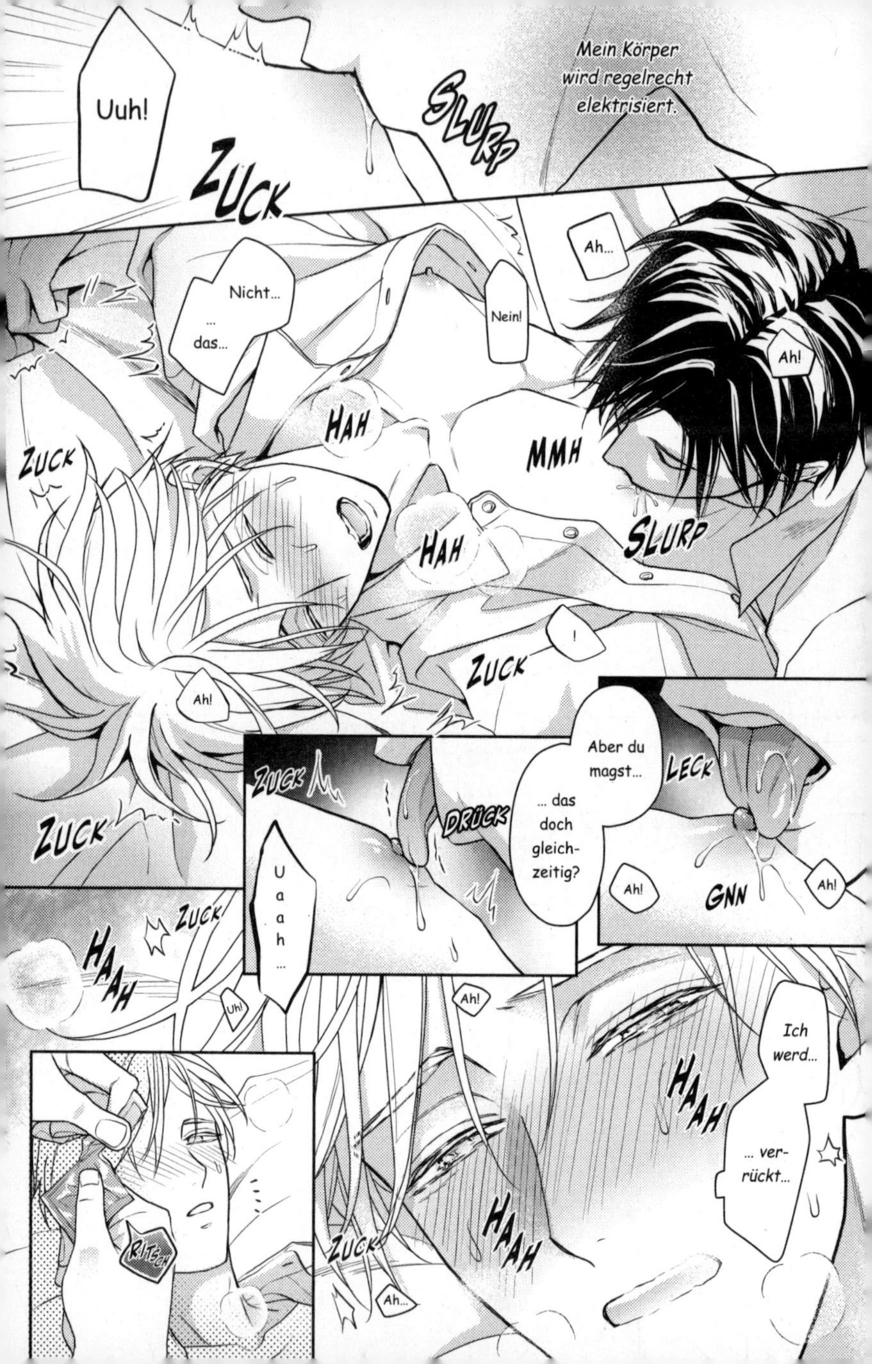
Mein Körper wird regelrecht elektrisiert.
SLURP
ZUCK
Uuh!
Ah...
Ah!
Nein!
Nicht...
... das...
MMH
HAH
SLURP
HAH
!
ZUCK
ZUCK
Ah!
ZUCK
LECK
Ah!
GNN
Ah!
Aber du magst...
... das doch gleich-zeitig?
DRÜCK
ZUCK
Uaah...
Ich werd...
... ver-rückt...
HAAH
HAAH
Ah!
ZUCK
Ah...
HAAH
ZUCK
Uh!
RITSCH

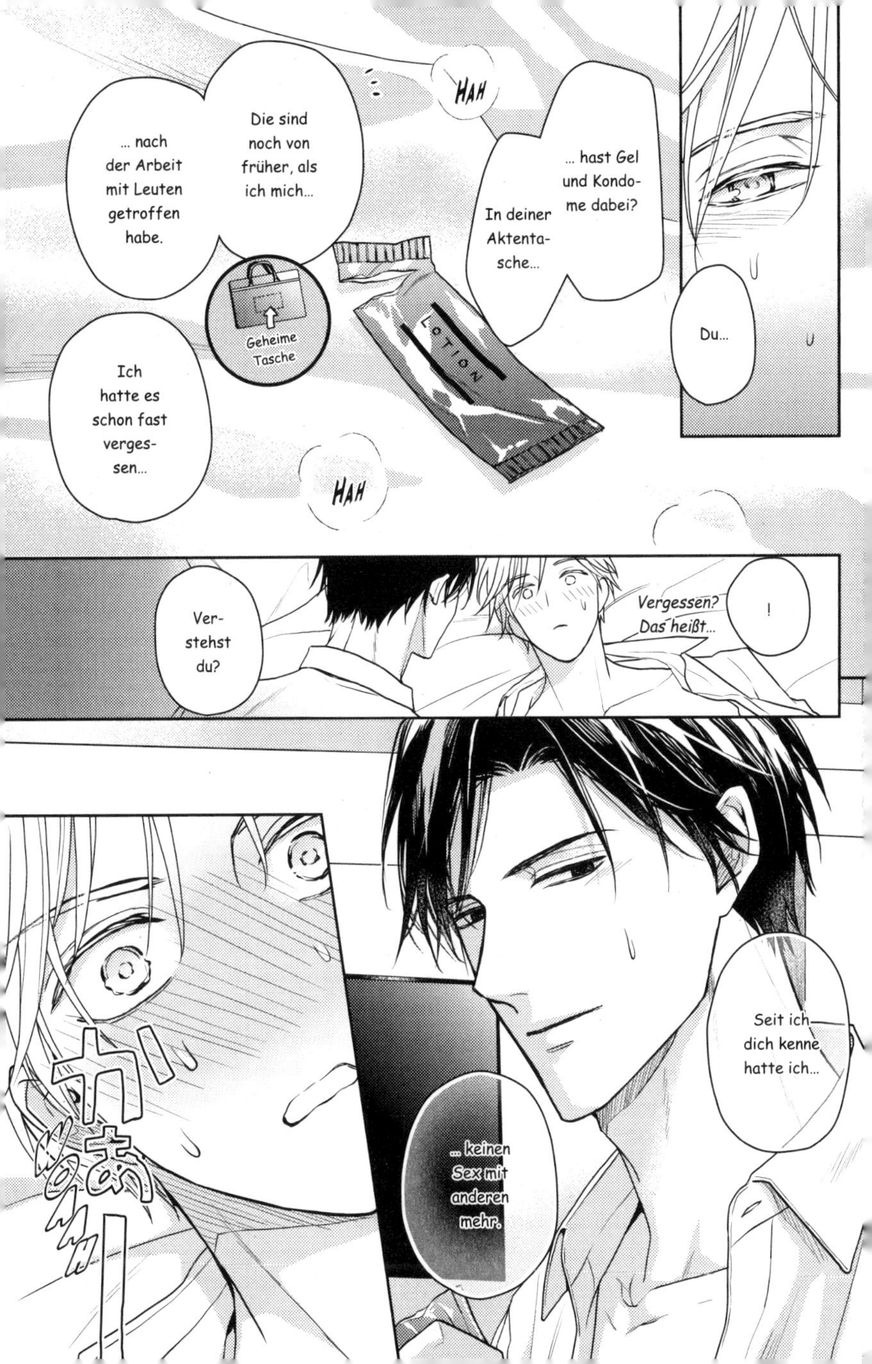
Du...
In deiner Aktentasche...
... hast Gel und Kondome dabei?
HAH
Die sind noch von früher, als ich mich...
... nach der Arbeit mit Leuten getroffen habe.
Geheime Tasche
LOTION
Ich hatte es schon fast vergessen...
HAH
!
Vergessen? Das heißt...
Verstehst du?
Seit ich dich kenne hatte ich...
... keinen Sex mit anderen mehr.

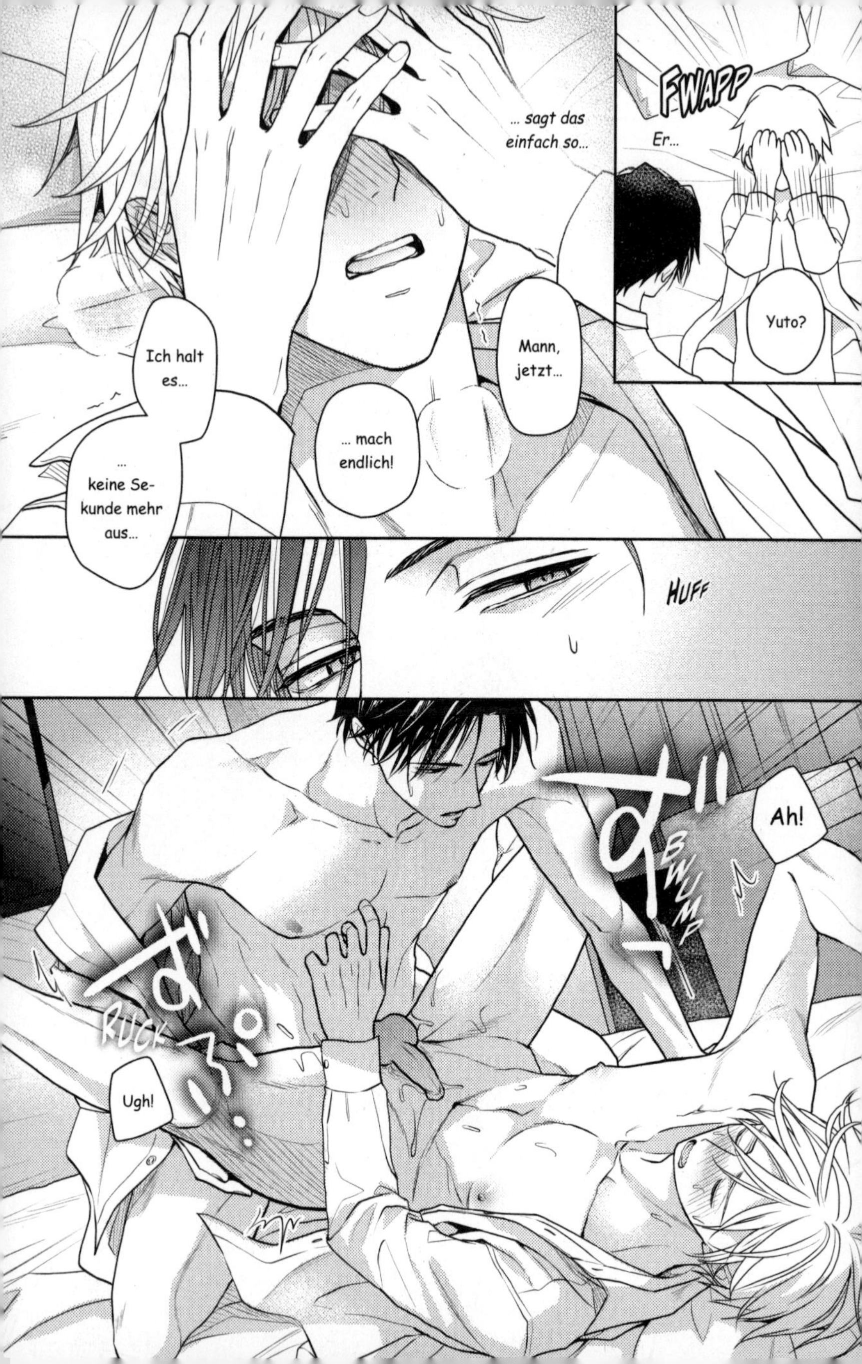
FWAPP
Er...
Yuto?
... sagt das einfach so...
Mann, jetzt...
... mach endlich!
Ich halt es...
... keine Se-
kunde mehr
aus...
HUFF
Ah!
BWUMP
RUCK
Ugh!

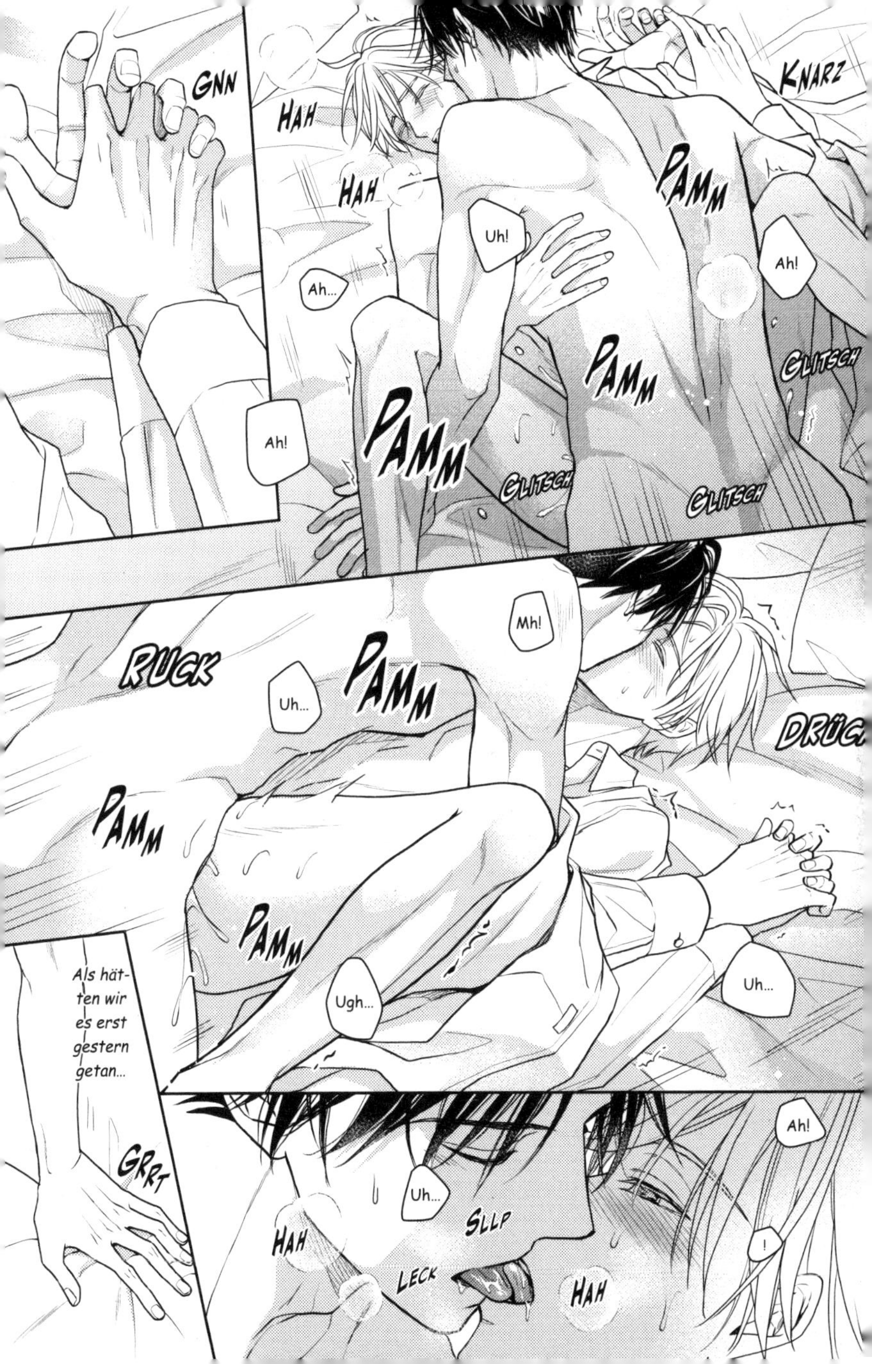

Knarz
Ah!
Pamm
Uh!
Hah
Hah
Ah...
Glitsch
Pamm
Pamm
Ah!
Glitsch
Glitsch
Gnn
Drüc
Mh!
Pamm
Uh...
Ruck
Pamm
Pamm
Uh...
Ugh...
Ah!
!
Uh...
Sllp
Hah
Leck
Hah
Als hätten wir es erst gestern getan...
Grrt

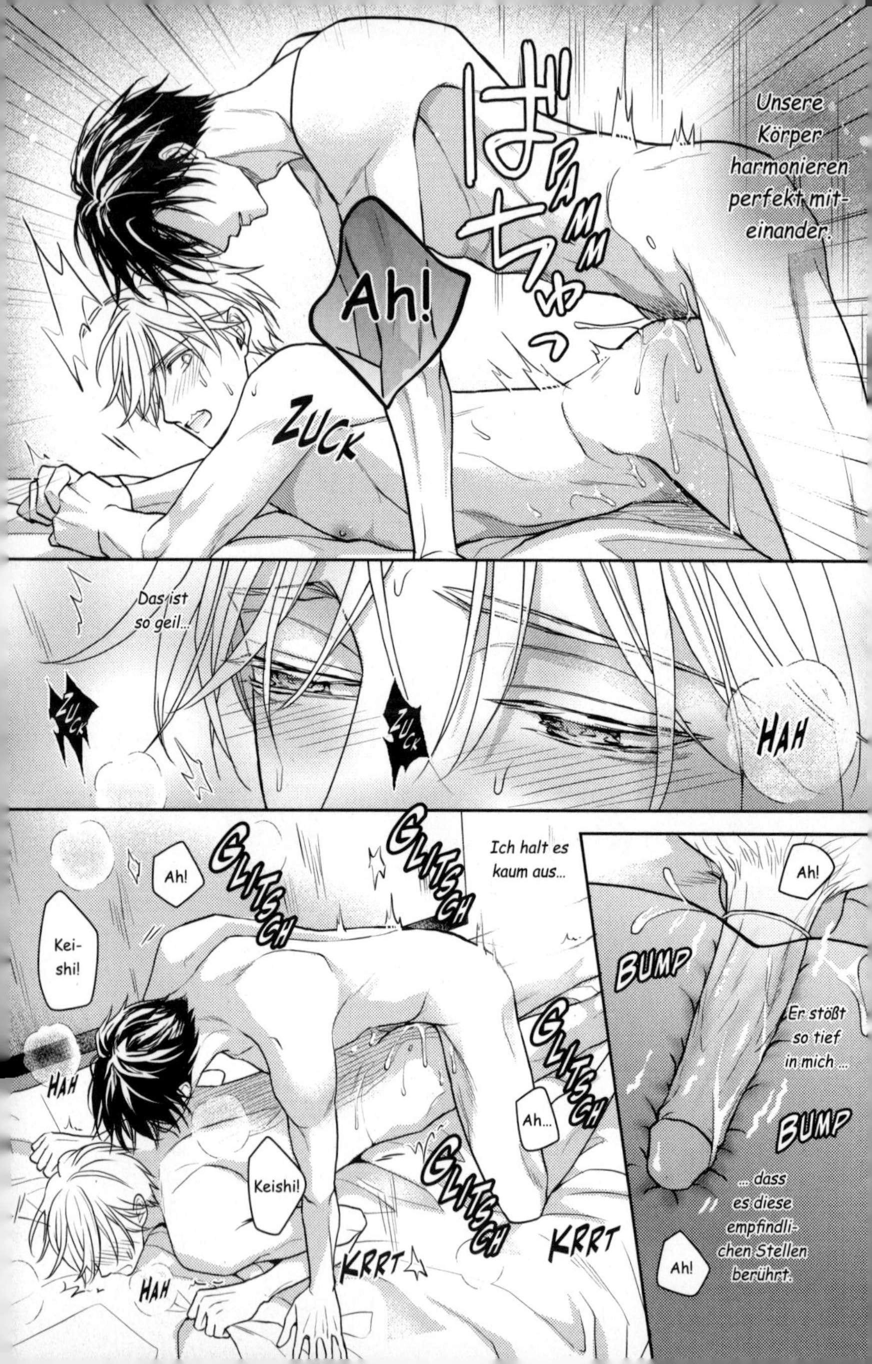
Unsere Körper harmonieren perfekt miteinander.
ぱちゅっ
PAMMM
Ah!
ZUCK
HAH
ZUCK
ZUCK
Das ist so geil...
Ah!
BUMP
Er stößt so tief in mich ...
BUMP
... dass es diese empfindlichen Stellen berührt.
Ah!
Ich halt es kaum aus...
GLITSCH
GLITSCH
Ah!
Kei-shi!
GLITSCH
Ah...
GLITSCH
Keishi!
KRRT
KRRT
HAH
HAH

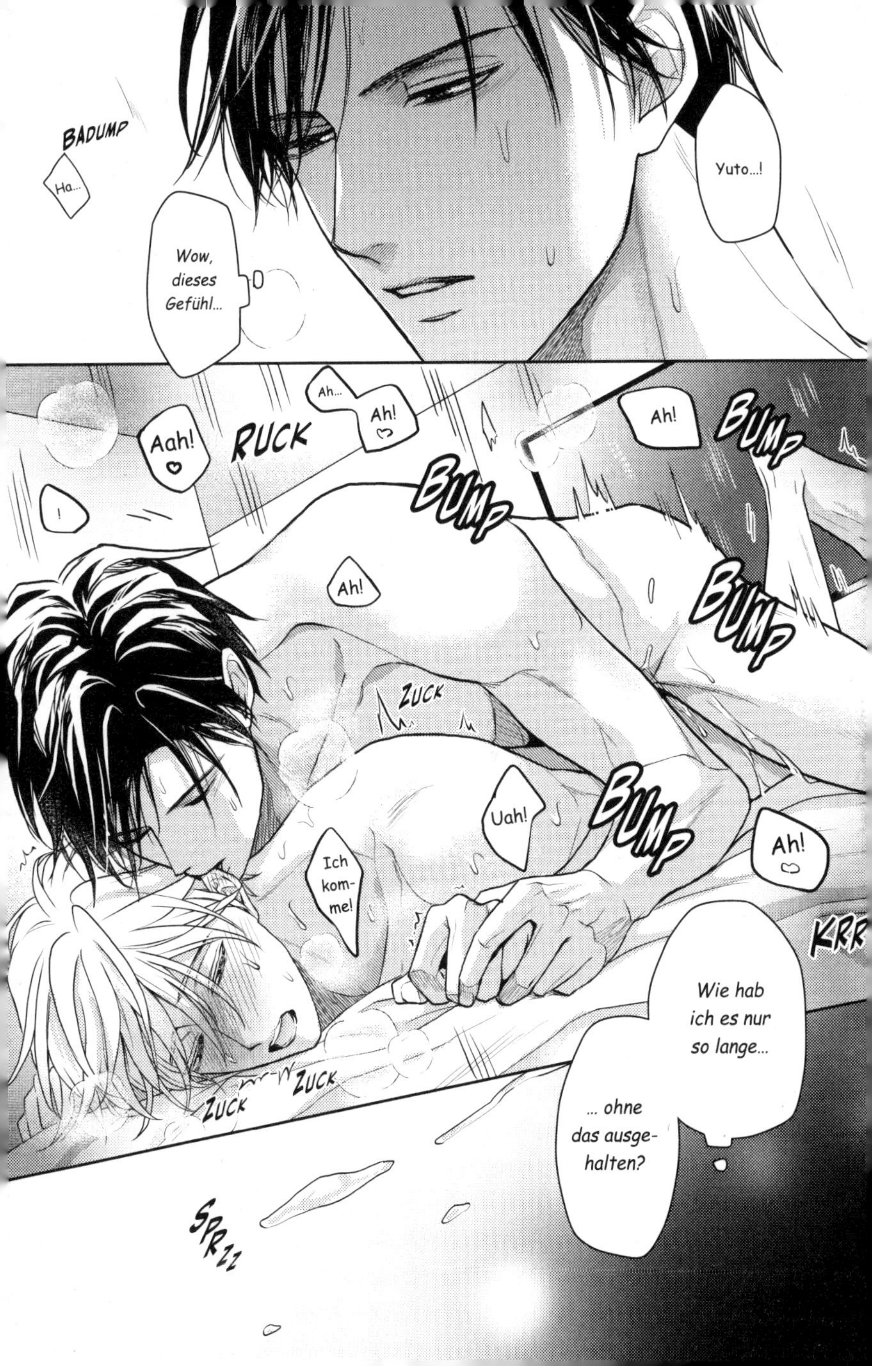
Yuto...!
BADUMP
Ha...
Wow, dieses Gefühl...
Ah!
BUMP
Ah...
Ah!
RUCK
Aah!
!
BUMP
BUMP
Ah!
ZUCK
Ah!
BUMP
Uah!
Ich kom-me!
KRR
Wie hab ich es nur so lange...
... ohne das ausge-halten?
ZUCK
ZUCK
SPRZZ

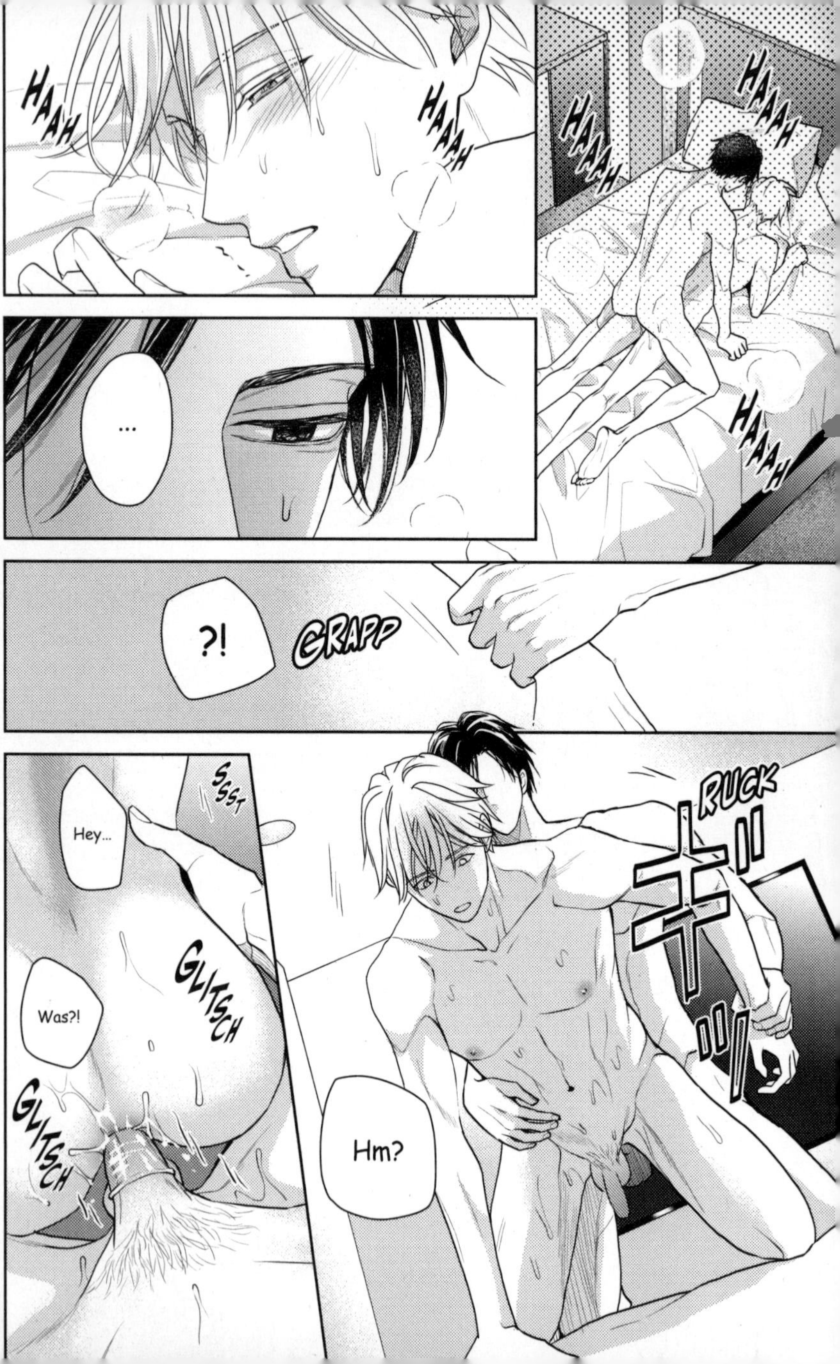
HAAAH
HAAAH
HAAAH
HAAAH
HAAAH
...
?!
GRAPP
RUCK
Hm?
SSST
Hey...
GLITSCH
Was?!
GLITSCH

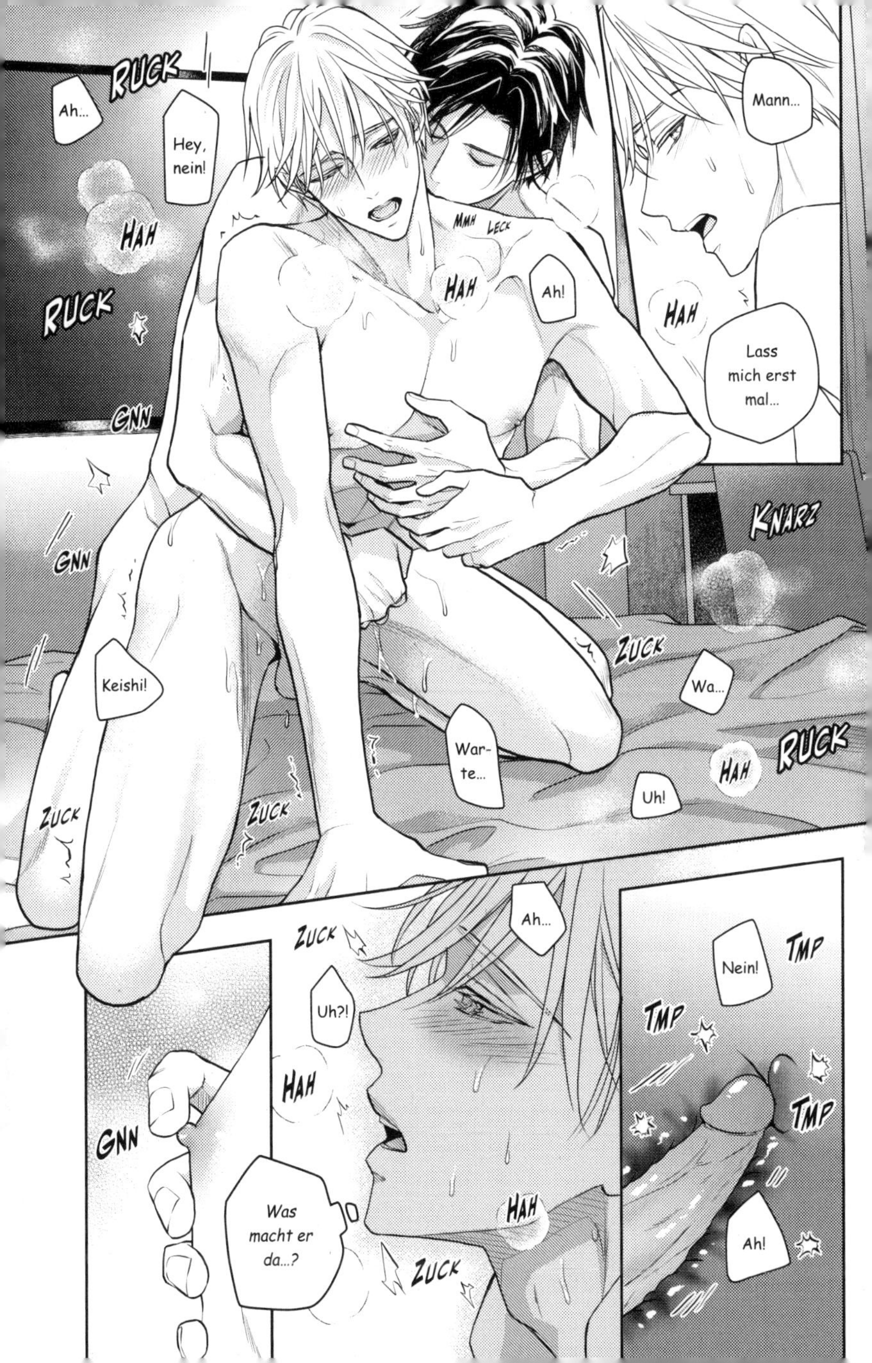
Mann...
HAH
Lass mich erst mal...
Ah!
HAH
LECK
MMH
Hey, nein!
RUCK
Ah...
HAH
RUCK
GNN
KNARZ
GNN
ZUCK
Wa...
Keishi!
RUCK
HAH
Uh!
War-te...
ZUCK
ZUCK
TMP
Nein!
TMP
TMP
Ah!
Ah...
ZUCK
Uh?!
HAH
HAH
Was macht er da...?
ZUCK
GNN

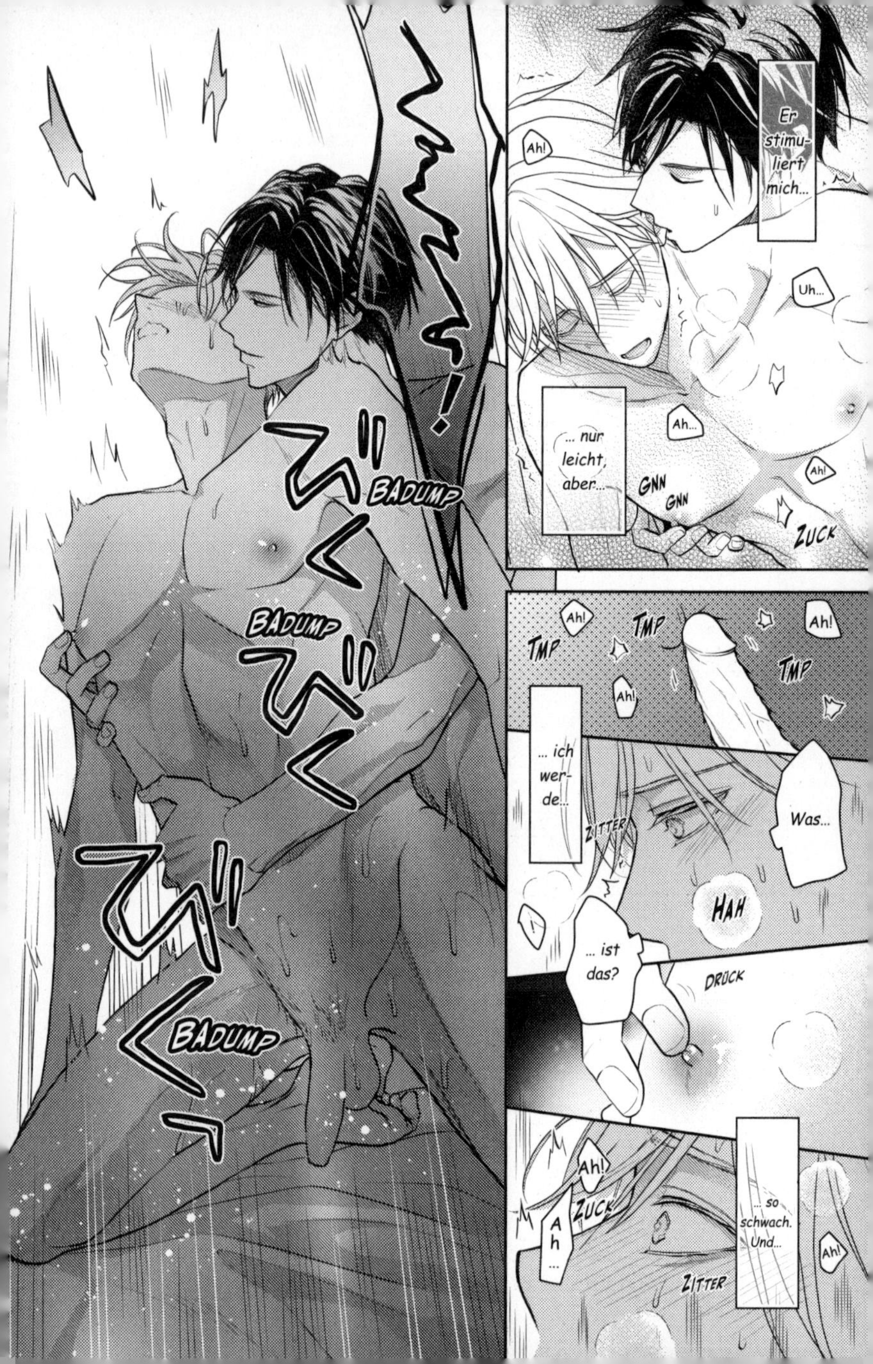
Er stimu-liert mich...
Ah!
Uh...
Ah...
... nur leicht, aber...
GNN
GNN
Ah!
ZUCK
Ah!
TMP
Ah!
TMP
Ah!
TMP
Was...
... ich wer-de...
ZITTER
HAH
... ist das?
DRÜCK
... so schwach. Und...
Ah!
Ah!
ZUCK
Ah...
ZITTER
BADUMP
BADUMP
BADUMP

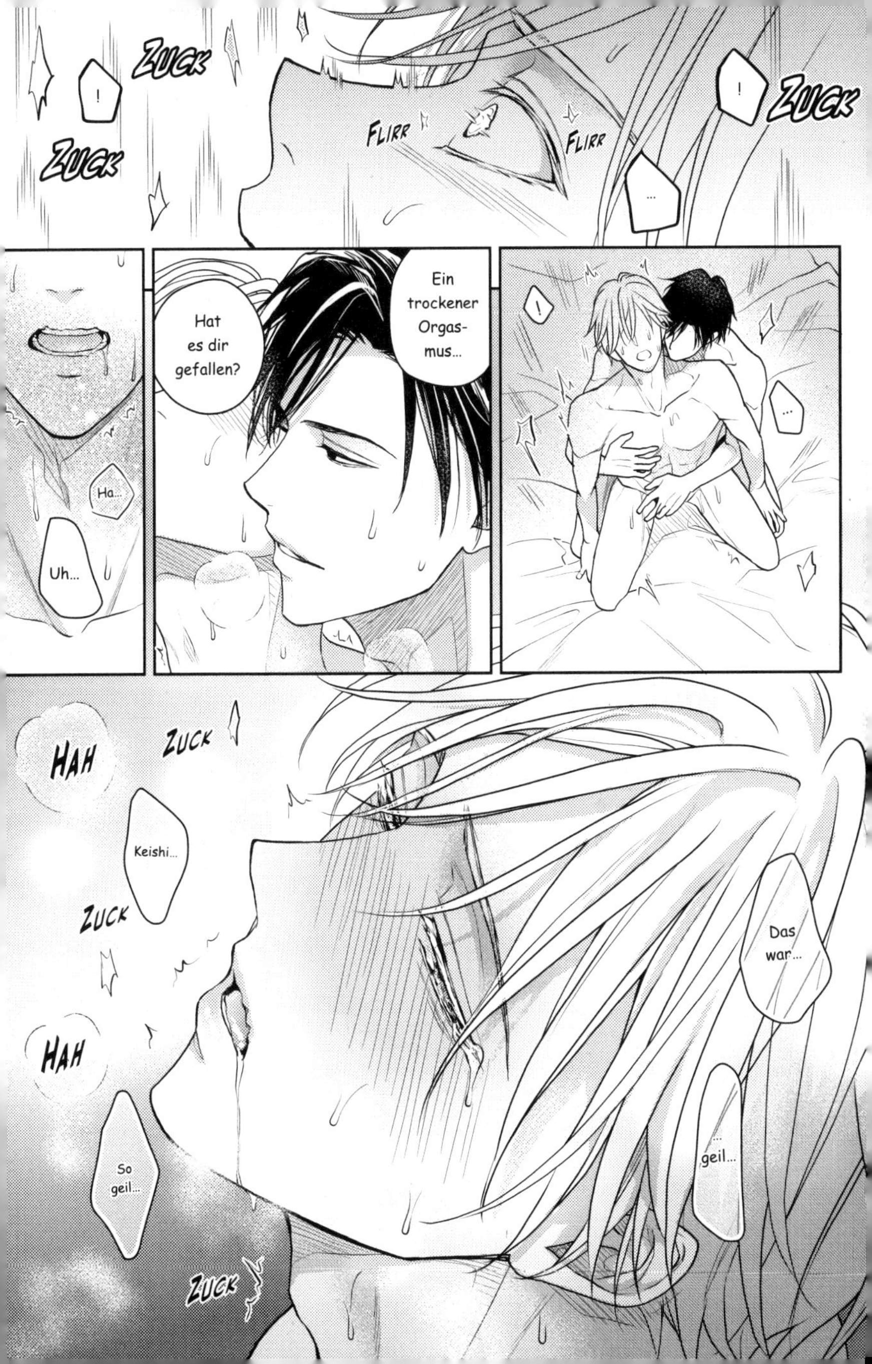
ZUCK
!
...
FLIRR
FLIRR
!
ZUCK
ZUCK
!
...
Ein trockener Orgasmus...
Hat es dir gefallen?
Ha...
Uh...
Das war...
... geil...
HAH
ZUCK
Keishi...
ZUCK
HAH
So geil...
ZUCK

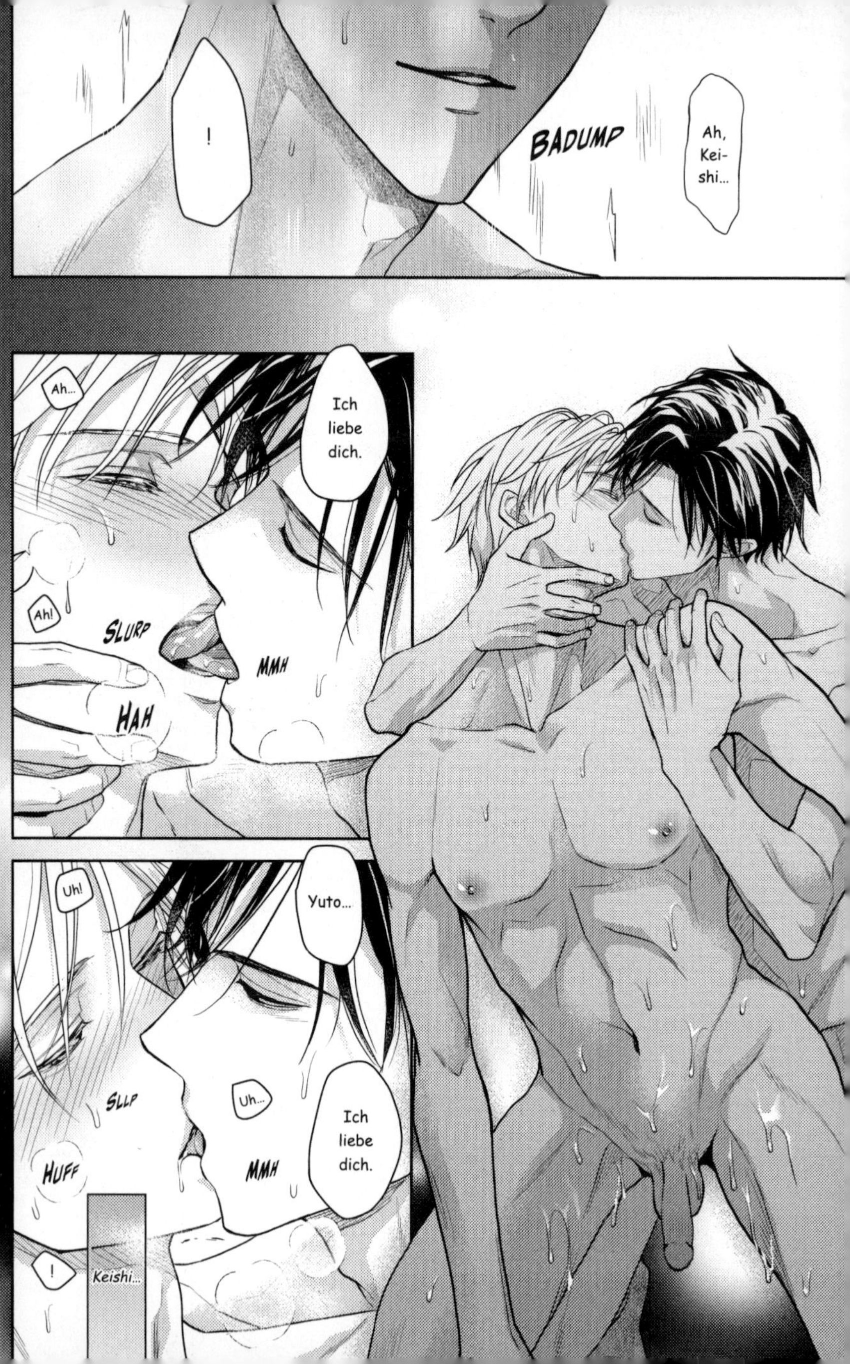

Ah, Kei-shi...
BADUMP
!
Ich liebe dich.
Ah...
MMH
Ah!
SLURP
HAH
Yuto...
Uh!
Ich liebe dich.
Uh...
MMH
SLLP
HUFF
Keishi...
!

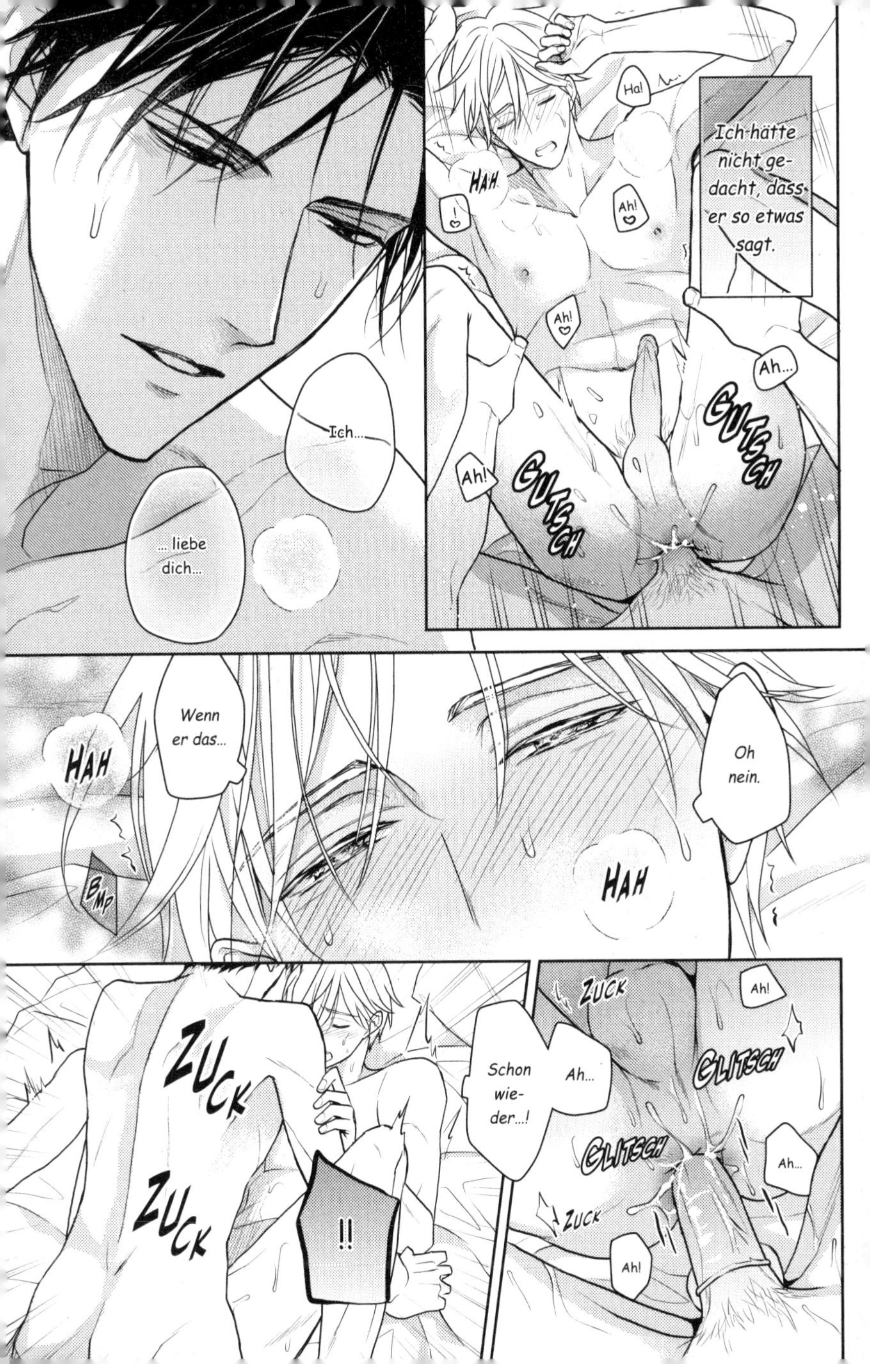

Ha!
Ich hätte nicht gedacht, dass er so etwas sagt.
HAH
!
Ah!
Ah!
Ah...
GLITSCH
Ah!
GLITSCH
Ich...
... liebe dich...
Oh nein.
HAH
Wenn er das...
HAH
BMP
Ah!
ZUCK
GLITSCH
Ah...
Ah...
Schon wie-der...!
GLITSCH
ZUCK
Ah!
!!
ZUCK
ZUCK

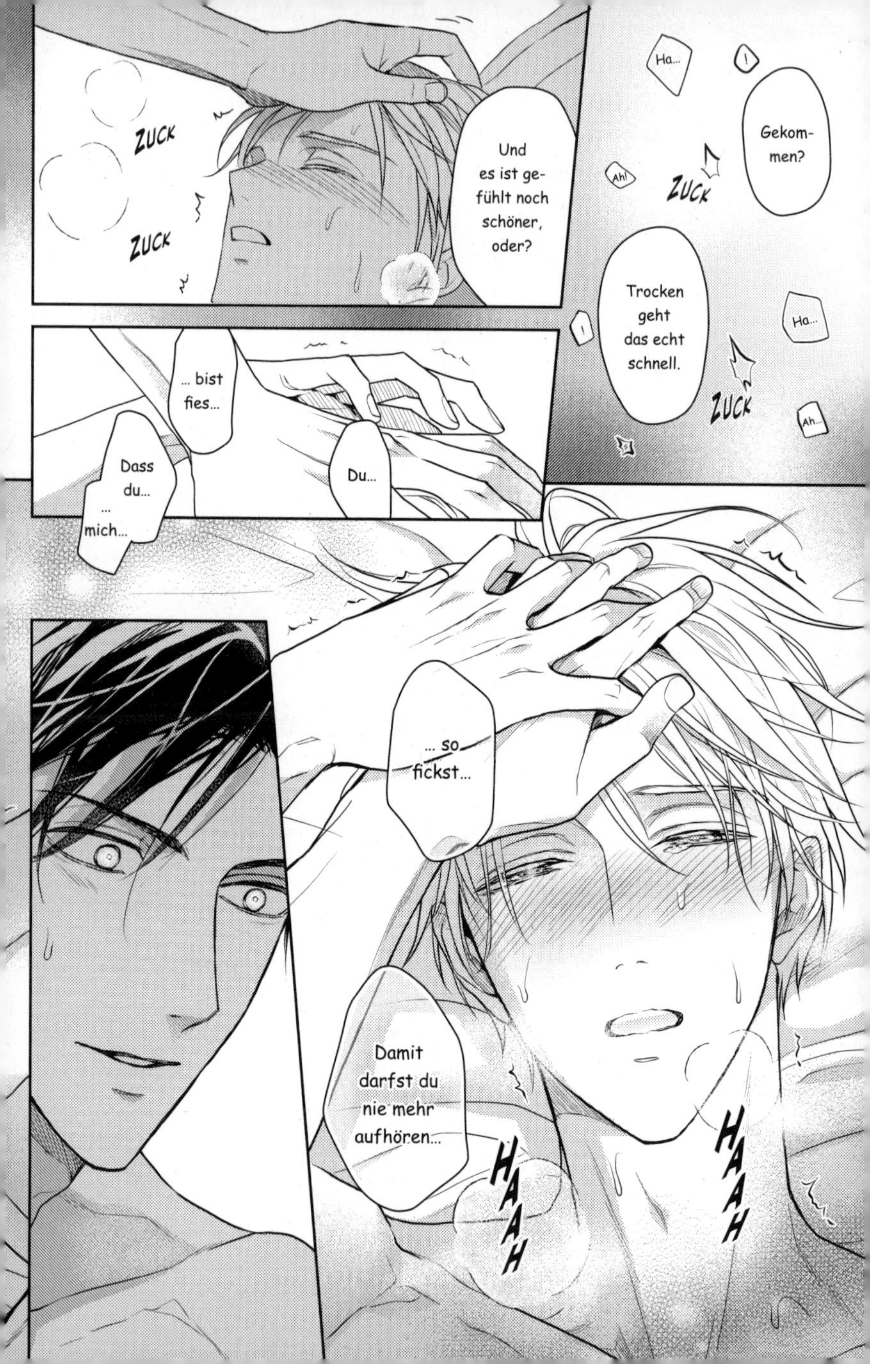
Ha...
!
Gekom-
men?
Ah!
ZUCK
Und
es ist ge-
fühlt noch
schöner,
oder?
ZUCK
ZUCK
Trocken
geht
das echt
schnell.
!
Ha...
ZUCK
Ah...
Du...
... bist
fies...
Dass
du...
...
mich...
... so
fickst...
Damit
darfst du
nie mehr
aufhören...
HAAAH
HAAH

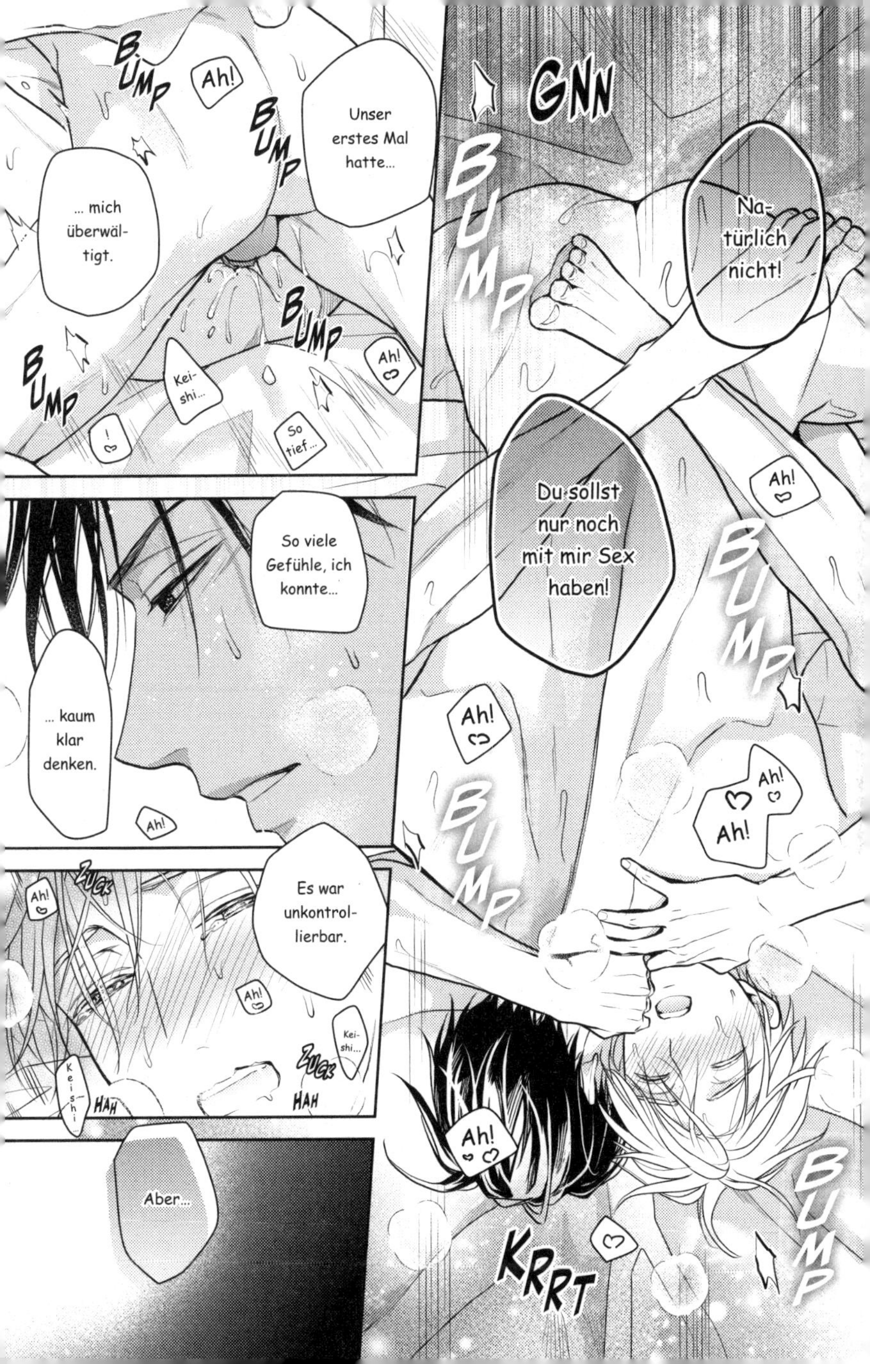
GNN
BUMP
Natürlich nicht!
Du sollst nur noch mit mir Sex haben!
Ah!
BUMP
Ah!
BUMP
Ah! Ah!
Ah!
Ah!
KRRT
BUMP
BUMP
Ah!
BUMP
Unser erstes Mal hatte...
... mich überwältigt.
BUMP
BUMP
Ah!
Keishi...
So tief...
!
So viele Gefühle, ich konnte...
... kaum klar denken.
Ah!
Es war unkontrollierbar.
ZUCK
Ah!
Ah!
Keishi...
ZUCK
HAH
Keishi...
HAH
Aber...

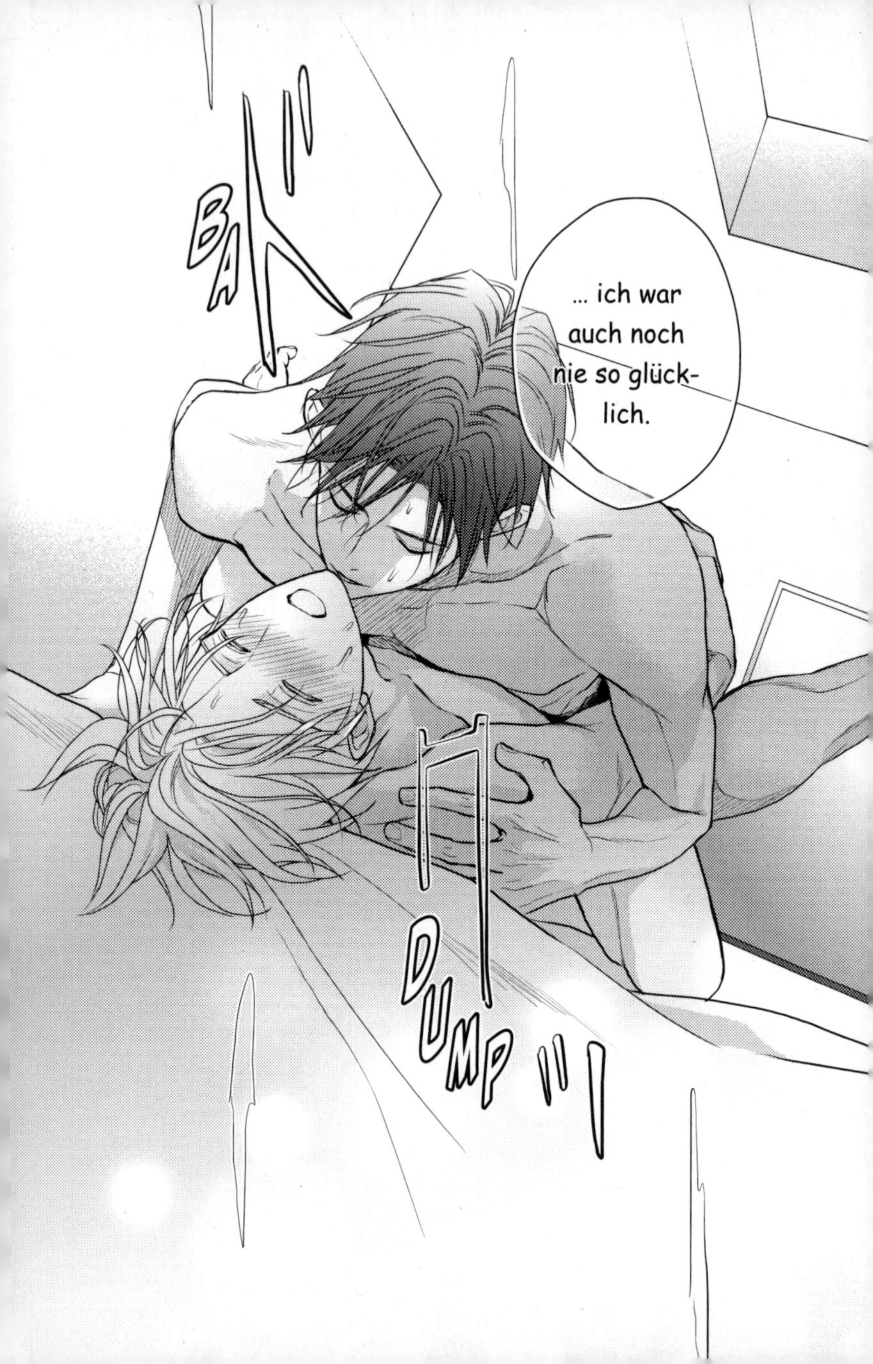

... ich war auch noch nie so glück-lich.
BA
DUMP

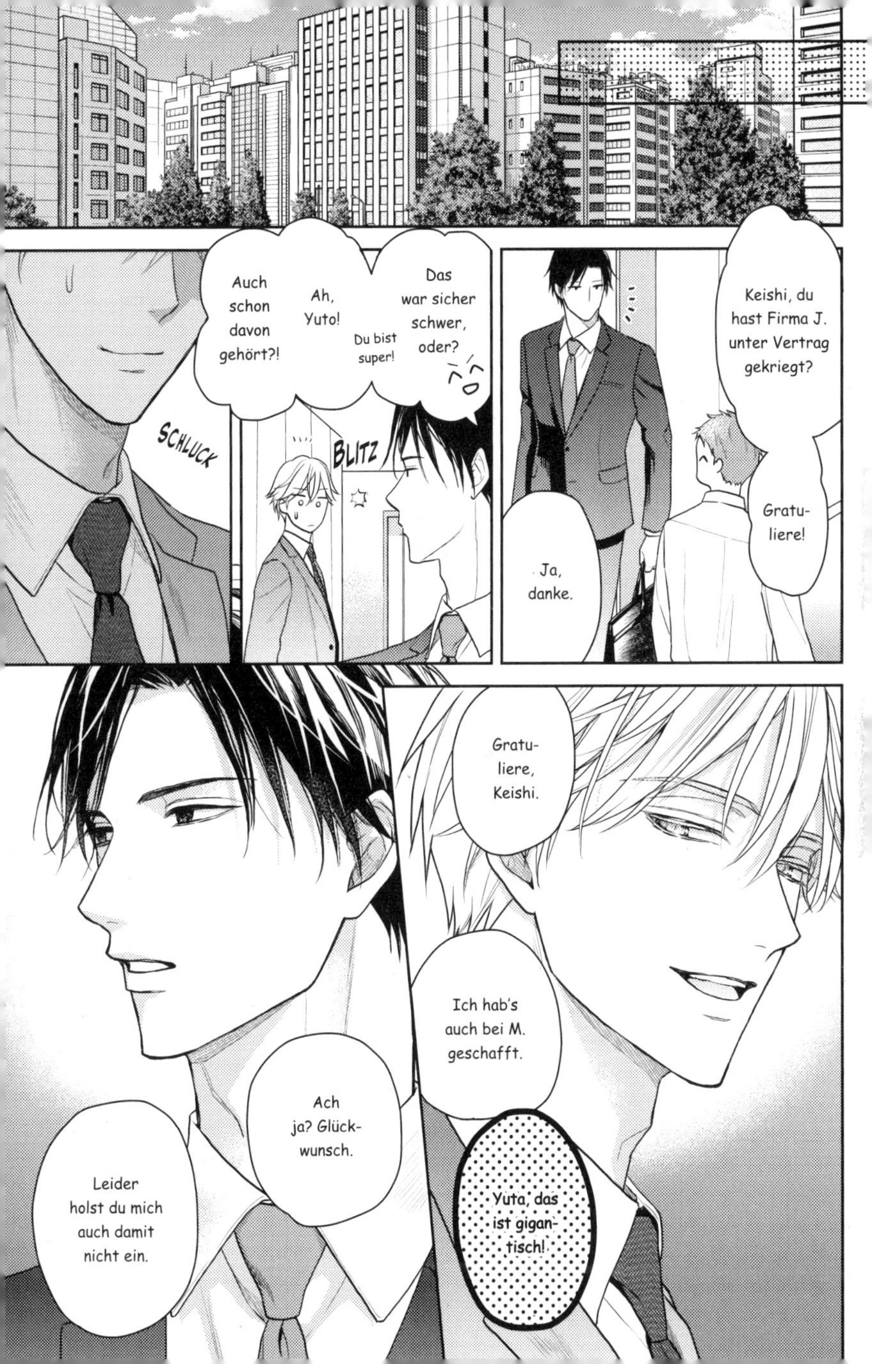

Keishi, du hast Firma J. unter Vertrag gekriegt?
Gratuliere!
Ja, danke.
Das war sicher schwer, oder?
Du bist super!
Ah, Yuto!
BLITZ
Auch schon davon gehört?!
SCHLUCK
Gratuliere, Keishi.
Ich hab's auch bei M. geschafft.
Yuta, das ist gigantisch!
Ach ja? Glückwunsch.
Leider holst du mich auch damit nicht ein.

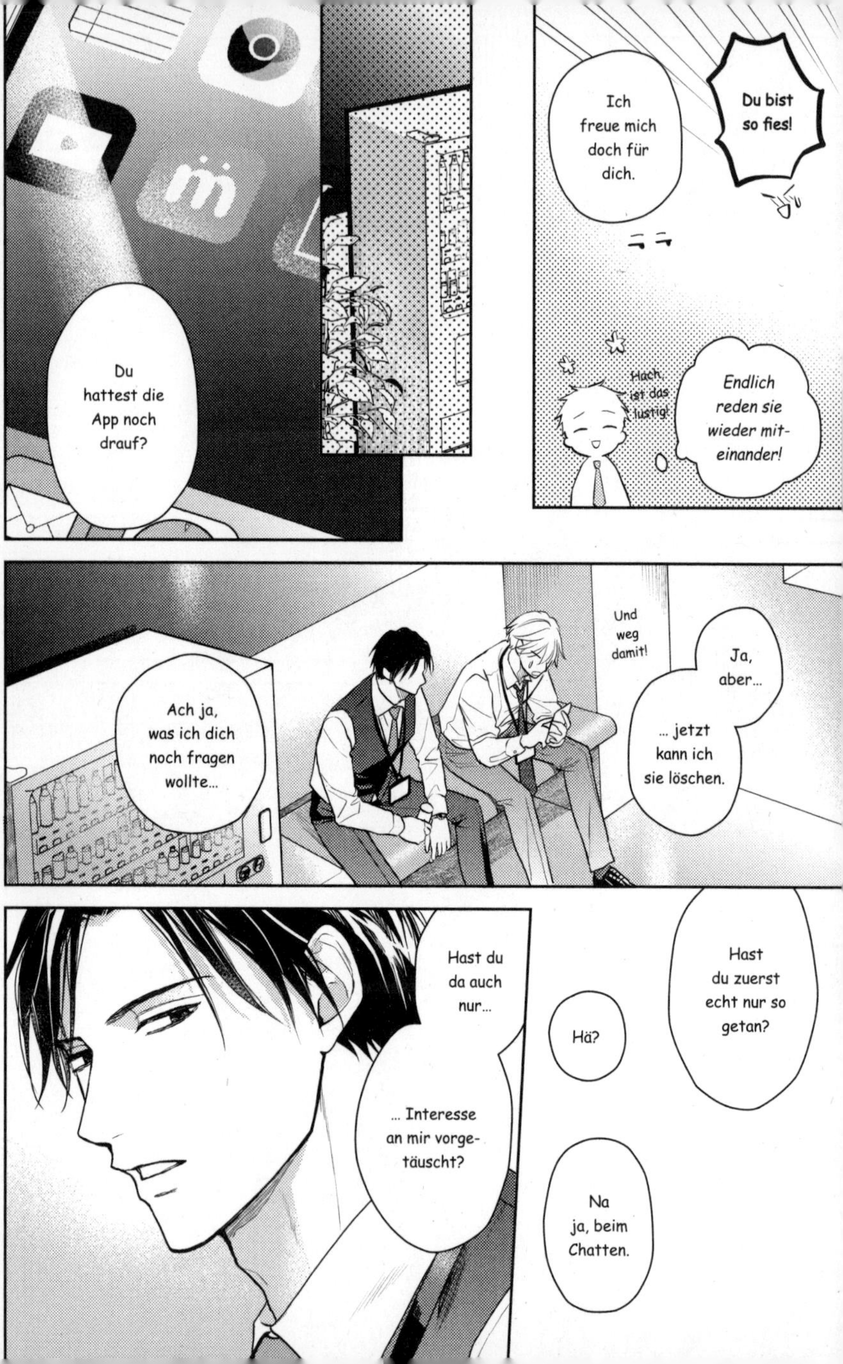
Du bist so fies!
Ich freue mich doch für dich.
Hach, ist das lustig!
Endlich reden sie wieder miteinander!
Du hattest die App noch drauf?
Und weg damit!
Ja, aber...
... jetzt kann ich sie löschen.
Ach ja, was ich dich noch fragen wollte...
Hast du zuerst echt nur so getan?
Hä?
Na ja, beim Chatten.
Hast du da auch nur...
... Interesse an mir vorgetäuscht?

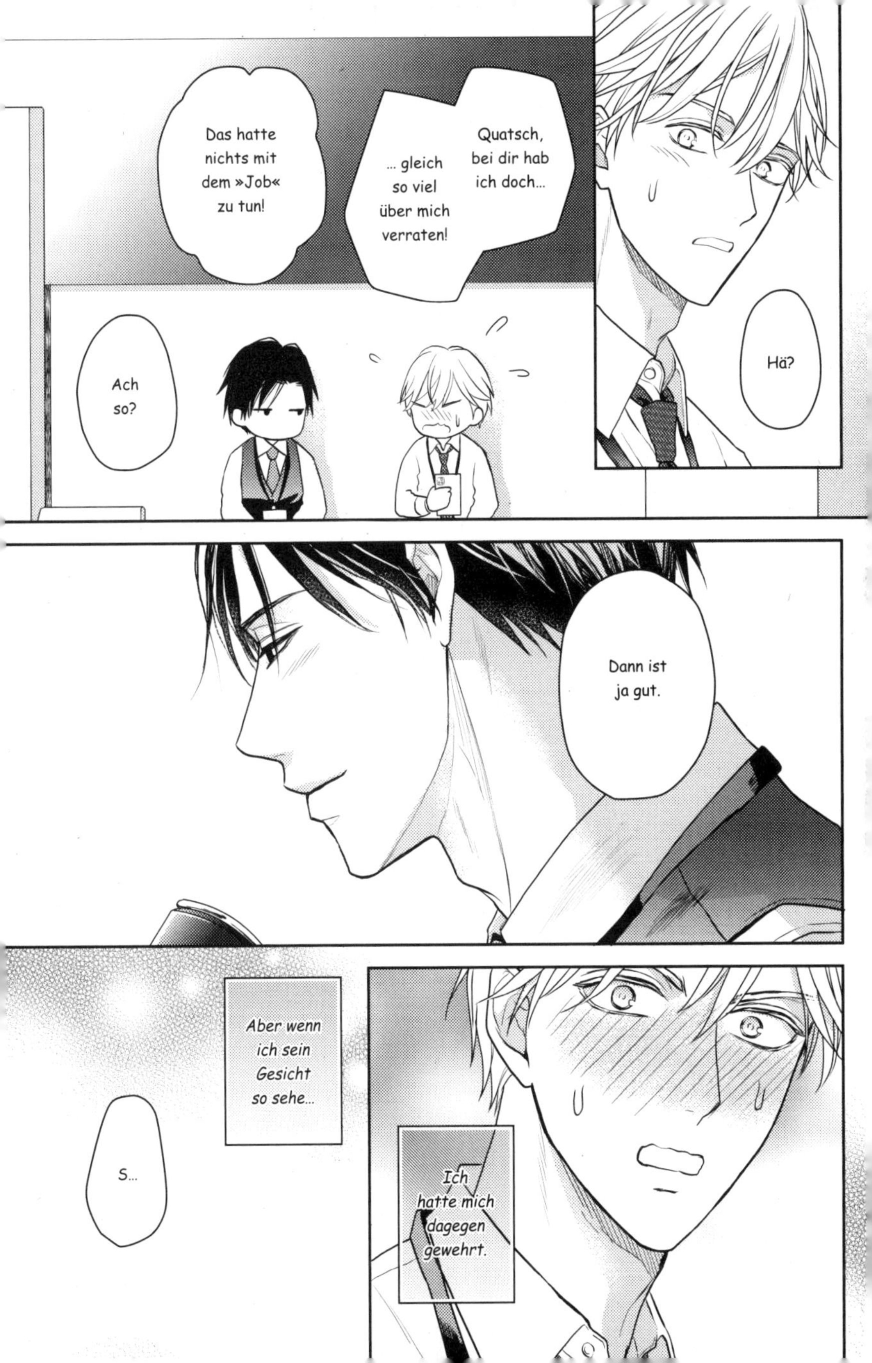
Quatsch, bei dir hab ich doch...
... gleich so viel über mich verraten!
Das hatte nichts mit dem »Job« zu tun!
Hä?
Ach so?
Dann ist ja gut.
Aber wenn ich sein Gesicht so sehe...
S...
Ich hatte mich dagegen gewehrt.

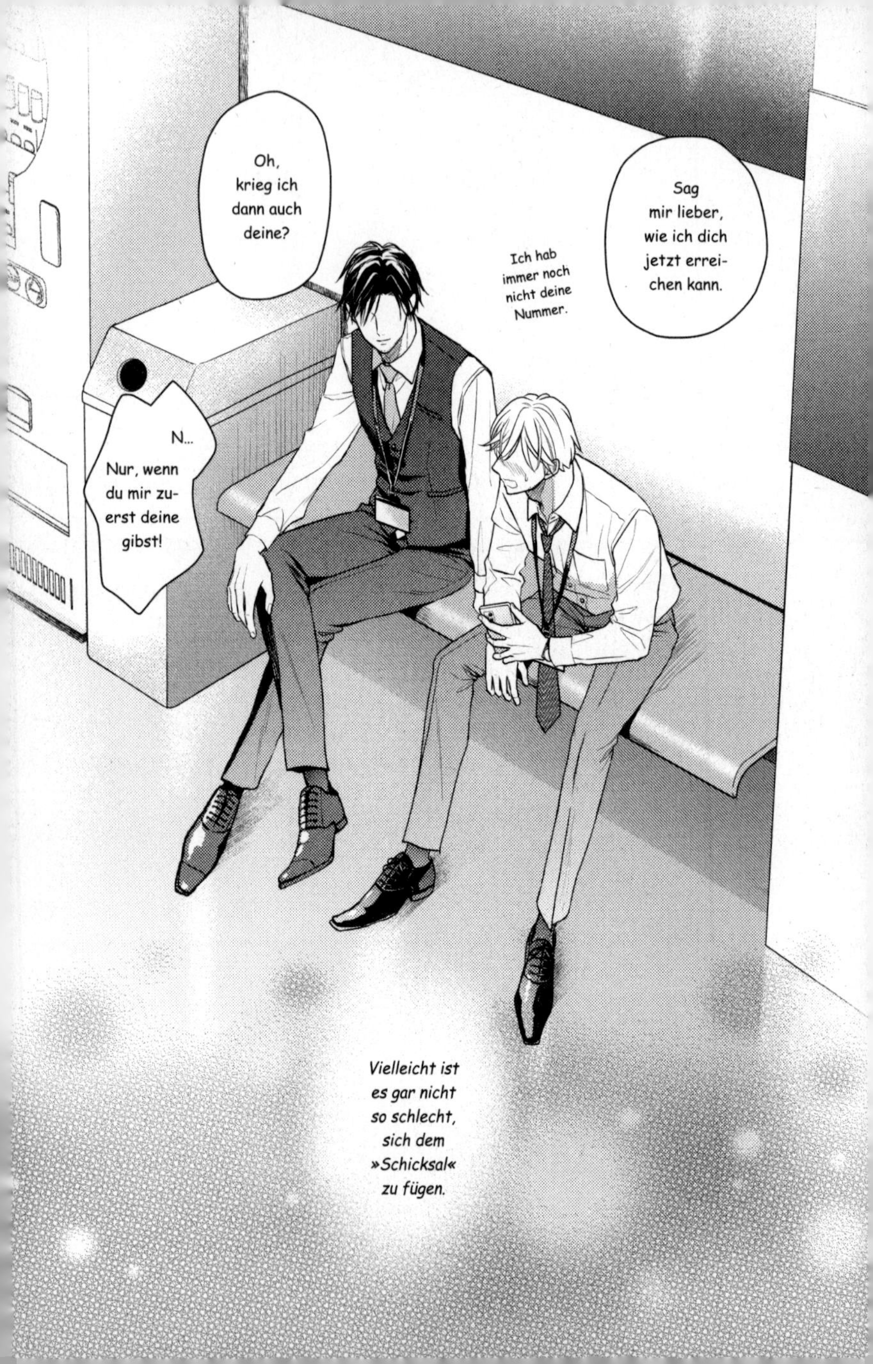
Sag mir lieber, wie ich dich jetzt erreichen kann.
Ich hab immer noch nicht deine Nummer.
Oh, krieg ich dann auch deine?
N... Nur, wenn du mir zuerst deine gibst!
Vielleicht ist es gar nicht so schlecht, sich dem »Schicksal« zu fügen.

Ende

Bonus

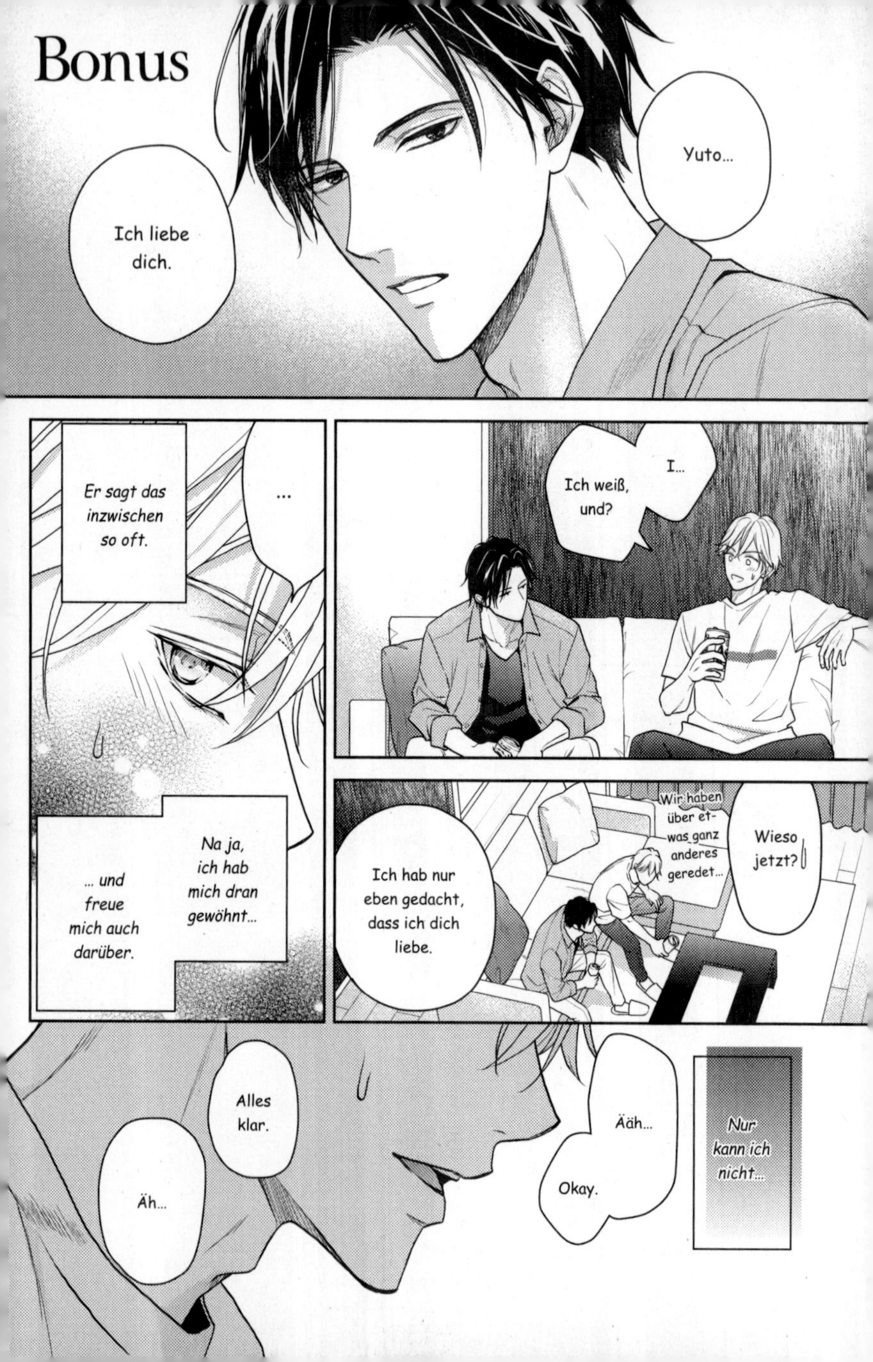
Yuto...
Ich liebe dich.
I...
Ich weiß, und?
...
Er sagt das inzwischen so oft.
Wieso jetzt?
Wir haben über etwas ganz anderes geredet...
Ich hab nur eben gedacht, dass ich dich liebe.
Na ja, ich hab mich dran gewöhnt...
... und freue mich auch darüber.
Nur kann ich nicht...
Ääh...
Okay.
Alles klar.
Äh...

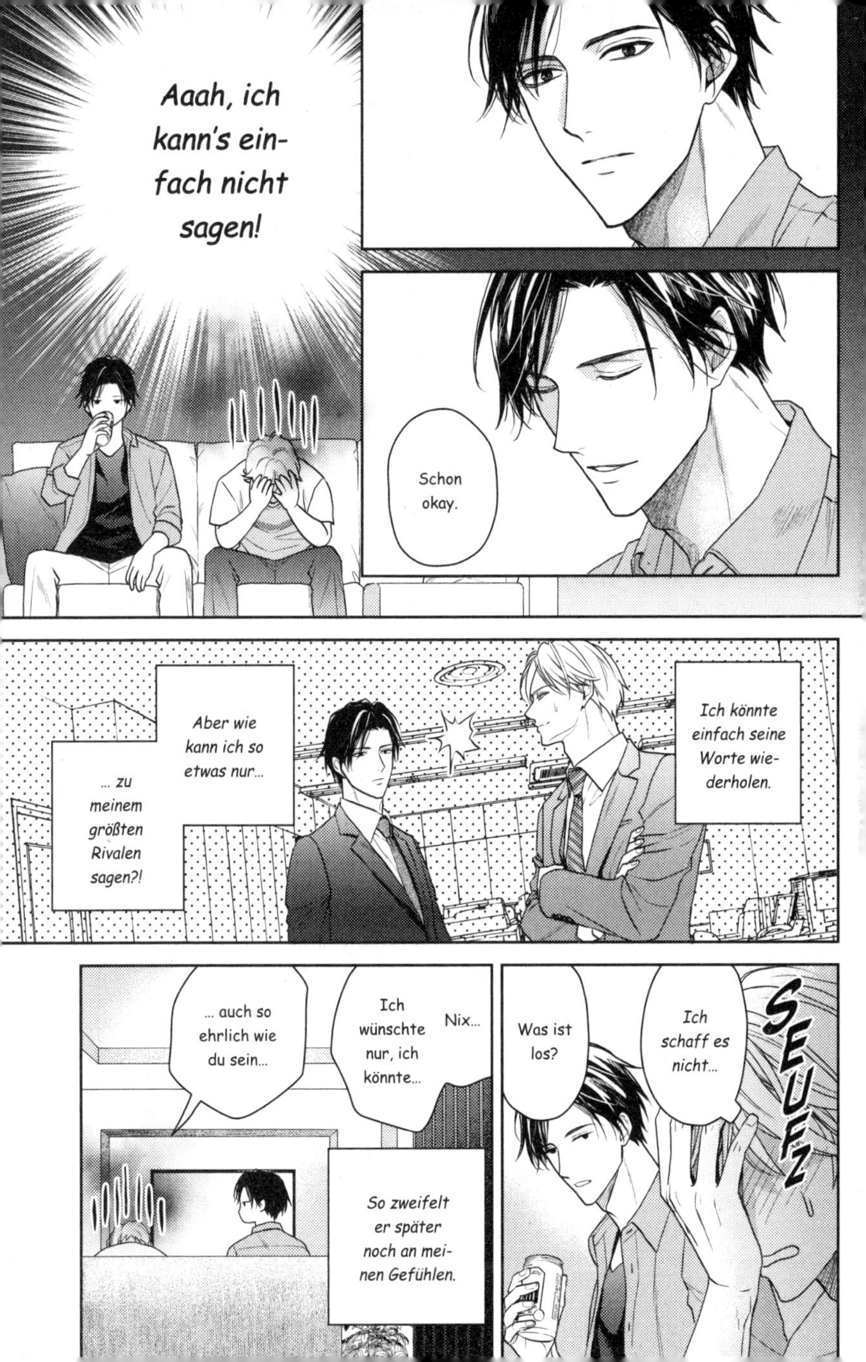
Aaah, ich kann's ein-fach nicht sagen!
Schon okay.
Ich könnte einfach seine Worte wie-derholen.
Aber wie kann ich so etwas nur...
... zu meinem größten Rivalen sagen?!
SEUFZ
Ich schaff es nicht...
Was ist los?
Nix...
Ich wünschte nur, ich könnte...
... auch so ehrlich wie du sein...
So zweifelt er später noch an mei-nen Gefühlen.

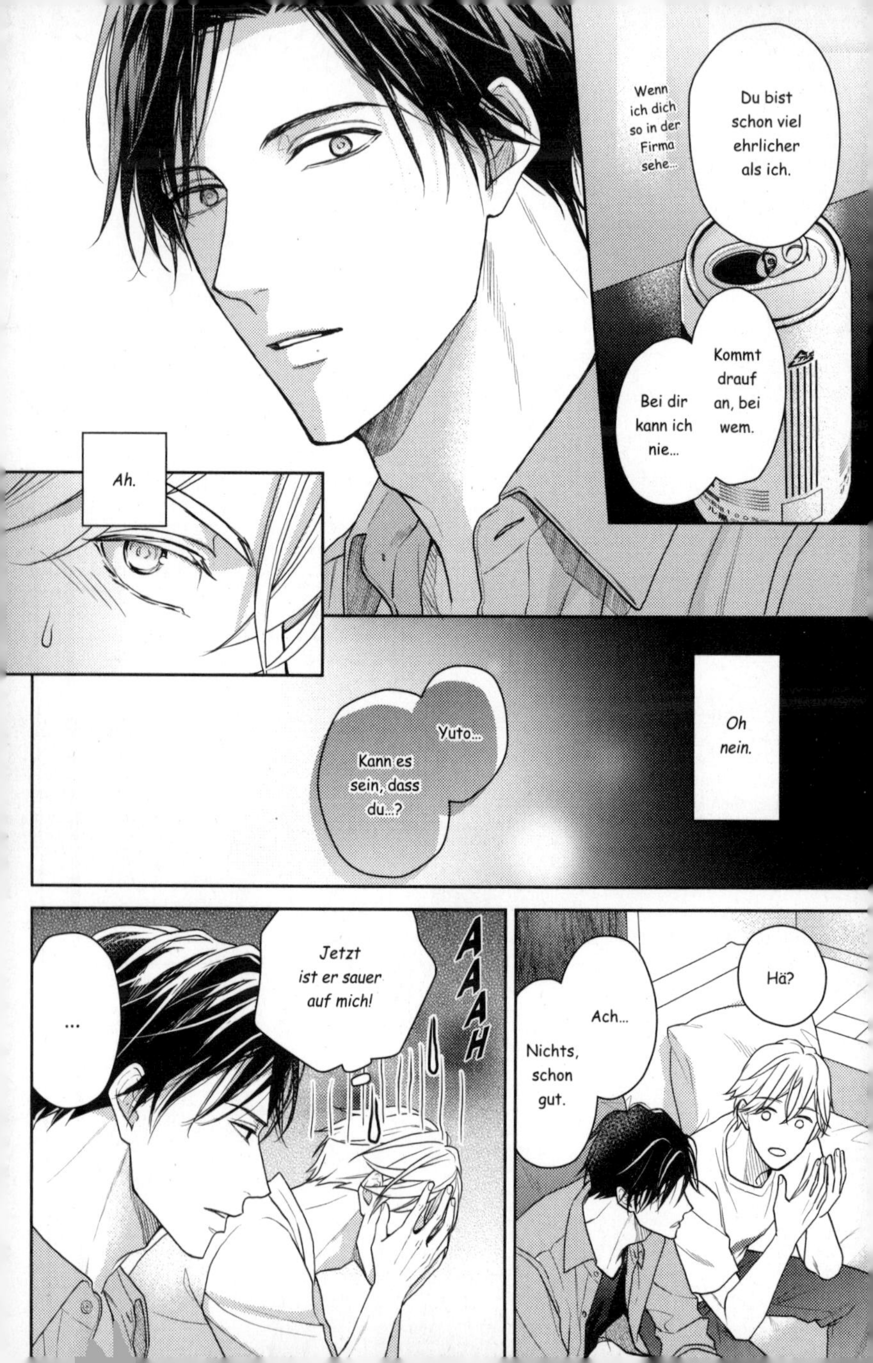
Du bist schon viel ehrlicher als ich.
Wenn ich dich so in der Firma sehe...
Kommt drauf an, bei wem.
Bei dir kann ich nie...
Ah.
Oh nein.
Yuto...
Kann es sein, dass du...?
Hä?
Ach...
Nichts, schon gut.
Jetzt ist er sauer auf mich!
AAAH
...

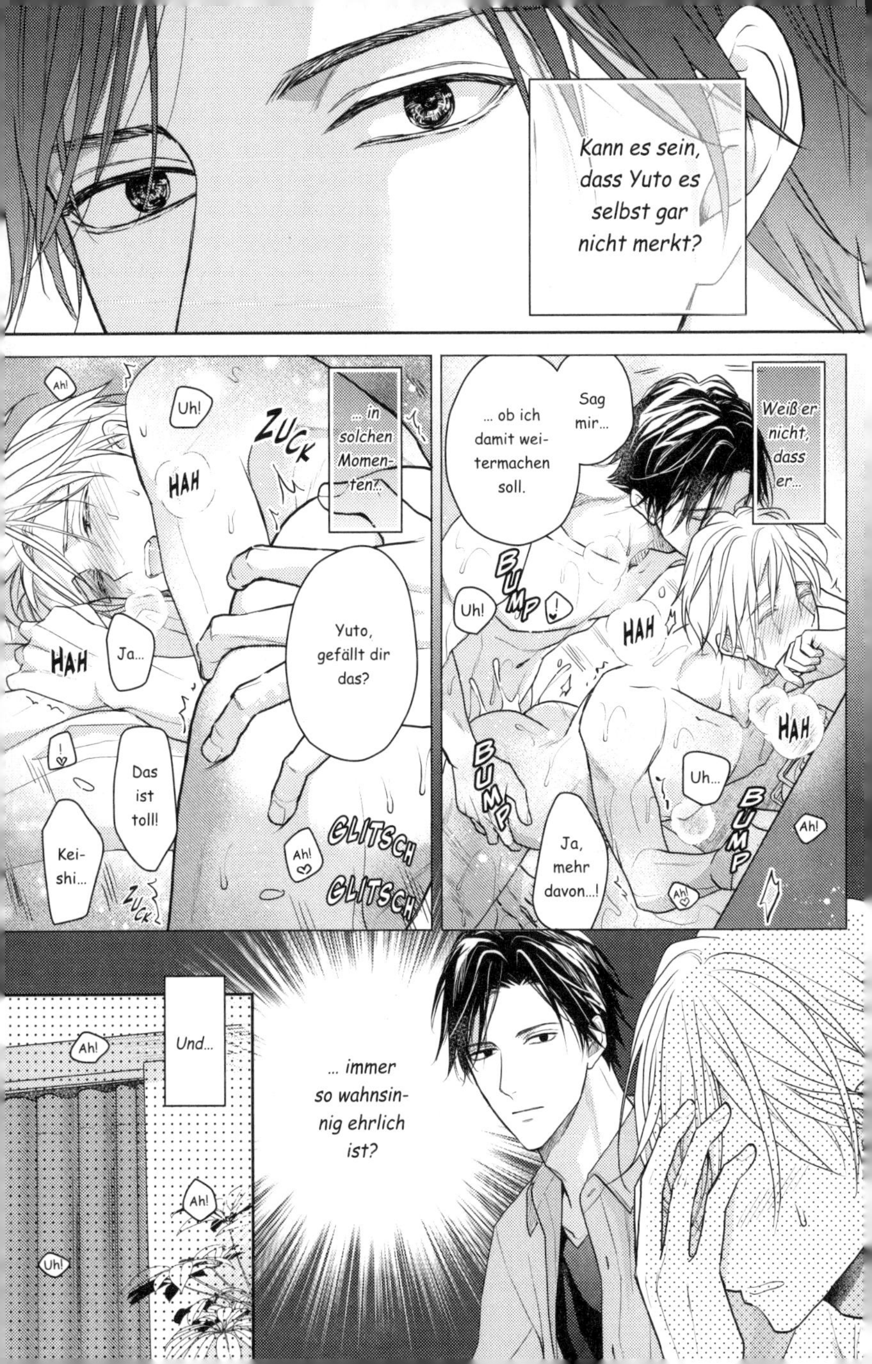

Kann es sein, dass Yuto es selbst gar nicht merkt?
Weiß er nicht, dass er...
Sag mir...
... ob ich damit weitermachen soll.
BUMP
Uh!
HAH
BUMP
Uh...
BUMP
Ah!
Ja, mehr davon...!
Ah!
... in solchen Momenten...
ZUCK
Uh!
Ah!
HAH
Yuto, gefällt dir das?
Ja...
HAH
Das ist toll!
GLITSCH
GLITSCH
Ah!
Kei-shi...
ZUCK
Und...
... immer so wahnsinnig ehrlich ist?
Ah!
Ah!
Uh!

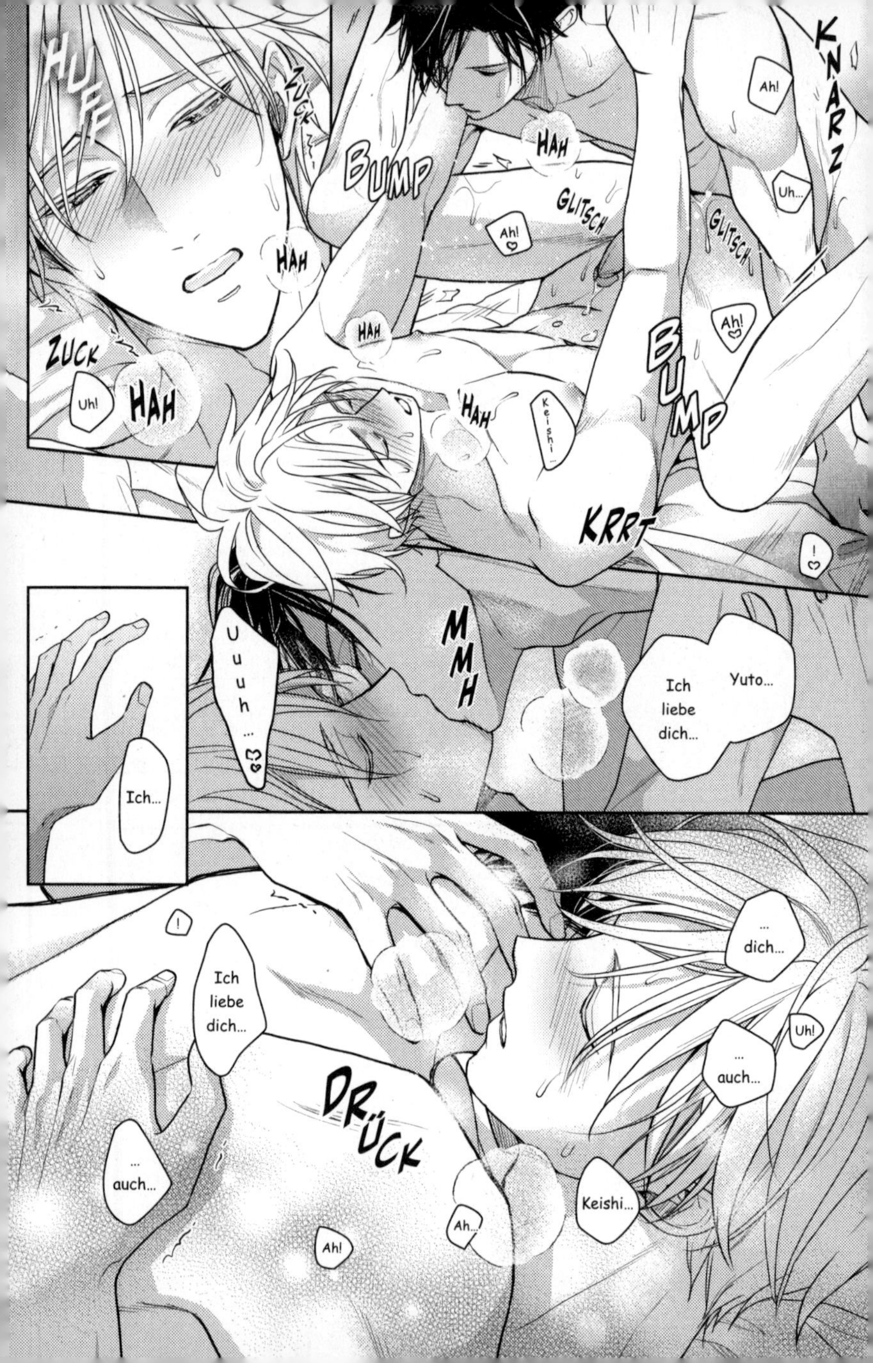
KNARZ
Ah!
HAH
BUMP
GLITSCH
Ah!
Uh...
GLITSCH
Ah!
BUMP
Keishi...
HAH
HAH
KRRT
!
HUFF
ZUCK
HAH
ZUCK
Uh!
HAH
Yuto... Ich liebe dich...
MMH
Uuuh...
Ich...
... dich...
Uh!
... auch...
Keishi...
Ah...
DRÜCK
!
Ich liebe dich...
... auch...
Ah!

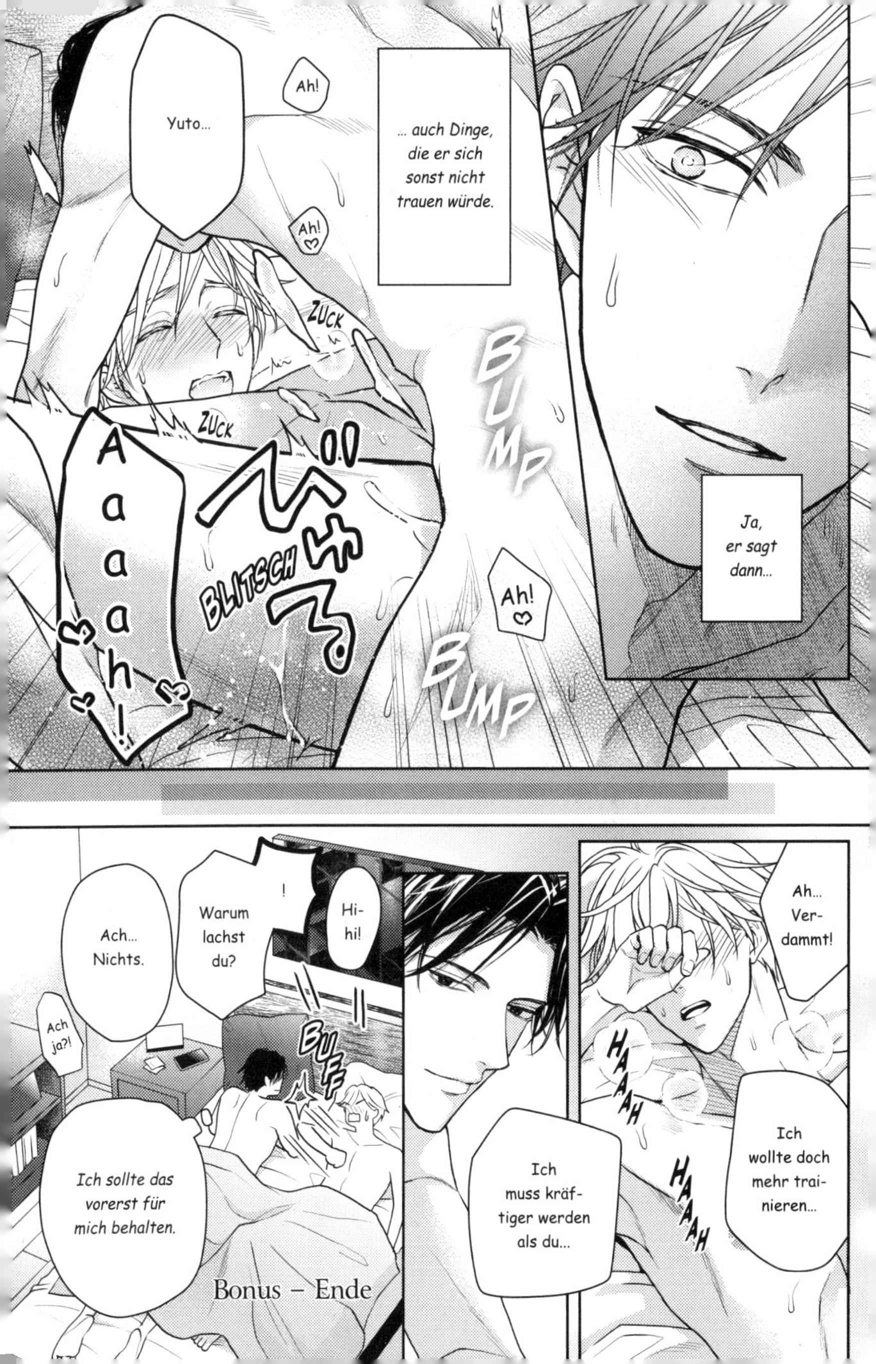
… auch Dinge, die er sich sonst nicht trauen würde.
Ja, er sagt dann…
Yuto…
Ah!
Ah!
ZUCK
ZUCK
BUMP
Ah!
BUMP
BLITSCH
Aaaah!!
Ah… Verdammt!
HAAAH
HAAAH
Ich wollte doch mehr trainieren…
Ich muss kräftiger werden als du…
Hi-hi!
!
Warum lachst du?
Ach… Nichts.
BUFF
Ach ja?!
Ich sollte das vorerst für mich behalten.
Bonus – Ende

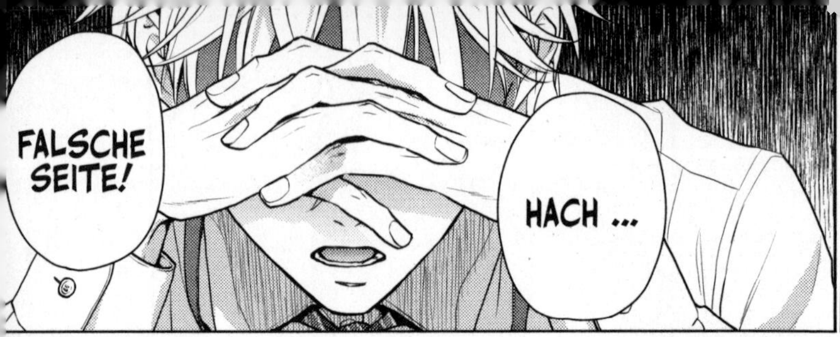

Destiny but Incompatible

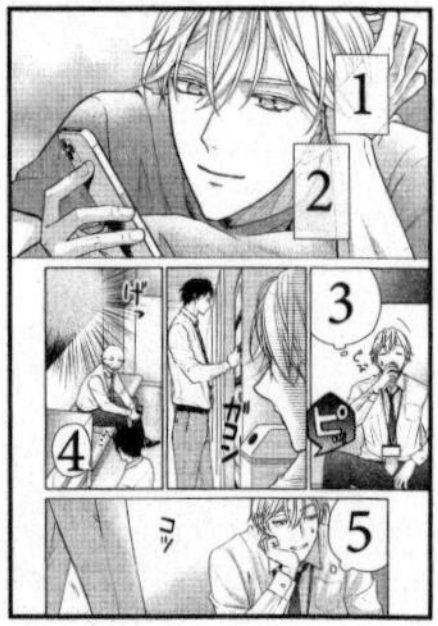

ist ein japanischer Manga, der originalgetreu von »hinten« nach »vorne« und von rechts nach links gelesen wird! Schlagt das Buch also »hinten« auf und blättert Seite für Seite nach »vorne« weiter! Auch die Bilder und Sprechblasen werden von rechts oben nach links unten gelesen, wie es in der Grafik gezeigt wird! HAYABUSA wünscht gute Unterhaltung!

HAYABUSA
2024 Carlsen Verlag GmbH · Völckersstraße 14-20 · 22765 Hamburg
Aus dem Japanischen von Ekaterina Mikulich
UNMEI DAKEDO AIIRENAI

Covergestaltung: Sonnenfisch Production – Laura Bartels
Original Cover Design: TUMMY
Redaktion: Lisa Duty
Herstellung: Maria Niemann

ISBN: 978-3-551-62479-6

MIX
Papier | Fördert gute Waldnutzung
FSC® C083411
www.fsc.org

MATCH WITH THE FALCON
www.hayabusa-manga.de
www.carlsen.de
hayabusa_manga